U0136235

汪毅夫

臺灣史研究名家論集

（初編）

蘭臺出版社

作者簡介（依姓氏筆劃排序）

王志宇 1965 年出生於臺灣彰化縣田中鎮，1988 年移居臺中。現為逢甲大學歷史與文物研究所專任教授長，曾任逢甲大學歷史與文物研究所所長、臺灣古文書學會理事長、臺灣口述歷史學會理事等職。專攻臺灣史、臺灣宗教及民俗、方志學，並對近代中國史頗有涉略，著有《臺灣的恩主公信仰》、《苑裡慈和宮志》、《儒家思想的實踐者－廖英鳴先生口述歷史》、《寺廟與村落－臺灣漢人社會的歷史文化觀察》等書，編有《片雲天共遠》、《傳承與創新－逢甲大學近十年的發展，1998-2007》、《閩臺神靈與社會》、《大里市史》等書，並著有相關論文三十餘篇，也參與《集集鎮志》、《竹山鎮志》、《苑裡鎮志》、《外埔鄉志》、《臺中市志》、《南投縣志》、《新修彰化縣志》、《大村鄉志》、《續修南投縣志》等方志的寫作，論述豐碩。

汪毅夫 男，1950 年 3 月生，臺灣省臺南市人。曾任福建社會科學院研究員，現任中華全國臺灣同胞聯誼會會長，福建師範大學社會歷史學院兼職教授、博士生導師，享受國務院特殊津貼專家。撰有學術著作《中國文化與閩臺社會》、《閩臺區域社會研究》、《閩臺緣與閩南風》、《閩臺地方史研究》、《閩臺地方史論稿》、《閩臺婦女史研究》等 15 種，200 餘萬字。曾獲福建省社會科學優秀成果獎 7 項。

卓克華 文化大學史學碩士，廈門大學歷史博士。曾先後兼任過中山、空中、新竹師範、中原、中國醫藥、中國技術、文化等等大學教職，現在佛光大學歷史系所為專職教授。先後擔任過臺灣眾多縣市的古蹟審查委員，現為文化部古蹟勞務主持人之一。早年專攻臺灣經濟史，近二十年轉向古蹟史、宗教史、社會史，撰寫古蹟調查研究報告書超過八十本，已出版學術著作有《清代臺灣行郊研究》、《從寺廟發現歷史》、《寺廟與臺灣開發史》、《古蹟‧歷史‧金門人》、《竹塹媽祖與寺廟》、《民間文書與媽祖廟之研究》、《臺灣古道與交通研究－從古蹟發現歷史卷之二》，著作等身，為臺灣知名學者。

周宗賢 臺灣臺南市人，生於 1943 年。文化大學史學碩士。曾任淡江大學歷史系教授、系主任、主任、所長，內政部暨文建會古蹟評

　　鑑委員。現任淡江大學歷史系榮譽教授，臺北市、新北市文化資產審議委員。學術專長為臺灣史、臺灣民間組織、臺灣文化資產研究、淡水學等，著有《逆子孤軍——鄭成功》、《清代臺灣海防經營的研究》、《黃朝琴傳》、《臺南縣噍吧哖事件的調查研究》、《淡水輝煌的歲月》等。是臺灣知名的臺灣史、臺灣文化資產研究的學者。

林仁川　1941 年 10 月出生於龍岩市。1964 年復旦大學歷史系本科畢業，1967 年研究生畢業。教育部文科百所重點研究基地——廈門大學臺灣研究中心首任主任、教授、博士生導師，享受國務院特殊津貼專家。曾兼任福建省人大常委會常委、廈門市政協副主席。現任兩岸關係和平發展協同創新中心教授，廈門市炎黃文化研究會會長。主要著作有《大陸與臺灣歷史淵源》、《閩台文化交融史》、《臺灣社會經濟史研究》、《明末清初私人海上貿易》、《閩台緣》等多部專著。編寫十三集大型電視專題片《海峽兩岸歷史淵源》劇本和國家級博物館《中國閩台緣博物館》、《客家族譜博物館》展覽文本。在國內外各種刊物上發表學術論文近百篇。多次承擔國家文化出版重點工程、國家哲學社會科學重大項目、教育部文科重點項目，均任課題組長。主持編寫《現代臺灣研究叢書》、《圖文臺灣》、《中國地域文化通覽——臺灣卷》、《臺灣大百科全書——文化分冊》。曾多次榮獲全國及省部級哲學社會科學優秀成果獎。

林國平　歷史學博士，兩岸協創新中心福建師範大學文化研究中心首席專家，福建師範大學社會歷史學院教授、博士生導師，福建省高等院校教學名師，享受國務院特殊津貼的專家。主要從事閩臺民間宗教信仰研究，代表作有《林兆恩與三一教》、《福建民間信仰》、《閩臺民間信仰源流》、《籤占與中國社會文化》等。

韋煙灶　學歷：國立臺灣師範大學文學博士【地理學】（2003）
　　　　現職：國立臺灣師範大學地理學系教授
　　　　學術專長：鄉土地理、水文學（地下水學）、土壤地理學、地理教育
　　　　主要著作（專書）:《鄉土教學與教學資源調查》（2002）、《臺灣全志：卷二土地志（土壤篇）》【與郭鴻裕合著】（2010）、《與海相遇之地：新竹沿海的人地變遷》（2013）
　　　　研究領域：早期的研究偏向於自然地理學，奠定後來地理研究之厚實知能。2004 年以後的研究重心逐漸轉向鄉土地理、歷史

地理（閩客族群關係）與地名學研究，已發表相關學術期刊論文約 40 篇。

徐亞湘　臺北藝術大學戲劇系教授、中國文化大學戲劇系兼任教授、《戲劇學刊》主編、中華戲劇學會理事、華岡藝校董事。學術專長為臺灣戲劇史、中國話劇史、中國戲劇 及劇場史。著有戲劇專書《日治時期中國戲班在臺灣》、《日治時期臺灣戲曲史論──現代化作用下的劇種與劇場》、《Sounds From the Other Side》、《臺灣劇史沉思》等十餘冊。

陳支平　1952 年出生，歷史學博士。現任廈門大學人文與藝術學部主任委員、國學研究院院長，兩岸關係和平發展協同創新中心首席專家，兼任中國西南民族學會會長、中國明史學會常務副會長、中國朱子學會副會長、中國民族學與人類學研究會副會長等學術，職務。主要著作有《清代賦役制度演變新探》、《近 500 年來福建的家族社會與文化》、《明史新編》、《福建族譜》、《客家源流新論》、《民間文書與明清賦役史研究》、《歷史學的困惑》、《透視中國東南》、《民間文書與明清族商研究》、《臺灣文獻與史實鉤沉》、《史學水龍頭集》、《虛室止止集》等，編纂大型叢書《臺灣文獻彙刊》100 冊等。2006 年胡錦濤總書記訪問美國時，曾把《臺灣文獻彙刊》作為禮品之一贈送給耶魯大學。是書 2009 年入選「建國 60 周年教育成就展」。

陳哲三　1943 生，南投縣竹山鎮人，東海大學歷史系歷史研究所畢業，逢甲大學歷史與文物研究所教授，退休。先治中國現代史，著有：《中華民國大學院之研究》（臺北，商務印書館，1976）、《鄒魯研究初集》（臺北，華世出版社，1980）、《中國革命史論及史料》（臺北，商務印書館，1982）、《問學與師友》（臺中，大學圖書供應社，1985）等書。後治臺灣史，著有《竹山鹿谷發達史》（臺中，啟華出版社，1972）、《臺灣史論初集》（臺中，大學圖書供應社，1983）、《古文書與臺灣史研究》（臺北，文史哲出版社，2009）。教學研究之餘，又主修《逢甲大學校史》（未刊稿，1983）、《集集鎮志》（南投，集集鎮公所，1998）、《竹山鎮志》（南投，竹山鎮公所，2001）、《南投縣志》（南投縣政府，2010）、《南投農田水利會志》（南投，南投農田水利會，2008）等書。

陳進傳　1948 年生，台灣宜蘭人。淡江大學歷史系、歐洲研究所畢業，

曾任宜蘭大學副教授、教授，嶺東科技大學教授，現為佛光大學文化資產與創意學系教授。早年先治明史，著有論文多篇，其後研究轉向宜蘭史，並曾擔任宜蘭縣文化、文獻、古蹟、藝術各種委員會委員及宜蘭縣政府顧問，撰述《清代噶瑪蘭古碑之研究》、《宜蘭傳統漢人家族之研究》、《宜蘭擺厘陳家發展史》（合著）、《宜蘭本地歌仔—陳旺欉生命紀實》（合著）、《宜蘭布馬陣—林榮春生命紀實》（合著）、《宜蘭的傳統碗盤》（合著）等及論文約 80 篇。

鄭喜夫　台南市籍澎湖人，民國三十一年生。財校財務科畢業、興大歷史所碩士。高考會審人員考試及格。曾任臺灣省及北、高二市文獻會委員，內政部民政司專門委員。編著有臺灣史管窺初輯、民國連雅堂先生橫年譜、民國邱倉海先生逢甲年譜、清鄭六亭先生兼才年譜、重修臺灣省通志財稅、文職表、武職表、武職表三篇、南投縣志商業篇、臺灣當代人瑞綜錄初稿等書十餘種。

鄧孔昭　1953 年生，福建省三明市人。1978 年廈門大學歷史系畢業。後留系任教。1982 年轉入臺灣研究所。先後任助理研究員、副研究員、研究員、教授。1996 年起，兼任臺灣研究所副所長，2004 年改為副院長。2012 年退休。現為兩岸關係和平發展協調創新中心成員。
已經出版的著作有：《臺灣通史辨誤》、《鄭成功與明鄭在臺灣》等。

戴文鋒　1961 年生，臺南人，國立臺灣大學歷史學學士、國立成功大學歷史語言研究所碩士、國立中正大學歷史研究所博士，日本國立一橋大學言語社會研究科客員研究員，國立臺南大學臺灣文化研究所教授兼所長。學術領域為臺灣史、臺灣民俗、臺灣民間信仰、臺灣文化資產，重要專著有《府城媽祖行腳》、《萬年傳香火、世代沐法華——萬華寺廟》（以上 2002）、《萬華觀光案內》（2004）、《走過‧歷史‧記憶——鏡頭下的永康》（2008）、《萬年縣治所考辨》（2009）、《東山鄉志》、《在地的瑰寶——永康民俗祭儀與文化資產》、《永康的歷史遺跡與民間信仰文化》（以上 2010）、《九如王爺奶回娘家傳統民俗活動之研究》（2013）、《重修屏東縣志‧民間信仰》（2014）、《山谷長歌——噍吧哖事件在地繪影與歷史圖像》（2015）等十餘冊。

目　錄

臺灣史研究名家論集——總序

　　《臺灣史研究名家論集》（初編）即將印行，忝為這套叢刊的主編，依出書慣例不得不說幾句應景話兒。

　　這十幾年我個人習慣於每學期末，打完成績上網登錄後，抱著輕鬆心情前往探訪學長杜潔祥兄，一則敘敘舊，問問半年近況，二則聊聊兩岸出版情況，三則學界動態及學思心得。聊著聊著，不覺日沉西下，興盡而歸，期待半年後再見。大約三年前的見面閒聊，偶然談出了一個新企劃。潔祥兄自從離開佛光大學教職後，「我從江湖來，重回江湖去」（潔祥自況），創辦花木蘭出版社，專門將臺灣近六十年的博碩論文，有計畫的分類出版，洋洋灑灑已有數十套，近年出書量及速度，幾乎平均一日一本，全年高達三百本以上，煞是驚人。而其選書之嚴謹，校對之仔細，書刊之精美，更是博得學界、業界的稱讚，而海峽對岸也稱許他為「出版家」，而不是「出版商」。這一大套叢刊中有一套《臺灣歷史文化叢刊》，是我當初建議提出的構想，不料獲得彼首肯，出版以來，反映不惡。但是出書者均是時下的年輕一輩博、碩士生，而他們的老師，老一輩的名師呢？是否也該蒐集整理編輯出版？

　　看似偶然的想法，卻也是必然要去做的一件出版大事。臺灣史研究的發展過程，套句許雪姬教授的名言「由鮮學經顯學到險學」，她擔心的理由有三：一、大陸學界有關臺灣史的任務性研究，都有步步進逼本地臺灣史研究的趨勢，加上廈大培養一大批三年即可拿到博士學位的臺灣學生，人數眾多，會導致臺灣本土訓練的學生找工作更加雪上加霜；二、學門上歷史系有被社會科學、文學瓜分，入侵之虞；三、在研究上被跨界研究擠壓下，史家最重要的技藝——史料的考訂，最後受到影響，變成以理代証，被跨學科的專史研究壓迫的難以喘氣。中研院臺史所林玉茹也有同樣憂慮，提出五大問題：一、是臺灣史研究受到統獨思想的影響；二、學術成熟度仍不夠，一批缺乏專業性的人可以跨行教授臺灣史，或是隨時轉戰研究臺灣史；三、是研究人力不足，尤其地方文史工作者，大多學術訓練不足，基礎條件有限，甚至有偽造史料或創造歷史

的情形，他們研究成果未受到學術檢驗，卻廣爲流通；四、史料收集整理問題，文獻資料躍居成「市場商品」，竟成天價；五、方法問題，研究者對於田野訪查或口述歷史必需心存警覺和批判性。

　　十數年過去了，這些現象與憂慮仍然存在，臺灣史學界仍然充滿「焦慮與自信」，這些焦慮不是上文引用的表面問題，骨子裡頭真正怕的是生存危機、價值危機、信仰危機，除此外，還有一種「高平庸化」的危機。平心而論，臺灣史的研究，不論就主題、架構、觀點、書寫、理論、方法等等。整體而言，已達國際級高水準，整個研究已是爛熟，不免凝固形成一僵硬範式，很難創新突破而造成「高平庸化」的危機現象。而「高平庸化」的結果又導致格局小，瑣碎化、重複化的現象，君不見近十年博碩士論文題目多半類似，其中固然也有因不同學門有所創見者，也不乏有精闢的論述成果，但遺憾的是多數內容雷同，資料重複，學生作品如此；學者的著述也高明不到哪裡，調研案雖多，題材同，資料同，析論也大同小異。於是乎只有盡量挖掘更多史料，出版更多古文書，作爲研究創新之新材料，不過似新實舊，對臺灣史學研究的深入化反而轉成格局小，理論重複，結論重疊，只是堆砌層累的套語陳腔，好友臺師大潘朝陽教授，曾諷喻地說：「早晚會出現一本研究羅斯福路水溝蓋的博士論文」，誠哉斯言，其言雖苛，卻是一句對這現象極佳註腳。至於受統獨意識形態影響下的著作，更不值得一提。這種種現狀，實在令人沮喪、悲觀，此即焦慮之由來。

　　職是之故，面對臺灣史這一「高平庸化」的瓶頸，要如何掙脫困境呢？個人的想法有二：一是嚴守學術規範予以審查評價，不必考慮史學之外的政治立場、意識形態、身份認同等，二是返回原點，重尋典範。於是個人動了念頭，很想將老一輩的著作重新整理，出版成套書，此一構想，獲得潔祥兄的支持，兩人初步商談，訂下幾條原則，一、收入此套叢書者以五十歲（含）以上爲主；二、是史家、行家、專家，不必限制爲學者，或在大專院校，研究機構者；三、論文集由個人自選代表作，求舊作不排除新作；四、此套書爲長期計畫，篩選四、五十位名家代表

作，分成數輯分年出版，每輯以二十位爲原則；五、每本書字數以二十萬字爲原則，書刊排列起來，也整齊美觀。商談一有結論，我迅即初步擬定名單，一一聯絡邀稿，卻不料潔祥兄卻因某些原因而放棄出版，變成我極尷尬之局面，已向人約稿了，卻不出版了。之後拿著企劃書向兩家出版社商談，均被婉拒，在已絕望之下，幸得蘭臺出版社盧瑞琴女史遞出橄欖枝，願意出版，才解決困局。但又因財力、人力、市場的考慮，只能每輯以十人爲主，這下又出現新困擾，已約的二十幾位名家如何交待如何篩選？兩人多次商討之下，盧女史不計盈虧，終於同意擴大爲十五位，並不篩選，以來稿先後及編排作業爲原則，後來者編入續輯。

　　我個人深信史學畢竟是一門成果和經驗累積的學科，只有不斷累積掌握前賢的著作，溫故知新，才可以引發更新的問題意識，拓展更新的方法、理論，才能使歷史有更寬宏更深入的研究。面對已成書的樣稿，我內心實有感發，充滿欣喜、熟悉、親切、遺憾、失落種種複雜感想。本叢刊初編自有遺珠之憾，也並非臺灣史名家只有這十四位，此乃初編，將有續編，我個人只是斗膽出面邀請同道之師長友朋，共襄盛舉，任憑諸位自行選擇其可傳世、可存者，編輯成書，公諸同好。總之，這套叢書是十四位名家半生著述精華所在，精采可期，將是臺灣史研究的一座豐功碑及里程碑，可以藏諸名山，垂範後世，開啓門徑，臺灣史的未來新方向即孕育在這套叢書中。展視書稿，披卷流連，略綴數語以說明叢刊的成書經過，及對臺灣史的一些想法，期待與焦慮。

卓克華

2016.2.22 元宵　於三書樓

臺灣史研究名家論集——推薦序

　　臺灣史研究的興盛，主要是從二十世紀八十年代開始的。臺灣史研究的興起與興盛，一開始便與政治有著密切的聯繫。從大陸方面講，「文化大革命」的結束與「改革開放」政策的實行，使得大陸各界，當然包括政界和學界，把較多的注意力放置在臺灣問題之上。而從臺灣方面講，隨著「本土意識」的增強，以及之後的「臺獨」運動的推進，學界也把較多的精力轉移到對於臺灣歷史文化及其現狀的研究之上。經過二三十年的摸索與磨練，臺灣歷史文化的學術研究，逐漸蔚為大觀，成果喜人。以大陸的習慣性語言來定位，臺灣史研究，可以稱之為「臺灣史研究學科」了。

　　由於二十世紀八十年代以來臺灣史研究的興起與興盛，大體上是由此而來，這就造成現今的中國臺灣史研究的隊伍，存在著兩個明顯的特徵。其一，大部分的所謂臺灣史研究學者，特別是大陸的學者，都是「半路出家」，跨行或轉行而來，並沒有受過比較系統而嚴格的臺灣史學科的基礎訓練，各自的學術參差不齊，惡補應景和現買現賣的現象頗為不少。其二，無論是大陸的學者，還是臺灣的學者，對於臺灣史的研究，似乎都很難擺脫政治性的干擾。儘管眾多的研究者們，依然希望秉承嚴正客觀的歷史學之原則，但是由於各自政治立場的不同，大家對於臺灣歷史文化的關注點和解讀意趣，還是存在著諸多的差異，有些差異甚至是南轅北轍的。

　　儘管如此，從學術發展的立場出發，臺灣史研究的這兩個特徵，也未嘗不是一件好事。不同的政治立場、學術立場；不同的學術行當、學術素養，必然形成多視野、多層次、多思維的學術成果。即使是學術立場、觀點迥異的學術成果，也可以引起人們的不同思考與討論。借用大陸的一句套話，就是「百花齊放」，或者「毒草齊放」了。百花也好，毒草也罷，正是有了這般林林總總的百花和毒草，薈兮蔚兮，百草豐茂，在兩岸學者的共同努力之下，形成了臺灣史研究的熱潮。

　　蘭臺出版社有鑑於此，聯絡大陸和臺灣的數十位臺灣史研究學者，

出版了這套《臺灣史研究名家論集》。在這部洋洋大觀的名家論集中，既有較早拓荒性從事臺灣史研究的鄭喜夫、周宗賢、林仁川等老先生的論著，也有諸如如王志宇、戴文鋒等年富力強的中生代的力作。在這眾多的研究者中，各自的政治社會立場姑且不論，僅以學術出生及其素養而言，既有歷史學、語言文學的，也有宗教學、戲劇學、地理學等等。研究者們從各自不同的學術行當和研究意趣出發，專研各自不同的研究專題，多有發見，多有創新。因此可以毫不誇張地說，這套《臺灣史研究名家論集》，在一定程度上體現了當今海峽兩岸臺灣史學術研究的基本現狀與學術水平。這套論集的出版，相信對於推動今後臺灣史研究的進一步開拓與深入，無疑將產生良好積極的作用。

陳支平

2016 年 3 月于廈門大學國學研究院

明清鄉約制度與閩台鄉土社會

一

中國鄉約制度的歷史可以上溯到久遠的上古時代，如近年出土的泉州《重修溪亭約所碑記》[1]所記：

> 古者鄉黨閭里各有董正之官、約束士民之所，凡以教孝、教悌，俾人知睦姻任恤之風，而無囂凌詬誶之習也。是故，里則有門，每弟子旦出暮入，長老坐而課督之。唐宋以後，雖不如古，而城中約所之設猶是，三代教民遺意也。

從斷代研究的角度看，在明清兩代，鄉約制度的推行乃始於、並且始終系於「老人之役」和耆老之設。

明代閩人何喬遠《閩書》記：

> 老人之役：凡在坊在鄉，每里各推年高有德一人，坐申明亭，為小民平戶婚、田土、鬥毆、賭盜一切小事，此正役也。[2]

明代福建惠安知縣葉春及《惠安政書》記：

> 國家之法，十戶為甲，甲有首。一百一十戶為里，里有長。……又於里中，選高年有德、眾所推服者充耆老，或三人或五人，或十人，居申明亭，與里甲聽一里之訟，不但果決是非，而以勸民為善。[3]

又記：

> 本里有難決事，或子弟親戚有犯，須會東西南北四鄰里，分老人

---

[1] 《重修溪亭約所碑記》碑，道光七年（1827）勒石，1996 年出土於泉州市區某建築工地。引文據陳健鷹《讀碑三題》，載《閩台風俗》創刊號，1997 年 12 月。

[2] 何喬遠：《閩書》第 1 冊，第 961 頁，福建人民出版社 1994 年版。

[3] 葉春及：《惠安政書》，第 328 頁，第 329 頁，福建人民出版社 1987 年版。

里甲，公同議決。許用竹篦荊條，量情決打。不許拘集。[4]

明代閩人蔡獻臣《里老總保》記：

> 國朝民差有正有雜。里甲、老人謂之正差。……《大明律》載，合設耆老，須於本鄉年高有德、眾所推服內選充。《教民榜》文云：民間婚姻、田土、鬥毆、相爭一切小事須要經本里老人、里甲決斷。若系奸盜、詐偽、人命重事，方許赴官陳告。而戶部申明老人、里甲合理詞訟條目，即鬥毆、爭占、竊盜、賭博、私宰、邪術里老亦得與聞。[5]

清代閩人李世熊《寧化縣誌》亦記：

> 左為亭曰申明，以辨爭訟，亦書邑人之惡者以癉之。明初以老人坐亭內，凡平婚、田土、鬥毆、賭竊諸細事皆主之。右為亭曰旌善，以勸風化，亦書邑人之善者以彰之。[6]

明初以來的「老人之役」和耆老之設，在清代也得到法律的確認，清之戶律規定：

> 凡各處人民，每一百戶內，議設里長一名，甲首一十名，輪流應役，催辦錢糧，勾攝公事。……其合設耆老，須由本鄉年高、有德，眾所推服人內選充。不許罷閑吏卒，及有過之人充任。[7]

至於實際推行的情形，福建清代文獻也有相關的記錄。如，清代澎湖通判胡建偉《澎湖紀略》記：

> 舊志稱，澎民聚居，推年大者為長。至今澳中凡有大小事件，悉聽鄉老處分。以故，鼠牙雀角，旋即消息。[8]

從上記資料可以看到：作為「老人之役」這一特殊役種或社會義工

---

4 葉春及：《惠安政書》，第 328 頁，第 329 頁，福建人民出版社 1987 年版。
5 蔡獻臣：《清白堂稿》卷十七，第 13 頁，福建省圖書館藏本。
6 李世熊：《寧化縣誌》，第 37 頁，福建人民出版社 1989 年版。
7 轉引自戴炎輝：《清代臺灣之鄉治》，第 168 頁，臺北聯經出版公司 1979 年版。
8 胡建偉：《澎湖紀略》，第 149 頁，臺灣大通書局《臺灣文獻史料叢刊》本。

的應承者，里老（耆老）是「正役」或「正差」，而不是「鄉官」或「鄉吏」，質言之，里老（耆老）保持有鄉土社會成員的身份；里老（耆老）的義務是「勸民為善」和「聽一里之訟」即《明史》上所記的「導民善、平鄉里爭訟」[9]，里老（耆老）也有相應的權力，如「勸民為善」方面行使申誡罰（「書邑人之惡者以癉之」即提出告誡和譴責）、行為罰（責令作為或不作為）和人身罰（「許用竹篦荊條，量情決打」）的某些權力，「聽一里之訟」方面「果決是非」的仲裁、調解、裁量和審判的某些權力；里老（耆老）有的由鄉民推舉（如何喬遠所謂「每里各推」），有的聽官府選定（如上記葉春及所謂「於里中選」），有的則可能是鄉民推舉、再經官府批准的（如下文將要引述的《青陽鄉約記》所記「舉方塘莊子于官，莊□辭未獲」），而「眾所推服」乃是里老（耆老）資格的認定原則。

　　總而觀之，作為鄉土社會裡「眾所推服」的成員，當里老（耆老）從道德和法律兩個方面來履行和行使其約束鄉民的義務和權力，里老（耆老）對鄉民的約束也就具有自治的性質、鄉民的受約也就合於自願的原則，鄉約關係於是成立、鄉約制度行焉。

二

　　里老（耆老）對鄉民的約束和鄉民出於自願的受約畢竟只是鄉約關係和鄉約制度的一個方面，鄉民的自約和互約也必須倡行。明代洪武年間，有人直接向明太祖指出：

> 古者善惡鄉鄰必記。今雖有申明、旌善之舉，而無黨庠鄉學之規、互知之法，雖嚴訓告之，方未備。臣欲求古人治家禮、睦鄰之法，若古藍田呂氏之鄉約、今義門鄭氏之家範，布之天下。[10]

---

[9] 《明史》卷七九《食貨一》，第 206 頁，《二十五史》本第 10 冊，上海古籍出版社、上海書店 1986 年版。

[10] 《明史》卷一四七《解縉傳》，第 428 頁，《二十五史》本第 10 冊，上海古籍出版社、上海書店 1986 年版。

　　指出這一點是很重要的。使鄉土社會諸成員不僅是鄉約之客體、並且是鄉約之主體，使鄉民人人不僅受約、而且自約和互約，以保障鄉土社會全體成員的共同生活和共同進步，這才是鄉約關係的初衷、這才是鄉約制度之本義。

　　明太祖對此有何反應，《明史》上未見記載。然而，我們在福建（包括臺灣）的明清文獻裡看到了從各個方面著力以使鄉民受約、自約和互約的事蹟。例如：

　　明代洪武二年，順昌縣丞楊惟德建順昌縣治街西申明亭，事見明正德版《順昌邑志》卷之二；[11]

　　明代永樂年間，泉州府城建溪亭約所，事見《重修溪亭約所碑記》，碑存泉州市閩台關係史博物館；

　　明代宣德年間，龍岩舉人蔣輔「與鄉人講行《藍田鄉約》」，事見何喬遠《閩書》卷之一百十九，又見清乾隆版《龍岩州志》卷之十一；[12]

　　明代正統年間，龍岩蘇克善「隱居山中，與邱存質、蔣永迪講藍田鄉約、文公家禮」，事見清乾隆版《龍岩州志》卷之十一；[13]

　　明代弘治十四年，順昌知縣李震重修順昌縣治街西申明亭，事見明正德版《順昌邑志》卷之二；[14]

　　明代正德年間，王守仁在漳贛巡撫任上於龍岩頒行《鄉約教諭》凡十四章，史稱「王文成公之教」（語見葉春及《惠安政書》），文收清乾隆版《龍岩州志》卷之十三；[15]

　　明代嘉靖五年，黃懌在安溪知縣任上「舉行明六諭，輯《呂氏鄉約》、陳氏訓詞，附列教條為十四禁，以防民止汰，月立長、副董之，善有記、惡有書而考成焉」，事見清乾隆版《安溪縣誌》卷之五；[16]

[11] 馬性魯：《順昌邑志》卷之二《公署志》，第 24 頁，順昌縣誌編纂委員會 1985 年版。

[12] 何喬遠：《閩書》第 4 冊，第 3598-3599 頁，福建人民出版社 1994 年版；張廷球：《龍岩州志》卷之十一《人物下》，第 271 頁，福建地圖出版社 1987 年版。

[13] 張廷球：《龍岩州志》卷之十一《人物下》，第 280 頁，福建地圖出版社 1987 年版。

[14] 馬性魯：《順昌邑志》，第 24 頁，順昌縣誌編纂委員會 1985 年版。

[15] 張廷球：《龍岩州志》卷之十三《藝文志》，第 330-333 頁，福建地圖出版社 1987 年版。

[16] 莊成：《安溪縣誌》卷之五《宦績》，第 173 頁，廈門大學出版社 1988 年版。

　　明代嘉靖三十二年，湯相在龍岩知縣任上「立保甲，行鄉約」，事見清乾隆版《龍岩州志》卷之五；[17]

　　明代嘉靖年間，李思寅在建陽知縣任上「教民行朱子鄉約」，事見清道光版《建陽縣誌》卷之九；[18]

　　明代嘉靖年間，王士俊在泉州知府任上推行鄉約，並「以約正之名，委重於士夫」，泉州進士莊用賓任泉州青陽鄉約之約正，事見《青陽鄉約記》碑，碑存泉州青陽石鼓廟；

　　明代嘉靖年間，龍岩生員曹文燁、曹鳴鳳兄弟《請分設寧洋縣議》議及「申明亭之費」，略謂：「里坊之民行誼純潔者，每圖公報三名，充為老人，歲時朔望，遍歷里社，申明鄉約，誘勸歸善，亦化民成俗之一端也」，事見清乾隆版《龍岩州志》卷之十三；[19]

　　明代隆慶元年，董良佐在甯洋知縣任上「教民行鄉約，與士子講王文成公之學」，「立鄉約，申聖諭，刊佈家鄉禮纂，蓋一時四面響風焉」，事見《閩書》卷之六十五，又見清乾隆版《龍岩州志》卷之五、卷之十五；[20]

　　明代隆慶至萬曆年間，葉春及在惠安知縣任上建申明亭、推行鄉約，並撰《惠安政書》九《鄉約篇》，事見葉春及《惠安政書》；

　　明代萬曆年間，黃承玄在福建巡撫任上頒行《約保事宜》，文收黃承玄《盟甌堂集》卷二九；[21]

　　明代萬曆四十年，蔡獻臣在同安撰《里老總保》，文收蔡獻臣《清白堂稿》卷十七；[22]

　　明代崇禎年間，周之夔在閩縣撰《藤山馮巷鋪保甲冊序》、《藤山大

[17] 張廷球：《龍岩州志》卷之五《秩官志》，第165頁，福建地圖出版社1987年版。

[18] 江遠青：《建陽縣誌》卷之九《職官志》，第347頁，建陽縣地方誌編纂委員會1986年7月版。

[19] 張廷球：《龍岩州志》卷之十三《藝文志》，第340頁，福建地圖出版社1987年版。

[20] 何喬遠：《閩書》第2冊，第1917頁，福建人民出版社1994年版；張廷球：《龍岩州志》卷之五《秩官志》卷之十五《藝文志三》，第167頁、第457頁，福建地圖出版社1987年版。

[21] 參見鄭振滿：《明後期福建地方行政的演變》，《中國史研究》1998年第1期。

[22] 蔡獻臣：《清白堂稿》卷十七，第13頁，福建圖書館藏本。

廟鋪保甲冊序》、《藤山睹橋鋪保甲冊序》等文，論及鄉約之事，文收周之夔《棄草二集》卷之二；[23]

清代康熙年間，龍岩舉人鄭政在鄉輯「《呂氏鄉約》等書，以教後進」，事見清乾隆版《龍岩州志》卷之十一；[24]

清代康熙年間，藍鼎元隨軍入台，在臺灣頒佈《諭閩粵民人》，明確告諭臺灣的閩籍和粵籍「民人」（臺灣的開發主要是由閩、粵移民實現的，因而閩、粵移民及其後裔構成了臺灣人口的主要部分）：「世之良民，或有言語爭競，則投明鄉保耆老，據理勸息，庶幾興仁讓之風」，文收藍鼎元《東徵集》；[25]

清代康熙五十五年、五十六年，李光地在安溪制定《同里公約》、《丁酉還朝臨行公約》，文收李光地《榕村別集》卷五；[26]

清代道光七年，泉州府城重修溪亭約所，事見《重修溪亭約所碑記》，碑存泉州市閩台關係史博物館；

清代道光年間，泉州「南安陳氏」購置陳宏謀輯錄的《訓俗遺規》（道光十年新刊本），書收陳宏謀序（乾隆七年撰）、《司馬溫公居家雜儀》、《朱子增損呂氏鄉約》、《陸棱山居家正本制用篇》、《倪文節公經鉏堂雜誌》、《陳希夷心相篇》、《袁氏世范》等文，書藏泉州市閩台關係史博物館；[27]

清代道光至咸豐年間，徐宗幹在分巡臺灣兵備道任上勵行鄉約，曾頒佈《諭各屬總理鄉約》，文收丁日健編《治台必告錄》。[28]

上記資料裡，「藍田鄉約」和「呂氏鄉約」稱名兩異而實為一指，即《藍田呂氏鄉約》；而「朱子鄉約」則指經朱熹修訂而成的《朱子增損呂氏鄉約》。

---

[23] 周之夔：《棄草集》第 3 冊，第 1373-1382 頁，江蘇廣陵古籍刻印社 1997 年版。

[24] 張廷球：《龍岩州志》卷之十一《人物下》，第 283 頁，福建地圖出版社 1987 年版。

[25] 藍鼎元：《東徵集》卷五，第 239-242 頁，臺灣文海出版社《近代中國史料叢刊續輯》本。

[26] 李光地：《榕村全書》，書藏福建師大圖書館。

[27] 《訓俗遺規》，道光十年（1830）新刊，培遠堂藏版，書之正文第 1 頁上端有「南安陳氏家藏」印記。

[28] 丁日健：《治台必告錄》，第 361 頁，臺灣大通書局《臺灣文獻史料叢刊》本。

　　從福建（包括臺灣）的實際情況來看，《藍田呂氏鄉約》（包括其修訂版《朱子增損呂氏鄉約》）是明清各個時期、各個地方鄉約關係和鄉約制度的範本。

　　在《訓俗遺規》一書裡，陳宏謀爲《朱子增損呂氏鄉約》所撰的按語指出：

> 藍田（縣名）呂氏兄弟皆從學于伊川、橫渠兩先生，德行道藝萃於一門，為鄉人所敬信，故以此為鄉人約。可見古人為學，不肯獨善其身、亦不必居官始可以及人也。

　　這裡所謂「爲鄉人所敬信，故以此爲鄉人約」事關鄉民受約和鄉約的自願原則，「不肯獨善其身、亦不必居官始可以及人」則語涉鄉民自約、互約和鄉約的非官方即自治的性質。

　　《藍田呂氏鄉約》從「知」（主管人員）、「制」（行爲準則和辦事規則）兩方面就鄉約的主管人員（約正、約副和直月即值月人員）、行爲準則（「德業相勸」、「過失相規」、「禮俗相交」、「患難相恤」及其細則）和辦事規則（「置三籍，凡願入約者入於一籍，德業可勸者書於一籍，過失可規者書於一籍」、「右件德業，同約之人各自進修、互相勸勉。會集之日，相與推其能者，書於籍」、「右件過失，同約之人各自省察，互相規戒。小則密規之，大則眾戒之，不聽則會集之日，直月告於約正，約正以義理誨諭之，謝過請改則書於籍以俟，其爭辨不服與終不能改者，聽其出約」等）均有明細的規定。

　　明清福建（包括臺灣）的鄉約在「知」、「制」兩方面從《藍田呂氏鄉約》直接取益，以「知制具存」[29]來確保鄉民的受約、自約和互約。例如，明代王守仁在龍岩頒行的《鄉約教諭》規定：

> 同約中推年高有德、為眾所敬服一人為約長，二人為約副，又推公直果敢者四人為約正，通達明察者四人為約史，精健廉幹者四人為知約，禮儀習熟者二人為約贊。置文簿三扇。其一扇，備寫同約姓名及日逐出入所為，知約司之；其二扇一書彰善，一書糾

---

[29] 語見葉春及：《惠安政書》第 16 頁，福建人民出版社 1987 年版。

過，約長司之。[30]

清代李光地在安溪制定的《丁酉還朝臨行公約》也規定：

> 約正須置功過簿一冊，寫前後所立規條於前，而每年分作四季，記鄉里犯規□□□及約中懲責者於後，務開明籍貫、姓名並因何事故以備日後稽考，或能改行，或無悛心，俱無遁情也。[31]

其他的鄉約也幾乎都有類似的規定。

在臺灣，鄉約的主事者另有「總理」之稱，由官府頒給「戳記」。王凱泰《臺灣雜詠》有詩並注云：

> 宰官頒戳各鄉承，約長居然總理稱。執版道旁迎與送，頭銜笑看兩門燈（鄉約名總理，地方官給戳記，門口懸大燈，亦總理銜。）[32]

何竟山《台陽雜詠》亦有句云：「鄉承約長耀門燈」[33]。唐贊袞《台陽見聞錄》則記：

> 鄉約名總理，地方官給戳記，門口懸大燈，亦書總理銜。[34]

鄉約的主事者、董事者則合稱「鄉約人等」，語見清乾隆版《臺灣府志》卷七《典禮‧鄉約》。

通過鄉民受約、自約和互約來保障鄉土社會成員的共同生活和共同進步是一個理想。

按照社會學家的解釋，「社會問題就是社會全體或一部分人的共同生活或進步發生障礙的問題」[35]社會問題的發生有社會內部、也有社會

---

[30] 引自張廷球：《龍岩州志》第 330 頁，福建地圖出版社 1987 年版。

[31] 李光地：《榕村別集》卷五，第 15 頁。

[32] 王凱泰：《臺灣雜詠》，見《臺灣雜詠合刻》，第 42 頁，臺灣大通書局《臺灣文獻史料叢刊》本。

[33] 何竟山：《台陽雜詠》，見《臺灣雜詠合刻》，第 66 頁，臺灣大通書局《臺灣文獻史料叢刊》本。

[34] 唐贊袞：《台陽見聞錄》，第 143 頁，臺灣大通書局《臺灣文獻史料叢刊》本。

[35] 孫本文：《現代中國社會問題》，商務印書館 1947 年第 3 版，轉引自《社會學概論》，第 308 頁，天津人民出版社 1984 年版。

外部的各種原因；就社會內部而言，又有各個方面、各個層面的原因。
正當的鄉約在一定條件下或可收一時一地之效，卻不可能排除鄉土社會
所有的問題；不當的鄉約本身就是一個社會問題、並且可能引發更多的
社會問題。洪富《青陽鄉約記》謂：

> 每歲莊姓偕諸巨姓各二人，分董其事，務在相勸、相規、相友、
> 相恤，有善者與眾揚之，雖微不棄；有犯者與眾罰之，雖親不貸。
> 抑強而扶弱，除奸而禦盜，解紛而息爭，由是眾子弟以禮相軌，
> 僮僕以法相檢，鄉族賴以睦，雞犬賴以寧，百谷果木賴以蕃，溝
> 渠水利賴以疏。[36]

這裡記錄了青陽鄉約的績效、也記錄了鄉約的理想。然而，我們從
中還是看到了鄉約本身可能引發的社會問題：「莊姓偕諸巨姓」及其鄉
約董事者恃強壓制諸小姓的問題。蔡獻臣《里老總保》也曾指出不當的
鄉約造成的社會問題：

> 今老人不由德舉，半系罷閒吏卒及無良有過之人。縣官一有差
> 委，即圖攢錢。

當然，歷史上為推行正當的鄉約、為鄉約的理想而努力的人事畢竟
是值得記取的。

三

葉春及《惠安政書》九《鄉約篇》謂：

> 惟皇制建府、置縣、劃鄉、分里，以奠民庶，乃立耆老，以佐令
> 敷政教。

朝廷命官，至縣級乃止，縣以下無職官建置，所以說「建府、置縣、
劃鄉、分里」；而鄉約制度實際上是地方行政制度的一個補充，所以說
「佐令敷政教」。從縣級職官行政權力的角度來看，有人又視之為縣級

---

[36] 引文據廈門大學人類學研究所郭志超教授提供的《青陽鄉約記》抄本。

職官的「權柄下移」或與民「共治」，即地方行政制度的延伸。如洪富《青陽鄉約記》所謂「有司以權柄下移爲諱」和葉春及《惠安政書》九《鄉約篇》所謂「知縣願與共治」。

葉春及《惠安政書》九《鄉約篇》又謂：

> 凡老人里甲，于申明亭議決。坐，先老人，次里長，次甲首，論齒序坐。如里長長於老人，坐于老人之上。

里老（耆老）同里長、甲首合作、鄉約制度同里甲（保甲）制度配套。周之夔也曾指出這種合作和配套的關係：「鄉約以訓迪之，保甲以稽察之」[37]，「彼保甲者與鄉約相表裡」[38]。

作爲地方行政制度的補充和延伸，作爲里甲（保甲）制度的配套，鄉約也有其辦理公共事務的場所即約所。

明代洪武年間，各地多建申明亭和旌善亭以爲約所；明代洪武年以後，申明亭和旌善亭廢多存少，各地或修建舊亭、或新創約所。

清代顧炎武《日知錄》於「申明亭」條下有注云：

> 宣德七年正月乙酉，陝西按察僉事林時言：洪武中，天下邑里，皆置申明、旌善二亭，民有善惡，則書之，以示勸懲，凡戶婚、田土、鬥毆常事，里老於此剖決。今亭宇多廢，善惡不書，小事不由裡老，輒赴上司，獄訟之繁，皆由於此。[39]

這裡記錄的是明代宣德年間所見的大致情況：「申明、旌善二亭」，邑裡皆置而多廢。

我們從明嘉靖版《清流縣誌》卷之三《古跡》裡也看到了「申明、旌善二亭，……故址猶存」的記載[40]。我們從葉春及《惠安政書》裡看到的是更爲詳備的印證。

《惠安政書》一《圖籍問》記：「父老所居旌善、申明亭，匪邑然

---

[37] 周之夔：《棄草集》第 3 冊，第 1373 頁，江蘇廣陵古籍刻印社 1997 年版。
[38] 周之夔：《棄草集》第 3 冊，第 1378 頁，江蘇廣陵古籍刻印社 1997 年版。
[39] 引自《日知錄集釋》，第 284 頁，嶽麓書社 1994 年版。
[40] 陳桂芳：《清流縣誌》卷之三《古跡》，第 74 頁，福建人民出版社 1992 年版。

也，裡皆有之，今廢久矣」；《惠安政書》二《地理考》亦記：「（邑）作旌善、申明亭，又各都皆建亭」；《惠安政書》四至八列表說明惠安境內下埔、盤龍、瓊田、下浯、驛阪、承天、下江、前黃、前塗、上郭、尹厝、舉厚、峰前、仙塘、後鄭、東張、袁厝、吳厝、通津、前塘、象浦、員莊、前頭、梁山兜、白崎、裡春、下安、大拓、黃田、揚宅、蘇坑、鳳洋、許塘、烏石、倉邊、赤厝、許山頭、劉厝、張坑、大吳、坑北、前莊、上莊等 43 個鄉村置有申明亭。《惠安政書》將申明亭分別登記為「今申明」、「舊申明」和「申明」三類。「今申明」應指當時新創並使用的申明亭，葉春及在惠安知縣任上有「創亭以為約所」的記錄[41]，「今申明」當是他在這方面的政績；「舊申明」應指已廢置不用的舊約所，「申明」則可能或用或廢也。

明代崇禎年間，周之夔《藤山大廟鋪保甲冊序》也記錄了「往時」各有約所、當時仍有約所的情形：「往時馮巷、睹橋二鋪各有約所，後以湫隘匯歸大廟（約所）」。[42]

明代洪武年以後新創的約所往往以寺廟為之。如王守仁《鄉約教諭》謂：「立約所，以道里均平之處、擇寺觀寬大者為之」；[43]又如葉春及《惠安政書》一《圖籍問》記：「乃行鄉約，多棲佛老之宮、叢祠之宇」。[44]

泉州《重修溪亭約所碑記》記：

> 其建於溪亭者，自前明永樂間始。舊制兩宮俱一落，左祀天上聖母。聖母，水神所化生者，前人之塑像于此，蓋謂此地正南方，離火之位，故欲以水勝之，非偶然崇奉已也。至其右，祀田都元帥，則所籍以為一方之鎮、一境之主。[45]

洪富《青陽鄉約記》記：

---

[41] 語見葉春及《惠安政書》，第 328 頁，福建人民出版社 1987 年版。

[42] 周之夔：《棄草集》第 3 冊，第 1377 頁，江蘇廣陵古籍刻印社 1997 年版。

[43] 轉引自張廷球：《龍岩州志》卷之十三《藝文志一》，第 330 頁，福建地圖出版社 1987 年版。

[44] 語見葉春及《惠安政書》，第 16 頁，福建人民出版社 1987 年版。

[45] 引文據陳健鷹：《讀碑三題》，《閩台民俗》創刊號，1997 年 12 月。

吾鄉有石鼓廟，舊宇傾圮。莊子捐已貲而一新之，於是崇明黜幽，遷佛像於其東西傍，而中為眾會之所。

周之夔《藤山大廟鋪保甲冊序》記：

大廟墩者，全城之最高處也。祠文昌而翼士穀，故名焉。代多顯人。予大父與先子兩預修葺之任，又拓其宇以飲射讀法，彬彬如也。往時馮巷、睹橋二鋪各有鄉約所，後以湫隘匯歸大廟。[46]

清乾隆版《安溪縣誌》卷之十《寺觀》記：

顯應廟，在縣南厚安村。神姓陳名潼，唐時人。大順中，長官廖儼招集流民以神為都將，戍溪南。既沒，民就舊宅祀之。宋嘉定十六年錫今額。嘉熙三年重修，邑人餘克濟記。即今之鄉約所也。[47]

又記：

獅子宮，在龍山下，即今鄉約所。[48]

又記：

官橋宮，為宣講鄉約所。[49]

又記：

科名庵，里中講約所。[50]

類似的例證尚可枚舉。

約所以寺廟為之，其主要用意蓋在於借助神明的威懾以強化鄉約的社會控制效能。葉春及《惠安政書》十《里社篇》對此有相當生動的記錄：

[46] 周之夔：《棄草集》第 3 冊，第 1377 頁，江蘇廣陵古籍刻印社 1997 年版。
[47] 莊成：《安溪縣誌》卷之十《寺觀》，第 314-317 頁，廈門大學出版社 1988 年版。
[48] 莊成：《安溪縣誌》卷之十《寺觀》，第 314-317 頁，廈門大學出版社 1988 年版。
[49] 莊成：《安溪縣誌》卷之十《寺觀》，第 314-317 頁，廈門大學出版社 1988 年版。
[50] 莊成：《安溪縣誌》卷之十《寺觀》，第 314-317 頁，廈門大學出版社 1988 年版。

父老聽一鄉之訟，如戶婚、田土、財貨、交易等不肯輸服，與凡疑難之事，皆要質於社而誓之。凡誓，鳴鼓七響，社祝唱：跪。誓者皆跪。社祝宣誓詞曰：「某人為某事，若有某情，敬誓于神，甘受天殃，惟神其照察之！」誓畢，誓者三頓首而退。[51]

周之夔亦記：藤山「大廟既為鄉約公所」，「然則衣冠之所集、禮法之所施、父兄之所教、子弟之所率，與夫官師之所材、鬼神之所福，咸取斯地」。[52]

四

關於「里老（耆老）聽訟」的實體和程式法原則，葉春及在《惠安政書》九《鄉約篇》裡，「欽遵聖制」即遵照「國家之法」有所闡述。歸結起來，為如下八項：

其一，里老（耆老）資格的公眾認定原則。「選高年有德、眾所推服者充耆老」，「眾所推服」不是里老（耆老）本身具備的資格，而是公眾對其資格的認定。

其二，「里老（耆老）聽訟」權的不可處分原則。在里老（耆老）的受案範圍內，「一切小事，務由本管里甲老人理斷。不由者，不問虛實，□杖六十，發回」，「已經老人里甲處置停當，頑民不服，展轉告官，捏詞誣陷，正身處以極刑，家遷化外」；對不經或不服「里甲老人理斷」的越訴者，「官吏不即杖斷，稽留作弊，詐財取物」或「不察所以，一概受理」，罪之；而「里甲老人不能決斷，致令赴官紊煩者，亦杖六十，仍著果斷」。

其三，「里老（耆老）聽訟」的受案範圍原則。此原則有兩方面的規定性，一是受案的地域限於本里，「事幹別里，須會該里老人里甲」；一是受案的性質限於民事，「以十有九章聽民訟：一曰戶婚；二曰田土；三曰鬥毆；四曰爭占；五曰失火；六曰竊盜；七曰罵詈；八曰錢債；九

51 葉春及《惠安政書》，第 349 頁，福建人民出版社 1987 年版。
52 周之夔：《棄草集》第 3 冊，第 1377-1378 頁，江蘇廣陵古籍刻印社 1997 年版。

曰賭博；十曰擅食園林瓜果；十有一曰私宰耕牛；十有二曰棄毀器物稼
穡；十有三曰畜產咬殺人；十有四曰卑幼擅用財；十有五曰褻瀆神明；
十有六曰子孫違犯教令；十有七曰師巫邪術；十有八曰畜踐食禾稼；十
有九曰均分水利」。至於刑事案件，「奸盜、詐偽、人命重事，方許赴官
陳告」。

其四，「里老（耆老）聽訟」的自訴原則。訴訟當事人「自來陳告，
方許辯理。聞風勾引者，杖六十。有贓者，以贓論」。

其五，「里老（耆老）聽訟」的合議原則。此原則包括本里之事由
本里老人與里甲「公同議決」、「事幹別里，須會該里老人里甲」。

其六，「里老（耆老）聽訟」的決斷原則。「一切小事，務由本管里
甲老人理斷，」「里甲老人不能決斷，……仍著果斷」。

其七，「里老（耆老）聽訟」的適用調解原則。「小事不平，父老同
眾勸戒，」使「訟者平之，相揖而退」。

其八，「里老（耆老）聽訟」的錯案責任追究原則。「循情作弊，顛
倒是非，依出入人罪律論」。

上記原則乃出於「平訟息爭」的考量，是為實現「里老聽訟」的有
效性而設置的。

王守仁、黃承玄、蔡獻臣、李光地等人也或先或後、或多或少地闡
述了上記原則。如黃承玄《約保事宜》謂：

> 紀善戒惡之後，凡有彼此爭競及冤抑不伸者，俱以實告，約正詢
> 之保長，參之輿論，以虛心剖其曲直，以溫語解其忿爭，務令兩
> 家心服氣平。……如有重大事情須白官府者，亦必先經約會，然
> 後告官。[53]

這裡集中地闡明「里老（耆老）聽訟」的自訴原則、合議原則、適
用調解原則、受案範圍原則等。又如，李光地《丁酉還朝臨行鄉約》謂：

> 諸鄉規俱照去歲條約遵行。我已囑託當道，凡系人倫風俗之事，

---

[53] 轉引自鄭振滿：《明後期地方行政的演變》，《中國史研究》1998 年第 1 期。

地方報聞，務求呼應作主。但恐我輩用心不公、處事不當，或心雖無私而氣不平、事雖無錯而施過甚，則亦於仁恕之理有乖，皆未足以服人心而取信於官長也。嗣後舉行舊規，必酌其事之大小輕重，可就鄉約中完結者，請於尊長會鄉之耆老，到約完結。必須送官者，亦請尊長會鄉之耆老，僉名報縣懲治。如事關係甚大，而有司呼應未靈者，鄉族長老僉名修書入京，以便移會當道。最忌在斑白退縮，袖手緘喙。[54]

這裡亦語涉錯案責任、受案範圍、合議和不可處分等原則。

「里老（耆老）聽訟」的合理性則端賴於「合依常例」即遵從先例的判例法原則。

常例也稱民間俗例，指在一定地域內通行的、不成文的民間習慣法。

民間俗例是鄉土社會成員遵守的常例，也是「里老（耆老）聽訟」遵從的先例。

舉例言之。王守仁《鄉約教諭》就「里老（耆老）聽訟」受案範圍內的「錢債」一項有如下規定：

本地大戶，異境客商，放債收息，合依常例，毋得磊算。[55]

所謂「毋得磊算」即「利息不得滾入母金」。這是閩台民間俗例之一種，在南京國民政府司法行政部編的《民事習慣調查報告錄》一書裡見有報告[56]。作為民間俗例，「毋得磊算」是債權人、債務人雙方應知的「常例」，也是「里老（耆老）聽訟」必遵的先例。王守仁要求構成債權、債務關係的當事人「合依常例」，而里老（耆老）則當遵照判例法原則、遵從先例做出判決。當判決合於「毋得磊算」的民間俗例，「里老（耆老）聽訟」也就取得了合理性。

在「里老（耆老）聽訟」受案範圍內的「錢債」項下，又有「大孫頂尾子」、「嫡全庶半」、「父債子還」、「麻燈債」、「新正不討債」等民間

---

[54] 李光地：《榕村別集》卷五，第 12 頁。
[55] 張廷球：《龍岩州志》，第 330-331 頁，福建地圖出版社 1987 年版。
[56] 見《民事習慣調查報告錄》下冊，第 635 頁，中國政法大學出版社 2000 年版。

俗例，鄉民的做法合於民間俗例則視爲合理，里老（耆老）做出的判決亦以合於民間俗例爲合理。

民間俗例即民間習慣法具有明顯的禮和非禮的雙重取向。

葉春及《惠安政書》九《鄉約篇》據禮制定了各項規定，試圖將鄉土社會納入禮治的軌道。他並且自稱：「知縣嘗上書于朝曰：國家制禮，達乎庶人」[57]。葉春及很好地表達了官府的意圖和意見，官府的意圖和意見也部分地得到實現和貫徹。鄉約的行爲準則「德業相勸、過失相規、禮俗相交、患難相恤」完全合於禮的精神。民間俗例即民間習慣法也包括了禮的內容、也具有禮的取向。

然而，民間俗例民間習慣法並不盡合於禮的規定，還包含有非禮的部分、具有非禮的傾向。例如，葉春及《惠安政書》九〈鄉約篇〉據禮規定「不得匿喪成婚」，而在福建（包括臺灣），「居喪百日內可以成婚」卻是可以公然言之、公然行之的民間俗例。

又如，長幼有序是禮的基本規定，而「在厝論叔侄，在外論官職」的民間俗例將這項基本規定大打折扣。李光地《丁酉還朝臨行公約》規定：

> 約正於族行雖卑幼，然既秉鄉政，則須主持公道。自後鄉鄰曲直有未告官而投訴本鄉者，除尊長發與約正調停者，則為從眾訊實，覆命尊長而勸戒之。其餘年少未經事者，雖分為叔行，不得役約正。如奴隸約正，（約正）亦不得承其意指，顛倒是非以壞風俗。[58]

上文簡要描述了「里老（耆老）聽訟」的實體、程式和判例法原則及民間俗例即民間習慣法的禮和非禮的雙重取向。

從「里老（耆老）聽訟」的原則和民間俗例即民間習慣法的取向可以看到：具有自治性質的鄉約制度從來是在「國家之法」允許的範圍之內運作；「里老（耆老）聽訟」所依據的民間俗例即民間習慣法具有禮

---

[57] 葉春及：《惠安政書》第 330 頁，福建人民出版社 1987 年版。
[58] 李光地：《榕村別集》卷五，第 14 頁。

和非禮的雙重取向。因此，我們不應認為鄉土社會是「無法」的社會或「禮治」的社會。從區域研究的角度看，「禮法兼施」即所謂「禮法之所施」[59]乃是閩台鄉土社會的傳統。2001 年 1 月 3 日於福州寓所之涵悅齋。

---

[59] 語見周之夔：《棄草集》第 3 冊，第 1377 頁，江蘇廣陵古籍刻印社 1997 年版。

試論明清時期的閩台鄉約

　　鄉約作爲中國古代鄉治領域的一個重要內容,在封建基層社會管理組織力圖把鄉土社會活動納入正常化發展軌道的過程中,曾發揮了不可忽視的作用。因此,有關鄉約的研究一直是晚近國內外學界關於中國基層社會史學術探討的一個重要方向,所取得的成果令人矚目[1]。鄉約的訂立及其推行,是與當時、當地的社會歷史背景緊密聯繫在一起的。而以往一些研究,比較強調鄉約的整體性,對鄉約推行的地域背景則有所忽視。因此,針對特定歷史時期鄉約在某一區域社會的推行情況,做深入的考察也很有必要[2]。本文擬遵循這種學術思路,在以往學者研究的基礎上,對明清時期鄉約在閩台區域推行的情況做一番初步探討,文中不當之處,敬祈方家批評指正。

一、明清閩台鄉約推行的情況

　　關於明代鄉約始行時間,目前學界大多認爲以正統三年(西元 1438年)廣東潮州知府王源在任內所推行鄉約活動爲最早。王源,字啓澤,福建龍岩人,永樂二年進士,史載其在潮州任上,「刻《藍田呂氏鄉約》,擇民爲約正、約副、約士,講肆其中,而時偕寮宗董率焉」[3]。近年在福建泉州出土的道光七年(西元 1827年)所勒《重修溪亭約所碑記》,

---

[1] 參見王蘭蔭《明代之鄉約與民眾教育》,載《師大月刊》1935 年第 21 期;楊開道《中國鄉約制度》,山東鄉村服務訓練處 1937 年版;曹國慶《明代鄉約發展的階段性考察》,《江西社會科學》1993 年第 8 期、《明代鄉約推行的特點》,《中國文化研究》1997 年春之卷、《明代鄉約研究》,《文史》第 46 輯。

[2] 這方面的文章主要有鈴木博之《明代徽州府的鄉約研究》,載《山根幸夫教授退休紀念論叢》;陳柯雲《略論明清徽州的鄉約》,載《中國史研究》1990 年第 4 期;Kandice Hauf,"The Community Covenant in Sixteenth Century Ji'an Prefecture,Jiangxi" *Late Imperial China* Vol.17,NO.2(December 1996);楊念群《論十九世紀嶺南鄉約的軍事化》,載《清史研究》1993 年第 3 期;朱鴻林《明代中期地方社區治安重建理想之展現:山西河南地區所行鄉約之例》,載《中國學報》第 32 輯;《明代嘉靖年間的增城沙堤鄉約》,載《燕京學報》新 8 期,2000年。

[3] 民國《龍岩縣誌》卷二五《王源傳》。

對研究明清泉州府溪亭地方鄉約的源起、變遷等很有幫助。《碑記》云：
「（鄉約所）其建於溪亭者，自前明永樂間始。」[4]可見溪亭推行鄉約，
是在正統三年之前。碑文中雖未論及當時所講鄉約的具體內容，但據史
載，明成祖曾經取《藍田呂氏鄉約》列於性理成書，頒行天下，令人誦
行。可以推斷，永樂年間泉州府溪亭所講鄉約也應爲《藍田呂氏鄉約》，
其舉動可以看作是泉州地方官紳對成祖諭旨的一種回應。以往一些學者
認爲成祖頒佈鄉約之舉，只是停留在文字和口頭上，終未能付諸實踐。
但《重修溪亭約所碑記》，似可驗證明成祖所頒鄉約的舉措，在地方上
是得到了貫徹執行的。此外，正統以前在福建推行鄉約的還有其他記
載，例如，宣德年間，龍岩舉人蔣輔「嘗與鄉人講行《藍田鄉約》」[5]。蔣
輔，字廷佐，曾授廣安州學正，歷金溪訓導、嵩城、吉水教諭、甯國府
教授等職。他後來被列入鄉賢祠崇祀，似乎與其在家鄉熱心鄉治不無關
係。這些都是在明朝初年舉行鄉約的例子，可見福建是明代鄉約推行較
早的地區。

正統以後，鄉約在各地推行的情況日漸增多，福建地方也如此。如
前述之王源，正統年間致仕歸里後，仍繼續在龍岩家鄉倡行鄉約。同時
期的龍岩鄉紳蘇克善，也曾與「邑人邱存質、蔣永迪講《藍田鄉約》、《文
公家禮》」[6]于鄉中，文中所指蔣永迪，字雲山，與蘇克善、邱存質相友
善，三人同爲龍岩豪紳，對地方事務多有插手。如鄧茂七民軍攻龍岩時，
「范都督雄召迪與蘇克善至軍前畫第，寇賴以平」[7]。邱存質則直接「令
子興輸粟一千石」以佐軍餉。[8]而蔣永迪子即爲前述蔣輔。這種父子二
人相繼舉行鄉約的例子在歷史上似不多見。蔣氏父子二人在正統年間還
聯手進行一系列以修族譜、建祠堂爲中心的整合宗族活動，「稽漢立祠
堂之制，效宋儒去墓管於家之義，而建祠堂于居第之右，輪奐一新」[9]。

4 《重修溪亭約所碑記》，1996 年出土於泉州，碑存泉州市閩台歷史博物館。
5 何喬遠：《閩書》卷一一九《英舊志》，福建人民出版社 1995 年版。
6 乾隆《龍岩州志》卷一一《人物下》。
7 光緒《龍岩州志》卷一二《義行列傳》。
8 何喬遠：《閩書》卷一一九《英舊志》。
9 民國《蔣鐘英族譜》卷一《族譜引傳》。

在成化八年（西元 1473 年）以前，上杭邑人梁崧、李穎也有在鄉推行鄉約的舉動，民國《上杭縣誌》保存有一篇成化年間邑人丘弘爲梁氏所行《杭川鄉約》所撰序文，文中記述了梁崧《杭川鄉約》的緣起、主旨、效果：

> 鄉之有約，所以順人情因土俗，酌事理之，宜而約之，于禮法之中者也。一鄉之中，爾家我室，貧富不齊，奢侈儉嗇志趣不一，必有禮以約之，而後一鄉之人心一焉，風俗同焉。先人制禮以辨上下，定民志，其以是歟！我朝建國制度云為酌古准今，尊卑上下各有定分，禮法之行，民俗淳厚，最為善矣。杭川風俗世稱淳樸，比年以來流為奢侈，俗日以偷。凡禮法之行，惟事貴飾，日積月累，漸習成風。富者極有餘之奢，貧者以不及為恥，噫！是蓋徒事其末節，顧其本，安在哉！邑之梁氏崧，傷世俗之流弊，慨然有感於心，於是，合眾人之見，通眾人之情，條其冠婚喪祭慶慰酬酢之俗，汰奢為儉，損過就中，儀章簡約，品節詳明，名之曰「鄉約」。請予序其首。予謂鄉約之行，而一鄉之禮關焉。然禮有本有文，貴於得中為善，苟或過焉，則文滅其質；或不及焉，則質勝而野。二者偏廢，豈先王制禮之意哉！今梁氏鄉約，切于事理，曲盡人情，大抵以不違國制為先，以敦化厚本為尚，無非欲人從儉約守禮法，而無流蕩之失。質之經傳，殆周公所謂束帛，賁於丘園，孔子所謂禮與其奢也，寧儉之意歟。以是約而謀諸邑之士大夫，皆曰善焉；謀諸鄉之富者貴者，皆曰善焉；謀諸貧者，亦無不曰善焉。將見人咸便之，服而行之，厚其本而抑其末，財不竭而用之舒，淳厚之風日興，禮讓之俗日作，則梁氏是約其有關於世教，豈淺鮮哉！予素有志於禮之本者也，於是請，喜而為序之，以為鄉人之勸雲。[10]

李穎，字嗣英，曾任開封府教授，晚居梅坡，人稱「梅隱先生」，有《杭川風雅集》行於世。李氏鄉居時，「慨邑俗奢靡成風，服食競美，嘗著鄉約以垂勸戒」[11]。可見，梁、李二人所行鄉約以整頓風俗爲主要

---

[10] 民國《上杭縣誌》卷二三《藝文志》。
[11] 民國《上杭縣誌》卷二七《文苑傳》。

內容。弘治三年（西元 1491 年），上虞人潘府以進士知長樂縣事，到任後，「改邑內諸佛宮爲鄉約堂，遵行朱子損益藍田呂氏鄉約，以正風俗」[12]。弘治初，浙江天臺舉人姜鳳由舒城教諭擢升歸化縣知縣，其人「爲政剛果，有循吏風，一以化民易俗爲首務，梓《藍田鄉約》以訓民，身率而行之，民風丕變。」[13]以上二人所行鄉約，可以說是較早的官辦鄉約。

正德、嘉靖以後，鄉約在福建的推行日益普遍，這與全國的趨勢是一致的。其時，政府統治危機逐漸加深，里甲毀壞，社學失修，政府對基層的控制日益削弱，民間風習開始從整體上由明初的淳樸轉趨浮華，社會秩序出現混亂局面。在這樣的歷史背景下，一些官僚士紳希望能夠利用推行鄉約來恢復社會秩序，重建淳厚世風，心學大師王守仁就是其中突出的代表人物。正德十一年（西元 1516 年），王氏以左僉都禦史巡撫南贛汀漳等地，越二年，他開始在南贛地方倡行鄉約，「此中丞陽明公參酌蘭田鄉約，以協和南贛山谷之民也」[14]。隨後，《南贛鄉約》亦推行於閩西南汀、漳等地。與《南贛鄉約》一同推行的，還有《十家牌法條約》，二者構成了王守仁鄉治計畫的基本部分。王守仁在閩西南所行鄉約，強調與保甲法輔助而行，這是針對汀、漳一帶社會動亂局面而採取的鄉治措施。他的這種做法對其後鄉約在該地域的推行有相當的影響，其精神基本上爲後世閩西南地方的鄉約所沿襲下來。例如，明嘉靖年間曾任詔安知縣的何春，就繼承了王氏的講約活動：

> 何春者，豫章於都人，王文成公弟子也。嘉靖中以名孝廉，首綰令符，爲開創循良第一。其爲政也，行鄉約，禁圖賴，毀淫祠，教民習文公家禮。每以簿書之□詣明倫堂，與諸生論所以爲學之要，當縣治草創之初，百制未備，春雍容弦歌，次第修舉，蓋將大明姚江之學，以化民成俗爲己任者。[15]

---

[12] 民國《長樂縣誌》卷二一《名宦傳》。
[13] 康熙《歸化縣誌》卷二三《秩官》。
[14] 鄒守益：《東廓鄒先生遺稿》卷九，清刻本。
[15] 康熙《詔安縣誌》卷九《職官志‧宦績》。

可以說，嘉靖、隆慶、萬曆三朝是明代福建鄉約推行的高潮階段。此期間，閩中各地多有推行鄉約的活動。如嘉靖五年（西元 1526 年）黃懌在安溪知縣任上，「舉行明六諭，輯《呂氏鄉約》、《陳氏訓詞》，附列教條爲十四禁，以防民止汰，月立長、副董之，善有記，惡有書而考成焉」[16]。黃氏所行鄉約共包含四個程式：首讀聖諭，次讀藍田呂氏鄉約，次又讀古靈陳氏教詞，最後是本縣禁約。[17]嘉靖二十三年（西元 1544 年），致仕官員莊用賓在泉州晉江青陽推行鄉約，邑人洪富曾撰《青陽鄉約記》以敘其事，並鐫爲碑石，至今立於青陽石鼓廟前。嘉靖三十二年（西元 1553 年），歸善舉人湯相任龍岩知縣，「恤里甲，均徭役……新廟學，修鄉賢名宦祠，表揚孝義、貞節。立保甲，行鄉約，皆有條理」[18]。嘉靖末，潮陽人李思寅以進士知建陽縣事，任職期間，「教民行朱子鄉約，邑大治」[19]。同時期，泉州安平皇恩鄉居民立鄉約，退職官員蔡存省爲之作序文，力贊此舉，認爲該約內容「有近于聖人教人以孝之意。」[20]隆慶元年（西元 1567 年）玉山舉人董良佐任甯洋知縣，時甯洋縣初創，董氏除積極構造城郭外，還「教民行鄉約，與士子講王文成公之學」，使「士民漸知向化」[21]。隆慶四年（西元 1570 年）至萬曆二年（西元 1574 年），歸善舉人葉春及任惠安知縣，到任後，「參列聖之典，從簡易之規，創亭爲約所。推擇耆老爲約正副，余咸屬之」[22]。葉氏所行鄉約，是與明初里甲老人制度相聯結的。他非常重視里甲老人的作用，不僅恢復了明初的木鐸老人，在「每鄉每里各置木鐸，於本里內，選年老，或殘疾不能生理之人，或瞽目者，令小兒牽引持鐸，徇行本里。令直言教喚孝順父母六句，使眾聞之，勸其爲善，毋犯刑憲」。而且在具體的講約過程中，耆老的角色也十分突出，僅次於知縣。此外，葉春及還以鄉約統

[16] 乾隆《安溪縣誌》卷五《宦績》。

[17] 嘉靖《安溪縣誌》卷一《輿地志·鄉里》。

[18] 光緒《龍岩州志》卷十九《政績志》。

[19] 民國《建陽縣誌》卷一一《循吏傳》。

[20] 安海鄉土史料編輯委員會校注：《安平志》，中國文聯出版社 2000 年版，第 361 頁。

[21] 光緒《龍岩州志》卷一九《政績志》。

[22] 葉春及：《惠安政書》卷九《鄉約編》，福建人民出版社 1987 年版，第 328 頁。

於保甲，以加強地方防衛，「故予於鄉約之眾，甲而編之，即以責之巡警，而統於保長」。葉氏所行的鄉約可以說是一種保甲鄉約。[23]實際上，隨著明後期地方財政危機日漸加深，福建地方行政職能也不斷萎縮，在這樣的背景下，官方更加注重利用民間力量來對社會進行有效控制，因此，明後期歷任的福建巡撫都積極推行這種將保甲與鄉約聯結在一起的鄉治措施。[24]例如，萬曆二十年（西元1592年），時任福建巡撫許孚遠在《頒正俗編行各屬》中指出：「禁奸戢亂，則保甲為急；維風善俗，則鄉約為要。」[25]萬曆四十三年（西元1615年）的福建巡撫黃承玄在其所撰《約保事宜》中，也提出了將鄉約與保甲統於一體，以建構一個鄉村自治體系的施政綱領。[26]此外，崇禎年間，閩縣藤山地方編制保甲，亦反映出鄉約統於保甲的情況。[27]明後期這種鄉約與保甲的聯盟趨勢是我們研究明代鄉約值得注意的地方。

入清以後，鄉約之講作為清政府加強城鄉統治的一項政治措施被沿襲下來。順治六年（西元1649年），清政府頒佈了六諭臥碑文，十六年（西元1659），令直省、府、州、縣舉行鄉約，於每月朔望日聚集公所宣讀。康熙九年（西元1670年），頒行上諭十六條。雍正初年，欽定聖諭廣訓萬言書，刊刻頒行府、州、縣、村，令生童誦讀，每月朔望，地方官聚集公所，逐步宣講。在這種形勢下，福建各地多有講鄉約的舉措。如康熙三十年（西元1691年）湖州人沈荃在甯洋知縣任上，厲行鄉約，「親為解釋，簡質明白，使秀樸可共曉。每月朔望之日，躬臨城內公所宣講。復擇各村落適中之處有廟宇者，即就其地為公所，無者仍議捐構，共一十二處，造冊申報」。這十二處鄉約所分佈於縣屬三里，其中集寧里四所：赤水一、赤澗橋一、小溪壚一、羅佘一；聚寧里四所：南豐一、賜福亭一、城口一、溪口一；永寧裡四所：上石一、三溪口一、蘇家山

[23] 葉春及：《惠安政書》卷九，第329頁；第363頁。

[24] 參見鄭振滿《明後期福建地方行政的演變》，《中國史研究》1998年1期。

[25] 許孚遠：《敬和堂集》卷八《公移》，萬曆刻本。

[26] 黃承玄：《盟鷗堂集》卷二九《公移・約保事宜》，明刻本。

[27] 周之夔：《棄草集》，第三冊，江蘇廣陵古籍刻印社1997年版，第1373-1382頁。

一、大陶隔頭一。由此形成了一個鄉村教化網路。[28]此外，康熙年間閩中舉鄉約的還有龍岩人鄭政，鄭氏為康熙二十九年（西元 1690 年）舉人，「除三水令，有循聲……在任十二年，以母老乞歸。生平崇尚正學，兼工詩古文詞，嘗編輯《程氏日程》、《呂氏鄉約》等書，以教後進」[29]。

　　康熙五十五年（西元 1716 年），曾任大學士的李光地在居留家鄉安溪期間，針對當地社會風習中存在的一些問題，撰成《同里公約》五條，頒行鄉間。其內容如次：

　　一、鼠竊狗偷，即大盜之漸，每有慣徒，竄伏鄉井，能使人無寧居。以後須自相挨察，其有素行不端與匪類相出入者，家甲公舉逐出鄉井。如事已發覺，則拘執送官，永除患害。

　　一、倫理風俗所關，姦淫為甚，為士者犯之，尤不齒於人類。以後如有淫蕩男女，不顧人倫，大壞風俗者，察知素行，立逐出鄉。如有容留，即系約正、鄰右之責。其以犯奸聞者，務須發覺送官，不得于約所薄懲塞責。

　　一、賭博廢業啟爭，乃盜賊之源，鄉里此風尤盛，以後須嚴察嚴拿，送官按律究治。

　　一、盜牽耕牛於別處私宰者，固當以盜賊論，即買牛屠宰，亦犯禁條，並當送官究治。

　　一、山澤之利，節宣生息，則其利不窮；摧殘暴殄，其餘有幾。鄉俗動輒放火焚山，遂至大陵廣阿，經冬如赭。林藪無資，樵蘇何賴，若乃長溪深潭，一經毒害，微鮞絕種，民俗貧薄，此其一端。以後須立屬禁，察出主名，合鄉究治。[30]

　　從文中可以看出，李光地此處所行公約，亦屬於鄉約範疇，只是名稱稍異而已。文中的「里」，指的是李氏家鄉安溪湖頭，「同里公約」，顧名思義指的是推行於湖頭鄉里的一種規約，該公約立有約正，建有約所，與一般鄉約的性質是一致的。李氏在公約前言中云：「鄉俗自當年寇亂以來，習染最深，今雖泰平三十餘年，流風猶在。吾家子弟及他姓

28　光緒《寧洋縣誌》卷三《建置志》。
29　民國《龍岩縣誌》卷二五《列傳》。
30　李光地：《榕村別集》卷五《同里公約》，道光九年刊本。

土著，寓居之人，不肖無賴，實繁有徒，除逆犯人倫及抵幹官府文法者，另有禁約外，合將目前顯爲鄉里害者，摘出數條，公行嚴禁，嗣後如不悛再犯，分別懲治。」[31]由此可見，除《同里公約》外，在李氏操持下，湖頭地方另外還曾有針對「逆犯人倫及抵幹官府」的禁約。李光地似乎對鄉治極爲關注，在訂立《同里公約》的次年，即康熙五十六年（西元1717年），已是年逾七旬的他應召入京，臨行前他又撰成一份公約，作爲對前年所行《同里公約》的補充規定，該公約共五條，以《丁酉還朝臨行公約》名稱收於《榕村別集》中，茲撮其相關要目如下：

> 一、諸鄉規俱照去歲條約遵行，我已囑託當道，凡系人倫風俗之事，地方報聞，務求呼應做主……嗣後舉行舊規，必酌其事之大小輕重，可就鄉約中完結者，請於尊長，會之耆老，到約完結；必須送官者，亦請尊長會鄉之耆老，僉名報縣懲治。如事關係甚大，而有司呼應未靈者，鄉族長老僉名修書入京，以便移會當道……今四海清平，寥寥數惡少，將安逃命，諸父老不能正色仗義，共扶鄉里公道，而畏之如虎，遂使橫行，以至種種惡習，有加無已，甚無謂也。
>
> 一、清家甲一事，乃絕匪類之根源，況經地方上司頒示、申嚴，則奉行不爲無籍。此事我行後，約正可稟尊長，一面報聞有司，立爲規條，著實舉行。作事久而倦者，不特徇情避咎，皆自己本無心之故也。
>
> 一、約正於族行雖卑幼，然既秉鄉政，則須主持公道。自後鄉鄰曲直，有未告官而投訴本鄉者，除尊長發與約正調停者，則爲從公訊實，覆命尊長而勸懲之。其餘年少未經事者，雖分爲叔行，不得役約正如奴隸，約正亦不得承其意指，顛倒是非，以壞風俗。
>
> 一、宰耕牛一件，斷乎不可，我已禁止本鄉一年，但發價頗須微費。今除舊存外，我臨行再發交貯，並向好義之家題助，再力行一年以遲我歸可也。
>
> 一、約正須置功過簿一冊，寫前後所立規條於前，而每年分作四季，記鄉里犯規經送官及約中懲責者於後，務開明籍貫姓名，並

---

[31]《榕村別集》卷五《同里公約》。

因何事故，以備日後稽考。或能改行，或無悛心，俱無遁情也。
32

　　從這些規約內容可以看出，李光地所行公約，其出發點是欲以李氏家族為中心，建立一個綜合其他小姓在內的比較完善的鄉治體系；其主觀目的在於借助李氏宗族父老力量，來約束湖頭鄉里子弟的行為舉止，以敦厚鄉里風俗。李氏公約與清代其他鄉約相比，具有懲惡揚善等相類似的一面，但它更注重的是實際效用，約中並沒有宣讀聖諭之類程式，諸條規皆是有的而發，其中浸染的是李氏作為性理大師的個人意志。例如他把男女之防列為僅次於為盜為匪而加以申誡，正體現了程朱理學思想在鄉治理念中的滲透。

　　清代福建鄉約比較典型的還有行於道光七年（西元 1827 年）的長樂梅花里鄉約。梅花里位於長樂縣東北角，明清以來就是「海邦巨鎮」，清嘉、道年間，梅花一地人口約有七百餘戶，大姓數十。早在嘉慶時，鑒於當地存在著「大凌小，眾欺寡，強侵弱，爭競不休，頹風日盛」的情況，鄉紳吳國榮、吳士英就曾籌畫講約法以端風俗，但最終成效十分有限。如吳國榮「集鄉父老於調羹境廟講說聖諭，勸教愚頑，時和之者寡，舉行數次而止」33。迨至道光七年正月十九日，鄉紳池春雷、孫雲錦、劉占梅、吳蘊玉等偕耆老孫文霖並黃、胡、吳、張、周等姓族長僉議舉鄉約立規，並集資買地，籌建鄉約所、忠賢祠。次年，鄉約所、忠賢祠告竣，「每月朔望齊集衿耆甲董，講解聖諭廣訓，兼說鄉規及雜書因果之報，明白曉暢。令甲內子弟從旁觀聽，知敬老尊賢，恪守憲典，型仁講讓」。34梅花里鄉約共計二十二條，傅衣凌先生曾將其中前二十一條分為七種類型，計有關於修身的規約；關於賭博煙酒的規約；關於治安盜竊防火的規約；關於學田產業及公有地的規約；關於繳納租稅的規約；關於鄉族爭議及訴訟的規約；關於鄉董職責的規約。35其未計入的

32《榕村別集》卷五《丁酉還朝臨行公約》。

33 佚名：《鄉行》，載道光《長樂梅花志》，廈門大學圖書館藏抄本，第 22 頁。

34《梅花鄉約所忠賢祠碑記》，載《長樂梅花志》，第 42 頁。

35 傅衣凌：《記清代福建長樂的鄉約》，載《傅衣凌治史五十年文編》，廈門大學出版社 1989

第二十二條內容是，對有關扎實履行鄉約者另於忠賢祠西畔建立報功祠，爲之立祿位以垂不朽的規定。[36]長樂梅花里鄉約無疑是一種典型的民間自辦鄉約，該鄉約沒有設立約正職務，而是將里內民戶劃分爲十甲，「舉齒德兼（備）十人爲長，精壯端方十人爲董，勤慎敏事二十人副之。」[37]除甲董外，另以族長、士人、澳甲作爲輔助，其主要操作權掌握在以池春雷、孫文霖等人爲首的所謂鄉衿、耆老手中。池、孫等人在序文中，提到了實行鄉約的目的，是要在梅花里建立一個「父與父言慈，子與子言孝，兄與兄言友，弟與弟言恭，毋恃富以欺貧，毋倚貴以凌賤，毋飾智以驚愚，毋籍強以凌弱。十甲數百家，家家可喻；一族數十戶，戶戶可風之家室和平、風俗淳厚、古道可複」的鄉間社會秩序。[38]爲了使鄉約更具權威性，道光八年十一月，池、孫等人還聯名具文，呈請時任縣令王履謙加蓋印銜，予以確認。[39]

　　康熙二十三年（西元 1683 年），清政府統一臺灣，在臺灣設立一府三縣，隸屬福建省，其後隨閩、粵民人及土著的辛勤開發，臺灣逐漸擴至三府，一直隸州、十一縣、三廳。隨著清中央政府統治在臺灣的確立，封建城鄉教化體系也隨之在臺灣府縣建立。清初，在如何治理臺灣的問題上，一些有識官員認識到鄉約在敦厚風俗、維持秩序方面的作用，積極宣導推行。如以治台聞名的藍鼎元，就曾在列舉了當時臺灣社會存在的一系列不良風氣後，指出講鄉約是改正陋習的有效措施：「宜設立講約，朔望集紳衿耆庶於公所，宣講聖諭廣訓萬言書及古今善惡故事，以警動顓蒙之知覺。臺屬四縣及淡水等市鎮村社多人之處，多設講約，著實開導，無徒視爲具文，使愚夫愚婦皆知爲善之樂，則風俗自化矣。講生就本地選貢、監生員，或村莊無有，則就其鄉之秀者，聲音洪亮，善能講說，便使爲之。」[40]藍鼎元所宣導的講約活動，以宣講聖諭訓詞爲

年版，第 80-85 頁。

[36] 《鄉約二十二條》，載《長樂梅花志》，第 15 頁。

[37] 《鄉約二十二條‧附記》，載《長樂梅花志》，第 16 頁。

[38] 《鄉約二十二條‧序》，載《長樂梅花志》，第 11 頁。

[39] 《鄉約二十二條‧附記》，載《長樂梅花志》，第 16 頁。

[40] 藍鼎元：《鹿州文集》卷一《與吳觀察論治臺灣事宜書》，光緒六年重刊本。

主的，而這種講約活動，在清初臺灣府縣多有舉行，如清初澎湖地方「每月朔望會同協營各官，在媽祖宮公所恭設香案，請上諭牌位，行三跪九叩禮畢，分班東西階坐，講生登講席，宣講二章。先用官音宣講一遍，次爲土音，細爲詳講，俾環廳民人咸盡通曉。又平時令各澳社師，將《廣訓》十六章，教令蒙童自動熟讀，俾家喻戶曉焉」[41]。此類鄉約應當說是官辦鄉約，其目的意義與在大陸各府縣所推行的並無區別。

　　在清代臺灣地方，更多的是民間自發成約，如清初苑裡地方，「（鄉約）苑裡各屬亦有踵行者。每年孟冬之月，鄉約首集鄉人宴而約之，大約以和睦鄉里，防禦寇盜，守望相助等事爲主旨，亦聯莊保甲防冬之意也」[42]。樹杞林地方的記載也與此類似。由於臺灣是個移民社會，其初期移民主要由漳、泉、潮州等地人組成，這些地方民風原本強悍，移居臺灣後，相互之間常常爭鬥；此外，隨著人口日繁，社會矛盾加劇，民因無業可執而淪爲盜賊的也很多。在這樣的社會背景下，爲了加強統治，臺灣地方政府廣泛推行保甲制，並制定了一些規章條約，要求民間遵守，與此相適應，民間也紛紛圍繞著各自居住的街、莊等地域組織起來，訂立約章，聯手自衛，由此出現了諸多名目的莊規禁約，這些名目繁多的規約從內容上看，實際上也屬於鄉約的範疇，只是其名稱稍異而已。

　　總體說來，清代臺灣官民之間所推行的帶有鄉約色彩的規約主要有如下幾類：一、官立規約。其設立原因主要在於地方官府爲整頓地方風俗、禁止民間不合法舉動或綏靖地方而直接插手地方鄉治，屬於官府禁約。如道、咸間徐宗幹在分巡臺灣兵備道任上先後頒佈的《中元約》、《全台紳民公約》、《禁煙公約》，其中《中元約》是對臺灣中元節鋪張浪費的現象進行規勸，《全台紳民公約》是禁止在臺北淡水、雞籠一帶挖煤以保風脈，而《禁煙公約》則是勸戒民間吸食鴉片。[43]道光十六年任淡水知府的婁雲所頒佈的《莊規禁約》也屬於官立規約。該規約包含兩部

---

[41]《澎湖廳志》卷六《職官》，臺灣文獻史料叢刊第 164 種。

[42]《苑裡志》卷下《典禮志‧鄉約》，臺灣文獻史料叢刊第 48 種。

[43] 參見丁日健《治台必告錄》，臺灣文獻史料叢刊第 17 種，第 361-365 頁。

分內容，前面是莊規四則，要求莊中首腦約束莊眾，和睦鄉鄰；後面是禁約八條，要求各莊民人安分守己，不得為匪為盜，或是窩藏不良；佃戶按時完佃、業主按時交納錢糧正供。[44]二、民間立約。其設立原因主要是民間出於防盜自衛而共同簽定協議。其名稱不一，主要有合約、規約、條約等三種，前者如道光年間淡水《竹南三保吞霄街莊合約》、咸豐年間《中港閩粵總局聯莊合約》等。這類合約是與道光以後臺灣地方政府推行的清莊聯甲政策緊密聯繫在一起的，可以看作是民間在官方條諭指導下所採取的整肅鄉里、防範侵略的措施。如《竹南三保吞霄街莊合約》序文云：

> 同立合約，竹南三保吞霄街莊總理、各莊正副、鋪民人等，為遵奉憲諭，清莊聯絡，防拿盜匪，備禦英逆，肅靖地方事。茲蒙分憲諭，飭該保內清莊聯絡，團練壯勇，防禦盜匪英逆，良法美意等因。……惟是官有正條，民須約議，遵即於街公所齊集，總理、各莊正副、鋪民人等，公同僉議，酌約防拿盜匪，備禦英逆條匪，各聲敘分明，妥洽機宜，開列于左。既約以後，該保內總理、正副、鋪民人等，務須凜遵。[45]

《竹南三保吞霄街莊合約》計開條目有十一條，內容都是圍繞著如何防範「盜匪搶劫，以及英逆侵擾」[46]。《中港閩粵總局聯莊合約》內容與此相似，該合約序文云：

> 同立合約字，內外莊閩粵總理葉廷祿、溫勝芳、保正林定元、鍾捷和、徐振福，暨各莊正副、殷鋪戶等，為遵諭聯莊，以保地方事。竊得中港乃通港大路，上通淡水、新、艋，下通大甲、府、鹿，每有匪徒籍稱過往住宿，竊劫、搶掠、造謠、分類，以致生民塗炭，父母、昆弟、妻子離散，皆遭匪徒所累。前車既覆，後車當鑒。予等召集環莊殷戶，公同酌議，務要設立章程，無分閩粵，好人連為一家，設局公舉妥人，募帶鎮勇梭織巡邏，一遇竊

---

[44]《新竹縣誌初稿》，臺灣文獻叢刊第 61 種，第 235-238 頁。
[45]《淡新檔案選錄行政初集》（下），臺灣文獻叢刊第 295 種，第 439 頁。
[46]《淡新檔案選錄行政初集》（下），第 440-442 頁。

劫、搶掠、造謠、分類、一切惡俗，公舉圍拿、解究。[47]

這類合約地方官員例有批示，並加蓋戳記。如道光二十三年，吞霄街總理劉振德稟繳聯莊合約給淡水分府後，該官員批示：「據稟清莊聯約條款，極爲允協，務宜持之以實，永久遵行，毋得始勤終怠，是爲切要。」[48]此外，還有一種合約是爲了抗拒外來敲詐勒索之類行爲而制定的，如光緒九年大溪乾地方民戶爲對抗鹽館哨丁的需索，訂立了《莊眾合約》：

爰集莊眾公同妥議，同立合約規條……以十家為一甲，無論何人，實被哨丁架禍，及到家圖詐擾害者，約內甲首諸人，務宜出首救護。如從官司，應即公同保結，毋許觀望不前。應開諸費，不論何款，約內有名人等，殷實有田業者，應鳩出番銀五元；璞田耕作者，應鳩出銀三元；無田業、無耕作者，應鳩出銀一……自約之後，各宜同心協力，趨前勿後，守望相助，臨難相扶，願約內諸人世守勿替。[49]

至於規約，也很常見，如光緒十年所訂立的《芝蘭三保莊內規約》、光緒十一年後訂立的《大康榔堡聯莊公議規約》等，其內容也主要是防盜厚俗，守望相助。而條約的例子也不少，如光緒年間台南地方的《內外新豐里條約》，該條約目的在於同心協力，編造保甲以防盜，同時興辦義學、舉惠政等。並設有約首、耆老以督導。[50]

在清代臺灣，這些合約、規約往往統於總理攝行，如前述《吞霄莊合約》、《中港聯莊合約》。所謂總理，實際上是清代臺灣基層的鄉職，其下有董事、街、莊正等。陳盛韶《問俗錄》云：「經理各莊謂董事，統理數莊謂總理。皆有廳縣親筆花押官戳得以紅呈。稟事不遵狀式，一縣官戳不下數百。而總理尤尊，官臨鄉迎于道左，公館謁見，分庭抗禮，

---

[47] 《淡新檔案選錄行政初集》（下），450 頁。
[48] 《淡新檔案選錄行政初集》（下），438 頁。
[49] 《淡新檔案選錄行政初集》（下），560 頁。
[50] 參見戴炎輝《清代臺灣之鄉治》，臺灣研究叢刊本，聯經出版公司 1979 年版，第 64-65 頁。

抵掌談民間事。」[51]由於臺灣地方合約、規約多是以街、莊爲單位而制定，所以統轄這些街、莊的首腦總理常常被視爲是所制定約法的當然代表者或執行人，故而在臺灣，總理成爲「鄉約」的代名詞。如王凱泰《臺灣雜詠》詩云：「宰官頒戳各鄉承，約長居然總理稱。執版道旁迎與送，頭銜笑看兩門燈（注：鄉約名總理，地方官給戳記，門口懸大燈，亦總理銜）。」[52]徐宗幹所頒《諭各屬總理鄉約》也是以總理與鄉約並列，實際指的都是前者。[53]

二、明清閩台鄉約的地域性特點

明清時期閩臺地區所推行的鄉約，與同時期推行於全國其他地方的鄉約多有相同之處，秉承的都是息訟彌盜、敦厚風俗的原則，所體現的也不外是守望相助、和睦鄉里的基本理念。在操作方式上，也包含了官辦、官督民辦、鄉民自辦等主要形式。可以說，明清時期閩台的鄉約在主導思想上是與國內其他區域所行鄉約相一致的。

儘管如此，我們在研究閩臺地區鄉約的過程中，還是可以看出閩臺地區的鄉約具有許多比較獨特的地域性特徵。首先，鄉約與宗族勢力之間的聯繫異常緊密。明清時期福建宗族組織的發展已達到相當嚴密的程度。宗族在城鄉地區勢力的擴張運作深刻表現在對基層社區權力的支配上。因此，鄉約的維持離不開地方宗族勢力，反之，地方宗族勢力則依賴鄉約來把持鄉治。如推行於嘉靖年間的晉江《青陽鄉約》，地方巨族操持的現象非常明顯。據《青陽鄉約記》云：「至朔望，偕巨姓四十人抵其所而申明焉。分爲十甲，每歲莊姓偕諸諸巨姓各二人，分董其事，務在相勸、相規、相友、相恤，有善者與眾揚之，雖微不棄；有犯者與眾罰之，雖親不貸。」[54]莊姓爲青陽望族，莊用賓既是族內權威，又以

---

[51] 陳盛韶《問俗錄》卷六《鹿港廳‧總理》，書目文獻出版社 1983 年版，第 132 頁。

[52] 王凱泰：《臺灣雜詠》，載《臺灣雜詠合刻》，臺灣文獻史料叢刊本，第 42 頁。

[53] 丁日健：《治台必告錄》，臺灣文獻史料叢刊第 17 種，第 361 頁。

[54] 《青陽鄉約記》，載晉江市歷史文化研究會編《閩台石鼓廟文化學術研討會論文集》，1998 年，第 211 頁。

退職官員身份爲鄉里敬重，他之發起、充當約正，使莊姓在青陽鄉約中佔據了主導地位。莊用賓其後在地方的事功，應該說是與他在鄉約中的地位相關的。其曾孫莊際昌在追述先祖功績時認爲莊用賓：「修譜之功在吾族；石鼓約社，浚修水利之功在通鄉；守城開南門，活命之功在生靈；招安平倭之功在朝廷。」[55]萬曆十六年（西元 1588 年），青陽地方重鐫《青陽鄉約記》碑，落名碑上的仍以莊、蔡二姓族人爲主，由此不難推斷，其後青陽鄉約的推行仍繼承了大族意志。[56]在這一點上，《青陽鄉約》與同時期推行於廣東增城沙堤的鄉約非常相似，增城沙堤鄉約也是由以湛若水爲主的湛氏家族把持的。[57]此外，康熙年間的李光地在鄉制定的公約，也體現了這種情況。湖頭李家是當地主要宗族之一，「吾族聚居於此，十有餘世，根衍枝繁，人丁眾夥」[58]。勢力十分龐大，是當地鄉村社會的權威。李光地通過制定《同里公約》，在當地建立一個以李氏家族爲核心的，旁及其他宗族的鄉治體系，而這個鄉治體系的維持、運轉，都是圍繞著《公約》的規定來進行的。道光年間長樂梅花里鄉約，則體現了大小宗族共同分享地方事務的一面。由於梅花里是個雜姓爲主的鄉鎮，主要的四十四姓中並無能夠權傾鄉里的角色，因此，他們採取了族間聯合的做法，把四十餘姓編成十甲，「其鄉長即一族之族長也，其甲長即一族之房長也」[59]。各個宗族都能通過鄉約的制定、實行分享地方權力。例如，鄉約初創，在集資籌建忠賢祠時，有四十二個當地宗族的開基元祖牌位就得以置於忠賢祠中奉祀[60]。其後，在鄉約的名義下，梅花里開展了一系列鄉村建設，創立和羹書院，置學田[61]，「訐訟積數十年弗得理究」的梅花蛭埕也在鄉約的族間協調下得以修復[62]。

---

[55] 民國《青陽莊氏族譜》。

[56] 《青陽鄉約記》，見於《閩台石鼓廟文化學術研討會論文集》，第 234-236 頁。

[57] 參見朱鴻林《明代嘉靖年間的增城沙堤鄉約》，載《燕京學報》2000 年新 8 期。

[58] 《本族公約》，載《榕村別集》卷五。

[59] 《梅花鄉約所忠賢祠碑記》，載《長樂梅花志》，第 42 頁。

[60] 《梅花鄉約所忠賢祠碑記》，載《長樂梅花志》，第 42 頁。

[61] 《梅花鄉約所忠賢祠碑記》，載《長樂梅花志》，第 17 頁。

[62] 《梅花鄉約所忠賢祠碑記》，載《長樂梅花志》，第 27 頁。

而通過鄉約的制定，鄉族勢力得到了增強[63]。清代臺灣地方的聯莊合約也體現了這種約規與宗族勢力相互依託的現象，特別是到了清中期後，隨著清王朝放寬渡台限制，閩、粵移民接踵而來，他們投親靠友，使原來的小血緣聚居不斷擴大[64]。在這些以宗族血緣爲紐帶而組成的聚居街莊裡，各種合約的訂立無疑是離不開宗族勢力的影響的。

　　明清時期地方政府爲了加強對基層社會的控制，也鼓勵這種鄉約與宗族的聯盟，希望借助宗族勢力來維持地方秩序。例如，當梅花里紳士池春雷、耆老孫文霖等人上呈新訂鄉約，希望能夠得到官方支持時，時任知縣王履謙馬上給予照辦，並寫了一段熱情洋溢的批示，以示對梅花里鄉族聯盟的贊許：

> 查長邑邇來俗染囂凌，民多頑梗，孝友睦姻之風不講，暴戾奸詐之事滋生，本縣回任以來，訪悉地方情形，深爲慼額。當今懇切曉諭在案，據呈，建設鄉約所，舉鄉族長董事，並議明約束規條，每月之朔望群集公所講究開導，使子弟族人有所遵循法守，克期明善複初，洵爲美舉，實堪嘉尚。茲將鄉規煙戶冊一本蓋印發領，該鄉都衿士等務宜躬率力行，始終實踐，弗致日久懈弛，必令鄉族中家喻戶曉，咸知孝悌爲先，禮讓是務，行見和氣致祥，頹風力挽，化頑爲淳矣，本縣深有厚望焉。勉之。[65]

　　其後，長樂教諭陳元機親臨梅花鄉約所宣講，並爲之題匾曰「淑氣薰蒸」，雙方可說是一拍即合。

　　其次，鄉約與神明的威懾力量緊密結合。信巫尚祀是明清閩台民間社會的普遍現象，海峽兩岸民間禮拜的神靈成千上萬，數不勝數。在閩台民間的社會觀念中，神靈的力量與世俗力量常常纏繞在一起，二者都可左右黎民生活。正因爲如此，明清時期閩臺地區的鄉約推行往往要借助民間信仰的力量。最明顯的表現是，明清時期閩台鄉約多有約所附設祠廟或是直接將約所設於寺廟的現象。如泉州溪亭地方，永樂年間所建

---

[63] 《記清代福建長樂的鄉約》，《傅衣淩治史五十年文編》，第 84 頁。

[64] 參見林國平主編《閩台區域文化研究》，中國社會科學出版社 2000 年版，第 83 頁。

[65] 《鄉約二十二條・附記》，載《長樂梅花志》，第 15-16 頁。

約所,「舊制兩宮俱一落,左祀天上聖母。聖母,水神所化者,前人之塑像于此,蓋謂此地正南方,離火之位,故欲以水勝之,非偶然崇奉已也。至其右,祀田都元帥,則所籍以為一方之鎮、一境之主」[66]。其中所奉田都元帥,是明清時期閩南、興化一帶十分流行的神祇,常常被作為某一境所崇祀的「境主公」,溪亭鄉約所供奉聖母及田都元帥,無疑有借助境主神以增強鄉約對民間的約束力之意。清時安溪地方,鄉約所多設於鄉間祠廟,如顯應廟,「在縣南厚安村。神姓陳名潼,唐時人……民就舊宅祀之……嘉靖三年重修,邑人餘克濟記。即今之鄉約所也」。獅子宮,「在龍山下,即今鄉約所」。官橋宮,「為宣講鄉約所」。科名庵,「里中講約所」。源口宮,「里中講約所」。高平庵,「里中講約所」。海潮庵,「為里中講約所」[67]。道光年間,廈門的外關帝廟,「每月朔望讀法於此」,圓山宮,「朔望讀法於此」[68]。諸如此類例子很多。清代臺灣,隨著墾區村莊的形成,閩、粵等地移民也把他們在大陸的民間信奉神靈移植進來,設立村、莊廟以供奉之。當地鄉老召集鄉民立公約,調停民間糾紛,懲惡揚善,也均於鄉民所皈依、崇奉的這些神祠、廟宇進行。[69]在祠廟中宣講鄉約、對善惡加以仲裁,顯然是與閩台地方民間信仰興盛,民人尊奉神明的思想觀念有關,其用意蓋在於借助神明的威懾以強化鄉約的社會控制效能。由此,閩臺地區寺廟逐漸成為民間社區的管理中心,「大廟既為鄉約公所……然則衣冠之所集、禮法之所施、父兄之所教、子弟之所率,與夫官師之所材、鬼神之所福,咸取斯地」[70]。

　　此外,閩台地方的鄉約在基層自衛防禦方面的功能也異常突出。明清時期,鄉約與保甲聯成一片的現象各地皆有,例如,王守仁《南贛鄉約》就是與十家牌法一起實行的;葉春及在處理惠安基層鄉治時,也是將鄉約納入保甲範圍內,然而,明清閩台部分地區鄉約與保甲的聯繫之緊,令人吃驚。清初臺灣所實行的聯莊保甲,即是採用了將街、莊居民

66　《重修溪亭約所碑記》。
67　乾隆《安溪縣誌》卷一○《寺觀》。
68　道光《廈門志》卷二《分域略‧祠廟》。
69　參見戴炎輝:《清代臺灣之鄉治》,第 181 頁。
70　周之夔:《棄草集》第三冊,第 1377-1378 頁。

以聯莊合約之形式組織起來，形成基層自衛系統的做法，具有相當的軍事化色彩。在閩南詔安，這種鄉約軍事化的現象則更爲明顯。康熙年間，詔安地方推行鄉約，以保甲與鄉約並行，形成了集教化、武功一體的約寨組織：「約寨之所，即前朝保甲耆巷之制，一以宣文教，一以寓武功，相並行者也。」[71]全縣皆統於鄉約，約下設寨，層層設防。茲列其約寨如下：

> 二都六社：金溪社、四甲社、南陂社（內分河東西二約）、九甲社、官陂社。以上五社各設約正，共六人，與三四都同。
>
> 三都十八約：（每約設約正一人）
>
> 東關約（七寨）、西關約（四寨）、南關約（三寨）、北關約（五寨）、胡厝陂約（八寨）、德新約（十寨）、舍英約（六寨）、東沈約（十一寨）、溪南約（十寨）、官牌約（十三寨）、白石約（十六寨）；
>
> 浮山約（十一寨）、平路約（二寨）、寶橋約（六寨）、後嶺約（十寨）；
>
> 溪東約（十六寨）、長田約（六寨）、西潭約（七寨）、長埔約（十三寨）。
>
> 西都七約：（每約設約正一人）
>
> 菜園埔約（十一寨）、懸鐘約（十二寨）、廣約（十寨）、大興約（五寨）；
>
> 上湖約（六寨）、梅州約（十一寨）、梅山約（九寨）。
>
> 五都十六堡：（每堡設堡長一人）堡略。[72]

無疑，這種鄉約與保甲的緊密結合是當地盜匪出沒無常惡劣社會環境的產物。從明正統以降到康熙十三年間，詔安地方記入縣誌的「寇犯」事件就不少於三十五次之多，既有饒平一帶民軍，又有海盜、倭寇，屢行攻擾，因此，當地官民推行的鄉約完全變得軍事化了。[73]實際上，明清時期推行於閩南、閩西以及臺灣的鄉約都帶有很強的防禦性，這與明

---

[71] 康熙《詔安縣誌》卷四《建置志·約寨》。

[72] 康熙《詔安縣誌》卷四《建置志·約寨》。

[73] 康熙《詔安縣誌》卷七《武備志·兵燹》。

清時期當地經常處於不穩定局面有很大關聯。

三、明清閩台鄉約推行的社會效果

　　明清時期，鄉約在閩臺地區的較普遍推行，收到了一定的社會成效。首先，閩台某些地區的社會風俗得到一定程度上的整頓。明清時期，閩台等地所推行的鄉約，大多包含了敦厚風俗的目的。以現有材料來看，此時期閩台鄉約推行比集中的地方如閩西南、沿海地帶以及臺灣移民社會，因種種原因存在許多陋習惡俗。閩西南，地處三省交界，山巒疊障，民風強悍易鬥，常常是匪盜淵藪[74]，而且賭博、盜宰耕牛等陋習亦不乏見，因此，在這些地方推行鄉約，通過講約法、行懲罰，在一定程度上能夠對這些陋習起到矯正作用。如前述弘治年間姜鳳在歸化梓《藍田鄉約》以訓民，身率而行之，民風丕變；嘉靖時黃懌在安溪推行鄉約，其中所列十四禁中，對賭博、盜賣耕牛、好訟等不良風氣都有明文規定。李光地所定《同里公約》及《丁酉還朝臨行公約》中也對鄉族中子弟的不良行為進行約束。同樣，道光年間的長樂梅花里鄉約也起到這樣的作用。據《長樂梅花志・風俗》條記載說，鄉約推行後，長樂梅花里地方「俗鮮爭訟，人知廉恥。」甚至當地的一口水井，往年因為民俗不淳而「變得混濁」，在僉議舉鄉約後，「水色澄清，味轉甘淡，人以為易俗之驗」[75]。這當然是附會的說法，但是，從中也折射出了民間對鄉約在移風易俗方面起到作用的某種希望。

　　其次，鄉約在重建閩台地方社會秩序上也發揮了一定的作用。明清時期，閩西南地方社會在相當長時期內處於動盪不安的狀態，而鄉約在這些地方的推行，具有穩定當地社會秩序、敦睦鄉里的作用。例如推行於龍岩地方、寧洋地方的鄉約，在安定當地社會上就收到了較好效果。臺灣地方也是如此，清代臺灣號稱難治，其中一個重要原因即在於由於人地矛盾緊張，從而導致社會上游手人員增多，形成了諸如「羅漢腳」

---

[74] 嘉靖《安溪縣誌》卷七《文章類》。
[75] 《長樂梅花志・風俗》。

之類的無業人員，這些人在生活無著的情況下，極易爲匪爲盜。同時，由於移居臺灣的民眾在進入一個新的墾區時，在利益的重新分配上往往存在許多矛盾，由此形成許多不穩定因素。再加上閩粵兩地民風強悍、易鬥，因此，有清一代，臺灣地區大規模的械鬥持續不斷，聯莊合約的制定，則在某種程度上能起到維持新定居點社會秩序的作用，例如竹南三保吞霄街莊同立合約中就有清莊聯絡，防拿盜匪的規定。這在一定程度上彌補了封建政府鄉治力量的不足。

最後，清代臺灣合約在反對外國勢力侵略方面也起到了一定作用。如鴉片戰爭期間，英軍圖謀侵台，臺灣民間紛紛組織起來，訂立合約，防範英軍入侵。其後，在中法戰爭、中日戰爭期間，臺灣地方都曾借助合約，組織民軍，抵抗外國武裝勢力對臺灣的侵略，爲保衛祖國領土完整而頑強戰鬥。

作者附記：本文寫作過程中得到林金水、張先清君的幫助，特此致謝！

分爨析產與閩台民間習慣法

——以《泉州、臺灣張士箱家族文件彙編》 為中心的研究

一

1999 年，王連茂先生、葉恩典先生將他們在福建發現的張士箱家族檔整理爲《泉州、臺灣張士箱家族文件彙編》，交由福建人民出版社出版。在我看來，這是世紀末福建學術界和出版界在閩台區域研究方面最爲重要的發現和貢獻之一。

《泉州、臺灣張士箱家族文件彙編》（以下簡稱《張家檔》）收有張士箱家族（以下簡稱張家）分爨析產的合約和鬮書凡 13 種。茲以時爲序、編列文號如下：

1、《張方高兄弟分關同立鬮書》，乾隆二十三年（1758）；

2、《張方高兄弟分關同立合約》，乾隆二十三年（1758）；

3、《張母黃氏爲張植櫚兄弟立分關鬮書》，乾隆四十五年（1780）；

4、《張植櫚兄弟立分關合約》，乾隆四十五年（1780）；

5、《張母李氏爲張源俊兄弟立分關鬮書》，乾隆四十九年（1784）；

6、《張源俊兄弟分關同立合約》，乾隆四十九年（1784）；

7、《張母黃氏爲張植槐兄弟姪分關鬮書》；嘉慶三年（1798）；

8、《張植槐兄弟姪分關鬮書》，嘉慶五年（1800）；

9、《張植槐兄弟淡水租業分管合約》，嘉慶六年（1801）；

10、《張源價與房孫分關合約》，嘉慶十八年（1813）；

11、《張炳煥兄弟分關合約》，道光二十年（1840）；

12、《長房鬮書》，同治六年（1867）；

13、《二房鬮書》，光緒二年（1876）。

　　上列文件在年代、朝代和世代上分別跨越從 18 世紀 50 年代到 19 世紀 70 年代的 118 年、清代 6 朝和張家 6 代，涉及的物權、債權和親屬關係則地跨閩、台。然而，我們從中所見關於分鬮析產的某些說法和做法乃是一成不變、兩地通行的。民間習慣法屬於不成文法、係於民事習慣、通行於一定區域，因此，我們也可以說，我們從中所見的乃是閩台民間習慣法關於分鬮析產之規定。

　　下文擬從 1 號文、3 號文和 11 號文入手，兼及其他各文，分析和歸納閩台民間習慣法有關分鬮析產之規定，說明和證明閩、台兩地文化上的共同性。

二

　　1 號文屬於張家首次分鬮析產的文件。其時（乾隆二十三年即 1758 年），張士箱已先在乾隆六年（1741）卒於漳州府學訓導任上，張士箱三子張方遠亦已逝世。遵照張士箱遺囑，張方高（長子）、張方升（二子）、張源枋（三房張方遠長子）、張方大（四子）和「宗孫」張源德（長房張方高長子）兄弟姪以「敦請服親，焚香敬告祖、父之前，公同拈鬮，按股登載」的方式，將張士箱在閩、台兩地的遺產，除提留部分爲祀田、贍田外，「作五股勻分」。[1]

　　1 號文落款處有各關係人「親塡筆跡」，另有「服親」多人留名爲「知見」。

　　「服親」一類人物參與鬮書、合約等「字據」的制定，在閩、台民間稱「公親做字」。

　　林耀華教授《閩村通訊》（1937）報告：

> 公親是村落間有力的活動的分子，時常和人家排難解紛的。公親沒有什麼組織可言，係隨時隨地跟著條件而發生的。比方說我與我的兄弟因財產紛爭，彼此各執一詞、莫衷一是，我們的叔父、

1　王連茂、葉恩典整理：《泉州臺灣張士箱家族文件彙編》，第 2 頁，福州，福建人民出版社 1999 年 9 月版。

伯父，我們的房長、支長，我們的共同親屬，大家皆可出面勸導
調解，共負仲裁的責任。如果雙方條件接近，約定立字據，注明
哪一部分財產屬於我的，哪一部分財產屬於我的兄弟的，字據下
面由我和我的兄弟畫押，其他公親係在見的證人或擔保人，都必
一一畫押或簽字。自是以後，這個公親團體無形中管著我們兄弟
的財產關係，我們兄弟間無論任何一方挑戰發難，或不遵從字據
契約，對方即可訴諸在見的公親，由這公親團體質問或管束挑戰
的一方。[2]

　　如林耀華教授報告，「公親」是「隨時隨地跟著條件而發生的」。各
關係人共同的親屬（如叔、伯等「服親」即五服以內的親屬）、親戚（如
母舅、功叔即從叔、族叔、房親等），各關係人共同認可的、於各關係
人有公信力的人物，都可以擔任「公親」；「公親做字」即「公親」參與
字據的制定，是爲字據（主要是涉及各關係人權利的字據）的真實性和
有效性而設的規定程式。

　　在此一方面，張家分爨析產檔是一個集體的證明。

　　張家分爨析產檔裡，2 號文和 6 號文均是各關係人就「公產」管理
和「公事」承辦義務訂立的合約，並不涉及創設物權、債權和親屬繼承
權的問題，因而僅有各關係人、而無「公親」的簽字畫押；5 號文有「敦
請服親」和「爾等兄弟共遵母命，親押花號」的記錄，卻未見落款、亦
未見「服親」和各關係人的簽字畫押，應是抄件或殘件。其他各文都涉
及關係人的權利創設問題，因而都有「公親」人士「一一畫押或簽字」：
1 號文的「知見」者爲「胞叔士籠，功弟方茂、方吾」，「執筆書鬮」者
爲「表叔林其祥」；3 號文和 4 號文均有「房親大功叔祖方美，大功叔
源俊、源信，大功兄弟植發、植華、植因」畫押；7 號文經「知見丁煥
新、粘龍光、黃捷起，叔祖方鈞，功弟植柿、植楠」一一畫押；8 號文
有「執筆母舅黃新世」、「在場知見丁近光、粘龍光、丁煥新、張德明、
黃廷瑞」，以及「族叔張鈞觀，功弟張植柯，功弟張植楠」等多人畫押；
9 號文由「在場知見丁煥新、丁近光、粘龍光、黃捷起、張德明、黃廷

[2] 林耀華：《從書齋到田野》，第 292 頁，北京，中央民族大學出版社 2000 年 9 月版。

瑞」，以及「族叔祖方鈞」、「功弟植柯、植楠」——畫押；10 號文有「知見人蔡爾怡、遊騰、世含、亦元」和「代書人植決」畫押；11 號文有「知見功兄紹基、鴻藻，功弟鼎銘，功姪坤厚」和「書約宗兄維荄」畫押；12 號文有「公親宗叔希正老、樞仲老，知見永興長房複瑞」和「在場見庶母張宋氏」、「代筆人房叔遜珪」畫押；13 號有「代筆姻親蔡爾瀛、公親同譜希正、族親堂伯炳賞」畫押，並有「知見功弟石溪」以「海山莊業主張同榮記」印記為證。

在分矍析產案例裡，「母舅」（如「母舅黃捷起」、「母舅黃新世」）於各關係人而言往往是具有公信力的「公親」，即閩台俗謂「天上天公，地上母舅公」也。「母舅做公親」也是值得注意的閩台民事習慣。

1 號文記：

> 父在台時，舌耕粒積。置有泉、台各業。及父司漳鐸（按：指赴漳州府學訓導任），喚高兄弟等面命曰：「吾沒後，汝兄弟分矍，將泉、台田屋作五股均分。高從幼追隨海外，備嘗甘苦，且居長，應得二股，方升得壹股，方遠得壹股，方大得壹股」。高兄弟領命。……因遵父母遺命，將泉、台產業，除充祀田壹佰肆拾畝，並無出之庶母洪氏瞻田貳拾伍畝外，其餘作五股勻配。方高仍得貳股，方升、方大及方遠長男源枋等，各得壹股。[3]

長房「得貳股」的安排和實現，遵從的是「大孫抵尾子」的規定。在 1 號文的落款處，長房、貳房、三房、肆房的「親填筆跡」之後有「奉父命代拈宗孫源德」字樣，這說明張源德作為「宗孫」即「大孫」也參與拈鬮和分配遺產。張家後人對此亦有記曰：「憶汝父分關時，諸伯父及長孫俱作五股分配」。[4]與此相關和相近，5 號文也有「半股貼長男，以為長孫植晢之業」的記載，也參照執行「大孫抵尾子」的規定。

3　王連茂、葉恩典整理：《泉州臺灣張士箱家族文件彙編》，第 1-2 頁，福州，福建人民出版社 1999 年 9 月版。

4　王連茂、葉恩典整理：《泉州臺灣張士箱家族文件彙編》，第 11 頁，福州，福建人民出版社 1999 年 9 月版。

三

3 號文是張源仁（張方高次子）妻張黃氏為張源仁子張植楣、張植槐、張植東兄弟主持制定的「分關鬮書」，其後又有 7 號文和 8 號文作為補充檔。

3 號文和 7 號文分別涉及「繼子」和「婢妾」問題。

關於「繼子」，3 號文記：

> 爾父未生男時，以植楣承繼為嗣。後側室李氏生男植槐，吳氏生男植東，辜氏生女[5]。

據此可知，張植楣為繼子。

另據 7 號文和 8 號文，乾隆四十七年（1782）三月，張植東病殤，張黃氏「念側吳氏，從幼服待汝父及吾，一旦因東夭殁，無所依倚，心甚不忍。因於是年九月將槲（按，指張植槲）入繼，撥歸吳氏撫養」[6]嘉慶四年（1799）十二月，張黃氏於病中留言：「東英（按，『東英』應為『植東』）為側吳氏所出，既非成立，無用議繼。雖設主位，未便隨吾及汝父，付汝等三支輪當。其墳墓、忌辰，應隨吳氏歸槲照顧奉祀。……」[7]

張植楣作為繼子，與親子張植東平等分得張源仁遺產之「一股」（另一親子張植槐「多得一股」，主要理由乃是「邇年以來，泉、台公私各事，賴其撐持」）[8]；及張植東病殤，張植槲作為張源仁的又一繼子，接受了張植東名下分得的財產。張植楣和張植槲作為繼子，先後依照閩台民間「繼子視同親子」的規定分得財產。

---

[5] 王連茂、葉恩典整理：《泉州臺灣張士箱家族文件彙編》，第 71 頁，福州，福建人民出版社 1999 年 9 月版。

[6] 王連茂、葉恩典整理：《泉州臺灣張士箱家族文件彙編》，第 79 頁，福州，福建人民出版社 1999 年 9 月版。

[7] 王連茂、葉恩典整理：《泉州臺灣張士箱家族文件彙編》，第 92 頁，福州，福建人民出版社 1999 年 9 月版。

[8] 王連茂、葉恩典整理：《泉州臺灣張士箱家族文件彙編》，第 72 頁，福州，福建人民出版社 1999 年 9 月版。

　　閩台民間又有為死者「議繼」的做法。張植東屬於未成年而死（舊以 19—16 歲為長殤，15—12 歲為中殤，11—8 歲為下殤，8 歲以下為無服之喪。），所以 8 號文有「既非成立，無用議繼」之語。

　　隨帶言之，閩台民間對繼子的條件有同姓、同輩之規定。此一規定完全合於《儀禮》的規定：「無子者，聽養同宗于昭穆相當者」。「昭穆相當」即同輩也。

　　關於「婢妾」，7 號文謂吳氏「從幼服侍汝父及吾」，其幼為婢、長作妾的身份顯而易見。

　　「婢妾」是閩台鄉土社會裡常見的歷史現象。婢女收房為妾，仍然保留了「婢」的身份，「婢妾」在閩、台民間統稱「安姐」（「姐」的讀音近於普通話之「這」，但不捲舌），對具體個人，如吳氏則冠其姓稱「吳姐」或「吳姐仔」。

　　在張家分鬮析產檔裡，除吳氏外，還有洪氏、林氏和蔡氏三個婢妾。

　　1 號文記洪氏為「無出之庶母」認定其妾的身份，2 號文則稱洪氏為「洪姐」顯示其婢妾的身份；5 號文有「庶母施氏，系四男源清生母，則歸源清孝養。林氏、蔡氏未曾生有男弟，則就餘贍中逐年取給，俾其足用」之語，6 號文則有「施庶母」和「林氏、蔡氏二庶姐」的不同稱呼，這可以說明林氏和蔡氏的婢妾身份。

　　作為富裕家戶，張家歷次分鬮析產均提留贍業以供「未曾生有男弟的」婢妾衣食之用。但婢妾一直到身後也是地位卑下的。2 號文規定：「所貼洪姐厝價銀貳百大圓，聽其買地起蓋，為住居奉主之所」[9]；6 號文規定：「四房系庶母施氏所出，施氏百歲後，神主應另奉祀。再議將新湖後落廳亦充作分岔公公廳，以俟將來可以奉祀施庶母神主，而林氏、蔡氏二庶姐之主附焉」[10]；8 號文則規定：「東英（按，『東英』應為『植東』）為側吳氏所出，既非戰立，無用議繼。雖設主位，未便隨

---

[9] 王連茂、葉恩典整理：《泉州臺灣張士箱家族文件彙編》，第 10 頁，福州，福建人民出版社 1999 年 9 月版。

[10] 王連茂、葉恩典整理：《泉州臺灣張士箱家族文件彙編》，第 18 頁，福州，福建人民出版社 1999 年 9 月版。

吾及汝父付汝等三支輪當。其墳墓、忌辰，應隨吳氏歸槲（按，指植槲）
照顧奉祀」[11]。顯然，洪氏、林氏、蔡氏和吳氏作爲婢妾，身後其神主
均不得隨主人、主母受後人輪祀。

「婢妾不如妾」，這在閩、台民間亦是不成文的規定。

四

11 號文是張士箱的玄孫張炳煥和張顯祖兄弟的「分關合約」。其時
乃在道光二十年（1840）四月，上距張士箱卒年（1741）恰是百年。

11 號文首先根據「輪祀祖」制約法三章：

> 一、高、曾祖及遠祖祭祀，如應我兄弟值祀，不論有無蒸嘗，均
> 當合當，不得推諉。
> 一、祖及父值年祭祀，以辛酉年起，長、貳房挨年輪當，收租辦
> 祭，並省視墳墓。
> 一、父交輪祀業，在淡水海山石頭溪莊之抽的大租，如有浮複，
> 加增租銀，悉歸值祀輪收。[12]

這裡以高、曾、祖、父四世爲祖，四世祖以上爲遠祖。兄弟分爨析
產以後，當輪流主辦祭祀「祖及父」的活動，又當參與「高、曾祖及遠
祖」輪流值祀，這是閩台民間的定制。所以，分爨析產之時往往先提留
部分財產爲祀田或祀業，以爲祭祀祖先之資。我們在其他各文也看到了
有關祀田、祀業提留和管理的規定。

11 號文接著又規定：

> 一、母親柯氏及庶母曾氏，逐月輪奉，務當孝養爭先，每年各房
> 各備佛銀壹拾捌大圓交母親，又各撥出銀貳大圓交庶母，以爲零

[11] 王連茂、葉恩典整理：《泉州臺灣張士箱家族文件彙編》，第 92 頁，福州，福建人民出版
社 1999 年 9 月版。
[12] 王連茂、葉恩典整理：《泉州臺灣張士箱家族文件彙編》，第 102-103 頁，福州，福建人民
出版社 1999 年 9 月版。

星費用，毋得短少。[13]

兄弟分爨析產往往在父親亡故以後，母親和庶母（有時還包括更年長者如祖母和庶祖母）尚健在者則往往由兄弟「逐月輪奉」，這在閩台民間也是一種定制，俗稱「吃夥頭」。

李亦園教授指出：

> 吃夥頭的制度可以細分為很多不同的形式，例如在輪流的時間上可以有輪月、輪半月、一旬、一周等等；在父母的住處上則有父母獨住、父母子女同住一大院落及父母輪流住在兒子家等；又參加輪流供養的兒子數有所有兒子都參加，或部分參加；供養的方式則包括只供伙食，或同時又供給零用錢，或者提供金錢及穀物等等。但是，不管其形式如何，吃夥頭的家庭都是已經分了家各自獨立了，因此輪流供養父母就像前文所提到的分家時，包括分炊、分住、分預算、分房子、分牌位各種項目一樣，把供養父母的責任也均分了；從進一步的立場看，輪流供養父母就像供奉祠堂裡的祖先一樣，也是各「房」各「祧」輪流當值，因此吃夥頭輪流供奉父母，實際上是把父母早點升格為祖先，把父母當作活祖宗來供奉了，從這點看來，吃夥頭的風俗仍然沒有離開中國家庭組織的基本原則。[14]

從另一個角度看，分爨析產在財產分配和義務分擔方面都應執行「平分勻配」的規定，「輪祀祖」和「吃夥頭」共同體現了義務分擔方面的「平分勻配」。

義務分擔當然也包括了債務分擔。11 號文於此也有規定：

> 一、在淡水欠泉兌允成單銀肆佰大圓，又大成母銀三佰大圓，又陳撲世在銀壹拾肆圓零，各有字據。因管理帳目核算未明，故未得與各數分還。俟異日著落，應齎出者，自應均出。又泉欠丁選來官母銀三拾大圓，欠謹官母銀捌拾大圓，因利息說未著落，俟

---

[13] 王連茂、葉恩典整理：《泉州臺灣張士箱家族文件彙編》，第 103 頁，福州，福建人民出版社 1999 年 9 月版。

[14] 李亦園：《人類的視野》，第 226-227 頁，上海，上海文藝出版社 1996 年 7 月版。

與二主言明，均當對半坐還。[15]

「欠泉」和「泉欠」即「欠錢」和「錢欠」；「官」是閩台民間對男子的一種尊稱，如「丁選來官」、「謹官」。這裡所記 5 筆債務顯然是父輩經手、遺留的債務，11 號文約定長房、貳房「均出」和「對半坐還」，既體現了義務分擔方面的「平分勻配」，又執行了「父債子還」的規定。

相近的事例還見於 4 號文。4 號文規定：

一、泉、台所有積欠官、民等債，既分之後，應逐一查實，作四股均分，登載細冊，毋得混帳推諉。

這裡用「毋得混帳推諉」的強硬語氣表達執行義務分擔方面「平分勻配」和「父債子還」規定的共同承諾。

五

從《張家檔》看，張家歷次分鬮析產均屬於執行閩台民間習慣法相關規定的民事行為；在具體運用問題上的某種解釋的說法、某個解決的辦法，有時又成為後人據以執行的準則，成為不成文的規定。

例如：1 號文記張士箱就長房張方高「應得二股」的解釋是：張方高「從幼追隨海外，備嘗甘苦」即參與創業和管業，有功勞於家業；張方高「居長」，長房子孫代表男性祖宗一脈，長孫（長房若未曾生有男弟，亦當以過繼、兼祧等辦法認定繼承人）應得一股有「大孫抵尾子」的規定為據，長房「居長」自有長子、長孫兩個名份。

此後 22 年，張方高次子張源仁之子張植栩、張植槐、張植東兄弟亦有分鬮析產之舉。兄弟三人中，張植栩為繼子，張植槐和張植東均為庶出。張源仁妻張黃氏主其事，她也舉出「植槐邇年以來，泉、台公私各事，賴其撐持」即管業、持家有功的理由，加上「又兼家口浩大，費

15　王連茂、葉恩典整理：《泉州臺灣張士箱家族文件彙編》，第 103 頁，福州，福建人民出版社 1999 年 9 月版。

用實繁」[16]的補充理由，支持「植槐得二股」。

此後又過 4 年，張士箱四子張方大之子張源俊、張源價、張源志和張源清在張方大妻張李氏主持下「分爨析居」。張李氏謂：

> 汝父在日，習舉子業，兼務經營，承祖闥分外，復有擴充。甲申之冬，汝父棄世時，維（唯）長男源俊成人，所有家業，幸能仰體先志而守成之，隨所贏餘日漸增加，於今二十有一年矣。

又謂：

> 憶汝父分關時，諸伯父及長孫俱作五股分配。茲汝兄弟孝友居心，嫡庶一體，無厚薄之分。長孫卑讓得分數之半，足見式好無尤。和氣自能致祥，余心私慰焉。[17]

張李氏也是以長房有功於家業的理由和「諸伯父及長孫俱作五股分配」的先例，支持長房所得多於其他各房。

張士箱就長房「應得二股」所作的解釋和長房事實上多得一股的分配，成了後人遵從的規定和先例。

《張家檔》裡某些於今視之屬於細枝末節的規定，實際上乃關乎閩台民間習慣法的原則問題。

例如，2 號文規定：

> 所有公山，除各房子孫不願安葬外，方准批給別人。如欲批給，亦應公議價銀，不得私相接受。[18]

這裡涉及的是「公山吉穴不讓他人」的原則問題。閩台民間認為，公山（即各房共有的山林）風水關係到各房子孫的福祉，不能讓外人佔用。至於「各房子孫不願安葬」之處，自然不是風水寶地，經「公議價

16　王連茂、葉恩典整理：《泉州臺灣張士箱家族文件彙編》，第 72 頁，福州，福建人民出版社 1999 年 9 月版。

17　王連茂、葉恩典整理：《泉州臺灣張士箱家族文件彙編》，第 11-12 頁，福州，福建人民出版社 1999 年 9 月版。

18　王連茂、葉恩典整理：《泉州臺灣張士箱家族文件彙編》，第 7 頁，福州，福建人民出版社 1999 年 9 月版。

銀」亦可出讓。

又如，7 號文規定：

> 一、館內所有粗幼器物，業既四六分配，器物亦須對半均分，不論粗幼，免再構補。[19]

「粗幼器物」即「粗細器物」。此一規定事關另一原則：「親兄弟明算帳」。物權的分配當然包括了「粗幼器物」所有權的分配，「粗幼器物」當然也要「均分」。

又如，11 號文所記「在淡水海山石頭溪莊之抽的大租」實際上屬於「產壞業存」的壞賬。因為，該處田畝已為水淹沒，而大租的追討幾乎是不可能的事（民間有「請媽祖來討大租」之謠喻追討大租之困難）。但是，11 號文還是就此一帳面上的物權和債權作出明確規定：該處產業屬於「父交輪祀業」即用於輪祀父親的祀田，已淹田畝「如有浮複，加增租銀，悉歸值祀輪收」。此一做法當乃出於「自分以後，免生異言，世守勿替，相與有成」的考量，合於「規約明悉」的原則。

隨帶言之，關於大租及其對應的小租，陳盛韶《問俗錄》有所記，略謂：

> 管荒埔者收大租，即內地所謂田骨也。墾荒埔者收小租，即內地所謂田皮也。大租價極賤，小租價極貴。……佃人敢抗大租，不敢抗小租，故貴也。[20]

大租、小租的分別乃從土地所有權和經營權的分離而來。

六

胡旭晟教授指出：

---

[19] 王連茂、葉恩典整理：《泉州臺灣張士箱家族文件彙編》，第 89 頁，福州，福建人民出版社 1999 年 9 月版。

[20] 陳盛韶：《問俗錄》，第 123 頁，北京，書目文獻出版社 1983 年版。

法律是特定社會用來調整人們的權利義務關係，並可反復適用，且由獲得社會認可的物質力量保障其實施的普遍性行為規範。這一相對寬泛的概念涵納著三個級次的「法律」：一是由尚不穩定和較為脆弱的社會物質力量（如「中人」）來保障實施的不成文習慣法（即狹義上的「習慣法」），此為初級形態的法律；二是由較為穩定和較為堅固的社會物質力量（如「家族」、「行會」等）來保障實施的成文習慣法（或「習慣法彙編」），此為中級形態的法律；三是由高度穩定、強固的社會物質力量──「國家」來保障實施的「國家法」，此為高級形態的法律。[21]

我們從《張家檔》清楚地看到由「公親」（即「中人」）這一「不穩定和較為脆弱的社會物質力量」來保障實施的「不成文習慣法（即狹義上的『習慣法』）」在閩台鄉土社會貫徹執行的情況，看到閩台民間習慣法有關分爨析產的原則和規定：「公親做字」、「大孫抵尾子」、「繼子視同親子」、「婢妾不如妾」、「輪祀祖」、「吃夥頭」、「平分勻配」、「父債子還」、「遵從先例」、「公山吉穴不讓他人」、「親兄弟明算帳」、「規約明悉」等。顯然，閩台鄉土社會成員有共同遵守的閩台民間習慣法，也有遵守閩台民間習慣法的共同習慣，閩台鄉土社會不是一個「無法」的社會。

2003 年 9 月 3 日──13 日於北京旅次

---

[21] 胡旭晟：《20 世紀前期中國之民商事習慣調查及其意義（代序）》，引自胡旭晟、夏新華、李交發點校：《民事習慣調查報告錄》，上卷，第 13-14 頁，北京，中國政法大學出版社 2000 年 1 月版。

從彰化吳家檔看臺灣歷史社會

臺灣彰化吳姓某家收藏和整理的古舊檔（以下簡稱吳家檔）具有相當高的文獻價值。

蒙臺灣學界友人的熱忱協助和吳家長輩的慷慨許可，本人得以利用和引用吳家檔，心存感念！

本文擬就吳家檔涉及的土地制度、田賦制度、貨幣制度、科舉制度、幕府制度以及行政區劃、歷史人物、衛生防疫、漢語漢文、教會學校等方面的問題，逐一略加考釋，以再現臺灣歷史社會的若干情況。

一

程家潁《臺灣土地制度考查報告書》記：

> 前清初年，臺灣土地除台南一部已逐漸開闢外，其餘臺北、台中地方無不沃野千里，荒曠不治。政府乃獎勵移民，使之開墾。凡有報墾之人，不問其果為自種，抑或招佃耕種，一概給與墾照，以廣招徠。於是豪強利用此機，出而包攬。如某處有地若干可墾，先由墾首遞稟承攬包墾，然後分給田戶墾闢。墾首僅遞一稟，不費一錢，墾熟之後，坐享其利。故其佃戶，亦與普通佃戶有別。其於所闢之地，有處分收益之權。雖其所結契約附有「非經墾首承諾，不得將田佃轉賣於人」之條件，然日久玩生，墾首亦不自知其田之所在，出典、出賣聽佃戶之自由，至若轉佃，更無論矣。是以墾首之權日就衰微、佃戶之權日見膨脹，初則業主即為墾首，今則佃戶亦成業主。質而言之，一地而有二主也。佃戶既成業主，轉佃任其自由，故佃戶之下又有佃戶，是為現耕佃人。由現耕佃人納租于原佃，是為小租；故稱原佃戶為小租戶。小租戶複納租於墾首，是為大租；故稱墾首為大租戶。[1]

---

[1] 程家潁：《臺灣土地制度考查報告書》，1914年，引自《臺灣文獻叢刊》第184種，第18-19頁。

吳家檔可以為臺灣土地制度方面的上記情況提供證明。

其一，吳家文件所收光緒八年（1882）土地權訴訟文件記：

> 貢生吳xx有祖遺於乾隆拾柒年間契買林xx未墾荒埔壹所，計田壹佰伍拾捌甲零，契經投稅，招佃王x等開墾成熟，分給各佃立契認耕，年納大租，百有餘載，管收無異。

「林xx」本是「僅遞一稟，不費一錢，墾熟之後，坐享其利」的「墾首」，但他在招佃開墾之前，又將地契讓售給「貢生吳xx」之祖（簡稱吳祖）。吳祖招佃戶王x等開墾「荒埔」，又將「開墾成熟」之地「分給各佃戶立契認耕，年納大租」。從吳祖到「貢生吳xx」，從乾隆年到光緒年，吳家作為「大租戶」享有土地所有權，收取「大租」。佃戶「王x」等人則享有土地「處分收益之權」，可將土地經營權「出典、出賣」於人，坐收「小租」。於是，「一地而有二主也」。

其二，吳家文件所收光緒十七年（1891）六月廿日信件謂：

> 田原是咱給墾完供，招佃耕作。因佃人耕無收成，租欠過頭，佃人竟自逃脫。無收墊供，慘不可言。

「田原是咱給墾完供，招佃耕作」說明吳家的「墾首」身份；「佃人竟自逃脫」、「大租」無從收繳，則證明「墾首之權日就衰微也」。

其三，吳家文件收有同治九年（1870）十一月二十八日、同治九年（1870）十二月十二日、同治十三年（1874）九月十四日、光緒元年（1875）十二月二十二日、光緒四年（1878）十二月初十日、光緒九年（1883）十二月十四日、光緒十年（1884）十一月初八日、光緒十二年（1886）三月十三日吳家作為「業主」發給佃戶的收租憑證（「執照」、「執算」或「存查」）之副頁，其「佃戶」項下均填有「xx代xx交納」即小租戶代現耕佃人或現耕佃人代小租戶納大租的內容。

茲以光緒元年十二月二十二日吳家發給的收租憑據為例來說明。該收租憑據文曰：

> 存查

記收過xxx莊佃戶陳x代陳x、王x完納光緒元年分大租谷xxx石，
今據完明，給單存照。x字x號。光緒元年十二月十二日（吳xxx
記收租圖章）。

「佃戶陳x」和「陳x、王x」均有「小租戶」和「現耕佃人」的雙
重可能。因為交納大租本是「原佃戶」的義務；轉佃之後，「佃戶之下
又有佃戶」，「大租」實際上乃由「現耕佃人」承擔也。

應該指出，「一田二主」和「大租」、「小租」之分即土地所有權和
土地經營權分離的現象也見於清代閩省內地，如陳盛韶《間俗錄》謂大
租「即內地所謂田骨也」、小租「即內地所謂田皮也」、「佃人敢抗大租
不敢抗小租」[2]。

二

鄭學檬《中國賦役制度史》記：

臺灣原是福建的一個府，光緒十一年（1885 年）正式建省。巡
撫劉銘傳提出「招撫生番以清內患，籌辦海防以禦外侮，清查田
畝以裕餉需」等三項施政措施。次年，在台南、臺北兩地設立「清
賦總局」，開始了全台範圍的清賦工作。這次清賦是既丈量土地，
調整科則，又清查戶口，編審保甲，把清查土地和人口的工作結
合起來，取得了明顯成效。在清賦過程中，還對臺灣田賦徵收中
的一個突出問題，即土地所有權和土地使用權的混亂問題，進行
了清理。臺灣的民間土地關係，普通存在所謂大租戶和小租戶的
現象，隨著佃權和地權的不斷轉移，政府逐漸失去了賦稅徵收的
物件。針對這種情況，劉銘傳將原來「就戶問糧」的征賦辦法改
為「就田問賦」。政府錢糧概由小租戶完納，大租戶則把應完錢
糧撥給小租戶，並給小租戶一定數額的補償。凡完糧者，由政府
發給丈單，作為管業執照。而不完糧者則另給縣頒印照。[3]

---

[2] 陳盛韶：《間俗錄》，第 123 頁，北京，書目文獻出版社 1983 年 12 月版。
[3] 鄭學檬：《中國賦役制度史》，第 666 頁，上海，上海人民出版社 2000 年 9 月版。

　　吳家檔裡有光緒十五年（1889）七月初八日至九月十六日由「臺灣布政使司」填寫頒發的田畝丈單 13 張。這 13 張丈單乃是始於光緒十二年（1886）秋間、「竣止」於光緒十五年（1889）的臺灣丈田清賦工作的遺留，其文物價值自不待言。

　　據劉銘傳《劉壯肅公奏議》，光緒十五年（1889）十二月十九日，劉銘傳上「全台清丈給單完竣核定額征折」。折稱：「自十二年秋間開辦清丈起，接續辦理給單，至現在一律報竣止；時僅三載，通台得竟全功。年額征銀五十一萬二千九百六十九兩零，隨征補水準餘銀十二萬八千二百四十二兩零」[4]；光緒十六年（1890）五月初十日，劉銘傳又上「臺灣清賦全功告成，匯請獎敘員紳折」，折稱：「現定糧額年征銀五十一萬二千九百六十九兩，隨征補水準餘銀、加以官莊租額，共銀六十七萬四千四百六十八兩有奇……」。[5]

　　劉銘傳上記兩次報告，均以「年額征銀五十一萬二千九百六十九兩」為臺灣清賦的基本成績。然而，吳家檔裡又有光緒十六年（1890）三月初九日由臺灣布政使司填寫頒發的田畝丈單 2 張，編號分別為「彰化縣丈報德字（第）補丈貳佰陸拾叁號」和「彰化縣丈報德字（第）補丈貳佰柒拾捌號（編號用簡寫漢字數碼）」。顯然，在劉銘傳兩次報告之間，臺灣清賦還有「補丈」的工作和「補丈」的成績。那麼，「補丈」的成績為何不見於劉銘傳的第二次報告呢？這是應該研究的問題。

　　吳家文件裡的 13 張丈和 2 張補丈單單均鈐有臺灣布政使的關防，其文曰：「福建臺灣布政使司關防」。

　　「福建臺灣」是臺灣省的全稱。

　　據《清德宗實錄》，光緒十一年（1885）十二月十二日有諭：

> 臺灣雖設行省，必須與福建聯成一氣，如「甘肅新疆」之制，庶可內外相維。[6]

[4] 劉銘傳：《劉壯肅公奏議》，引自《臺灣文獻叢刊》第 27 種，第 321-322 頁。
[5] 劉銘傳：《劉壯肅公奏議》，引自《臺灣文獻叢刊》第 27 種，第 323 頁。
[6] 引自《〈清實錄〉臺灣史料專輯》，第 1146 頁。

　　「甘肅新疆」之制是清廷爲應對邊疆危機、防禦外國入侵而採取的行政區劃和行政設置方面的新制，其用意乃在於「內外相維」即加強邊疆省份同內地的關係和聯繫，其要點之一則是以「甘肅新疆」爲新疆省的全稱。

　　如「甘肅新疆」之制，臺灣省的全稱乃是「福建臺灣」。

　　在《清德宗實錄》裡，自光緒十二年（1886）正月起，凡提及臺灣的官名和地名，一般稱「福建臺灣」。官名如「福建臺灣巡撫劉銘傳」[7]、「以河南按察使邵友濂爲福建臺灣布政使」[8]、「福建臺灣署嘉義縣知縣試用知府羅建祥」[9]、「福建臺灣彰化縣知縣李嘉棠」[10]、「福建臺灣機器局委員候選知縣洪熙」[11]、「福建臺灣宜蘭縣知縣馬桂芳」[12]、「福建臺灣布政使蒯德標」[13]、「福建臺灣布政使於蔭霖」[14]、「福建臺灣布政使沈應奎」[15]、「福建臺灣府知府方祖蔭」[16]、「護理福建臺灣巡撫沈應奎」[17]、「以福建臺灣道兼按察使銜唐景崧爲福建臺灣布政使」[18]、「福建臺灣巡撫邵友濂」[19]、「福建臺灣雲林縣知縣李聯珪」[20]、「福建臺灣南投社縣丞移設彰化縣之鹿港」[21]、「唐景崧署理福建臺灣巡撫」[22]等；地名如：「豁免福建臺灣各屬舊欠供粟」[23]、「以神靈顯應，頒福建臺灣嘉義縣

[7]　引自《〈清實錄〉臺灣史料專輯》，第 1147 頁。
[8]　引自《〈清實錄〉臺灣史料專輯》，第 1156 頁。
[9]　引自《〈清實錄〉臺灣史料專輯》，第 1165 頁。
[10]　引自《〈清實錄〉臺灣史料專輯》，第 1168 頁。
[11]　引自《〈清實錄〉臺灣史料專輯》，第 1168 頁。
[12]　引自《〈清實錄〉臺灣史料專輯》，第 1169 頁。
[13]　引自《〈清實錄〉臺灣史料專輯》，第 1176 頁。
[14]　引自《〈清實錄〉臺灣史料專輯》，第 1177 頁。
[15]　引自《〈清實錄〉臺灣史料專輯》，第 1177 頁。
[16]　引自《〈清實錄〉臺灣史料專輯》，第 1181-1182 頁。
[17]　引自《〈清實錄〉臺灣史料專輯》，第 1182 頁。
[18]　引自《〈清實錄〉臺灣史料專輯》，第 1183 頁。
[19]　引自《〈清實錄〉臺灣史料專輯》，第 1183 頁。
[20]　引自《〈清實錄〉臺灣史料專輯》，第 1183 頁。
[21]　引自《〈清實錄〉臺灣史料專輯》，第 1186 頁。
[22]　引自《〈清實錄〉臺灣史料專輯》，第 1197 頁。
[23]　引自《〈清實錄〉臺灣史料專輯》，第 1147 頁。

城隍廟扁額曰：台洋顯佑」[24]、「換鑄福建臺灣鳳山縣印信」[25]等。

《清德宗實錄》「光緒十五年（1889）正月二十二日」條下記：

> 欽奉慈禧端佑康頤照豫莊誠皇太后懿旨：（中略）陝甘總督楊昌濬、山東巡撫張曜、甘肅新疆巡撫劉錦棠、福建臺灣巡撫劉銘傳，均著賞加太子少保銜。[26]

上記懿旨裡的「甘肅新疆巡撫」和「福建臺灣巡撫」之官名，恰是新疆建省採「『甘肅新疆』之制」、臺灣建省如「『甘肅新疆』之制」的共同證明。

「臺灣郡縣添改撤裁」亦是臺灣建省的重要事宜，其中包括「將原有之臺灣府、縣改為台南府、安平縣」。

關於臺灣縣改名為安平縣的時間，有「光緒十三年（1887）」和「光緒十四年（1888）」二說。

吾友鄧孔昭教授之《〈臺灣通史〉辨誤》主「光緒十三年（1887）」說，略謂：

> 光緒十三年八月十七日，劉銘傳與楊昌濬合奏「臺灣郡縣添改撤裁折」，其中說：「分彰化東北之境，設首府曰臺灣府，附郭首縣曰臺灣縣，將原有之臺灣府、縣改為臺灣府、安平縣。」九月十六日，清廷將此折「下部議奏」。另據光緒十八年設局修撰的《臺灣通志稿》記載，「臺灣縣，附郭，光緒十三年分彰化縣置」。「安平縣，附郭，舊為臺灣縣，康熙二十三年置，光緒十三年改安平」。可見，將原臺灣改為安平縣乃光緒十三年之事。[27]

日據初期成書的《安平縣雜記》所記「台南府學教授」、「安平縣知縣」、「安平縣學教諭」等職均為「光緒十四年改」。該書於「臺灣府學」條下記：

---

[24] 引自《〈清實錄〉臺灣史料專輯》，第 1156 頁。

[25] 引自《〈清實錄〉臺灣史料專輯》，第 1186 頁。

[26] 引自《〈清實錄〉臺灣史料專輯》，第 1169 頁。

[27] 鄧孔昭：《〈臺灣通史〉辨誤》，第 79 頁，南昌，江西人民出版社 1990 年 4 月版。

臺灣府學教授，秩正七品（光緒十四年改為台南府學）。[28]

又於「安平縣知縣」條下記：

前為臺灣縣，光緒十四年改。[29]

又於「安平縣學教諭」條下記：

秩正八品，原臺灣縣學，光緒十四年改。[30]

《安平縣雜記》所記似可支援連橫《臺灣通史》所從的「光緒十四年（1888）」說。

吾人對上記二說，莫衷一是。

吳家文件裡有光緒十四年（1888）雕板印製、光緒十五年（1889）三月初九日填寫頒發的「糧戶執照」一頁。該「糧戶執照」之雕板格式、文字為：

糧戶執照
署台南府臺灣縣正堂范　為徵收錢糧事，
據裡糧戶完納光緒拾肆年分錢糧。
光緒十四年　月　日給　縣　字第　號糧戶。

填寫時，「署台南府臺灣縣正堂范」之「臺灣」改寫為「安平」，「光緒十四年　月　日」改寫和填寫為「光緒十五年三月初九日」。顯然，「范」（即范克承）於光緒十四年到任時為「臺灣縣正堂」，其後（即范克承到任的光緒十四年九月以後）才改任為「安平縣正堂」。質言之，「將原臺灣改為安平縣」不是「光緒十三年之事」。

三

咸豐年間曾任福建布政使的張集馨於《道咸宦海見聞錄》記有他在

---

[28] 引自《安平縣雜記》，第40頁，臺北，成文出版社1982年3月版。

[29] 引自《安平縣雜記》，第88頁，臺北，成文出版社1982年3月版。

[30] 引自《安平縣雜記》，第95頁，臺北，成文出版社1982年3月版。

福建布政使任上（咸豐十年即 1860 年正月至六月）的一段遭遇，略謂：

> 閩省藩司半廉，除扣抵外，每月只一百零三兩，此外並無平餘。
> 每月大小席幕修火食須銀二百兩，衙門薪水應酬，極苦極窄，亦
> 須三四百金，舍質衣借賬外，別無他法。兩院三節兩壽，門包並
> 盤庫酒席等用，通年須八百余金。尤可笑者，慶督門包須庫乎足
> 紋，不要洋元，到任時初送門包，當即在門房彈兌，欠平六分，
> 立時擲出。余非不可尚氣，因思慶督已經說余脾氣太剛，只好容
> 忍，令家人再加一錢送去，以後致送皆加平，始不挑剔。[31]

從以上記述看，張集馨到任之初晉見閩浙總督慶瑞時致送的門包是
洋元，是俗稱「馬錢」（幣之一面有盔甲武士執劍騎於馬上，故稱）的
荷蘭銀幣一枚。「馬錢」約合中國庫平八錢六七分，離庫平（九錢三分
五厘）恰「欠平六分」，所以張集馨「令家人再加一錢送去」。

與省會福州一樣，清代臺灣也有各種外國銀幣無序流通的情況。吳
家檔裡有兩張捐繳收據，一為同治五年（1866）十二月初一日吳家「捐
清溝經費」的收據，其文曰：

> 執照
> 記收過業戶xxx捐清溝經費佛銀捌拾大員秤伍拾肆兩肆錢，合立
> 收單送照。經手xxx，收銀xxx。同治伍年拾貳月初一日。

另一為同治十年（1871）十二月初一日吳家「捐繳洪公祠」興建經
費的收據，其文曰：

> 臺灣縣正堂白，為僉請興建洪公祠事今據捐戶紳士xxx捐繳洪公
> 祠六八番銀三拾元，合給收單為照。同治十年十二月初一日祠字
> 第玖號。

上記「佛銀」和「六八番銀」是同一種外國銀幣。連雅堂《臺灣通
史》謂：

---

31 引自張集馨：《道咸宦海見聞錄》，第 303 頁，北京，中華書局 1981 年 11 月版。

……是為西班牙政府所鑄。面畫王像,則台人所謂佛銀者也,重
六錢八分,市上貿易以此為准。[32]

「六錢八分」謂其成色(即所含銀「重六錢八分」),「佛銀捌拾大
圓秤伍拾肆兩肆錢」,則「佛銀」即「六八番銀」也。

作為秤量貨幣,用銀須經秤量;各種外國銀幣又介入無序流通,清
代幣制可謂亂上加亂。閩省內地與閩省臺地,事事相同,連用銀方面亦
是一般煩難。

吳家文件裡有吳家姻親、臺灣進士汪春源 1910 年二月十六日(時
在江西省安義縣知縣任上)致其妹婿吳鳳年信。該信有「兄現任南康府
之安義縣,於茲三載,只因時事變遷,江西日下銀貴錢賤,征不敷解,
賠累之深日增一日。點金乏術,徒喚奈何」之語。

「銀貴錢賤」是清代幣制混亂狀況的又一種表現。

彭信威《中國貨幣史》謂:

清朝的幣制,大體上是銀錢平行本位;大數用銀,小數用錢,和
明朝相同;只是白銀的地位更加重要了。銅錢和銀兩之間,起初
維持千文一兩的比例,隨時增減錢的重量;來適合銀和錢的市場
比價。[33]

銀、錢比價的不斷波動,造成了貨幣流通的混亂。據王宏斌《晚清
貨幣比價研究》[34],清代有三個「銀貴錢賤」時期:1765－1854,1865
－1874,1905－1911。

汪春源遊宦江西期間(1903－1911)恰值第三個「銀貴錢賤」時期。
在江西安義縣知縣任上,為應對「銀貴錢賤」造成的「征不敷解」的問
題,汪春源唯有「賠累」之方,即用縣署的經費和個人的收入撥而充之。
當時,江西南康知府朱雲甫曾在稟文中稱道汪春源:「徵收丁漕,因銀
貴錢賤,雖有虧賠,而督催未敢稍懈,故近年該縣徵收之數均在八成以

---

[32] 連橫:《臺灣通史》,引自《臺灣文獻叢刊》第 128 種,第 206 頁。

[33] 引自彭信威:《中國貨幣史》,第 753 頁,上海,上海人民出版社 1965 年版。

[34] 河南大學出版社 1990 年 2 月版。

上。本年舉辦地方自治，因款無可籌，該令將統計處常年經費悉數撥充自治。所有統計經費，捐廉擔任」。[35]

四

1921 年，臺灣進士汪春源為臺灣進士許南英的《窺園留草》撰序，其文記汪、許二人的交誼，略謂：

> 春源蚤歲獲交于允白許君，彼此觀摩逐成益友。維時台學使灌陽唐公文治方新，禮延耐公施先生掌教台澎講院，於制義試帖外倡為詩古文詞之學。院中月課，春源與君輒冠曹偶。君少孤，家貧力學，天資挺特。春源駑鈍，常恐祖生先我著鞭。未幾，君果以會魁授兵部主事。春源勉從君後，雖倖而得售，迄未能與君同榜齊年，深以為恧。……亡何割台禍起，時春源以公車詣闕上書不報，君與台帥同仇戮力，齎志不酬，恝然為蹈海之舉。春源亦棄家避地，彼此流落閩南。終以勞燕分飛，一行作使，粵東江右，不相見者幾二十稔。辛亥鼎革，春源與君先後還山，同入菽莊吟社於鼓浪洞天者又數載。[36]

汪、許兩家後人相傳，汪、許兩家有姻親之誼。

據許南英《窺園先生自定年譜》，許南英於光緒七年（1881）「娶吳樵山公三女（吳）慎為室」；[37]許贊堃（許地山）《窺園先生詩傳》則記：

> 1912 年許南英回台省親，「住在親戚吳筱霞先生園中」[38]。另據吳家檔裡的戶籍謄本、書信和「改葬許可證」，汪春源妹汪攀于光緒年間嫁彰化吳鳳年（彰化貢生吳師舜長男）為妻，而吳筱霞和吳鳳年長男吳在甲曾作為「親族」共同列名于吳家檔裡的一份協議書（大正六年即 1917 年 5 月 4 日），吳筱霞致吳鳳年信則署「宗侄吳少霞」。

35　引自汪春源：《汪進士自述》，載《台南市政》第 8 期，1965 年 1 月 1 日。
36　引自許南英：《窺園留草》，卷首，北京和濟書局 1933 年版。
37　引自許南英：《窺園留草》，卷首，北京和濟書局 1933 年版。
38　引自許南英：《窺園留草》，卷首，北京和濟書局 1933 年版。

原來，許、汪兩家乃因吳慎嫁許家、汪攀歸吳家而有姻親之誼。

附帶言之，吳筱霞之子吳守禮是著名的語言學家，臺灣光復初期曾任臺灣省國語推行委員會委員。

在吳家文件裡的吳鳳年戶籍謄本上，汪攀的生年失記；但在「改葬許可證」上「汪氏攀」的生年記為「明治元年」即 1867 年。

這裡有一個問題。

拙著《臺灣近代文學叢稿》謂：

> 施士潔和許南英「生同年」，都是乙卯年，這是地方史乘都已載明的，而汪春源的生年在地方史乘（如《臺灣省通志》卷七《人物志》、《台南市志》卷七《人物志》、《廈門市志》卷二十三《流寓傳》等）上無記。查汪春源《汪進士自述》，記有「年十四，應童子試，邑侯祁星階師拔置第二，令入縣讀書」。《臺灣省通志》卷七之《汪春源傳》也記有「受知于知縣祁征祥，為設席署中，聘幕客以教。」再查《台南市志》卷七之《祁征祥傳》，則記有「光緒八年，作宰臺灣，得汪春源、陳潤黃二茂才，即選入衙署，聘幕友李占五教之。」據此可知，光緒八年，汪春源年十四，那麼，汪春源的生年當為 1869 年。比起施士潔、許南英，汪春源要小十四歲。[39]

汪春源的生年乃據其入泮年齡（「年十四」）和其恩師祁征祥「作宰臺灣」之年（光緒八年即 1882 年）推算而來。查《明清進士題名碑錄索引》[40]，祁征祥是光緒六年（1880）中為三甲第 74 名進士的。《台南市志》卷七《人物志》於「祁征祥」條下記：

> ……始為官南澳，……。光緒八年，作宰臺灣，得汪春源、陳潤黃二茂才，即選入衙署，聘幕友李占五教之。後陳不壽，汪終成進士。九年移知閩縣。十一年鄉試，臺灣士子往謁，尚禮下情殷，紆尊至臺灣會館回拜。[41]

---

[39] 引自汪毅夫：《臺灣近代文學叢稿》，第 11 頁，福州，海峽文藝出版社 1990 年 7 月版。
[40] 上海古籍出版社 1979 年 9 月版。
[41] 引自《台南市志》，卷七，《人物志・列傳篇》，第 246 頁，臺北，成文出版社 1983 年 3 月版。

　　看來，拙著關於汪春源生年的推算應該是準確的。那麼，吳家檔關於汪攀「明治元年二月十六日生」的記載就有問題了：明治元年為1867年，比汪春源的生年早兩年。汪攀的生年之誤可能是清同治年和日明治年的換算之誤。

　　吳家文件收有汪春源寫於同一時間（「塗月初九夕燈下」）的短信兩封。其一乃致其妹丈吳鳳年（汝吉），文曰：

> 汝吉我妹丈大人如握，
>
> 暌違兩載，宛如九秋。此念起居安善，諸凡稱心，至以為慰。愚入都應試，擬定明春正月杪。不過逐隊觀光而已，並無他望。此番特令舍妹抵彰，經再三告誡，勸其恃順惟是。賦性笨拙，尚祈格外鑒原。遇事招呼，實深感佩。帶上土托魚哂收為荷，此頌文安，諸維□□一切。
>
> 愚內兄春源頓首，塗月初九夕燈下草此。

另一致其友人「申甫我兄芸大人」，文曰：

> 申甫我兄芸大人史座，
>
> 日前由周松蓀太史帶上寸鹹，想入英盼。相暌兩地，渺若天涯，思之悵然。弟入都應試，擬定明春正月底，不過逐隊觀光而已，並無他望。此番舍妹倩專丁來迓舍妹，茲特令其赴彰道經貴邑，敢向府上假宿，亦猶廣廈庇寒意也。費神感謝不盡，手此拜懇，敬請文安，並候嫂夫人坤祉，令弟、世兄均吉。弟春源頓首，塗月初九夕燈下寫此。

　　據汪春源《汪進士自述》所記「庚寅、甲午、己未，應春官，□均薦而未售」和「辛卯，丁內艱」以及上記第一信中所謂「暌違兩載」可知，汪春源於庚寅（1890）會試報罷；辛卯（1891）「丁內艱」（即喪母）；壬辰（1892）因居喪不得與試；自辛卯（1891）迄於甲午（1894）已是三年居喪期滿（實際上居喪25個月即頭尾三年已算期滿），可以「入都應試」。據此又可推知，汪春源上記兩封短信乃寫於癸巳（1893）塗月即十二月初九日。

上記第二信裡的「周松孫太史」即福建侯官籍的進士、翰林（「太史」是翰林的別稱）周景濤。查《明清進士題名碑錄索引》，周景濤名列清光緒十八年（1892）壬辰科二甲第 6 名進士；《詞林輯略》[42]則記：

> 周景濤，字松孫，福建侯官人，散館改主事，複改江蘇阜縣知縣。

「散館」指翰林院庶起士經大考後出任官職。其時，周松孫乃在福建臺灣布政使唐景崧幕中爲幕友。拙論《幕府風流筆陣橫 —— 從唐景崧幕看臺灣幕府和臺灣文學》[43]曾 5 次提及周松孫之名。

<h1 style="text-align:center">五</h1>

吳家文件裡有關光緒七年（1881）吳、邱土地所有權訴訟案的三件信函值得注意。

其第一件爲彰化縣署幕友甘xx向訴訟案被告方密報的信函。略謂：

> 茲查此四月初旬，有據xxx保xx莊xx赴縣呈稱，伊有承xx公田一甲六分半，因欠大租，被xxx即xxx□抵大租，將田出□，及將圳銀一概出單付執完納，多收去三百余石，田又仍然霸住，不肯起還等因，呈請飭差押還。經蒙批示：不准。此五月十三日再來呈催，蒙批：呈詞種種浮砌，本仍難准，唯一再嘵瀆，若不徹底查究，反以好訟自爲得計。究竟實情如何，應候飭差稟覆等示。現查此呈尚未□承送稿出差。今將情形先行專差通知。其差所費，若要在彰設法，方可預早示知。

其第二件、第三件爲訴訟案被告方接獲甘xx密報後內部往返商議的信函，略謂：

> 茲寄去xx呈稿契白並甘相公書信，祈可閱明察奪。

又謂：

---

[42] 近人朱汝珍輯錄，書收《中國選舉史料清代編》，臺北，臺灣鼎文書局 1977 年版。
[43] 收拙著：《臺灣社會與文化》，福州，海峽文藝出版社 1994 年 9 月版。

　　錢糧師爺及列位門政與咱知交，見xx控弟名字，諒必信我無此霸
　　田事情。若有見諸相好之面，不妨道及xx所控情節，囑他照料，
　　情當銘感。

　　又謂：

　　前月署中諸友囑買物件，另日買到即付人帶上送分。

　　從上記三信之部分內容可知，彰化縣署幕友甘xx將原告「呈稿」、
知縣先後兩次批示均秘密報告被告方，並有「其差所費，若（你）要在
彰設法，方可預早示知」之語索要財物。被告方則有「買到即付人帶上
送分」的承諾，並自信「錢糧師爺及列位門政與咱知交」。
　　從上記三信之部分內容又可推知，「甘相公」、「錢糧師爺及列位門
政」也可能以同樣手段向原告方索要財物。
　　清代幕府制度的弊病、「劣幕」的行徑由是可見一斑。
　　上記第二信有「咱館實屬無體」、「敢言咱□伊田」、「咱雖無退佃
字」、「田原是咱給墾完供」諸語，第三信亦有「與咱知交」之語，可見，
「咱」作為北方方言的稱謂用語，在清代光緒年間，已通用和常用於閩
南語方言區的臺灣。
　　吳家文件裡有關日據臺灣時期漢文教學、衛生防疫和教會學校的部
分亦頗值得注意。
　　有關漢文教學的文件包括大正三年（1914）一月五日吳汝能（即吳
德功）致吳鳳年（即吳汝吉）信和大正五年（1916）「在本莊修學文社
書房」（即修學於「本莊文社書房」）的學生名單。
　　吳汝能信略謂：

　　啟者，現各校選取生徒，或入醫學，或入國語，本二月十日要送
　　冊。僕聞漢文先生云，在甲（按，即吳鳳年長男吳在甲）漢文頗
　　深，爰向校長薦，令送冊與考。

　　其時，吳在甲年二十歲，應已從公學校（為臺灣學生設立的學校）
畢業。漢文教學是公學校的「廢止科目」或「隨意科目」（即選修科目），

吳在甲卻有「漢文頗深」的驕人成績。此一成績,自然首當歸功於他自身的努力和對祖國語言文學的熱愛。

「文社書房」的學生名冊顯示,「文社書房」有學生 30 名,其中有父子同學者即「張再生長男張青同」、「張再生長孫張水濱」。

「書房」是日據時期臺灣民間設立的從事漢文教學的塾館。

有關衛生防疫的部分包括明治三十九年(1906)四月二日吳在甲和吳在琛的種痘證。這兩份種痘證表明,吳在甲和吳在琛當時分別爲 12 歲和 7 歲,均爲「第三回」種痘,種痘後的反應均是「不感」即毫無影響。

據魯迅《我的種痘》[44]記,魯迅第一次種痘是 1883 年前後,地點是浙江紹興家中;「第二、第三次的種痘,已是二十多歲,在日本的東京了,第二次紅了一紅,第三次毫無影響」。

魯迅「二十多歲,在日本的東京了」,時當 1902.4－1904.4、1906.3－1909.8。

魯迅所記「第二、第三次的種痘」時間、「第三次毫無影響」同吳在甲、吳在琛兄弟的種痘經歷幾乎同時和同樣。

有關教會學校的部分則是大正六年(1917)台南長老教中學校的「謝狀」和「台南長老教會中學校圖(新築、計畫中)」。「謝狀」文曰:

> 謝狀
> 大正四年中學校新築之際,蒙多大盡力,寄贈金拾圓。本校得以成立,皆荷所賜,謹呈謝狀,聊表敬意。
> 大正六年二月十三日　臺灣基督長老教派　台南長老教中學校
> 沈煥南殿。

吾友林金水教授《臺灣基督教史》謂:

> 1885 年創辦的台南長老教中學,是全台第一所西式中學。[45]

---

[44] 收《魯迅全集》,第 8 卷,北京,人民文學出版社 1981 年版。
[45] 林金水:《臺灣基督教史》,第 303 頁,北京九州出版社 2003 年 7 月版。

　　據吳家檔，台南長老教中學全稱「台南長老教中學校」，又稱「台南長老教會中學校」；該校於 1915 年新建校舍，並從民間接受捐贈。

2005 年 9 月 29 日午夜

訟師唆訟：清代閩省內地和閩省臺地共同的社會問題

一

「訟師唆訟」作為一個社會問題在宋代福建文獻裡已見報告。
宋代閩人陳淳《上傅寺丞論民俗書》記：

> 此間民俗，大概質樸畏謹。然其間亦有奸雄健訟，為善良之梗、使不獲安息者。在民師帥，不可以不知。蓋緣一種人，長於詞理，熟公門事體淺深，識案分人物高下，專教人詞訟，……凡有詞訟者必倚之為盟主，謂之主人頭。皆於影下教唆，或小事粧為大事，或無傷損粧為幾喪性命，或一詞實而粧九虛以夾之，或一事切而粧九不切以文之。承行之吏亦樂其人為鷹犬，而其人亦樂於挾村人之財與之對分。此詞訟之所以日繁一日，聽訟之所以徒為虛勞，而良善者之所以虛被其擾也。前政趙寺丞知其然，當聽訟時灼見有此等人，便嚴得懲斷，其在士類者則善處之自訟齋，窮年不與歸。人因畏其戢，不敢健訟，次年所引詞狀日不到三十紙，今詞狀日幾至三四百者，亦以故事未經舉行故也。宜申嚴約束，如有此等人出入公門、隱匿司房，為詞人盟主者，門卒案例同坐，若其人非士類，則依條重行科斷，在士類者則循舊例，處之自訟齋，窮年使讀《論語》、《小學》之書，是乃以善治之之道。如此則健訟者無複敢恣為希妄而肆行教唆，然後人之以詞訟來者，必皆其事之不可已而情不可偽，聽訟自可常清明、訟獄自可常簡少之。[1]

陳淳在朱熹的門生裡有「會問」之譽和「漳州陳淳」[2]之稱，他在這裡記錄的「長於詞理，熟公門事體淺深，識案分人物高下，專教人詞訟」之人及其「於影下教唆，或小事粧為大事，或無傷損粧為幾喪性命，

---

1 引自康熙《龍溪縣誌》，卷之十，《風俗》。
2 語見【宋】黎靖德編：《朱子語類》，第 7 冊，第 2833 頁，北京，中華書局 1986 年 3 月版。

或一詞實而粧九虛以挾之，或一事切而粧九不切以文之。承行之吏亦樂
其人為鷹犬，而其人亦樂於挾村人之財與之對分」之行徑，乃是通常所
謂「訟師」和「訟師伎倆」，記錄的訟師唆訟之種情形乃是當時福建漳
屬之龍溪、龍岩、漳浦、長泰各縣之情形。

　　孫本文教授嘗謂：「社會問題就是社會全體或一部分人的共同生活
或進步發生障礙的問題」[3]；又謂：「社會問題就是共同生活或社會進步
發生障礙的問題」[4]。

　　以此衡之，訟師唆訟既「為善良之梗、使不獲安息」，亦即「共同
生活或社會進步發生障礙」，當然是典型的社會問題。

　　有官府才有官方的司法實踐，才有訟師藉以圖利的官司。

　　在清代福建，隨著清廷在臺灣建府置縣、設官立衙，訟師活動很快
蔓延入台，訟師唆訟遂成為閩省內地和閩省臺地共同的社會問題。

　　閩省內地和閩省臺地，事事相同，連社會問題也有共同性。

　　茲輯錄有關清代閩省內地和閩省臺地訟師唆訟之社會問題的報告。

　　清代康熙年間，王廷掄在福建汀州知府任上（王廷掄於康熙三十四
年即 1695 年「由戶部郎中出知」[5]福建汀州）有閩省之民「好爭健訟」
和閩省「汀屬」各縣訟師「唆訟而網利」的報告。

　　王廷掄《臨汀考言》記：

> 閩省風俗澆漓，小民好爭健訟，而汀屬之劣衿勢惡，皆借刀筆以
> 謀生。恃此護符嵩以唆訟而網利。更有寧化、清流兩邑之流棍，
> 半皆駕舟于南台、上杭、永定。兩縣之奸徒，又多貿易於省會。
> 此輩熟識衙門，慣能頂名包告，與訟師串通一線，指臂相連，輒
> 敢遇事生風，便得於中詐騙。每有山僻鄉愚，偶以一日之微嫌希
> 圖捏詞以嫁禍，或因情詞妄誕府縣未經准理者，或因審出真情已
> 經薄懲反坐者，或因自知理屈難以取勝未經控府告縣者，一遇若

---

[3] 引自孫本文：《現代中國社會問題》，轉自《社會學概論》，第 308 頁，天津人民出版社 1984
　年 5 月版。

[4] 引自孫本文：《現代中國社會問題》，轉自《社會學概論》，第 308 頁，天津人民出版社 1984
　年 5 月版。

[5] 據乾隆《汀州府志》，第 475 頁，北京，方志出版社 2004 年 3 月版。

輩扛幫，無不墮其奸術。內有訟師之簸弄，外有包棍之引接，遂飾小忿為大冤，或翻舊案為新題，口角爭端動雲捆鎖吊拷，地界接壤指稱挖塚拋骸，田土之交易未清便言霸佔，錢債之利息不楚捏告詐贓，或將衙役裝頭，或列紳衿作證，牽連婦女，羅織無辜，海市蜃樓，但冀目前之一準，含沙射影，不管日後之虛誣。……更可異者，此等訟師奸棍，尚一出入衙門，把持官役，稍不遂意，即捏無影私投遞匿名。[6]

藍鼎元《月湖先生傳》則語涉清代康熙年間（「月湖先生」名陳汝咸，於康熙三十五年即 1696 年出宰福建漳浦）「閩南劇邑」漳浦縣之「詞訟」和「訟師」，略謂：

浦故閩南劇邑也，多詞訟。……先生正己率物，勸民親遜，懲訟師，聽斷明決，莫之能欺，由是公庭肅然。[7]

陳璸（康熙四十九年即 1710 年任台廈道）和藍鼎元（康熙六十年即 1721 年隨軍入台）在康熙年間分別有「台俗健訟」和「臺地訟師最多」的報告。

陳璸《台夏亢暘修省示》謂：「台俗健訟」[8]；藍鼎元《與吳觀察論台事宜書》則謂：

臺地訟師最多，故民皆健訟，宜嚴反坐之法，聽訟時平心霽色，使村啞期艾，咸得自達其情。得情時，鐵面霜嚴，使狡猾財勢俱無所施其巧。凡平空架害，審系虛誣，不可姑息，勢必將原告反坐，登時研究訟師姓名，飛拿嚴訊，責逐過水，遞回原籍，取本縣收管，回文存案。[9]

康熙《臺灣縣誌》亦記：

[6] 王廷掄：《臨汀考言》，康熙刻本。引自《四庫未收書輯刊》，第 8 輯，第 21 冊，第 196-197 頁，北京出版社 2000 年版。
[7] 藍鼎元：《鹿洲全集》，上冊，第 127 頁，廈門大學出版社 1995 年 1 月版。
[8] 陳璸：《陳清端公文選》，引自《臺灣文獻叢刊》，第 116 種，第 25 頁。
[9] 藍鼎元：《鹿洲全集》，上冊，第 46 頁，廈門大學出版社 1995 年 1 月版。

訟師者，點民也。台多刁訟，其弊多訟師主也。蓋村民何知？惟訟師一力擔承，故訟遂不可止。欲使民相安於無事者，亟除訟師之害，則幾矣。[10]

清代同治年間成書的《福建省例》所收乾隆至同治各朝福建政務條例也有關於閩省訟師活動的報告，其中乾、嘉年間的報告如：

乾隆三十八年正月，蒙臬司廣牌：照得閩省俗悍民刁，喜爭健訟，遇有些小微嫌，輒敢以偽作真，將無為有，任刁妄之訟師，捉影捕風，架詞捏控。……似此惡習相沿，守斯土者若果廉能良吏，即當時刻留心察訪，一有風聞，嚴拿究治，到案立分虛實，情直者急為申理，其誣捏者按律反坐，並窮究訟師及唆使之人，盡法處治，庶愚頑知警，或可稍挽頹風。[11]

乾隆三十八年二月十六日，奉總督閩浙部堂鐘批兩本司會詳：……。訟師最為民害。地方偶遇鼠牙雀角，本無訟心，若輩從中唆聳，或以是為非，或以少架大，蜃樓海市，盡掩真情，百計千方，包告包准，因而勾通書役，設法捱延，且複牽累無辜，故為朦混。甚至拖延日久，兩造之氣早平，而若輩之謀益肆。其害不可枚舉。[12]

（乾隆五十九年）十一月初三日，奉護巡撫部院姚憲劄：照得閩省民情刁悍，訟獄繁多，皆由訟棍教唆，以致捏情混控。或雀角微嫌，架捏大題。或砌款妄告，羅織多人。或由爭毆而混稱兇殺。或遇命盜而牽控無辜。田土未明，動稱糾黨搶割；山場互控，輒指毀墳滅屍。或畏罪而使婦女出頭。或避審而飾情越訴。甚至審結之案，冀圖翻異。批駁之詞，改情複控。惟圖倖准一時，不知坐誣嚴例。總緣無賴訟師，倚恃刀筆，逞其刁唆之能，遂其詐騙之計。卒之兩造受累，而訟師逍遙事外，實堪痛恨。……閩省民多好訟，皆出一班訟棍遇事教唆，各屬代書貪錢兜攬，遂至積習相沿，成為風氣。……等因，奉此。本司等會查得閩省民情剽悍，習訟成風，往往砌款妄告，羅織多人。惟思倖准一時，不顧水落

---

[10] 康熙《臺灣縣誌》，引自《臺灣文獻叢刊》，第103種，第60頁。
[11] 《福建省例》，引自《臺灣文獻叢刊》，第199種，下冊，第905-906頁。
[12] 《福建省例》，引自《臺灣文獻叢刊》，第199種，下冊，第1118頁。

石出。總由輕聽訟師唆哄，遂得逞其刀筆，以遂詐騙之計。[13]
（嘉慶十年六月二十九日）福建按察使司韓為嚴禁圖詐之惡習以
安民業事。照得……閩省奸偽百端，詐欺迭出：或誣稱窩賭、或
捏告宿娼、或妄板通盜消贓擇肥而噬、或混指毀墳占葬遇善而
欺。甚至以路斃之屍居為奇貨，抬移圖詐，傾陷平民。一經報官，
胥差則攘臂而興，訟師則含沙欲射。[14]

陳盛韶《問俗錄》記有道光年間閩省仙遊縣和「漳南」即漳屬各縣
訟師唆訟的情形，如：

仙遊代書不解作詞，惟終日守官戳。別有訟師作詞，稱曰師傅，
又曰制堂。一案投門或千余金，或數百金，約定不貳。案內人用
費盡向渠說，初不知有主人翁。間有先不約定，零星花用，以少
報多，與書差三七、四六分費，而案益糾葛不清。甫聞縣令訪拿
即惶然鼠匿兔奔。見官時，中無主張，俯首喘息，推原其故。仙
邑教讀，修金儉薄，諸生貧不自安。民富而怯，以錢為膽，雖自
信理直，必思托人賄賂，才敢登堂。故利慾薰心，入茲孽障，非
真有刀筆伎倆，不過筆頭上騙錢生涯而已。然士習日壞，人心風
俗之大憂也。余於書院一月兩課，親為講畫，待以優禮。而訊案
究出師傅，必嚴加戒斥，使之斂跡。要非褫革數衿，恐不能斷厥
根株也。[15]
漳南屍親控案，非索命實索錢也。控主使党眾者錢藪也。控首凶
下手者，必富於錢，或為新婚、為書生、為獨子，視若掌珠者也。
真凶轉從末減，甚至防其自首，不書其名。有錢無命可，有命無
錢不可，至無錢無命，拖延日久。本邑訟棍與住京訟師相為推挽，
順風航海，七日達天津，三日至都門，遂成京控。奏交大府，委
員絡繹至矣。委員之廉能者為上；恬靜寡欲而短於才者次之；有
欲有為者又次之；至藉憲劄為居奇張本，假公館為行樂之地，論
公事，癡人說夢，造謠言，蜂蠆有毒，斯下矣。鄉蠻不畏官法而
懼京控。原告起程，消息潛通，西赴粵，南渡台，而官署尚不及

[13]《福建省例》，引自《臺灣文獻叢刊》，第 199 種，下冊，第 963-969 頁。
[14]《福建省例》，引自《臺灣文獻叢刊》，第 199 種，下冊，第 989 頁。
[15] 陳盛韶：《問俗錄》，第 77-78 頁，北京，書目文獻出版社 1983 年 12 月版。

知。會營圍拿，積日累月，兵費數千，兇犯難獲，即使全獲解省，屍親刁狡，抗不結服。奏限迫促，訊官亦為所難，不得已聽民相習於調和。而原告得意，京控滋多，地方官益疲憊矣。夫治漳之難有二：曰械鬥，曰盜賊。然械鬥之禍甚于盜賊，京控之禍又甚於械鬥。盜賊害及一身一家，械鬥害及鄉里，京控更累及官長。治械鬥之法多端，其要不外於清。清而不能治者有矣，不清未有能治者也；治盜賊之法多端，其要不外于嚴。不嚴而不治者勢也，嚴未有不能治者也。至於京控，惟勤厘積案，以清其源，情虛反坐，以塞其流，慎重委員，以澄其風波。若命盜延擱未久，非命盜而屬田土婚姻細故輒敢京控者，尤必嚴究訟師，以斷其根株。則治矣。[16]

吳子光《與當事書》謂：

昔人謂訪拿訟師，昉於子產之治鄭。臺地此風尤盛。翻百餘年之舊案以為冤甚覆盆，聯數十輩之姓名以為事出公論。樹空中之樓閣，筆快於刀；起平地之風波，身都是膽。豪惡中有犯此者，重則詳褫情斥，次則書其名字於街彈碑，以為蠹民害政者戒。[17]

《與當事書》作年不詳，所記閩省臺地訟師「蠹民害政」當是吳子光在台生活的嘉、咸、同、光年間所見情形。

《福建省例》又記：

同治九年十二月十七日，奉巡撫部院王憲牌：……閩省素稱海濱鄒魯，邇來人心不古，俗染澆漓，好勇鬥狠，習以為常。睚眥微嫌，動輒構訟，上控之案，往往有起釁本微，而蔓引株連，頻年不結，或假命圖詐，而長篇累牘，羅織多人。而真正命盜重案，被控者確有主名，被獲者十無一、二，匪徒無所顧忌，而搶劫之案愈多。訟師肆其譸張，而狙詐之風愈甚。……健訟之風，各省皆有，而閩省似為尤甚。[18]

16 陳盛韶：《問俗錄》，第88-89頁，北京，書目文獻出版社1983年12月版。
17 吳子光：《臺灣紀事》，引自《臺灣文獻叢刊》，第36種，第72頁。
18 《福建省例》，引自《臺灣文獻叢刊》，第199種，下冊，第1032-1036頁。

同治十年九月初二日，奉巡撫部院王憲牌：……閩省民情強悍，
好訟成風。本部院下車之始，即以清訟為先，曾經酌定事宜八條，
通飭遵辦在案。迄今日久，每覽各屬詞訟月報，繁簡不一，而刁
告健訟者依然如故。皆由積慣訟棍主唆教誘，添改情節，架捏謊
詞，平地生波，含沙射影。鄉愚受其播弄，失業廢時；良善被其
株連，傾家蕩產。詭偽百出，變幻多端。而造為鷸蚌之持，若輩
享漁人之利，或號制堂名目，或作死人牙行，一經其手，欲罷不
能。此獄訟之所以繁興，清理殊非易易也。[19]

唐贊袞《台陽見聞錄》記：

臺北詞訟，藉命圖詐者最多。往往有刁生劣監，充當保家，意在
噬肥。從中唆使，平空架害。[20]

《台陽見聞錄》是光緒年間唐贊袞在「署理台澎道兼按察使銜、福
建補用台南府知府」任上的作品。

1925 年，董作賓教授在福建協和大學（校址在福州）任教期間，
曾收集文字和口碑資料成《閩俗瑣聞》一文。《閩俗瑣聞》記：

一種訟棍吾鄉謂之「牙骨」，似地痞流氓而善舞刀筆，雖官府亦
憚之而莫如之何也。聞福州有之。群目之為「羅漢」。此輩在清
時皆有功名，終日欺詐鄉愚，不事他業。聞閩人盛傳之羅漢故事
有二：一為城內舊有藥店曰「大德春」者，懸市招曰「大德春藥
店」。羅漢某一日持狀恐嚇之，謂「汝真大膽，『大德』，今天子
也，汝乃公然懸招曰『大德』，『春藥店』，乃誣聖天子開店賣春
藥耶？」主人恐，賄數百金，碎招，事乃寢。一為一家有兄弟二
人，兄早死，有寡嫂在堂，弟某有子六人，以長子嗣乃兄。六子
後皆擢高第，某榜其門曰「六子科甲」。所謂羅漢者來賀之，曰
「君六子皆貴，至可慶，然亦難乎為君嫂矣，君兄之鬼不其餒
乎？」某大悟，急卸其匾，酬以重金，使勿宣揚。[21]

[19] 《福建省例》，引自《臺灣文獻叢刊》，第 199 種，下冊，第 1041 頁

[20] 唐贊袞：《台陽見聞錄》，引自《臺灣文獻叢刊》，第 30 種，第 73-74 頁。

[21] 董作賓：《閩俗瑣聞》，載廣州《中山大學語言歷史研究所週刊》，第 1 卷第 2 號，1927
年 11 月 8 日。

這裡所記福州訟師的故事，一發生於光緒年間（光緒爲清德宗皇帝的年號）、另一發生的時間則當在光緒三十一年（1905）廢除科舉制度前的清代某年。

二

王廷掄《臨汀考言》記錄了訟師唆訟的典型個案。茲選其三例並略加分析。

1、福建上杭丘婁上、丘品上、王章等訟師團夥唆訟圖利案

《臨汀考言》記：

> 審看得丘婁上即丘聯奎，心同鬼蜮，惡比豺狼，與丘品上即丘世恭及王章等，俱濫廁武庠，不啻如傅翼之虎，並丘赴如之朋此作奸，同惡相濟，皆潛不畏死之棍徒也。緣婁上向恃衣頂爲護符，藉保歇爲壟斷，以品上之刀筆爲腹心，以王章之攻訐爲臂指，以丘赴如之漁獵城鄉爲爪牙，平日之狼狽相依，魍魎呈伎，起滅詞訟，詐騙鄉愚，遇事生風，逢人即嗜，貽害民生，匪朝伊夕。而婁上之惡跡多端，尤爲道路所側目者。
>
> 憲臺犀照所及，無奸不燭。於康熙三十六年三月二十一日，以拿究訟師等事，檄飭密拿審據解報。遵查婁上、品上二犯於未奉軍令飭拿之先，有上杭縣民曾榮蘭者，木匠謀生，曾爲監生林瀚之父林宗玉蓋造土樓。三十四年十二月二十七日，因榮蘭趁食粵東，其妻陳氏向宗玉索取工貲，不與。遂手持毒草登門，圖賴扭結之頃，破其裙襴。林瀚之母給以銀、裙而去，此婦女息爭之微意。乃瀚父宗玉，意其恐嚇而來，其所帶之草未必果毒，奪而食之，於二十八日中毒殞命。二十九日，林瀚即遣伊叔林周雲赴縣與婁上備陳始末，煩其呈報丁憂。詎婁上即萌詐騙之心，令周雲歸語林瀚，必得面爲商榷。林瀚於次年正月初二日往縣，婁上唆其控雪父冤。瀚以伊父之死，雖屬非命，實系誤傷，不欲興詞構

訟。無如婁上之黎丘善幻，先差丘赴如至榮蘭家中取其所與銀、裙，藉稱林瀚強姦陳氏之確據，主使榮蘭具控，而榮蘭亦不敢以虛詞誣告。於是商之品上，先捏鄉約具詞稟報人命，繼唆榮蘭出名告林瀚以強姦、陷父，迫之以不得不告之勢。林瀚無奈，遂以逼殺父命事詞控縣。又因逼獻稍遲，複敢捏寫匿名，令丘赴如訐林瀚以陷父非命。原、被兩造，皆主于婁上之家，彼此告詞皆出於婁上之主裁而成於品上之刀筆。於二月初二、初六等日，兩次詐騙銀五十兩始為之呈報丁憂。而林瀚見其欲壑難填，詐騙無休，遂以真命實告。事赴前撫憲告准奉批，臬司提訊，轉飭卑府審報。遵即審提原案，細加研鞫，而榮蘭既供強姦是假，林瀚亦稱人命非真，複加跟究，始將婁上、品上唆告情由，和盤托出。[22]

本案「原、被兩造」即原告、被告雙方本「不欲興詞構訟」、「不敢以虛詞誣告」。但丘婁上等採取了一連串的「訟師伎倆」：先是唆使林瀚為原告，控曾榮蘭妻陳氏「逼殺（林瀚）父命」，林瀚不從；繼到曾榮蘭家中「取其所與銀、裙」即非法取證，「主使榮蘭具控」林瀚「強姦陳氏」，榮蘭亦不從；「於是商之品上，先捏鄉約具詞稟報人命」即盜用鄉約的名義向官府報告命案（據明清鄉約制度之「里老（耆老）聽訟」的受案範圍原則，鄉約受案的性質限於民事，「奸盜、詐偽、人命重事，方許赴官陳告」[23]），「繼唆榮蘭出名告林瀚強姦、陷父」，造成林瀚「不得不告之勢」；林瀚出於無奈，「遂以逼殺父命事」提起訴訟；「又因逼獻稍遲」即林瀚被迫向丘品上等獻金稍遲，丘品上等以匿名信和實名舉報的方式，「訐林瀚以陷父非命」。如此這般，兩面唆訟，而「原、被兩造，皆主于婁上之家，彼此告詞皆出於婁上之主裁而成於品上之刀筆」，丘婁上等從中圖利，吃完原告吃被告。

在此一案例裡，丘婁上、丘品上、王章等結為訟師團夥，實施唆訟

22　王廷掄：《臨汀考言》，康熙刻本。引自《四庫未收書輯刊》，第 8 輯，第 21 冊，第 282-283 頁，北京出版社 2000 年版。

23　請參見拙論《明清鄉約制度與閩台鄉土社會》，收拙著《閩台區域社會研究》，2004 年 3 月版。

詐財的犯罪活動，情節相當惡劣。據審訊結果，此一訟師團夥還有其他犯罪事實：

> 婁上更於三十四年間主使盧攀先以強姦孀女誣控林足滿，遂。以受賄減倫羅織房族林元雲等叔侄五人，指稱□情關索，勒詐元雲等五人，每人出錢三十五兩一錢，共騙銀一百七十五兩四錢，俱系婁上娶詐□□。亦（另）據本犯招承，又於三十四年六月間與王章捏造匿名揭帖，首告生員丘洪基，波及其父丘生初並弟丘岳永，指稱料理完結，勒詐丘嶽永銀六十二兩。內據丘玉來供證，王章分得銀十兩，婁上招認自得銀五十二兩，亦供分與王章銀十兩以上。各案贓私審據、被害附證，各供歷歷如繪。[24]

清代福建官府對丘婁上訟師團夥「分別重責枷號，仍追丘婁上詐騙林瀚銀五十兩入官充餉，其林元雲告發丘婁上贓銀一百七十五兩四錢，丘嶽永控告丘婁上娶贓五十二兩，王章得銀十兩，俱應照數原追給主收領。」[25]「枷號」是清代刑律的一種附加刑和替代刑，清初規定枷重 25 斤，1812 年以後規定為 35 斤。[26]

2、福建寧化縣訟師伊志遠唆訟案

《臨汀考言》記：

> 查伊志遠原系寧化縣學生員，借青衿為護符，每每挾制縣令，起滅詞訟，敗檢偷閒，難以枚舉。即其康熙三十一年間，有居民伍德年老失跌，受傷身死。志遠因見其子伍松鄉愚殷實，希圖趁機詐騙，遂以弒父為題囑令鄉約首報。而宗房鄰佑，俱為伍松辯冤保結。前令吳晟於訊取各供之頃，志遠因欲壑未填，恐其當堂審釋，詐騙無由，遂爾肆橫縣庭，掀翻公案。及該學教諭赴縣戒飭，複敢咆哮無狀，毆役詈官。且乃父伊天祥，自恃國學，鳴鑼聚眾，

[24] 王廷掄：《臨汀考言》，康熙刻本。引自《四庫未收書輯刊》，第 8 輯，第 21 冊，第 283 頁，北京出版社 2000 年版。

[25] 王廷掄：《臨汀考言》，康熙刻本。引自《四庫未收書輯刊》，第 8 輯，第 21 冊，第 283-284 頁，北京出版社 2000 年版。

[26] 參見【美】D・布迪、C・英里斯著：《中華帝國的法律》，第 69-70 頁，南京，江蘇人民出版社 2003 年 8 月版。

號召亡命之徒，勒令鋪戶閉門罷市。[27]

　　本案涉案人員伊天詳、伊志遠父子分別系國子監生員（監生或貢生）和縣學生員，犯罪事實的特點是生員把持官府、武斷鄉曲並教唆詞訟，情節亦相當惡劣。

3、甯化縣生員伊奎唆訟圖利案

　　《臨汀考言》記：

審得伊奎行同狐鼠，惡甚豺狼。因其廁身庠序，輒敢倚恃護符，工刀筆以謀生，視縣庭為壟斷，包攬詞訟，是非每致混淆。恐嚇鄉愚，道路為之側目。其橫行無忌流毒地方已非一日，真潑不畏死之棍徒也。康熙三十五年正月間，因朱取殺死曾上材以致曾提等移屍抄搶朱姓一案，有朱章、朱獻以無辜被告牽連赴縣具控。奎即甜誘至家、款留安歇，欲為兩姓處和，即圖於中攬利。後因曾姓告府，和議不果，未得遂其所欲，於是多方恐嚇、百計指騙。而乃朱章、朱獻慮其勾引曾姓，波害無辜，不覺墮其術中。先向朱取親支勒派多金，複將取父贍田盡行變賣，其得銀一百二十兩，朱取、朱獻兩次親交與伊奎，取受又向朱姓通族派銀四十兩，亦系章、獻二人同交。又于朱獻親房另派五十金，盡飽其腹，而伊奎之狼貪無厭，猶為不足，至閏三月內，機乘該縣招解之時，借稱救全朱取為詞，立逼朱勝先將取妻朱氏抑勒改嫁，假稱孀婦，誆騙石城縣曹其新，得財禮銀二十四兩，又將朱取之妹，逼勒原訂之曾走娶去，得銀一十六兩。至五月間起解赴省，又將朱姓通族之里長戶紀資當與吳庭輝，得銀四十兩，前後通共銀二百九十兩，除在縣候審飯食及解審途中往返盤費共用銀八十兩之外，餘銀二百一十兩實系伊奎入己。朱取明知詐騙，因身系囹圄，不敢輕舉，是以飲泣吞聲，直至恩詔覃敷減等發落，例應追給燒埋，僉妻發遣，始將前後情由控縣通詳。蒙飭卑府究擬招報，先

---

[27] 王廷掄：《臨汀考言》，康熙刻本。引自《四庫未收書輯刊》，第 8 輯，第 21 冊，第 284-285 頁，北京出版社 2000 年版。

據該縣關提朱氏到官，同朱取僉解到府。查流徒人犯例應依限發遣。當經訊取確供附卷外，隨即照例起解去後，而平日之被害冤民孔果等二十名以勢衿詐騙等事、範佛寶以究騙究害事、賈泰瑞以含冤事、雷運行以掣騙坑命事，各瀝冤情，僉控縣庭，複據該縣詳報前來。……以及三十年間，機乘竊盜，伊素被人毆死，親將伊素鄰居挨門勒詐，孔巢等一十六家，贓銀多寡不等，惟丘忠、潘金寶、張廣、張遜等四人拂獻觸威，被其捏詞誣控，以致鄉約地鄰，累斃多命，冤民泣訴至此，俱各搶天呼地，恨不敢寢其皮而食其肉也。若夫賈泰瑞之佃戶伍禾修砍田邊樹木，與奎弟伊挑口角，倚恃衿勢恐嚇送官，勒獻銀穀，兄弟烹分。其視鄉民為魚肉，任其饕餮者已可既見矣。[28]

伊奎「倚恃衿惡」，起滅詞訟，涉案多起，被害者包括朱姓通族、鄉約地鄰、孔巢等二十名、範佛寶等多人以及朱取之妻、妹，其中「累斃多命」，朱取之妻被迫以「孀婦」改嫁；詐財三百四十兩，其中包括朱取之父的贍田、朱姓通族之「裡長戶紀貲」。伊奎的犯罪事實相當惡劣、對社會危害特別嚴重。

福建官府審判時認定，伊奎一案合依律絞，「但事在康熙三十六年七月十九日昧爽以前，似得邀恩授宥」，故予以「重責枷號」，「所得贓銀照追給主」。[29]

三

現在來討論訟師的危害性和官代書制度的合理性。

從上記報告（包括典型案例報告）已經可以看到訟師對社會的嚴重危害。

訟師「多粗知文義、刁劣之徒」。訟師的「士類」成分，應當引起研究者的注意。

[28] 王廷掄：《臨汀考言》，康熙刻本。引自《四庫未收書輯刊》，第 8 輯，第 21 冊，第 280-281 頁，北京出版社 2000 年版。

[29] 王廷掄：《臨汀考言》，康熙刻本。引自《四庫未收書輯刊》，第 8 輯，第 21 冊，第 281 頁，北京出版社 2000 年版。

王廷掄謂「汀屬之劣衿勢惡，皆借刀筆以謀生。恃此護符以唆訟而
網利」，陳盛韶稱「余於書院一月兩課，親爲講畫，待以優禮。……要
非祓革數衿，恐不觸斷厥根株也」，董作賓記錄的口碑亦指訟師「在清
時皆有功名」。

同陳盛韶一樣，徐宗幹於道光年間在臺灣兵備道任上「一月中有兩
日親駐書院」，其「隱衷」也在於在學生徒「暗中主謀」唆訟滋事的可
能性和現實性。徐宗幹曰：

> 至於課試生童，一月中有兩日親駐書院，與教官同飯。廳、縣各
> 員頗有不必如此之論，不知其中實有隱衷。宋富弼云：兇險之徒，
> 設法以羈縻之。台郡健訟好鬥，及易滋事端，往往有粗知文義習
> 劣之徒，暗中主謀，又無實跡可按，借此牢籠。[30]

作爲清代地方官員，王廷掄、陳盛韶和徐宗幹都認定訟師群體的「士
類」成分；清廷對此亦早有警覺。據康熙《臺灣縣誌》，清順治九年
（1652），「上命禮部頒行直省各府、州、縣刊刻學宮，俾知遵守」的《臥
碑文》規定：「生員當愛身忍性，凡有司官衙門不可輕入。即有切己之
事，止許家人代告，不許干與他人詞訟，他人亦不許牽連生員作證。」
[31]

隨帶言之，董作賓《閩俗瑣記》記福州民眾對於訟師「群目之爲『羅
漢』」，「羅漢」一稱是擬音、還是擬義？一時未得查考其詳。但是，福
州方言有「破事秀才」一語指稱訟師，「破事秀才」之稱反映的也是訟
師的「士類」成分。

作爲一個群體，訟師的主要成分是「士類」。質言之，訟師乃是一
個具有較高智商的群體。訟師的智商越高，其對社會的危害性也就越大。
日本學者夫馬進教授指出：

> 現在，中國把相當於日本的辯護士職業稱之爲律師。在論述律師
> 制度時，經常有人指出，歷史上曾經存在過類似律師的訟師，然

---

[30] 徐宗幹：《斯未信齋文編》，引自《臺灣文獻叢刊》，第 87 種，第 80 頁。

[31] 康熙《臺灣縣誌》，引自《臺灣文獻叢刊》，第 103 種，第 80 頁。

而，律師是國家公認的，而與此相反，訟師則是國家所禁止的，因此實質上訟師只是與律師似是而非的一種職業。[32]

在我看來，官代書才是類似律師的一種職業，官代書制度則是現代律師制度的雛型。

《福建省例》謂「閩省民多好訟，皆出一班訟棍遇事教唆，各屬代書貪錢兜攬，遂至積習相沿，成為風氣」，陳盛韶則記「仙遊代書不解作詞，惟終日守官戳。別有訟師作詞」。

在清代官方的司法實踐中，訟師的非法活動是官方嚴禁的，而官代書則經官方認可。

王廷掄《諭代書曹人鳳》謂：

> 照得汀屬民情好爭健訟。一有小忿，並不控縣候審，動輒捏詞越告。刁健之風，深可痛恨。屢經給示曉諭外，今照時屆仲秋，農事已畢，例應開期放告，誠恐日久生奸，不無仍前妄瀆，合再嚴飭：嗣後代寫狀詞，事無巨細，必要訊明事情真切、有無告縣、該縣曾否審結、如何偏向，務用原頒式狀方詳據實直書，鈐蓋關記，令其依限赴告，以憑閱奪。爾代書仍將告狀之人或本人親來、或煩人同來、或自己帶有狀稿，俱要查明姓名、置立號簿、逐件登記。寫畢之時，於證不確，以及未經控縣、即（及）雖經控縣而尚未審結或已經審結而案斷無錯、原無冤屈者，爾當婉為勸解，令其回家安業，仰體本府愛民無訟之意。爾不許一概代寫，或將遠年舊事混開舊今字樣或事本理屈而添改情節、或見證無人而捏造姓名、或未經告縣而指稱縣告莫何、或告縣未審而藉口縣審蔽冤、或縣審公平而混稱蠹役朦蔽及將豪強砌入、衙役裝頭、希圖聳聽者，一經訊供殲錯，除不准外，定將本告人及該代書一並重責；即或串供投遞一時朦混誆准及至解審情虛者，除將本犯按律反坐外，仍將代書重責枷號。至於真正負冤之人，自當即為代寫亦不得故意留難、任情需索，察出定行重處不貸。[33]

---

[32] 【日】夫馬進：《明清時期的訟師與訴訟制度》，引自滋賀秀三等著《明清時期的民事審判與民間契約》，第390頁，北京，法律出版社1998年10月版。

[33] 王廷掄：《臨汀考言》，康熙刻本。引自《四庫未收書輯刊》，第8輯，第21冊，第365

《福建省例》所收《條款狀式刊入省例》謂：

> 本部院志在禁遏刁風，先頒簡明狀式。經云：易則易知簡則易從。
> 凡愚夫愚婦略知文義，即能照式書寫，代書無從多索銀錢，訟棍
> 難以巧施伎倆，於民甚便。飭大小各衙門一體責令官代書照式填
> 寫，倘敢不遵，即行枷責斥革外，合亟出示通諭。……俾閭閻小
> 民，略知文義者，即堪照式書寫，可不必求倩訟師，則奸民雖有
> 唆使惑民之術，亦無所用其伎倆。其為禁遏刁風，有裨于風俗人
> 心，實屬無微不至，自應亟刊省例，通行大小衙門，一體責成官
> 代書照式遵循，永為定法。至填寫呈狀，代書用戳，其應需紙紙、
> 筆墨、飯食一項，在所不免。……奉護巡撫部院姚批：如詳刊入
> 省例，通行各屬遵照，至代書填寫呈狀用戳，並需用紙張、筆墨、
> 飯食等項，院、司、道准其受錢三十文，其府、州、廳、縣准受
> 錢二十文，毋許額外多索，如違究處。[34]

《諭代書曹人鳳》和《條款狀式刊入省例》表現了清代福建官府對
於官代書制度的規劃和規定。其具體事項包括：允許各屬各府設置代
書，頒給官戳，稱「官代書」；允許官代書向當事人收取書狀費用，收
費標準由官府確定；官代書代寫狀詞，不許一概代寫，遇證據不足、越
級控告、已審結無誤者，當婉為勸解；應用原頒式狀、據實直書、鈐蓋
關記，並告知當事人依限赴告。

「訟師只是與律師似是而非的一種職業」。官代書則是得官方認
可、遵守官方規定的司法程式、協助官方維持司法秩序、按官方規定的
標準收費以自養的「一種職業」。若論「現代律師制度之雛型」，官代書
制度庶幾近之。

　　　　　　　　　　　　　　2006 年元月 1−3 日，新年試筆。

頁，北京出版社 2000 年版。
[34]《福建省例》，引自《臺灣文獻叢刊》，第 199 種，下冊，第 969-970 頁。

地域歷史人群研究：臺灣進士

一

　　臺灣進士作爲一個於今不在和於今不再的人群、作爲一個地域歷史人群，其成員總數有種種說法。其中，最爲誇張的是「清朝兩百多年間，台籍進士總共才三百零六名」[1]之說。

　　在臺灣，最早就此一問題給出答案並列出臺灣進士名錄的是黃典權教授。

　　1972 年，台南成功大學歷史系教授黃典權從「曆科進士題名碑錄」、「曆科進士題名碑拓片」中檢索，得臺灣進士 31 名。黃典權教授的這項研究以〈清進士題名碑中之臺灣進士〉爲題發表于《台南文化》第 9 卷第 3 期（1972 年 3 月 10 日出版）。

　　黃典權教授的研究給後人留下研究的便利、也留下研究的空間。在研究的空間方面，黃典權教授在臺灣進士名錄裡漏列「張維垣」，誤「葉題雁」爲「黃題雁」；又在文中留存陳夢球的籍貫和施士潔的甲第兩個問題。

　　茲從《明清進士題名碑錄索引》（上海古籍出版社 1980 年版）錄出臺灣進士之姓名、科年、甲第、名次、籍貫如下：

　　陳夢球，康熙三十三年甲戌科（1694），二甲第 31 名，正白旗；
　　王克捷，乾隆二十二年丁丑科（1757），三甲第 43 名，諸羅縣；
　　莊文進，乾隆三十一年丙戌科（1766），三甲第 71 名，鳳山縣；
　　鄭用錫，道光三年癸未科（1823），三甲第 109 名，淡水縣；
　　曾維楨，道光六年丙戌科（1826），二甲第 68 名，彰化縣；
　　黃驤雲，道光九年己丑科（1829），二甲第 72 名，臺灣縣；
　　郭望安，道光十五年乙未科（1835），三甲第 71 名，嘉義縣；
　　蔡廷蘭，道光二十五年乙巳恩科（1845），二甲第 61 名，澎湖廳；

[1] 見臺灣《聯合報》1992 年 12 月 23 日。臺灣學者的某些著作也有此誇張的說法。

施瓊芳，道光二十五年乙巳恩科（1845），三甲第 84 名，臺灣縣；

楊士芬（芳）[2]，同治七年戊辰科（1868），三甲第 118 名，噶瑪蘭廳；

張維垣，同治十年辛未（1871），二甲第 118 名，臺灣縣；

陳望曾，同治十三年甲戌科（1874），三甲第 69 名，臺灣縣；

蔡德芳，同治十三年甲戌科（1874），三甲第 79 名，彰化縣；

施炳修，同治十三年甲戌科（1874），三甲第 200 名，彰化縣；

施士潔，光緒二年丙子恩科（1876），三甲第 2 名，臺灣縣；

黃登瀛，光緒三年丁丑科（1877），三甲第 33 名，嘉義縣；

丁壽泉，光緒六年庚辰科（1880），三甲第 48 名，彰化縣；

葉題雁，光緒六年庚辰科（1880），三甲第 60 名，臺灣縣；

張覲光，光緒六年庚辰科（1880），三甲第 108 名，臺灣縣；

江昶榮，光緒九年癸未科（1883），三甲第 137 名，臺灣縣；

林啓東，光緒十二年丙戌科（1886），二甲第 101 名，嘉義縣；

徐德欽，光緒十二年丙戌科（1886），三甲第 2 名，嘉義縣；

蔡壽星，光緒十二年丙戌科（1886），三甲第 64 名，彰化縣；

丘逢甲，光緒十五年己丑科（1889），三甲第 96 名，彰化縣；

許南英，光緒十六年庚寅科（1890），三甲第 61 名，安平縣；

陳登元，光緒十八年壬辰科（1892），三甲第 50 名，淡水縣；

施之東，光緒二十年甲午恩科（1894），二甲第 83 名，彰化縣；

李清琦，光緒二十年甲午恩科（1894），二甲第 105 名，彰化縣；

蕭逢源，光緒二十年甲午恩科（1894），三甲第 60 名，鳳山縣；

黃彥鴻，光緒二十四年戊戌科（1898），二甲第 85 名，淡水縣；

陳浚芝，光緒二十四年戊戌科（1898），三甲第 184 名，新竹縣；

汪春源，光緒二十九年癸卯科（1903），三甲第 120 名，安平縣。

以上臺灣進士凡 32 名。

關於陳夢球的籍貫，《明清進士題名碑錄索引》明載爲「正白旗」，

為什麼將陳夢球列為臺灣進士？

《臺灣府志》（清康熙三十五年序刊補刻本）之《舉人年表》於（康熙）「三十二年癸酉鄭基生榜」條下記：

> （臺灣縣）陳夢球，習易經，隸籍正白旗，中北闈。

同書之《進士年表》於「康熙三十三年」條下記：

> （臺灣縣）陳夢球，習易經，隸籍正白旗。

《泉州府志》（乾隆版）之《人物志》則記：

> 陳夢球，號二受，同安人。鼎孫，永華子，入白旗。康熙癸酉以旗籍中式順天舉人。甲戌進士。皇祖召問臺灣遺事，嘉其父忠義，即日擢編修，每對大臣曰：此忠義永華子也。

據《臺灣歷史人物小傳》[3]，陳永華為鄭成功部將，在台「請建聖廟、開科舉、設學校」；「子夢煒、夢球」，陳夢煒的主要事蹟是：「清人下澎湖，奉命納款降。清聖祖以永華賢，親召見之，授船廠副將」。看來，陳夢球「隸籍正白旗」、「入白旗」乃從「納款降」而來。陳夢球「以旗籍中式順天舉人」、「中北闈」，以其考地稱順天舉人可，以其住地稱臺灣舉人亦無不可。當陳夢球又「以旗籍」中進士、點翰林，他是從全國考試而非地方考試中勝出，自可以其住地稱「臺灣進士」、「臺灣翰林」也。

關於施士潔的甲第，黃典權教授謂：

> 筆者前年應臺灣銀行經濟研究室之囑，編輯施士潔《後蘇龕合集》，附有弁言，介進士簡歷，查其科第詳情，渴望得此進士題名碑一考之，甚憾其書不遇。用乃囑請施氏後人查錄士潔神主以為據，讀其銜曰「賜進士出身」，則屬二甲，故弁言從之。前年走訪寓南（按，即台南）之荷蘭留學人施博爾先生，獲見「哈佛燕京學社引得特刊第 19 號」《增校清朝進士題名碑錄附引得》一

書，讀其「光緒二年丙子恩科」一錄，士潔為「三甲第二名」，
則餘前在《後蘇龕合集·弁言》中據士潔神主所作之「二甲」者
誤矣。[4]

神主（又稱「神位」、「木主」等）乃死者後人所制，照理也不應有
誤。不說明其所以誤，仍是一個問題。

關於施士潔的甲第，台南施氏後人所藏施士潔神主記為「賜進士出
身」，福建石獅永寧西岑村（施士潔祖籍地）施氏族人所藏《岑江施氏
族譜》也有相同的記載。我曾到西岑村做田野調查，收集有《岑江施氏
重修家廟碑》照片一幀。碑文之末有「賜進士出身欽點內閣中書員外郎
銜奉直大夫十六世裔孫士潔芸航甫謹撰」之語（該碑文已收入《後蘇龕
合集》，但文末之語未一併收入）。據此推測，施士潔神主及《岑江施氏
族譜》關於施士潔甲第的記載乃從《岑江施氏重修家廟碑》而來。其碑
文有明顯錯誤，「士潔芸航」即其一例。士潔號芸況，又號澐舫，碑文
中「芸航」乃將「芸況」與「澐舫」混同起來，又誤「舫」字為「航」
字。看來，「賜進士出身」（二甲）也是施氏重修家廟的主事人或石刻匠
人于「賜同進士出身」（三甲）脫一「同」字之誤所致也。

附帶言之，歷科進士題名碑迄今完好地保存於北京國子監舊址；黃
典權教授當年在台南所見「荷蘭留學人施博爾先生」即施舟人
（K.M.Schipper），現任福州大學特聘教授，所見《增校清朝進士題名碑
錄附引得》（哈佛燕京學社引得特刊第 19 號）現藏於施舟人教授與其妻
子袁冰淩博士創立的福州大學西觀藏書樓。

二

科名佳話歷來是學界留意的題目。

茲就聞見所及、研究所得，報告臺灣進士之科名佳話於下：

---

4 黃典權：〈清進士題名碑中之臺灣進士〉，《台南文化》第 9 卷第 3 期（1972 年 3 月 10 日）。

（一）父子進士

臺灣進士中，施瓊芳與施士潔爲父子。

這一對父子進士、進士父子，曾先後主持臺灣海東書院，對臺灣教育、文化的發展有所貢獻。

海東書院創建於康熙五十九年（1720），院址在臺灣府城（今台南市）。海東書院爲臺灣全島及澎湖列島聲名最隆的書院，又以院中有古榕一株，額曰「榕壇」，故有「台澎講院」和「榕壇講院」的別稱。

據施士潔《台澎海東書院課選序》（收施士潔《後蘇龕合集》），施瓊芳擔任海東書院山長期間，與臺灣「巡道兼督學」徐樹人在院中增設「以賦詩雜作相與切磋」的「小課」。1886 年，施士潔受聘任海東書院山長後，又恢復了先由徐樹人、施瓊芳在海東書院增設的「以賦詩雜作相與切磋」之課，這在汪春源的《窺園留草‧汪序》中是有記載的：「時台學使灌陽唐公禮延耐公施先生掌教台澎講院，於制義試帖外倡爲詩古文詞之學」。

施瓊芳、施士潔父子增開賦詩雜作之課的努力，有明顯的成效。如：海東書院的課藝刻本（如《瀛洲教士錄》）於制藝試貼外，有《保生帝》、《羅漢腳》、《草地人》等反映民生、民俗和社會問題的作品；施士潔在海東書院的學生中，丘逢甲「工詩古文詞，而不工制義」[5]，這同海東書院「倡爲詩古文詞之學」的教育直接相關。

臺灣《聯合報》1992 年 12 月 28 日載有《台南米街父子進士》一文，記施瓊芳、施士潔父子的故事，相當有趣。唯文中所記「老進士不喜宗親滋事，自然也不理會事端，……宗親怪老進士沒膽量，憤稱其爲『女進士』，轉而找小進士代爲撐腰」的情節，未宜率爾據信。「老進士」施瓊芳逝世之時，「小進士」施士潔年方十四歲（施士潔《重刻〈北郭園全集〉序》有「潔生也晚，……又不幸十四歲而孤」之語），尚未成爲「小進士」也。

施瓊芳一字星階，施士潔的友人、1882 年任臺灣知縣的祁征祥亦

---

5 洪棄生：《寄鶴齋選集》（臺灣大通書局，《臺灣文獻史料叢刊》本），頁 208。

字星階。施士潔在其詩文中，爲避父諱，將「祁星階」缺筆寫作「祁星皆」，或改用同音、同義字寫作「祁辛陔」、「祁星垓」。

（二）師生同榜

在臺灣進士裡，蔡廷蘭堪稱大器晚成的人物。1845 年，蔡廷蘭名列道光二十五年乙巳恩科二甲第 61 名進士，時年 45 歲。

其實，蔡廷蘭成名頗早。1831 年，澎湖遭受風災，蔡廷蘭以《請急賑歌》受知於來澎勘賑之泉永道周芸皋；1835 年，蔡廷蘭渡海參加福建鄉試報罷，歸途遇風，隨船漂浮至於越南，蔡廷蘭就其遇險經歷作《海南雜著》，臺灣當道諸公爲之序跋；1834 年至 1845 年，蔡廷蘭先後擔任臺灣引心書院、崇文書院、文石書院講席，門下多俊秀。與蔡廷蘭同榜中爲三甲第 84 名進士的施瓊芳就是蔡廷蘭在引心書院的學生。

同蔡廷蘭一樣，施瓊芳在科舉之途上亦頗多挫折。1838 年，施瓊芳首赴會試（道光十八年戊戌科），已薦未售，遂留邸都中，閉門苦讀。此後又連應道光二十年庚子科（1840）、道光二十一年辛丑恩科（1841）、道光二十四年甲辰科（1844）和道光二十五年乙巳恩科（1845）會試。中爲進士時，年屆而立。其時，施瓊芳有《苑柳詩》之句云：「不管人間離別事，生來只識狀元袍」。

（三）臺灣四翰林

清代翰林（翰林院修撰、編修、檢討和庶起士的合稱）主要是從進士選拔充任的。清代貢士經過殿試取得出身（即進士資格）以後，由禮部按名次送由翰林院掌院學士奏請皇帝再試保和殿，稱爲朝考。考後結合殿試名次欽賜各職，前列者用爲翰林院庶起士（狀元爲翰林院修撰），其餘分別爲六部主事、內閣中書和知縣等。庶起士入翰林院庶常館學習，三年期滿再經禦試，分別用爲翰林院編修、翰林院檢討及六部主事、內閣中書、知縣等各職。庶起士期滿考試授職，稱「散館」。

　　近人朱汝珍輯錄的《詞林輯略》[6]是收錄曆科翰林院庶起士之姓名、籍貫、科年及散館授職等情況的專書。該書記有臺灣翰林四人：

> 康熙三十三年甲戌科　陳夢球，夢雷弟，字二受、號游龍，福建同安籍侯官人，散館授編修。
> 道光六年丙戌科　曾維楨，字雲松，福建彰化人，散館改知縣。
> 光緒二十年甲午恩科　李清琦，字璧生，號石鶴，福建彰化人、散館改刑部主事。
> 光緒二十四年戊戌科　黃彥鴻，字芸漵，號宗爵，福建淡水人，散館授編修，改軍機章京。

　　上記「陳夢球」條下之「夢雷弟」及「同安籍侯官人」屬於誤記，陳夢球爲「夢煒弟」、祖籍「福建同安」，與侯官籍翰林陳夢雷並無干係。

　　臺灣翰林除陳夢球、曾維楨、李清琦、黃彥鴻四人外，還有「欽賜翰林」如鄭廷揚。

　　《淡水廳志》（同治版）卷八《選舉志》記鄭廷揚爲同治四年乙丑「欽賜翰林」。

　　據《欽定大清會典事例》[7]，清代「欽賜」的舉人、進士和翰林以其受賜事由可以分爲「文才卓著」、「優遇大臣功勳子弟」以及「年老」（年老諸生和年老舉人）三類。康熙六十年，舉人王蘭生、留保二人以「學問好」而「欽賜進士，一體殿試，」殿試後王蘭生取爲二甲第一名、留保取爲二甲第 19 名，這是「文才卓著」的一類；嘉慶六年，大學士蔡新的後人蔡行達得「加恩賞給進士」、名列嘉慶六年辛酉恩科（1801）三甲第 44 名，屬於「優遇大臣功勳子弟」的例證；同治四年（補行同治三年甲子科鄉試），「順天年老諸生杜天熙等三名、江蘇魏幹三等五名、江西康遇春等九名、福建邱必鵬等四名，……俱賞給舉人」及同治七年，年老舉人「狄俊等十三名欽賜翰林院檢討銜」，是「年老」的一類。

---

[6] 收《中國選舉史料清代編》（臺灣鼎文書局 1977 年版）。
[7] 收《中國選舉史料清代編》（臺灣鼎文書局 1977 年版）。

作爲「欽賜翰林」，鄭廷揚當屬於「年老」的一類。

（四）舅甥進士

我藏有同治十年辛未科（1871）二甲第 118 名進士張維垣《科舉齒錄》之影印件。

該《科舉齒錄》記：

> 母黃氏，例封孺人，誥授武義都尉、原任福建長福營參將諱清泰公女，國學生諱奎光、嘉慶巳卯科舉人道光巳丑科會魁工部郎中諱驤雲公胞妹。

據此可知，張維垣係道光巳丑科（1829）二甲第 72 名進士黃驤雲之甥。

舅甥進士，亦是臺灣文化史上一段佳話。

（五）臺灣四會魁

清代科舉定制，會試之閱卷官（「同考試官」）凡十八人，分爲十八房，各房所薦第一名稱「房首」，十八房所薦「房首」合稱「十八會魁」，會魁之首則稱「會元」。

顧炎武《日知錄》謂：

> 今制，會試用考試官二員，總裁；同考試官十八員，分閱《五經》，謂之十八房。[8]
>
> 同治四年乙丑科（1865）二甲第 40 名進士李鴻逵詩有「總裁上座諸天佛，分校傍羅十八尊」、「諸公閱卷正歡娛，十八人中九有須」、「會場闈墨喜新鮮，房首人人刻一篇」、「五千餘卷都登戳，十八房文統記存」[9]等句記會試「十八房」之制。

---

8 引自《日知錄集釋》（湖南長沙嶽麓書社 1994 年 5 月版），頁 58。《日知錄集釋》原文句讀有誤，已改。又，「考試官二員」後增至四員。

9 引自《中國狀元辭典》（香港新世紀出版社 1992 年 10 月版），頁 181—185。

根據「十八房」之制，「十八會魁」名列會試前十八名。

以此衡之，清代臺灣應有四位會魁：

　　曾維楨，道光六年丙戌科（1826），會試第 11 名；

　　黃驤雲，道光九年己丑科（1829），會試名次不詳，張維垣《科
　　舉齒錄》中明載黃驤雲為「道光己丑科會魁」；

　　張覲光，光緒六年庚辰科（1880），會試第 17 名；

　　許南英，光緒十六年庚寅恩科（1890），會試第 18 名；

　　另據陳浚芝後人陳材馬是先生報告，陳氏族人相傳，陳浚芝於光緒
二十年甲午恩科（1894）會試名列第 9 名，因為所填履歷中「五服不明，
遣人回鄉查明，未及回報，後被列為第 19 名」，陳浚芝並且因此未參
加是科殿試。1898 年，陳浚芝以貢士身份入都補行殿試，名列光緒二
十四年戊戌科三甲第 184 名進士。如此說來，陳浚芝亦可稱為半個會魁
了。

<h1 style="text-align:center">三</h1>

　　1895 年以後，以喪權辱國的《馬關條約》肇其端，中國近代史進
入災難最為深重的階段。處此多事之秋，臺灣進士仗義而起，留有可歌
可泣的忠義事蹟。

　　茲報告數端。

　　連橫《臺灣通史》記，1895 年 4 月 17 日清廷被迫簽訂《馬關條約》，
「臺灣舉人會試在北京，聞耗，上書都察院，力爭不可」。據《清光緒
朝中日外交史料》卷三十九，發起這次上書的臺灣舉人是：安平縣舉人
汪春源、嘉義縣舉人羅秀蕙、淡水縣舉人黃宗鼎（此三人中，汪春源後
來成為進士），在京任京職之臺灣進士李清琦、葉題雁亦與焉。當年 4
月 28 日（農曆四月初四日），汪春源等人到都察院上書，其文略謂：

　　……今者聞朝廷割棄臺地以與倭人，數百萬生靈皆北向慟哭，閭
　　巷婦孺莫不欲食倭人之肉，各懷一不共戴天之仇，誰肯甘心降

敵！縱以倭人脅以兵力，而全台赤子誓不與倭人俱生，勢必勉強
支持，至矢亡援絕，數百萬生靈盡歸糜爛而後已。……不知棄此
數百萬生靈于仇讎之手，則天下人心必將瓦解，此後誰肯為皇上
出力乎？……夫以全台之地使之戰而陷，全台之民使之戰而亡，
為皇上赤子雖肝腦塗地而無所悔。今一旦委而棄之，則驅忠義之
士以事寇讎，台民終不免一死，然而死有隱痛矣！……與其生為
降虜，不如死為義民！

當時有人記下了「臺灣舉人，垂涕而請命」[10]的情形。幾天後即 5
月 2 日（農曆四月初八日），汪春源等人又參加了由康有為發起的「公
車上書」。

在臺灣，丘逢甲、許南英、施士潔、陳登元等臺灣進士直接參與召
募、統領義軍及護衛鄉里、抵抗日軍的鬥爭，許南英並且隨軍轉戰堅持
到「全台之地」「戰而陷」之日。

1900 年庚子事變，八國聯軍入侵。臺灣進士葉題雁以「戶部郎中」
寓於京城南柳巷晉江會館，親見八國聯軍之暴行，憤而作《外侮痛史》。
其文曰：

庚子七月廿一日，洋兵破都城，焚毀劫掠，慘無天日。至廿五日，
各國會議分段管轄，出示安民。禦史某被洋兵捉去，勒令掃地；
內閣某被洋兵捉去，勒令由彰儀門外拉炮車赴琉璃廠。西兵每日
巳刻到處捉人，勒令做苦工，或挑水，或洗衣，或擦炮，或拉車，
至申刻釋放。
鏢車廠王五，以義俠聞，甘軍攻使館，匝月不破，王五請開地道
以火藥轟開。都城破後，西兵聞知，將王五捉去，閉諸幽室，勒
令贖金三千，王五怒斥之，竟被槍殺。
閏八月十五日，保定藩司廷雍，出郊迎接洋酋，酋取雍冠擲之於
地，拿入保府，錮諸耶穌教堂，九月初八日驅至南城外撲殺之。

德國帶兵官駐安徽會館，有人從後面擲石破其窗櫺，西兵逞憤，焚

10 黃謀烈等：《台民挺險大局可慮籲懇宸斷轉危為安公啟》，原件藏中國第一歷史檔案館。轉
引自薑殿銘：《任人宰割的歷史絕不能重演》（《臺灣研究》1995 年第 3 期）。

毀興勝寺及東南園東北園民房，有二人在沙土園見火光陡起，意欲逃避，德人疑為擲石之人，遂捉而投入火坑中焚斃。

至若內府禦書被洋兵搬出，在街頭售賣；洋兵開鑾儀庫將儀仗搬出，沿街遊戲。德兵在崇文門外演巨炮，法兵在宣武門內演氣球。日兵在午門內演軍樂隊。護國寺銅佛為前明內監所監造，日兵愛其銅質極佳，鋸成三段，運往東洋；西苑御用汽車，雕鏤精緻，都人謂之花車，法兵以鐵軌驅入西華門等處，乘坐出入，來去自由；大內重器均被日兵攫去；美兵在天壇設停車場。以上各節，當時各國視之，直為纖微小事耳，有何國際公法之在目！[11]

葉題雁此文，「遺稿在家」（葉氏於 1904 年因母喪回祖籍地泉州居住，1905 年病逝），上世紀 80 年代末曾得《泉州鯉城文史資料》介紹。史料難得，彌足珍貴。

臺灣淪於日人之手後，又有黃彥鴻、陳浚芝、汪春源三人相繼中為進士。

袁枚《隨園隨筆》記：

> 宋咸淳辛未，正言陳伯文議考試士子，諸路運司牒州縣，先置士籍，編排保伍，取各人戶貫、三代、年甲，書明所習經書。年十五以上實能文者，許自召其鄉之貢士結狀保送，一樣四本，分送縣州禮部。臨唱名時，重行編排保伍，且俾各人親書家狀，以為筆跡之驗。由是後世士子未入場時先投試卷，填寫本身籍貫、年貌、三代，皆親書一通。[12]

「填寫本身籍貫、年貌、三代」是科舉制度規定的重要環節，以其須由當事人「親書一通」，故稱「親供」。

黃彥鴻、陳浚芝、汪春源中為進士時，已分別歸籍或寄籍於福建侯官、福建安溪和福建龍溪，但他們在入場填寫「親供」時，仍然填寫臺灣籍貫福建淡水、福建新竹和福建安平，以明其不忍臺地割棄、不忘臺

[11] 引自《泉州鯉城文史資料》，第 2 輯。
[12] 引自《袁枚全集》（江蘇古籍出版社 1993 年 9 月版），卷 5，頁 149。

灣故土之心。

　　附帶言之，黃彥鴻爲黃宗鼎胞弟，於 1898 年中進士、點翰林，是臺灣淪於日人之手後傲然而起的臺灣進士和臺灣翰林。黃彥鴻後來改授的「軍機章京」是一個重要的職務，俗稱小軍機。清代設軍機處，由滿、漢大臣任軍機大臣，軍機章京爲軍機大臣的屬官。軍機處的職責爲每日面見皇帝，商議處理軍機要務，上傳下達奏章和諭旨，在實際上掌握了內閣大學士的實權。黃彥鴻是在朝中擔任要職的臺灣進士。另據林琴南《黃笏山先生畫記》所記「越乙酉，始與先生喆嗣芸漵太史同事吳航謝枚如師」可知，黃彥鴻（彥鴻字芸漵，黃笏山之第二子）曾渡海遊學於福建長樂名儒謝枚如門下，是近代文化名人林琴南的同窗。

<h2 style="text-align:center">四</h2>

　　梁啓超嘗謂：

　　　　邑聚千數百童生，拔十數人為生員；省聚萬數千生員，拔百數十
　　　　人為舉人；天下聚數千舉人，拔百數十人為進士。[13]

　　臺灣進士從生員、舉人一路走來，從千百萬人中勝出，在「金榜題名」的背後當有多少艱辛、亦當有多少軼事！

　　茲從赴考路途說起。臺灣懸於海上。臺灣進士在當地取得在學生員資格（俗稱中秀才）後，首先必須渡海參加福建鄉試（臺灣改設行省前爲「福建臺灣府」。改設行省後稱「福建臺灣省」，臺灣「文武鄉闈，援安徽赴江南匯考之例」，仍歸於福建鄉闈）。[14]出於航海安全和不誤考期的考量，臺灣士子於「渡海」一節形成了一套習俗、一種習慣。徐宗幹《斯未信齋雜錄》[15]記：

---

[13] 梁啟超：《各省舉人上皇帝書》，收《飲冰室文集》卷三。
[14] 請參見拙論：《從「福建臺灣府」到「福建臺灣省」》，收拙著《閩台歷史社會與民俗文化》（廈門鷺江出版社 2000 年 8 月版）。
[15] 《臺灣文獻史料叢刊》本（臺灣大通書局印行）。

設酒食遙祭諸生之漂沒者。刊石於門云：「鄉試諸生，小暑節前內渡，過此勿往。」又立石試院云：「鄉試文武生，勿輕出海口，文於小暑前，武于白露後」。又作《渡海萬全歌》云：「三四千石新造船，鹿口對渡到泉蚶。三月廿三四日後，四月初七初八前」。

　　從小暑前離開臺灣，到九月十五日鄉試放榜歸返臺灣，臺灣士子於考前、考後大都要在福建居留幾個月。臺灣進士莫不有此番經歷，有的甚至有幾番此種經歷。如臺灣進士許南英是三赴鄉試始中舉人的，其《乙酉鄉試舟至馬江口占》有句解嘲云：「賣藕小娃猶認得，笑余三度到榕城」。

　　取得舉人資格後，從臺灣到京城是更爲漫長的路途。我曾見道咸年間福建泉州舉人陳師海（1818—1874）的《由泉晉京沿途事宜》。文中記，從福州至寧波凡17站，由寧波啓程至德州又有十數日路程，此後可分三路走，經17站、18站或19站才到達京城。

　　臺灣進士中有多人幾番往返於此一漫漫長路。例如，陳浚芝於1882年中爲舉人後，接連應光緒十二年丙戌科（1886）、光緒十五年己丑科（1889）、光緒十六年庚寅恩科（1890）、光緒十八年壬辰科（1892）、光緒二十年甲午恩科（1894）曆科會試，前四次均報罷出都，最後一次取爲貢士，但因故未應殿試。1898年，陳浚芝再度入京，補行殿試，終於中爲進士。又如，汪春源於1888年中爲舉人後，接連應光緒十六年庚寅恩科（1890）、光緒二十年甲午恩科（1894）、光緒二十一年乙未科（1895）曆科會試，均薦而未售。其間，汪春源未應光緒十八年壬辰科（1892）會試。原因是母親於1891年逝世，按宗法禮教制度規定，他應守孝三年（實際上，守孝期滿25個月即頭尾三年就算合乎規定）。1898年，汪春源再度入京，參加光緒二十年戊戌科會試（1898），中爲貢士，但未及應殿試而返。1899年，汪春源入京補行殿試。是年，其好友、臺灣進士許南英有《送汪春源入都補殿試》、《題畫梅贈汪杏泉時新登甲榜歸籍》等詩送往迎來。汪春源既於1898年中爲貢士，又在1899年補行殿試，本來可以列名爲辛丑恩科（辛丑正科值清德宗三旬壽辰，原定改爲恩科，正科則推遲於壬寅即1902年舉行）進士，但因北京貢

院於 1900 年被毀，辛丑恩科和壬寅科乃合併爲癸卯科於 1903 年舉行。
汪春源終於列名爲光緒二十九年癸卯科三甲第 120 名進士。

陳師海《由泉晉京沿途事宜》記舉人到京事宜有「刻齒錄紋銀二兩，
亦可隨時講」。「刻齒錄」或在正式揭榜前行之，我所藏張維垣之《科舉
齒錄》記有會試名次：「會試中式第二百四十四名」，有殿試甲第，卻於
殿試名次暫付闕如，作「殿試二甲第　名」；陳師海同文又記：「京城街
路多有糞溝，塵埃遮蓋，行路順由街中」，「祭文昌夫子，每位捐大錢一
百文」，「拜老師贄見隨力量。門包紋銀九錢，手本三個又短片一張，後
寫寓所」，「謁太老師每門包紋銀三錢，贄見系老師代送」。京城街路竟
「多糞溝」，贄見「太老師」之禮和贄見「老師」之禮居然畸輕畸重，
有趣！

「京師門前關帝廟籤，夙稱奇驗」[16]，赴京應試的舉人常在考試之
後、揭榜之前到「京師門前關帝廟」即「正陽門之關廟（俗稱前門關廟）」
[17]抽籤問卜。臺灣舉人亦未免俗。據臺灣學者黃美娥教授報告，她所見
臺灣進士鄭用錫之《北郭園詩文鈔稿本》於《感悟》詩後有附記《正陽
門關聖帝籤詩》，其文曰：

> 「五十功名志已灰，那知富貴逼人來。更行好事存方寸，壽比岡
> 陵位鼎台」。
>
> 京師正陽門關聖帝籤詩，靈驗著於天下。余於癸未春闈赴試，適
> 有友人告余到廟叩求籤詩，以卜功名上進可否。因如命叩請，求
> 得此籤。時闈試尚未揭曉，得此籤首句有五十功名之語，不勝悵
> 然自失，以為此科猶難上進。迨揭榜，竟邀獲雋。遂藉富貴逼人
> 句，附會靈說指為此科之應，但於「五十」句究竟未有著落。至
> 末二句，不過帝君勸人為善套語，可置勿論。不意距今三十五
> 年，……始恍然大悟，……蓋余於獲雋後數載，赴官京都，至五
> 十歲假班就養，時以養親為急，不復有仕宦志。迨後適有英夷之
> 憂，因為地方出力，兩次得邀議敘，初賞花翎，繼戴藍頂，皆在

---

[16] 轉引自趙翼：《簷曝雜記》（中華書局 1982 年版），卷五，頁 85。

[17] 金植：《不下帶編》（中華書局 1982 年版），頁 85。

家始念不到之事。迄至今日，年屆七旬，又因運米赴津，得邀議
敘二品封典，自顧僅屬虛名，而撫今思昔，證諸帝君所求，一一
頗相吻合。……則信乎帝君誠不餘欺！而益以見人生自少至老，
順逆半由天定，半由人為。其間固有鬼神默相，非到其時不知耳。
[18]

臺灣進士有多人曾擔任臺灣各書院山長，於臺灣教育推動頗力。例
如，鄭用錫曾主新竹明志書院、蔡廷蘭曾主台南引心書院、施瓊芳曾主
台南海東書院、楊士芳曾主宜蘭仰山書院、蔡德芳曾主鹿港文開書院、
施士潔曾主彰化白沙書院和台南海東書院、丁壽泉曾主彰化白沙書院、
林啓東曾主台南崇文書院和嘉義羅山書院、徐德欽曾主嘉義玉峰書院、
丘逢甲曾主台南崇文書院，等。

當然，科舉考試有其局限性。以科舉取士，絕不可能做到野無遺賢。
臺灣名儒洪棄生，其文學水準和學術造詣可以不避任何一位臺灣進士，
但終其一生連舉人的資格也未取得。洪棄生對此頗不服氣，1894 年有
《與阿宗及門》，略謂：

賤自去年見闈墨文字，所取半屬眯目。今年此行，早已聽得失於
冥漠，只當作山水之遊，而考試為循途之舉。故在涵江聞鄉闈報
罷，以一笑置之。及到崇武見闈墨，乃較去年猶野狐之甚！……
風氣如是，賤此行可謂賣衣裳於斷髮文身之鄉，多見其不自量
也。此後若不逐臭愛醜，恐銷磨不知胡底，一歎！[19]

在福建漳浦縣，有嘉慶十三年（1808）臺灣彰化文人林用賓生前題
刊的題詩墓碑，碑高 70 釐米、寬 60 釐米，其詩曰：

貪狼滾滾燕歸巢，列榜明堂翠黛交。順水長砂原有耀，退天偽筆
不須潮。可憎俗眼無高見，妄指天星總混淆。窀穸於今塋葬後，
方知甲第石中包。[20]

---

[18] 引自黃美娥：〈一種新史料的發現〉，載《竹塹文獻》，第 4 期（1997 年 10 月）。
[19] 引自洪棄生：《寄鶴齋選集》，頁 183-184。
[20] 引自王文徑編：《漳浦歷代碑刻》（漳浦縣博物館 1994 年 12 月印）。

末署「臺灣彰邑林用賓刊　嘉慶十三年」。林用賓以此方式表達了對科舉制度的不滿。

五

上文就「地域歷史人群研究：臺灣進士」提供了若干參考的資料和思考的線索，以待學界同好更為深入的研究。

在我看來，臺灣幕友、臺灣班兵、臺灣塾師、臺灣教諭等亦各是一「地域歷史人群」、亦各是一研究的課題也。

癸未年正月初一至正月初五，新春試筆。

（2003 年 2 月 1 日至 5 日）

遭遇清末民初的社會變遷和社會問題

——《地域歷史人群研究：臺灣進士》之續篇

　　丙戌新正，我在福州先後同臺灣學界友人鄭教授、魏教授小聚，暢飲暢敍，頗感快樂。席間，鄭教授談及拙稿《地域歷史人群研究：臺灣進士》[1]於 2003 年 5 月，在臺灣政治大學文學院「中國近代文化的解構與重建」學術研討會上發表的情形；魏教授則語涉「臺灣進士」的話題，囑我「繼續深入研究」。受此鞭策與鼓勵，敢不從命！爰作本文，以紀念臺灣進士許南英、丘逢甲、汪春源諸人在大陸身處和面對清末民初的社會變遷，勉力維護「新政」、改良社會的事蹟。

一

　　1901 年，清廷下令實行「新政」，其中包括科舉考試的變革：「自明年爲始，鄉、會試頭場試中國政治、史事論五篇，二場試各國政治、藝學策五道，三場試四書義二篇、五經義一篇，考官評卷，以定去取，不得只重一場。生童歲科兩考，仍先試經古一場，專試中國政治、史事及各國政治、藝學策論，正場試四書義，均以中國政治、史事及各國政藝學命題。」[2]

　　科舉考試的變革乃是以新學的興起、以新學在「士」階層的普及爲前提的。科舉考試的考官（包括主考官、同考官等）、考生（包括鄉、會試考生和例應接受科考和歲考的在學生員）均屬於「士」的階層，他們均需具備新學的基礎始能適應科舉考試的變革。

　　1903 年，臺灣進士許南英、汪春源分別擔任廣東、江西鄉試之同

---

[1] 收拙著：《閩台區域社會研究》，廈門，鷺江出版社 2004 年 3 月版。
[2] 謝青、湯德用：《中國考試制度史》，第 291 頁，合肥，黃山書社 1996 年 2 月版。

考官。

　　這是一個考察社會變遷的合適角度：從粵、贛兩省，從考官、考生雙方看新學的興起和科舉的變革。

　　許南英哲嗣許地山嘗謂：许南英「對於新學追求甚力，凡當時報章雜誌，都用心去讀，凡關於政治和世界大勢底論文，先生猶有體會底能力。他不怕請教別人，對於外國文字有時問到兒輩，他底詩用了很多當時底新名詞，並且時時流露出對於國家前途的憂慮，足以知道他是個富於時代意識底詩人」[3]。與廣東、與许南英的情況相當，江西的考官對於「政治和世界大勢」亦「猶有體會底能力」，其新學根柢可於江西光緒癸卯恩科（1903）鄉試之策問的命題見其一斑。據《（光緒癸卯）江西闈墨》，是科鄉試之策問題為：

> 1、西國學術有形上、形下之分，其已成科學者凡幾？要旨若何？何者最為切用，宜審其先後緩急之序，以資採擇而收實效策。
> 2、保商之法，阻來貨、獎外輪，務令出口之貨常多於進口，乃征諸英吉利自行平稅之政，而商務大興，其進出之差為負而商利自厚。其故何歟？然則塞漏卮之說果非計歟？試權其利害以維商政策。
> 3、西國兵制視敵國之強弱為轉移。論者謂近世政治亦因兵事而日進，其說然否？今各國多尚徵兵，其編設之制與教育訓練之方，宜探其要領以合兵民而保主權策。
> 4、歐洲近世交涉最重要者，前有維也納之會，後有柏林之約。政策若何？主持者何人？始惟均勢于歐陸，今乃並力於遠東，而美利堅外交亦不盡循孟祿之旨，其于亞洲關係尤巨。審時制變，何以應之策。
> 5、英握海權，論者謂其據地中海之形勝。其設施之策若何？要區安在？自西伯利亞鐵路、尼加拉瓜運河，次第經營情勢變遷，將趨重于東亞。應如何先事預防以維全域策。[4]

[3] 許贊堃（地山）：《窺園先生詩傳》，引自许南英：《窺園留草》，卷首，北京，和濟印書局 1933 年版。
[4] 引自《（光緒癸卯）江西闈墨》，江西省宜春市圖書館藏本。

　　上記策問各題分別涉及西國學術、國際貿易、西國兵制、外交政策、
海上霸權等方面的多種理論，有的並涉及當年的時事。例如，第 2 題涉
及重商主義（「保商之法」）的早期理論（「塞漏卮之說」即限制出口，
防止金屬貨幣外流）和晚期理論（「阻來貨、獎外輪」即「獎出限入」
的外貿政策、「英吉利自行平稅之政」即英國學者提出的「貿易平衡」
原則）。又如，第 5 題涉及當時擬議中的「尼加拉瓜運河」（後來並未開
挖）。

　　江西考生的墨卷也足以說明當年新學興起、科舉變革的情形，以及
新學興起與科舉變革的關係。例如，是科（清光緒癸卯恩科）第 14 名
楊翼寰的策問墨卷《保商之法，阻來貨、獎外輪，務令出口之貨常多於
進口，乃征諸英吉利自行平稅之政，而商務大興。其進出之差為負而商
利自厚，其故何歟？試權其利害以維商策》謂：

　　　　各國言保商之策，數百年於茲矣。然汲汲於阻他國之來貨，獎本
　　　　國之外輪，每年稅關計核，必出口之貨多於進口，乃為取贏之術，
　　　　此各國商宗計學為國家廣積金銀之通例也。乃征諸英吉利，自斯
　　　　密亞丹之說出而行平稅之政，商務因之大興，其進、出貨之差雖
　　　　負，而商利且加厚。說者謂塞漏卮之事，至此而不驗矣，不知懋
　　　　遷之局，本民生之自然，任其自然，則當局者交利。為之去障塞
　　　　捐煩苛，其跡似疏而其事實利。蓋兩國交通，所易者皆國中之產。
　　　　始也各出其財力以恢張本國之產，繼乃各通其有無，而無用者轉
　　　　為有用。故各國獲利之厚薄，視交通之巨細為權衡，非塞漏卮之
　　　　說所能賅括也。第英吉利為商戰最雄之國，資本宏富，工藝盛興，
　　　　其進口之貨，雖較未平稅以前加多，然考其進口貨宗，終競生多
　　　　於熟，出口反是。此商利加厚之實功也。他國若欲仿行，未必有
　　　　利而無害。故欲維商政者，既使本國之土產加增，又必使本國之
　　　　工業日進，則生利有方，分利無弊。否則國民游惰，他國以賤價
　　　　取我之物，少加人力複以重價售之，則滔滔不塞將成江河，抵制
　　　　無術，豈維商政之道哉。[5]

5　引自《（光緒癸卯）江西闈墨》，江西省宜春市圖書館藏本。

　　此一墨卷指出進、出口商品的「生」、「熟」即原材料（自然產品）和加工產品（人工產品）的問題，提出「必使本國之工業日進，則生利有方，分利無弊」的意見，頗有見地。

　　又如，是科（清光緒癸卯恩科）第 7 名黃為基策問墨卷《西國學術有形上、形下之分，其已成科學者凡幾？要旨若何？何者最為切用？宜審其先後緩急之序，以資採擇而收實效策》略謂：

　　　西國學術，胚胎於上古之希臘、羅馬，中衰於中古蠻族之蹂躪，更淪沒於頑頓昏謬之舊教。其中興也，一源於十一稘至十三稘二百年間。十字軍之東征，挈阿剌伯之數學、天文學、理化學、動物學、醫學、地理學以歸，而形下之學以興；一源于希臘古學之復興，學士大夫乃能盡讀古哲之書，而前此紀元前之蘇格拉底、阿里士多德、拍拉圖諸家理學，乃復彌綸磅礴；而形上之學以肇；一源於改革宗教，使教育之權不全歸僧侶掌握。龐傑英俊乃奮飛慷慨蹶起于荊天棘地、迷風腥雨之中。若路德、若廓美紐司、若陸克、若康得、若亞丹斯密諸學者，若歌白尼、若富蘭克令、若瓦特諸大製造家皆蜿蜒孕育乘運接起。往往一說既出，則每率舉世之人心風俗而蕩滌、而進化。一機既明，則每率舉世之工商實業而新其製作、而開其利源。則形上、形下最盛之期，若今日是也。其為學也，一家建言百世公例；其為科也，執因窮果，研幾致用。語其條理，則一科之中，千指萬殊，而大綱俱在。德國大別為神學、法學、醫學、哲學四種，哲學範圍甚廣，凡數學、博物、理財、史學、地學、文學皆屬之；法國大別為文科、法科、醫科、神科；日本大別為法、理、文、醫、農、工六科。近吾國亦有分為文科、質科者。文科則形上之學屬之，質科則形下之學屬之，有譯作元科、間科者。理不專於一物，妙眾體而言，是曰元，形上之學也；事專言其一宗，則哲理之用事，是曰著，形下而兼形上之學也。間科介於二者之間，所考在於形下，其理可以萬殊。又有以名、數、質、力為諸科學之綱領者，要之不離乎形上、形下之分而已。今夫立國之本在學，無新舊、無中西，要皆期於有用。有用之學，先習普通。列強制令，歸重小學。立學之初，首重師範，此亦當世得失之林也。至論其先後緩急，又有急

須採擇者，一曰理學，萃東西大理學家之粹而去厥頗；二曰國家學，采德國學派，即以其炮擊盧騷、福祿特爾民權橫議者，頒告天下；三曰倫理學，學分四綱，一曰對於一己之倫理、二曰對於家族之倫理、三曰對於人群之倫理、四曰對於君國之倫理。研習之所以示名教綱常於不朽。陸子所謂東海西海，心同理同者也。四曰史學，討斯學之旨趣，究已往之陳跡，以見國粹不可不保而政體各異不可不分。此四者為吾國今日正民敦俗、救時定亂之切學。至其他天文理化，求諸耳目之間；醫學衛生，痛癢至為相切，蓋普通學中最不可少者。不此之講而斷斷於學以外之事，則信乎非窮理盡性者，不足以明吾心之全體大用而以通物之表裡精細也。[6]

此一墨卷講述西國學術及其學科分類，具見作者的新學功底。

作為臺灣進士，汪春源自稱「是歲江右秋闈分校，薦拔半多寒峻」[7]。他當年校閱的墨卷、薦拔的考生亦當半多精於新學。

二

1903 年，清廷頒佈「癸卯學制」；1905 年，清廷下令「自丙午（1906）科為始，所有鄉、會試一律停止，各省歲科考試亦即停止」。[8]

關於「癸卯學制」，鄭師渠《中國文化通史》記：

「癸卯學制」規定的教育系統可為四段七級。第一段為學前教育，即蒙養院（幼稚園），不定年限。第二段為初等教育，共 9 年，分 2 級：初等小學堂 5 年，高等小學堂 4 年。第三段為中等教育 5 年，只有 1 級，即中學堂 5 年。第四段為高等教育 11 至 12 年，分為 3 級，高等學堂或大學預科 3 年；大學堂 3 至 4 年；通儒院為最高學府，學習和研究期限為 5 年。學生入學年齡為 6 歲，從小學到大學畢業需要 20 至 21 年，如修完通儒院畢業需要

---

[6] 引自《（光緒癸卯）江西闈墨》，江西省宜春市圖書館藏本。

[7] 汪春源：《汪進士自述》，引自《台南市政》第 8 期，第 8 頁，1965 年 1 月 1 日出版。

[8] 謝青、湯德用：《中國考試制度史》，第 295 頁，合肥，黃山書社 1996 年 2 月版。

25 至 26 年。此外，與初等小學同級的，還有藝徒學堂，半年至
4 年畢業。與高等小學同級的有實業補習普通學堂，初等農工商
實業學堂，都是 3 年畢業。與中學堂同級的有初級師範學堂，中
等農工商實業學堂，也都是 5 年畢業。與高等學堂同級的有優級
師範學堂、實業教員講習所、高等農工商實業學堂，進士館與譯
學館等。[9]

「癸卯學制」的頒佈和實施、科舉制度的變革和廢止，有力地推動
私塾和學堂的改良。

拙藏《（北京）漳郡會館錄》卷首之《公定喜金章程（光緒三十二
年，公同參酌各會館新章）》謂：

自停止科試，均歸學堂出身。所有文、武學堂畢業生獎賞大小官
階應充喜金，皆照印結局庚辰年諸前輩酌定《（內外官官階、品
級、封典、加級捐充）喜金章程》，永為定例。如女學堂女學生
畢業得獎賞文憑、充當教員者，喜金隨意捐充，其餘各章程均遵
舊規。

由此視之，在始停科舉考試的 1906 年，學堂地位的提升、女學堂
畢業生的出現和「士」階層的分化和轉型等已見端倪。

據鄭喜夫《民國丘倉海先生逢甲年譜》[10]，臺灣進士丘逢甲於「癸
卯學制」頒佈當年開始為「發展新式教育」而「接洽奔走」。丘逢甲於
1903－1909 年間改良私塾和學堂的活動包括：

1、1903 年夏，「赴廣州接洽奔走，謀向省坦發展新式教育，凡
勾留數月」；
2、1904 年 3 月，「在（廣東鎮平）縣城倡辦初級師範學堂」；
3、1904 年冬，在「淡定村附近鶴湖村籌辦員山、城東二家族學
堂，系以族田收入開辦，並以鎮平邱氏始祖創兆之名名校」。員
山、城東二家族學堂於次年春正式開學，「二學堂者，開粵東族
學之先河也；皆依欽定學制為兩等小學；初等四年、高等二年。

---

[9] 鄭師渠：《中國文化通史》，晚清卷，第 561 頁，北京，中共中央黨校出版社 2000 年 1 月版。
[10] 臺北，商務印書館 1981 年 11 月版。

校內教學設施完善，遠非一般村塾所及」；

4、1904 年冬，「赴廣州，任廣東學務公所參議。自是，居留省城三年」；

5、1905 年，「派宗人子弟往福建武平、上杭及鄰近之平遠、嘉應州、興寧等地，為同宗及異姓籌辦族學，先後成立者以百數。……其中上杭所設者為師範學堂，開於丘總祠。其地民氣因而勃興，丘氏族人之參加革命者以此益眾」；

6、1906 年，任兩廣學務公所參議，又「改任廣州府中學堂監督。時廣州府知府陳望曾，先生舊友也」。陳望曾亦臺灣進士，清同治十三年甲戌科（1874）三甲第 69 名；

7、1906 年，「於員山創兆學堂附設師範傳習所，專以培養閩、粵地方小學師資」；

8、1908 年，「被舉為廣東省教育總會會長，並受聘為兩廣學務公所議紳」；

9、1909 年，受聘為「兩廣方言學堂監督」。

臺灣進士汪春源於 1905－1907 年在江西建昌知縣任上、1907－1911 年在江西安義知縣任上也積極推動私塾和學堂改良：「先是，建邑學堂湫隘，源將考棚修葺，遴選各科教員，並捐廉購置圖書多種，附設閱報，以供諸生觀覽。政事餘閒，與學生講解切磋」，「每下鄉，……並勸各鄉多辦私塾改良」。[11]

三

清末民初時期乃是社會轉型時期。許南英、丘逢甲、汪春源諸人身處此一時期，面對誣訟、迷信、煙賭、教案、械鬥和「銀貴錢賤」等各種問題，為改良社會各盡一己之力。

茲輯其相關記錄如下：

1、陳鑑修《龍溪新誌初稿》於「許南英」條下記：

---

[11] 汪春源：《汪進士自述》，引自《台南市政》第 8 期，第 8 頁，1965 年 1 月 1 日出版。

> 乙未割台，先生乘桴內渡，居汕頭，嗣入京，改敘知縣，分發廣
> 東。先後委署徐聞、陽春、陽江、三水等縣，嗣特授為電白縣。
> 未赴任，值辛亥光復，回漳被舉為民事局長。民國二年，任為龍
> 溪縣知事。先生服官十餘年，屢膺要邑，而廉潔持躬。所至有
> 聲。……徐聞人素健訟，每挾嫌誣告謀殺滅屍，而以女巫關亡之
> 術為佐證。先生逮女巫十餘人，痛懲之，訟乃戢。[12]

同書又記：

> 邑人多迷信，故淫祀特多。民國初年，南鄉檢浦社有所謂「水仙
> 姑」者，蓋南河中女屍止於鄉前，鄉人哀其暴露而瘞之耳。未幾，
> 有壓花會者禱之獲巨注，遂神之。里中無賴復造說若干事實以信
> 其說，不數月而愚夫愚婦數百里外來相膜拜，荒郊頓成鬧市矣。
> 邑令許蘊白惡其惑民，令警務局長陳之鴻（清福）禁之，鏟其墳，
> 拔其碣。未旬日陳於晚間乘醉冶遊，為怨家所刺，眾又喧傳被殛
> 于水仙姑，香火轉盛。今已鞠為茂草矣。[13]

「邑令許蘊白」即許南英。

許南英於清末在廣東徐聞知縣任上遭遇的「每挾嫌誣告謀殺滅屍，
而以女巫關亡之術為佐證」是誣訟和迷信，是雙重的社會問題；於民初
在福建龍溪知縣任上遭遇的「水仙姑」事件則是迷信和賭博，亦是雙重
的社會問題。

2、「借命索詐」是誣訟的慣用手段。清代康熙年間，福建汀州知府
王廷掄曾記：

> 假命之習風甚熾，抄搶之懲創宜嚴也。汀民賦性凶頑，凡遇一切
> 人命，不論是真是假，於未經告官之先，屍親率領多人，抬屍于
> 兇犯之家，擒男捉女，破屋洗巢，所有家資什物任其席捲無遺。
> 辱及事外之同居，搶及無辜之鄰右。是以凡有命案，無不以抄搶
> 為訴也。[14]

12　陳鑑修：《龍溪新誌初稿》，福建漳州市圖書館藏本（1982 年油印本）。
13　陳鑑修：《龍溪新誌初稿》，福建漳州市圖書館藏本（1982 年油印本）。
14　王廷掄：《臨汀考言》，引自《四庫未收書輯刊》第 8 輯，第 21 冊，第 194-195 頁，北京

清代道光年間，福建詔安知縣陳盛韶亦記：

> 民間自縊，自溺、自殘及服毒死者，藉作圖賴張本，漳、泉皆然。
> 詔安則行有死人，途有餓莩，莫識其姓字。屍親天外飛來，謂他
> 人父，謂他人昆，呼天痛哭，不知其涕之從出也；或稱有舊仇、
> 指為舊傷。練保差弁，表裡為奸，愚民迄無寧日。抑尚有非人情
> 不可近者，莫親于父子，而惟利是圖刃諸膝下，否則其親屬之疲
> 癃殘疾者，久病不欲生者。不然則鬻竇人子或乞丐，給衣食，恤
> 勞苦，視同己子，名曰作餇。一旦與某富者有仇，或非有仇而心
> 利其有不可得，私手刃焉，舁諸其鄉，始方佯為晚出未歸也，繼
> 而知其死所也，且泣且詈曰：「某殺予子也。」富人聞之，恐有
> 訟師出，左之右之，擒之縱之，為賄和之說。未滿其欲，乃鳴諸
> 官。然則無人知其情偽乎？曰：「知。」孰知之？曰：「鄉里知，
> 差吏知。」地棍先知串通蠹役，蠹役先知串通猾丁，猾丁亦知。
> 知之而聽其為此，且利其為此，並恐其不為此。故圖賴愈出愈巧，
> 愈橫愈多。小民床頭稍有積金，眠不安枕。予初至漳郡訪知詔安
> 之弊，首重圖賴。蒞任月餘，反坐三案，此風頗息。然漳、泉作
> 宰，不准圖賴命案，則良田變為石田，丁胥皆垂首喪氣，嘖有繁
> 言，非主人把握先定不行也。[15]

「借屍索詐」是「借命索詐」之一種，但不借屍而憑女巫「關亡之
術」（即假作亡魂附體而胡言）以索詐，在情節上更為惡劣。

汪春源於 1907－1911 年間在江西安義知縣任上也遭遇了「藉命訛
索之案」：「安邑藉命訛索之案甚多。源廉得其情，訊辦誣告數起，奸民
斂跡」。[16]

3、戈春源《中國近代賭博史》記：

> 宣統二年（1910 年），廣東諮議局召開第 13 次會議，討論禁止
> 榮安公司發行舖票的提案。會上，已躋入諮議局任議員的蘇秉樞
> （又叫蘇大潤，號城農）四處活動，為榮安公司辯護，禁賭案遭

出版社 2000 年版。
[15] 陳盛韶：《問俗錄》，第 85-86 頁，北京，書目文獻出版社 1983 年 6 月版。
[16] 汪春源：《汪進士自述》，引自《台南市政》第 8 期，第 8 頁，1965 年 1 月 1 日出版。

到否決。[17]

　　丘逢甲時任廣東諮議局議員，於是次大會力倡禁賭。據鄭喜夫《民國丘倉海先生逢甲年譜》，「先生于諮議局力倡禁賭，以霹靂手段通過之。時廣東賭風熾烈，輿論主禁，先生與陳炯明尤為力主嚴禁，乃於諮議局某次大會提出此案。有蘇姓議員者為賭商，知此案將大不利於彼，連日酒宴賄買不肖議員。先生察知，恐案不獲通過，於表決日囑炯明別提臨時動議，略以本案關係重大，應採記名表決，藉示鄭重：凡贊成者於票上署名簽書一可字，反對者則簽名書一否字。此項臨時動議雖經通過，而禁賭案表決結果遭否決」。

　　4、邵雍《中國近代販毒史》記：

1906 年 9 月光緒帝在中外輿論的促進下，經過大臣門的反復討論，權衡利弊得失最終發出了禁煙上諭。光緒帝指出：「自鴉片煙弛禁以來，流毒幾遍中國，吸食之人廢時失業，病身敗家。數十年來，日形貧弱，實由於此。言之可為痛恨。今朝廷銳意圖強，亟應申儆國人，咸知振拔，俾祛沈痼而蹈康和。著定限十年以內，將洋土藥之害，一律革除淨盡。其應如何分別嚴禁吸食，並禁種罌粟之處，著政務處妥議章程具奏。」11 月 30 日光緒帝批准下發了政務處提出的《禁煙章程十條》，《章程》勒令各城鄉鎮的煙館在半年之內一律停歇，煙膏店必須註冊登記，每年停歇一批，10 年內禁絕。1907 年清政府又頒佈了《管理售賣膏土章程》、《購煙執照章程》，規定只有各省設立的土市公行才是百姓合法買賣鴉片的機構，民間所有的鴉片交易均須經過土市公行，否則以走私論處。根據新出臺的公行制度，清政府有了實際管理民間鴉片貿易的可能。同年冬為了強化管理，在新定的《新刑律》中明確列為鴉片煙罪。

　　光緒帝死後新繼任的宣統帝於 1909 年初新頒《禁煙條例》，規定凡栽種罌粟，制販大煙，設煙館制煙具等均處有期徒刑。同年清政府正式

[17] 戈春源：《中國近代賭博史》，第 72 頁，福州，福建人民出版社 2005 年 2 月版。

宣佈禁止嗎啡進口。[18]

　　汪春源於 1907－1911 年間在江西安義知縣任上「禁絕煙賭」、頗有成效。汪春源自稱：

> 每下鄉，輕車減從，自備火食，禁絕煙賭及搽茶淫戲。捐廉製備藥丸，創設戒煙善會。[19]

　　在我看來，同 1905 年 5 月成立的福建去毒總社、1907 年 2 月成立的四川戒煙總局一樣，1907－1911 年間成立的江西安義縣戒煙善會亦當在中國近代禁毒史著裡記上一筆。

　　5、1901 年 3 月 31 日，《江西巡扶李興銳奏報辦理教案情形並糾參償事之各地方官折》謂：

> 光緒二十六年十一月初一日奉上諭：本年五、六月以來，各省人心浮動，教案迭出，而江西為甚。[20]

　　又謂：

> 上年自五、六月以來，各屬稟報焚拆天主、耶穌教堂及毀搶教民誦經房屋、書館不下數十起，其他民教互相控訴詞訟之案，複有數百餘宗，教士索賠款項，多者五、六十萬兩或一、二十萬兩，少亦數萬數千餘元不等。各守令以其數過多，思與磋磨，而愈議則愈增，愈延則愈巨。[21]

　　1908 年 1 月 14 日，《江西巡撫瑞良奏陳教案善後辦法以期調和民教折》謂：

> 伏念江西濱臨大江，傳教之士紛至遝來，雖山陬僻縣大半建立教堂，計各府廳州縣天主、耶穌兩教華式、洋式各教堂共有三百數十處之多。[22]

---

[18] 邵雍：《中國近代販毒史》，第 68 頁，福州，福建人民出版社 2004 年 5 月版。
[19] 汪春源：《汪進士自述》，引自《台南市政》第 8 期，第 8 頁，1965 年 1 月 1 日出版。
[20] 《清末教案》，第 3 輯，第 19 頁。
[21] 《清末教案》，第 3 輯，第 20 頁。
[22] 《清末教案》，第 3 輯，第 987-988 頁。

　　教案作為一個社會問題，在清末江西尤顯突出。西方列強往往借教案引起外交爭端，又借外交干預我內政，這在江西也有典型事例，例如，《禮部為已飭江西學政試題不應牽涉傳教事諮復外務部文》（1905 年 6 月 2 日）謂：

> 准外務部諮稱：准英國薩使照稱，據駐九江領事館詳稱，本年三月間贛省學政在饒州府之鄱陽、德興兩縣考試，出有策題一道。其題曰外人華服傳教，謀殖民於中國，借便私圖；中人西裝遊學，受教育於外國，輒多流弊。國勢既殊，人心亦異。亟應昌明聖道，保合民德策等情。據此，所出策題，實有鼓惑人心之心，於迭次飭令民教相安之諭旨迥不相侔。若能將江西學政黃均隆所出策題據實入奏，無所深盼，等因。
> 查該學政所出題目，系欲維持士心，使人知忠君愛國，務為根柢之學，本無不合，惟不應牽涉傳教，有借便私圖一語，致貽口實。應抄錄來照，諮行禮部查照，轉飭江西學政，嗣後所出試題，勿再牽連外人，致生枝節。[23]

　　汪春源於 1904－1907 年間在江西建昌知縣任上，亦面對了「教案迭出」的問題：「該邑教案迭出。又與教士樊體愛開誠佈公，迅速斷結，民教相安」。[24]

　　6、械鬥是閩南地區歷史上最為嚴重的社會問題之一。民國初年，許南英在龍溪知縣任上對此一問題相當關注。許南英有《下鄉止鬥偶成》和《紀私鬥》詩記其時情形。

　　《下鄉止鬥偶成》之第三、四、五、八首詩云：

> 平疇禾稼已雲黃，一歲收餘兩歲糧。不為稻梁爭飲啄，何緣私鬥蔓南鄉。
> 一命千金價不多，忍將性命等鴻毛。人亡財盡兵來擾，如受心胸剜一刀。
> 奮勇衝鋒人殺人，見兵如見五瘟神。奈何菩薩低眉說，不敵金剛

---

23 《清末教案》，第 3 輯，第 758-759 頁。
24 汪春源：《汪進士自述》，引自《台南市政》第 8 期，第 8 頁，1965 年 1 月 1 日出版。

怒目瞋。

相持鷸蚌不甘休，驀地漁人一網收。試問競爭何所事，自家說不
出來由。[25]

《紀私鬥》略云：

……詎識愚民愚，意氣尚競爭。各挾其炮火，霹靂苦相轟。不知
官法重，共視人命輕。東村因鬥死，西村死相仍。……鬥殺迭成
案，死鬥無日休。[26]

7、清代沿襲明代的貨幣制度，銀兩與製錢並行。銀兩與製錢比價
的波動，造成了「銀賤錢貴」或「銀貴錢賤」的情形，引發了一系列社
會問題。據王宏斌《晚清貨幣比價研究》[27]，清代有三個「銀貴錢賤」
時期：1765－1854 年間、1856－1874 年間、1905－1911 年間。「銀貴
錢賤」直接引發農民的抗糧鬥爭，據彭澤益《鴉片戰後十年間銀貴錢賤
波動下的中國經濟與階級關係》[28]，鴉片戰爭發生後十年間的四大抗糧
案件包括了「福建臺灣府嘉義縣的郭崇高（1944 年 5 月）」案。

汪春源擔任江西安義知縣期間（1907－1911），恰值第 3 次「銀貴
錢賤」時期（1905－1911）。

1910 年 3 月 26 日，汪春源在江西安義知縣任上寫給其妹夫吳鳳年
（住地在臺灣彰化縣十三甲）的家信中說：

兄現任南康府之安義縣，於茲三載。只因時事變遷，江西日下銀
貴錢賤，征不敷解，賠累之深，日甚一日。點金乏術，徒喚奈何。
[29]

汪春源《汪進士自述》則記：

周歷各鄉，盤查積谷實儲，推陳出新，破除情面，鄉紳有侵蝕者，

───────────────

[25] 許南英：《窺園留草》，北京，和濟印書局 1933 年版。
[26] 許南英：《窺園留草》，北京，和濟印書局 1933 年版。
[27] 開封，河南大學 1990 年 2 月版。
[28] 載《歷史研究》，1961 年第 6 期。
[29] 引自拙藏原信影印件。

勒令繳足。……南康府朱雲甫太尊（錦），以「大計卓異」密薦。
原稟雲：「……徵收丁漕，該令因銀貴錢賤，雖有虧賠，而督催
未敢銷懈，故近年該縣徵收之數，均在八成以上。」[30]

看來，汪春源在江西安義知縣任上應對因「銀貴錢賤」引起的「征
不敷解」的辦法，不是加重農民的負擔，而是「勒令」鄉紳「繳足」。

2006 年 2 月 19 日（正月廿二日）

---

[30] 汪春源：《汪進士自述》，引自《台南市政》第 8 期，第 8 頁，1965 年 1 月 1 日出版。

清代臺灣的幕友

一

　　幕友又稱幕賓、幕客和師爺，是中國古代官署裡沒有官職的佐助人員，通常由官署主官私人聘用。主官作爲府主辟置幕府、延請幕友與幕友入幕佐助、對府主負責構成幕府制度的兩個方面。

　　作爲職官制度的補充，幕府制度的歷史可以上溯到漢代乃至漢代以前。清人平步青《霞外隨筆》「幕友」條下引《癸巳存稿》卷一云：「後世以朝官兼幕僚，始于東漢末，擁兵奏署，所謂『表爲』者也。春秋時，已有其事。」[1]在清代，幕府制度幾乎成爲職官制度的延伸、成爲職官制度的組成部分。清雍正元年（1723）有諭：

> 各省督、撫衙門事繁，非一手、一足所能辦，勢必延請幕賓相助，其來久矣。但幕賓賢否不等，每有不肖之徒，勾通內外，肆行作弊。黜陟屬員，則清濁混淆；申理訟獄，則曲直倒置。敗督、撫之清節，誤督、撫之功名，彼則置身事外，飽橐而去，殊屬可恨。夫今之幕賓，即古之參謀、記室，凡節度、觀察等，赴任之時，皆征辟幕僚。功績卓著，即拜表薦引。彼愛惜功名，即不敢任意苟且。嗣後督、撫所延幕賓，須揀歷練老成，深信不疑之人，將姓名具題。如效力有年，果稱厥職，諮部議敘，授之職位，以示砥礪。該部詳議，具奏。[2]

　　實際上，督、撫以及督、撫以下各級、各種官員普遍辟置幕府、延請幕友。

　　清代臺灣幕友的活動，始於清軍進駐澎湖之時、盛於清廷設官臺灣之後。

　　康熙二十二年（1683）閏六月二十二日（8月14日），福建水師提

---

[1] [清]平步春：《霞外隨筆》，第76頁，北京，中共中央黨校出版社1998年3月版。
[2]《清世宗實錄》，卷五。

督施琅率清軍經七日夜之海戰，進駐澎湖。其時，施琅軍中有幕友多人。
其最得力者名周澎。乾隆《泉州府志》記：

> 周澎，字文濤，晉江人。博學工古文、詩賦。靖海將軍施琅延之
> 幕中，刻不能離，翰墨盡出其手。[3]

康熙二十三年（1684），清廷決定在臺灣設一府三縣，並設官分轄。
[4]其後又陸續添設文、武官職多種。臺灣幕友的活動由是盛焉。

茲從《清實錄》和部分清人著作、民間文件舉例說明清代臺灣各級
官員辟置幕府、延請幕友的情形。

（一）《清實錄》所見臺灣幕友史料

光緒元年（1875）先後有福建巡撫「移紮臺灣」[5]和福建巡撫「冬
春駐台，夏秋駐省」[6]之議的實行；光緒十一年（1885），清廷決定「將
福建巡撫改為臺灣巡撫」[7]

丁日昌在福建巡撫任上，於光緒三年（1877）正月二十二日奏：

> 此次渡台，幕友需才。請將翰林院庶起士鐘德祥留台襄助。

同日得旨：

> 鐘德祥著俟散館後再赴臺灣。[8]

查《明清進士題名碑錄索引》（上海古籍出版社 1979 年 10 月版）
和《詞林輯略》（收《中國選舉史料清代編》，臺北鼎文書局 1977 年版），
鐘德祥系廣西宣化人，清光緒二年（1876）丙子恩科二甲第 77 名進士
和同年同科翰林院庶起士；「散館」指翰林院庶起士經考試合格授以官

---

[3] 乾隆《泉州府志》，卷五十五，《文苑》。
[4] 《清聖祖實錄》，卷一一五。
[5] 《清德宗實錄》，卷十。
[6] 《清德宗實錄》，卷二十。
[7] 《清德宗實錄》，卷二二一。
[8] 《清德宗實錄》，卷四六。

職。從丁日昌奏稱「留台」之語可知，鐘德祥其時已在臺灣丁日昌幕中；從鐘德祥的科年又可知，鐘德祥屬於幕友中的「隨長官出差」的「新貴」之類。[9]

劉銘傳在福建臺灣巡撫任上，亦於光緒十二年（1886）五月二十六日奏：

> 請調補用直隸州知州何嗣焜辦理文案。

同日得旨：

> 即著該撫諮行江蘇巡撫轉飭何嗣焜轉赴臺灣，聽候委用。[10]

丁日昌奏請批准幕友鐘德祥留台、劉銘傳奏請調派幕友何嗣焜到台的事例說明：福建巡撫和福建臺灣巡撫皆「勢必延請幕友相助」；在清代臺灣，幕府制度亦是職官制度的補充和延伸。

清雍正十一年（1733），福建巡撫趙國麟疏報：

> 臺灣府淡水同知楊瑞祥辦運軍糧，在洋遭風沉沒，請加贈蔭恤，給與祭葬。其同舟淹斃之幕賓、家人、書役、舵工等，均照軍功從役被傷例賞恤。[11]

乾隆五十三年（1788），福康安等另折奏稱：

> （臺灣）淡水廳幕友壽同春年已七十餘歲，當同知程峻被害時，招集義民，恢復塹城，擒獲賊目四名，深入賊莊，及被擒後，百方勸誘，以罵賊不屈，被賊肢解。[12]

淡水同知在品級上屬於從五品文職官。楊瑞祥、程峻前後在淡水同知任上皆延請幕友，又先後與幕友同歸於盡。

道光十三年（1833），諭軍機大臣：

9　鄭天挺《清代的幕府》一文將幕友分為包括「隨長官出差」和「新貴」在內的 14 類。文載《中國社會科學》1980 年第 6 期。

10　《清德宗實錄》，卷二二八。

11　《清世宗實錄》，卷一二九。

12　《清高宗實錄》，卷一三〇六。

> 此次台匪滋事，嘉義縣縣丞方振聲、臺灣鎮標千總馬步衡、把總
> 陳玉威並家屬、幕友等同時遇難，激烈捐軀。覽奏墜淚，可嘉可
> 憫之至！[13]

縣丞屬於正八品文職官、千總屬於正八品武職官、把總屬於正九品
武職官，此一品級的官員亦延請幕友，可見清代臺灣幕風之盛。

道光十三年（1833），諭軍機大臣等：

> 劉延斌既經具稟，自必確有其人，確知其事。現令緝拿張成、許
> 荊山，扣留在台。著瑚松額等就近訊明，飭令將買官買缺者究竟
> 何官何缺，買者何人，有何贓證；朦混舞弊者系何衙門幕友、是
> 何姓名；……。逐一切實指出確據，嚴行懲辦，務令水落石出，
> 毋使稍有含混。[14]

道咸年間曾任福建汀漳龍道、署理福建布政使的張集馨，在其《道
咸宦海見聞錄》[15]裡以「閩省幕風靡下」之語極言道咸年間福建（包括
臺灣）幕府劣幕化的狀況。道光帝的上記諭旨，飭令查明的事項包括了
臺灣幕友涉及買官買缺案件的問題。

（二）部分清人著作所記臺灣幕府狀況

從清代臺灣作家施士潔的《後蘇龕合集》和林鶴年的《福雅堂詩
鈔》，我們可以見其在臺灣的遊幕經歷，亦可見光緒年間臺灣幕府的若
干狀況。

施士潔（1856—1922），字應嘉，一字芸況，號澐舫，臺灣安平縣
人。光緒二年（1876）丙子恩科三甲第 2 名進士。

施士潔於 1876 年歲暮辭官歸於臺灣。

1882 年，施士潔應聘入於臺灣安平知縣祁征祥幕中。我們從施士
潔《後蘇龕合集》所收詩、從《辛陔招同江子儀孝廉、李敍卿廣文飲紅

---

13 《清宣宗實錄》，卷二三四。
14 《清宣宗實錄》，卷二三七。
15 北京，中華書局 1981 年版。

毛樓下寓齋，用前韻》之「入幕稱雙絕，揮毫遣四愁」句、《敘卿郡署種蕉和莘翁韻》之「翩然江（子儀）、李（敘卿）絕俗情，芙蓉幕裡豔才名。竟成松竹梅三友，與我共結歲寒盟」可知，祁征祥（祁征祥字星階，施士潔之父施瓊芳亦字星階。爲避父諱，施士潔乃於詩文中用同音、同義字代替，稱祁星階爲辛陔、莘翁等）在安平知縣任上辟置的幕府裡，有施士潔、江子儀和李敘卿等幕友。

　　1883 年，施士潔曾游於台南知府羅大佑幕中，施士潔《羅谷臣太守招同耘劬、漪菉、稚香、瑞卿消夏竹溪寺》之「幕府蓮花映金碧」、「瀛南太守今羅含，嵇、阮襟期禽問癖」、「主客風流真畫圖，長官禮數甯羈勤。抱情寄趣各有適，千煩萬惱一齊滌。或觴或詠或跳擲，非癡非醉非枯寂」等句透露了此中消息，亦透露了羅大佑幕府有幕友多人的情況。

　　1888 年前後（羅大佑於是年四月卒於任所），施士潔、倪耘劬、楊稚香、張漪菉、熊瑞卿、施幼笙等人入唐景崧在「福建臺灣道兼按察使銜」任上辟置的幕府。這裡有施士潔《浴佛前一日，唐維卿廉訪招同倪耘劬大令、楊稚香上舍、張漪菉廣文、熊瑞卿上舍、施幼笙茂才遊竹溪寺，次廉訪韻》爲證（「廉訪」乃是清代按察使的別稱）。

　　1891 年十一月二十四日，清廷決定「以福建臺灣道兼按察使銜唐景崧爲福建臺灣布政使」。[16]唐景崧的任所隨官職升遷從台南至於臺北，施士潔作爲幕友亦隨府主到了臺北。施士潔到臺北後有《臺北唐維卿方伯幕中補和台南淨翠園韻》爲記。

　　1894 年九月二十五日，清廷決定「以福建臺灣布政使唐景崧署福建臺灣巡撫。」[17]唐景崧履新前後，施士潔作爲幕友曾隨唐景崧「入覲」，施士潔有詩文多種（如《師友風義錄·施序》、《桂華妝閣爲藍鑄生作》、《都門重晤宋佩之編修》等）語涉此行。

　　據施士潔《後蘇龕合集》所收《施又笙孝廉捐濟募啓》：「施又（幼）笙孝廉先世由泉遷於省垣，實爲靖海侯之裔。前在臺灣唐中丞幕中綜理文案」，施幼笙後來也到臺北游於臺灣巡撫唐景崧幕。

[16]《清德宗實錄》，卷三〇四。
[17]《清德宗實錄》，卷三四九。

　　林鶴年（1847—1901），字謙章，又字鐵林，號氅雲，福建安溪人。光緒壬午舉人。

　　林鶴年早年隨父渡台，於「臺灣苗栗置田若干頃」[18]。1892 年，林鶴年重渡臺灣，游于唐景崧幕和林時甫幕。林鶴年《福雅堂詩鈔》有《東渡感事呈唐維卿方伯家時甫星使兼懷幕府諸公》、《開春連句陪唐方伯官園宴集有呈》等詩記其在唐景崧幕府的活動。其中最可注意的是《唐方伯邀同劉履臣、羅星伯、王進之、方雨亭、周松蓀、翁安宇、郭賓石、王貢南、鄭星帆、家仲良諸同人聯詩鐘》，詩題列唐景崧幕府部分「同人」之名。由此可知，唐景崧在臺灣布政使任上辟置的幕府裡至少有幕友十數人（包括林鶴年及施士潔）。

　　《福雅堂詩鈔》另有《家時甫星使端午招同幕府板橋園夜集》，詩中提及郭賓石之名。由此又可知，林鶴年、郭賓石又入於林時甫在「幫辦臺灣撫墾大臣」任上辟置的幕府。

　　清人著作亦記有劣幕行徑。如劉家謀《海音詩》有句並注云：

> 我向昭忠祠外過，披榛空訪守娘墳（陳守娘，郡城東安坊經廳巷人。夫歿守節，姑強令更適，不可。姑之女常譖之，百般凌虐，肌無完膚。一日，母女共縛守娘于凳，以錐刺其下體而斃。里人鳴諸官，臺灣令某欲寢其事，檢屍曰：「無傷也」。眾憤，毀令輿，令懼，乃定讞。此道光末年事也。初葬昭忠祠後山仔尾，屢著靈異，祈禱無虛日。官以其惑民，為改葬之。

　　據記載，此案起於「縣署某客見而豔之，囑通款曲」即劣幕漁色引起事端；「臺灣令某」即臺灣知縣王廷幹，「欲寢其事」亦因「縣署某客」故。

（三）民間文件裡的臺灣幕友資訊

　　郭咸熙，名績昌。福建侯官人。同治癸酉舉人。

　　郭咸熙後人郭曾墀等聯合署名的《家慈林太夫人六十有九壽辰征詩

---

18 [清]吳魯：《林氅雲先生家傳》，收林鶴年：《福雅堂詩鈔》，卷首。

啓》記：

> 同治癸酉，先嚴舉於鄉。經臺灣邵中丞、林欽使聘充文案，以異常勞績得保知縣。……庚辰，先嚴大挑到班特授上杭縣學教諭。……先嚴病癒，調補鳳山縣學教諭。

郭咸熙後人郭曾墀等人聯合署名的《家慈林太恭人七秩壽辰征詩文啓》則記：

> 同治癸酉，先嚴舉於鄉。庚辰，大挑二等。丙戌，臺灣撫墾大臣林延充文案。

上記「邵中丞」指邵友濂；「中丞」則是巡撫的別稱，袁枚《隨園隨筆》卷八謂：

> 明之巡撫皆帶禦史銜，故至今稱巡撫曰中丞。[19]

「林欽使」指林時甫，他在光緒十二年（1886）二月奉旨「前赴臺灣幫辦臺北開墾撫番事務」[20]。

據上記資訊，郭咸熙乃於清光緒十二年（1886）丙戌到台入於林時甫在「幫辦臺灣撫墾大臣」任上辟置的幕府，其時邵友濂尚未任福建臺灣巡撫之職。郭咸熙游於邵友濂在「福建臺灣巡撫」任上辟置的幕府應是邵友濂就任福建臺灣巡撫之職的 1891 年四月以後。

王元稚（1843—1921），福建閩縣人，生於浙江杭州。光緒戊子副貢。

據王元稚後人王學廣等人的《哀啓》及王元稚的《夜雨燈前錄續錄》等作品，王元稚於 1877 年九月到台後，曾先後游於臺灣道夏獻綸和劉璈幕。在夏獻綸幕，夏獻綸命纂《日本窺台撫番紀略》和《全台輿圖說》二書；在劉璈幕，劉璈延充文案。王元稚兩度遊幕，留有《公牘存稿》為記。

---

[19] [清]袁枚：《袁枚全集》第 5 冊，第 120 頁，南京，江蘇古籍出版社 1993 年 9 月版。
[20]《清德宗實錄》，卷二二四。

　　唐景崧的外甥余棨昌等人聯合署名的《家嚴五十有八家慈六十雙壽啓》記：

> 時舅氏維卿公任臺灣道，外王母系念家慈（按：唐景崧的母親於1887年從京遷台居住），敦促歸寧。王母以家嚴累躓場屋，亦欲令習外事，遂命挈棨昌等同赴台，嗣家嚴省親北返，家慈及棨昌等留焉。……家嚴前在台署贊襄庶務，經手公私款項甚夥，親友疑為有所沾潤，其黠者托詞借貸。

　　據此，唐景崧的妹婿余某在台署襄贊庶務，經手公私款項，擔任的是幕友的角色。

　　附帶言之，余某即《東方兵事紀略》所記「三月二十五日（按：應爲二十八日）午後，唐景崧之婿餘姓者（按：應爲唐景崧之妹婿）內渡」引起的事變裡的「余姓者」。

　　作爲唐景崧的戚屬，譚嗣襄也曾在唐景崧幕中。《譚府徐太夫人墓誌銘》記，譚嗣同的二姐譚嗣淑「適翰林院庶起士灌陽唐景對。」唐景對是唐景崧的四弟，譚嗣襄是譚嗣同的二哥，譚嗣襄乃是唐景崧的戚屬。譚嗣襄於光緒十四年（1888）到台，至光緒十五年（1889）五月五日病逝當日移送臺灣蓬壺書院以前，一直居於唐景崧道署。其間乃在唐景崧幕府待職。

　　以上，我們從《清實錄》和部分清人著作、民間文件舉出清代臺灣從二品大員到九品小官，從巡撫、道員、知府、同知、知縣、縣丞、千總到把總各級官員延請幕友的事例。這裡還要補充舉出最低品級的官員延請幕友的例證。據我聞見所及，乾隆四十年（1775）臺灣鹿港巡檢王坦有幕友魏子鳴。鹿港巡檢在品級上屬於從九品，王坦在此品級的任上居然延請了真正的「紹興師爺」（魏子鳴系浙江紹興人，舊以紹興府所轄山陰、會稽、余姚、蕭山、諸暨、上虞、嵊、新昌八縣籍的幕友爲「紹興師爺」）。「無幕不成衙」的狀況，在清代臺灣也得到印證。

　　臺灣民間另有「無福不成衙」之諺流傳。「無福不成衙」反映的歷史狀況主要是：清代福建其他各府的部分文人曾熱衷於到台游幕以謀生

計。以唐景崧為例，唐景崧自稱在台時「與閩人為親」[21]，他延請的幕友裡有不少福建人，如閩縣王貢南、鄭星帆、林仲良等，侯官郭賓石、方雨亭、周松蓀等、崇安翁安宇、安溪林鶴年等。福建近代文化名人陳衍也曾於 1886 年九月至 1887 年歲暮在臺灣巡撫劉銘傳幕中「掌記室」。

二

幕府是佐助府主辦理公共事務的機構，但幕友卻是府主私人聘用即個人雇傭的人員。有文學愛好的幕友在公餘自可以詩文自娛；當府主亦屬於文學愛好者時，幕友則不能不陪侍府主參與詩酒之會一類文學活動，兼以詩文娛人。於是，公共事務和文學活動往往是幕友生涯、幕友事蹟的兩大部分。

在公共事務方面，清代臺灣幕友有多人卓有建樹。

例如，林樹梅於道光十七年（1837）正月至道光十八年（1838）五月在臺灣鳳山知縣曹懷樸幕中，多所籌劃，貢獻良多。

林樹梅《與曹懷樸明府論鳳山水利書（附條規圖注）》謂：

> 樹梅嘗即鳳山全勢熟籌之，其源遠流長、為利可溥者莫如下淡水一溪。近縣十里有故水道可循。溪邊莊曰九曲塘，地勢較高（測量溪嵌頂，地高於水二丈，西行里許至灆田，其地僅高水面三尺。又至瓦厝莊外，地與水準），斷宜就此莊外穿池以引溪，流二里至瓦厝莊北之內埔，分一圳以灌音里之田莊，南即有柳亞埤水道可通，過埤又可通於柴頭埤舊道，更進而流埤頭。縣城外分為兩圳，一從東門下瀉以灌鳳山里之田，一從枋橋頭流灌大竹、赤山諸里之田。再開小圳於坪仔頭莊外，引灌小竹里之田。則此綿互數萬頃皆不憂旱，所謂天工人其代之，詎不偉哉！[22]

林樹梅的此項水利計畫，為鳳山知縣曹懷樸採用並付諸施工。1838年，水利功成，林樹梅又上《賀曹明府水利告成並陳善後事宜書》，以

---

[21] [清]唐景崧：《詩畸・序》。

[22] 林樹梅：《嘯雲山人文鈔》，卷一。

舊日幕友身份贊曰：

> 鳳山水利告成，歲可增收旱稻十五萬六千餘石。竊歎是役，工費艱巨，非吾夫子制事堅定不搖於眾議，何能成功如此之速邪！豈唯鳳山享無窮之利，即外郡需台米接濟者，亦拜夫子之賜矣。樹梅觀聽下風，曷勝欣賀！[23]

鳳山縣曹公祠內《曹公圳記》（熊一本撰）記：

> 丁酉春，鳳山大令曹君懷樸奉檄來台。……數月後，人有言其度地鳩工將為民開水利者。大令于繼見時言不及之，亦不形諸簡牘，則又未見其必能行也。戊戌冬，大令果以水利功成來告，且圖其地形以進。凡掘圳四萬三百六十丈有奇，計可灌田三萬一千五百畝有奇。

劉家謀《海音詩》亦有注云：

> 曹懷樸（謹）令鳳山時，開九曲塘，引淡水溪。壘石為五門，以時啟閉，自東而西，入於海。計鑿道四萬三千六十丈，分築十四壩，灌田三萬一千五百餘畝，歲可收旱稻十五萬六千餘石。愈一歲而功成，熊介臣觀察（一本）名以「曹公圳」。

曹懷樸興修鳳山水利，幕友林樹梅與有力焉、功莫大焉。賓主相得，水利功成，事近於康熙年間靳輔主持修治黃河得幕友陳潢之力的故實[24]。

林樹梅《與曹懷樸明府條陳鳳山縣初政事宜書》指出：

> 衙門不能不用胥役，要不可專聽胥役。蓋此輩唯利是圖，寬以待之未必感恩，循理苛以束之易至怨望挾嫌。其最近耳目，不宜使知好惡；其善伺意旨，故當時示莊嚴。臺地皂隸，多系無賴營充，內恃衙門，外通聲氣，甚至勾聯黨援，肆志橫行。……內署門丁、長隨，亦當稽查出入，不許在外結交，庶不致勾通作弊。總在寬

---

23 林樹梅：《嘯雲山人文鈔》，卷一。

24 白鋼主編：《中國政治制度史》，第 10 卷，第 591-592 頁，北京，人民出版社 1996 年 12 月版。

嚴並濟，而後可收臂指之用。[25]

這裡指出的乃是清代臺灣、亦是清代各地普遍的胥吏弄權即所謂「與胥吏共天下」的政治問題；指出這一問題並要求對胥吏「寬嚴並濟」以「束之」，切合於「約束書吏，是幕友第一要事」[26]的幕府「佐治藥言」。

林樹梅曾奉府主之命，深入鳳山琅𡐌地區勸諭鄉民、止息「閩粵民番糾鬥」之風。「分類械鬥」是清代臺灣最為嚴重的社會問題之一，「民」分閩、粵，「番」分生、熟，又有「閩人之納番婦生子曰土生囝」，彼此結怨糾鬥。林樹梅發現，在「閩、粵向來分類」、在地緣組合的背後，又有「閩之汀洲與粵連界，亦附粵莊」[27]的民系組合的狀況。與林樹梅同時，姚瑩也指出民系組合的分類狀況：「粵人黨粵，潮雖粵而亦黨漳」[28]。發現和指出這一社會現象，對於調適社會關係、排解社會問題是很重要要的。

又如，林鶴年在臺灣屬於「又當師爺又經商」[29]的人物。林鶴年「壬辰渡台，承辦茶釐、船捐等局務。公思時事孔亟、課入有贏，輒分以報效，視前有加（按，指社會公益事業方面的捐助）。臺地邊界，生番出入靡常，時為民患。君應邵中丞友濂、林口卿維源聘，商辦撫墾，拓地數百里，悉皆向化。又購西洋機器以興水利，創辦金礦、樟腦，用人日以千計。……先是，台事未肇，公曾上書大吏累千萬言，備陳形勢戰守。雖不獲用，然至事急猶與南北諸將帥往還電商、冀有補救」。[30]林鶴年在清代臺灣公共事務方面的貢獻包括捐助公益事業、襄贊撫墾事務、創辦工礦企業、提供就業機會及參與抗日保台鬥爭等。

在文學活動方面，臺灣幕友亦有相當出色的表現。

例如，道光三十年（1850），幕友張新之在臺灣知府幕中完成巨著

[25] 林樹梅：《嘯雲山人文鈔》，卷一。
[26] [清]汪輝祖：《佐治藥言》，引自《中國師爺名著叢書・一個師爺的官場經》，第 9 頁，北京，九州圖書出版社 1998 年 10 月版。
[27] 林樹梅：《嘯雲山人文鈔》，卷一。
[28] [清]姚瑩：《東溟文集》，卷四。
[29] 李喬：《中國師爺名著叢書・總序》，引自《中國師爺名著叢書・一個師爺的官場經》。
[30] [清]吳魯：《林夢雲先生家傳》，引自林鶴年《福雅堂詩鈔》，卷首。

《妙複軒評點石頭記》。

張新之，自號太平閒人。「籍貫生平無可考，可能是漢軍旗人。但他不是臺灣知府，只是知府衙門裡的一位幕客」。[31]《妙複軒評點石頭記》的寫作始於 1828 年，1848 年作者「爲臺灣之行，客郡署，亦既衰且病，已喜日不過出數言，眠食靜息，而是評遂以成」。[32]

《妙複軒評點石頭記》爲《紅樓夢》的重要評本之一。清代著名藏書家劉銓福記：

> 近日又得妙複軒手批十二巨冊，語雖近鑿，而於《紅樓夢》味之亦深矣。[33]

「鴛湖月癡子」在《妙複軒評點石頭記・跋》亦指出：

> 紅樓夢一書，無稽小說。作者洋洋灑灑，特衍出百二十回絕妙文字。而此百二十回中，有自相矛盾處，有不著邊際處，故作罅漏處，初視之若漫不經心者。然太平閒人乃正於此中得間，為一一拈出，經以大學，緯以周易，較之金氏聖歎評三國、水滸、西廂，似聖歎尚為其易，而太平閒人獨為其難。何也？聖歎之評，但評其文字之絕妙而已，閒人之評，並能括出命意所在。不啻親造作者之室、日接作者之席、為作者宛轉指授，而乃於評語中為之微言之、顯揭之、罕譬曲喻之。[34]

劉銓福、鴛湖月癡子均肯定《妙複軒評點石頭記》在學術上的價值。

又如，唐景崧及其幕友「雅善」詩鐘的文學活動引發了結社聯吟的風氣，唐景崧及其幕友是清代臺灣「所至有詩社」[35]狀況的始作俑者。

詩鐘一體，「似詩似聯，於文字中別爲一體」；「昔賢作此，社規甚嚴。拈題時，綴錢於縷，系香寸許，承以銅盤，香焚縷斷，錢落盤鳴，

31　胡適：《跋乾隆甲戌〈脂硯齋重評石頭記〉影印本》，引自《胡適紅樓夢研究論述全編》，第 343 頁，上海古籍出版社 1988 年 8 月版。

32　轉引自《胡適紅樓夢研究論述全編》，第 342 頁。

33　鴛湖月癡子：《妙複軒評點石頭記・跋》。

34　梁啟超：《臺灣雜詩》。

35　徐珂：《清稗類鈔・詩鐘之名稱及原起》。

其聲鏗然，以為構思之限，故名詩鐘，即刻燭擊缽之遺意也」；詩鐘之創，「始於道、咸間，……至近代而大盛，作俑者為閩人。」[36]

唐景崧《詩畸・序》記：

> 光緒壬午，法越構難。……事平，官海外（按，指臺灣），與閩人為親。閩人雅善此（按，指詩鐘），於是公暇複樂為之。

由於詩鐘的創作乃是一種具有競技性、趣味性的集體創作，唐景崧及其幕友熱衷於詩鐘創作、也就熱衷於結社聯吟，台南道署之斐亭吟社、臺北布政使署之牡丹吟社於是集結而成。施士潔《臺北唐維卿方伯幕中補和台南淨翠園韻》之「年年鐘社與燈猜」（謂台斐亭吟社）、林鶴年《酬鄭星帆（祖庚）》之「唐中丞署齋聯詩鐘吟社」、《開春連旬陪唐方伯官園宴集有呈》之「詩牌鬥罷響詩鐘，刻燭傳香興未慵」（謂臺北牡丹詩社），以及台南道署之聯語「聽百丈濤聲最難忘鐵馬金戈萬里歸來真臘棹，揮滿堂豪翰果然是錦袍紅燭千秋高會斐亭鐘」，說明唐景崧及其幕友的詩鐘創作活動頻繁而熱鬧。由此流風所及，清代臺灣詩壇結社聯吟的活動日盛，至 1911 年梁啟超遊歷臺灣時蔚為「所至有詩社」的盛況。

唐景崧及其幕友的詩歌、詩鐘和燈謎作品總集有《澄懷園唱和集》、《詩畸》和《謎拾》，其中不乏佳作。

2003 年 12 月 26 日午夜

---

[36] 請參見拙著：《臺灣近代文學叢稿》，第 97-105 頁，福州，海峽文藝出版社 1990 年 7 月版。

順天府鄉試與北京的會館

——寫給北京臺灣會館的學術報告

北京臺灣會館自 2010 年重張以來，已經成爲鄉親聯誼的會所、文化展示的平臺和學術交流的基地。

作爲普通的台籍學者，我已在北京臺灣會館作過《宗法制度與宗族鄉村》和《清代科舉制度和會館文化》兩場學術報告。

茲提交本報告。

我願爲北京臺灣會館給力和加持也。

一

「清沿明制，在京師置順天府，設順天府尹」。[1]

這是一個特殊的行政建置和職官設置。

清代地方行政分省、道、府、縣四級。順天府在級別上高於府、也高於道，其行政首長順天府尹（由大學士或部院大臣「領府事」者稱「兼尹」）的官秩爲正三品，比各府知府的官秩從四品高出 3 級、比各守巡道的官秩正四品高出 2 級。順天府尹的官秩略低於各省總督（正二品）、各省巡撫（從二品），但可以直接向皇上奏事，不必由督、撫轉奏。清代「三品官印皆用銅，順天府尹獨用銀印」。[2]

主持順天府鄉試是順天府尹的「職掌」之一。

鄉試（俗稱「考舉人」）爲省級科舉考試。與各省鄉試不同，順天府鄉試乃是面向全國的省級科舉考試。

清代定制，從在學生員（俗稱「秀才」，分附生、廩生和增生）選

---

[1] 白鋼主編：《中國政治制度史》，第 10 卷，第 164 頁，北京，人民出版社 1996 年 12 月版。

[2] 白鋼主編：《中國政治制度史》，第 10 卷，第 195 頁，北京，人民出版社 1996 年 12 月版。

拔貢生，引薦到京由朝廷選用或進入國子監就學，另有未經考選援例捐納入監就學者稱「例監」、援例恩蔭入監就學者稱「蔭監」。

在監肄業（稱「坐監」）期滿的監生可以留京或返回本鄉居住。

每逢鄉試之年（俗稱「天下大比之年」）的前一年，「國子監就發佈文告，要求願赴順天府鄉試的各省貢監生攜帶本籍公文，各旗貢監生攜帶本旗公文於鄉試年二月到監報到。閩、粵、滇、黔、四川、湖南等路遠省分准許延遲至四月到監。由貢監生出身的各衙門小京官、各官學教習、各館謄錄、武英殿校錄、欽天監天文生、吏部候補候選人員，俱由各該部造冊送監。正途貢生及本年新捐貢監生，如無本籍公文，可憑同鄉六品以上京官證明到監。各省督、撫、學政、順天府府尹、府丞諮送幕友，京外各官諮送隨任讀書之子孫、同胞兄弟之後，無論是正途、俊秀出生，亦准收考」。[3]

經由國子監送考順天府鄉試的人員須經國子監主持的「考到」（預考）和「錄科」（相當於各儒學在學生員的「科考」）兩場考試，合格者始得送考。

當然，順天府鄉試的收考範圍還包括了順天府各儒學的在學生員和國子監的肄業監生之考試合格者。

順天府鄉試的錄取名額歷來較各省鄉試為多。清順治初年確定的各鄉試單位錄取名額為：「順天 168 名，江南 163 名，浙江 107 名，江西 113 名，湖廣 106 名，福建 105 名，河南 94 名，山東 90 名，廣東 86 名，四川 84 名，山西 19 名，陝西 79 名，廣西 60 名，雲南 54 名，貴州 40 名」[4]。此後以為基數，時或增減。

清代鄉試每三年凡一舉，逢子、卯、午、酉之年行之，為正科，遇皇家慶典另加恩科。

清代會試（俗稱「考進士」）也是每三年凡一舉，逢丑、辰、未、戌之年行之，為正科，遇皇家慶典另加恩科。

清代順天府鄉試和清代會試的舉辦地均在北京，收考範圍均包括了

[3] 謝青、湯德用主編：《中國考試制度史》，第 429-430 頁，合肥，黃山書社 1995 年 2 月版。
[4] 白鋼主編：《中國政治制度史》，第 10 卷，第 520 頁，北京，人民出版社 1996 年 12 月版。

本地和外地。

顯然，同清代會試一樣，清代順天府鄉試也是各地在京興辦會館的事由也。

舉例言之。

其一，清人張集馨《道咸宦海見聞錄》記：

> （道光元年　1821 年）十月，挈一新僕張升，買車二輛入都，寓菜市口，為明年秋戰之計。與甘泉賈人黃藕船同寓聯星堂。[5]

又記：

> （道光二年　1822 年）春間，公車到京，咸集會館。向例，春秋兩闈應試者互相搬讓，余覓屋稍遲，幾為司事者所逐。……余忍胯下辱，移寓麻線胡同富順居。四月，會闈揭曉，公車四散，夏至會館，仍住聯星堂，與堂叔元裳同爨。元裳來往朋友，類多作奸犯科者，即有公車者數人，亦素非安分者，余概不接洽，惟閉門讀書而已。奈讀書聲高，又為會館後進所住之吳中書廷珠所憎，余不顧也。吳終日唱曲，而不慮人之厭惡。
>
> 七月，赴國子監考到錄科，皆列高等。余捐監之資已為元裳用去，竟不肯還，幾誤捐監事。幸松衫兄押運至京，得資納監，否則場事必為所誤。
>
> 八月初六日，偕天津諸生勞建，移寓內城舉廠。勞生乃元裳叔婿也。余初應京兆試，三場完畢，幸無錯誤。……重陽放榜，中式一百三十七名。[6]

又記：

> （道光三年　1823 年）是時吾家會試者共四人，皆住會館。……余無賃屋資，仍住會館。[7]

從上記可以查知，張集馨為應道光二年（是年為壬午，例辦鄉試正

[5] 張集馨：《道咸宦海見聞錄》，第 11-12 頁，北京，中華書局 1981 年 11 月版。
[6] 張集馨：《道咸宦海見聞錄》，第 12-13 頁，北京，中華書局 1981 年 11 月版。
[7] 張集馨：《道咸宦海見聞錄》，第 13 頁，北京，中華書局 1981 年 11 月版。

科）順天府鄉試，於道光元年十月從家鄉（江蘇儀征）來京寓於江蘇儀征、江都、甘泉三邑人士興建於菜市口近旁之揚州會館，並曾與甘泉商人黃藕船為室友；道光二年，清宣宗登極，增加會試恩科。所以「春間，公車到京，咸集會館」（公車為舉人的別稱）。按照會館「春秋兩闈應試者互相搬讓」之例，張集馨賃屋搬讓，至「四月，會闈揭曉」始回揚州會館居住。七月，赴國子監參加考到和錄科兩門考試，此前，張集馨應已在二月間到國子監報名和捐款。八月，參加「京兆試」即道光二年壬午正科之順天府鄉試；九月九日，從是科順天府鄉試勝出，成為舉人；中舉後，張集馨仍居住於揚州會館。

道光三年，張集馨首赴會試（道光三年癸未正科）報罷。道光九年第三次參加會試，終於勝出。此後歷任要職，官至三品。

張集馨的事例可以說明，科舉考試（包括順天府鄉試）同北京的會館之密切關係。

其二。我藏有《漳郡會館錄》（光緒－宣統版）[8]。該書卷首之《新增規約》謂：

> 會館原為候選、候補、入覲、進表、鄉試、會試、廷試、恩蔭、曆監、奉差、公幹等設，……。

該書卷首之《〈龍溪會館〉原定規約》謂：

> 京官讓候補候選者，候補候選又當讓會試、廷試、鄉試。

上記「鄉試」系指順天府鄉試。

該書卷一、卷二之《明經捐金姓氏》收貢生 400 人名錄、《國學捐金姓氏》收例監生 317 人名錄，所收錄的貢生（指「正途五貢」即恩貢、歲貢、拔貢、優貢、副貢）和例監（指「例捐貢監及由廩、增，附捐貢者」）717 人乃是清代漳州各邑到京參加順天府鄉試的人物也。

《漳郡會館錄》所記所錄亦可證順天府鄉試同北京的會館之密切關

---

[8] 我所藏《漳郡會館錄》為楊熊飛編輯和題識的光緒重梓本。但該書採用了預留「餘板」以待「續刻」的技術，記事時限下延至於宣統辛亥（1911）。故稱「光緒-宣統本」。

係也。

<h1 style="text-align:center">二</h1>

　　清光緒九年（1883）正月初六日，臺灣道劉璈向閩浙總督何璟呈報
《稟籌辦全台鄉會試館賓興及育嬰養濟義倉各事由書》，其文略謂：

> 查臺屬文風日起，每屆應鄉試者約八百余名，應會試者二十餘
> 人。此外有志科名、困於旅資者，亦尚不少，賓興未免缺然。欲
> 振民風，先作士氣，此道所宜先修也。今籌款既有成數，擬就此
> 二款內，先提銀一萬五千元，即在省城貢院左近，購建台南、北
> 兩郡試館，遴委員紳監造，以為全台鄉試士子棲息之所。又提銀
> 三千元，函托在京紳友，即在都城購建全台會館，以備臺灣會試
> 舉人及供職于京者，藉以居住。[9]

　　顯然，劉璈就「在都城購建全台會館」而提出的事由裡，忽略了「臺
灣士子參加順天府鄉試」一項。

　　關於「臺灣士子參加順天府鄉試」，我所見最早的為陳夢球的事例。

　　康熙《臺灣府志》之《舉人年表》於（康熙）「三十二年癸酉鄭基
生榜」條下記：

> （臺灣縣）陳夢球，習易經，隸籍正白旗，中北闈。[10]

　　《漳郡會館錄》卷一之《文科名捐金姓氏》於「陳夢球」名下記：

> 游龍，龍溪人旗籍。康熙癸酉順天榜。

　　據我查考，陳夢球為鄭成功部將陳永華之子。其兄陳夢煒為鄭氏澎
湖守將，當清軍抵達澎湖時，夢煒奉命納款投降，陳氏兄弟因而編入漢
軍「旗籍」。[11]

---

[9] 劉璈：《巡台退思錄》，第 111 頁，臺北，大通書局《臺灣文獻叢刊》本。
[10] 《臺灣府志三種》，第 915 頁，北京，中華書局 1985 年 5 月版。
[11] 汪毅夫：《閩台區域社會研究》，第 130 頁，廈門，鷺江出版社 2004 年 3 月版。

　　康熙癸酉為康熙三十二年（1693），陳夢球從順天府鄉試勝出，中為舉人；翌年，陳夢球參加「康熙三十三年甲戌科（1694）」會試，中為二甲第 31 名進士，成為臺灣歷史上的第一位進士。

　　陳夢球到京參加順天府鄉試和會試的康熙年間，北京尚無臺灣會館。陳夢球在京乃寓於漳郡會館。

　　那麼，北京的「全台會館」是什麼時候建成投入使用的呢？

　　劉璈擬議中的福州臺灣會館乃於清光緒十年（1884）建成，光緒十一年（1885）福建鄉試（乙酉科）舉辦之時投入使用。此有劉璈《諮複收支各項善舉經費由》（1884.4.6）裡的「支省城購建台南、北兩郡試館，價值工料經費銀一萬一千零九十八兩零。前件系由培元局紳陸續承領，派人往省購建，現已告竣，計共用銀前數」[12]之語和《台南市志》關於安平知縣祁征祥「（光緒九年）移知閩縣。十一年鄉試，臺灣士子往謁，尚禮下情殷，紆尊至臺灣會館回拜」[13]的記錄為證。

　　至於北京「全台會館」建成和投入使用，劉璈在 1884 年 4 月 6 日的《諮複收支各善舉經費由》裡稱「尚未報竣」[14]，「光緒甲申仲冬」即 1884 年十一月「開雕」即開始製版的《光緒順天府志》[15]亦未見有關「全台會館」的記載（該書之《坊巷志》記北京各坊巷之會館甚詳），據此推測，其時當在 1884 年以後的一二年間。

2011 年元月 10 日午夜
新年試筆

---

[12] 劉璈：《巡台退思錄》，第 125 頁。
[13] 台南市文獻委員會：《台南市志》，卷六，《人物志》，臺北，成文出版社 1983 年版。
[14] 劉璈：《巡台退思錄》，第 125 頁。
[15] 《光緒順天府志》，北京古籍出版社 1987 年 12 月版。

科舉史料考釋舉隅

——寫給北京臺灣會館的學術報告之二

2011 年新春，余返閩探親、會友和訪書。抵家當日即先後到了福建省圖書館、福建社會科學院圖書館（臺灣文獻資訊中心）。見到館中熟悉的友人和圖書，倍感親切！蒙館中友人的協助和支持，我找到並複印了若干科舉史料；乃於 2011 年 2 月 3 日（辛卯年正月初一日）動筆寫作此文，或可供北京臺灣會館布展和解說工作之一助也。

一、《黃宗鼎齒錄》

齒錄為同榜舉人或進士各具姓名、生年、籍貫、服親、師承（包括受業師和受知師）等情的履歷之彙編。當然，其單一的個人履歷也稱為齒錄。

我所見清人科舉齒錄，於折頁處或寫「履歷」二字、或寫「齒錄」二字。

《黃宗鼎齒錄》於折頁處寫有「履歷」二字。

《黃宗鼎齒錄》記：

> （黃宗鼎）字檥漖，行一，又行七。同治乙丑十一月初十日吉時生。臺北府學附生。民籍。

這裡有兩個問題應加考辨。

其一。古人排行有所謂大排行和小排行之分。大排行是同祖兄弟（即從兄弟，又稱堂兄弟）之間的排行，小排行則是同父兄弟（即胞兄弟，又稱親兄弟）之間的排行。

從《黃宗鼎齒錄》所載服親各節可知，黃宗鼎有「嫡堂兄」彥謙、宗憲、宗彝、宗瓊、宗裳、宗琬凡 6 人，黃宗鼎在同祖兄弟裡「行七」；

黃宗鼎有胞弟 2 人，在同父兄弟裡「行一」；

其二。在齒錄上，黃宗鼎的生年記為「同治乙丑」。同治乙丑為 1865 年，實際上，其生年應為 1864 年。朱壽彭《安平康樂室隨筆》（中華書局 1982 年版）記：

> 文人為士大夫撰墓誌傳狀，於其生卒年歲最宜詳考，稍不經意，即易傳訛。猶憶光緒壬辰八月間，壽陽祁文恪世長，卒于工部尚書任內，時年六十有九，實生於道光甲申。然舊時所刻鄉會試朱卷，皆作乙酉生，蓋循俗例，應試時少填一歲耳（少填歲數，南宋《登科錄》中即已如是）。迨接訃告，乃云生乙酉，卒壬辰，享壽六十有九。以生卒干支與年歲計之，殊不相應。餘心知其誤，然以無甚關係，故往吊時亦未與文恪後裔言及也。後讀王益吾祭酒《虛受堂文集》，其所撰《文恪神道碑》，則云生乙酉、卒壬辰，享壽六十有八，殆乃據訃告所載，而以年歲推算不合，遂減去一歲，俾與生卒干支相符。然文恪實年，則竟遭改削矣。恐他人文集中似此者正複不少，且所敘生卒干支，與年歲不相應者，亦往往有之。偶閱疑年正續諸錄，有因年歲不合，輒多方引證以說明者。爰舉文恪事以破其疑，並為當代文人操觚率爾者勸。

我曾見黃笏山畫作，卷末有黃宗鼎題識，其文有「光緒乙酉，先府君任粵西宣化縣，余隨侍署中，時年十二」之語。光緒乙亥為 1875 年，黃宗鼎自稱「時年十二」（即十一周歲），則其生年當為 1864 也。

《黃宗鼎齒錄》又記：

> 父玉柱，號笏山，咸豐乙卯科舉人，己未以知縣揀發廣西補授思恩縣知縣，調補興業縣、賀縣知縣，歷署宜山、武緣、貴縣、蒼梧、宣化、臨桂、桂平等縣知縣，光緒丙子科廣西鄉試同考官，欽加同知銜，儘先補用直隸州知州，賞戴花翎。
> 咸豐己未為 1859 年，黃玉柱自是年起遊宦廣西。
> 黃玉柱兄黃韞山則久居臺灣新竹。

林琴南《黃笏山先生畫記》記：

> 余年十六省府君於臺灣，始獲拜黃韞山先生于李氏寓齋。先生朱顏白髮，能酒而健談，恒誦其介弟笏山先生玉柱詩，厥聲琅琅。余年稚未學，然已心偉其結響之高，流韻之遠。
>
> 逾年，笏山先生以長松巨幛贈李氏，則奇古蒼鬱，一鶴獨立醜石上，振翮欲飛。余每遇李氏輒吮筆摹撫之，凡數十百次不復一似。
>
> 越乙酉，始與先生詰嗣芸漵太史同事吳航謝枚如師。余亦適得先生松鶴一小幀，即以歸之先生長君橄漵大令。[1]

林琴南文中「芸漵太史」即黃宗鼎齒錄所記「胞弟彥鴻，光緒戊子科舉人」。黃彥鴻後於光緒二十四年（1898）戊戌科中為二甲第 85 名進士，並點翰林院庶起士，散館授翰林院編修，改軍機章京。「太史」是翰林的別稱。

「先生長君芸漵大令」謂黃宗鼎，黃宗鼎于福建鄉試光緒己丑恩科中為第三十三名舉人，曾任山西夏縣、大寧、蒲縣、永濟等縣知縣，故稱「大令」（「大令」是對知縣的尊稱）。

《黃宗鼎齒錄》又記：

> 曾祖嘉榮，誥封奉政大夫，晉封朝議大夫，同知銜廣西思恩縣知縣。

又記：

> 祖惠，號培軒，誥封奉政大夫，晉封朝議大夫，同知銜廣西思恩縣知縣。

這裡涉及清代封贈制度的規定。

清制，正五品文職官可以請求封贈「奉政大夫」，從四品官可以請求封贈「朝議大夫」；除了榮憲本身，還可以推恩及於長輩，「四品至七品官不得貤贈曾祖父母」（即可以貤贈祖父母和父母也）；本身再次加官晉級，可以再次推恩及於長輩。[2]

1　引自曾憲輝選注：《林紓詩文選》，第 58 頁，上海，華東師範大學出版社 1990 年 6 月版。

2　白鋼主編：《中國政治制度史》，清代卷，第 562-564 頁，北京，人民出版社 1996 年 12 月版。

　　從齒錄看，黃宗鼎之父黃笏山在「同知銜廣西思恩縣知縣」任上品級原爲正五品，故封贈並貤贈其祖父、父親爲「奉政大夫」，晉爲從四品後又封贈並貤贈及於其祖父、父親爲「朝議大夫」也。

　　附帶言之。清光緒三十四年（1908），湖南名儒王闓運授翰林院檢討，報到註冊時有一留學歸來的牙科大夫也到翰林院報到註冊。其時科舉制度已經廢止，王闓運遂作自嘲聯云：「愧無齒錄稱前輩，喜有牙科步後塵」。[3]

二、臺灣師生進士施士潔、汪春源墨蹟

　　臺灣進士施士潔、汪春源有師生之誼，施士潔任海東書院山長時，汪春源出其門下。

　　我曾見施士潔、汪春源墨蹟各一幅。

　　施士潔墨蹟爲其《鹿川募建宗祠啓》之一頁，其文曰：

> 士潔老矣。無能爲役，學賢之志如此，願以告吾宗之同志。異日蛟騰鳳起，庶幾爲吾臨濮堂中，一放千尋之異彩乎。
> 丁巳瓜秋驕陽愈熾拈筆拂楮汗生如漿
> 六十三叟士潔書於浪嶼

　　丁巳爲 1917 年，瓜秋即秋季瓜月，七月也；施士潔生於清咸豐五年十二月十九日（1856 年 1 月 26 日），故稱「六十三叟」；「浪嶼」即鼓浪嶼。

　　汪春源墨蹟爲行書聯，其文曰：

> 去古來今雲閑天淡
> 佳辰令節竹笑蘭言
> 柳塘汪春源

　　本聯爲工整精巧的當句對，上聯之去、來，古、今、雲、天，閑、

淡，下聯之佳、令，辰、節，竹、蘭，笑、言，兩兩相對。

本聯之撰聯者應該是清乾隆間劉墉。

汪春源工書，「柳塘」是其晚年自號。照此，則本聯為汪春源晚年的書法作品也。

臺灣進士施士潔在閩參與臺灣施氏族人修建宗祠的活動，另一臺灣進士汪春源晚年的書法作品從福建流傳入於臺灣，此或可以從一個側面證明：日據臺灣時期，海峽兩岸的人員往來、文化交流並不曾「隔絕」也。

三、《江西闈墨（光緒癸卯）》

我藏有《江西闈墨（光緒癸卯）》之影印本，並曾在《遭遇清末民初的社會變遷和社會問題——〈地域歷史人群研究：臺灣進士〉之續篇》（收拙著《閩台緣與閩南風》，福建教育出版社 2006 年 7 月版）一文裡報告了《江西闈墨（光緒癸卯）》的部分內容。但似乎迄未引起學界的重視。

臺灣進士汪春源為江西省光緒二十九年癸卯恩科（1903）鄉試之同考官，審閱試卷（闈墨）正是其職責所在。

茲將《江西闈墨（光緒癸卯）》贈予北京臺灣會館，並報告其部分內容如下：

> 1.1901 年，清廷下令實行「新政」，其中包括科舉考試的變革：「自明年為始，鄉、會試頭場試中國政治、史事論五篇，二場試各國政治、藝學策五道，三場試四書義二篇、五經義一篇，考官評卷，以定去取，不得只重一場。生童歲科兩考，仍先試經古一場，專試中國政治、史事及各國政治、藝學策論，正場試四書義，均以中國政治。史事及各國政藝學命題。」[4]

江西光緒二十九年癸卯恩科（1903）鄉試的命題可以具見科舉變革

---

4 謝青、湯德用：《中國考試制度史》，第 291 頁，合肥，黃山書社 1996 年 2 月版。

的要旨。是科鄉試之策問題為：

（1）西國學術有形上、形下之分，其已成科學者凡幾？要旨若何？何者最為切用，宜審其先後緩急之序，以資採擇而收實效策。

（2）保商之法，阻來貨、獎外輪、務令出口之貨常多於進口，乃征諸英吉利自行平稅之政，而商務大興，其進出之差為負而商利自厚。其故何歟？然則塞漏卮之說果非計歟？試權其利害以維商政策。

（3）西國兵制視敵國之強弱為轉移。論者謂近世政治亦因兵事而日進，其說然否？今各國多尚徵兵，其編設之制與教育訓練之方，宜探其要領以合兵民而保主權策。

（4）歐洲近世交涉最重要者，前有維也納之會，後有柏林之約。政策若何？主持者何人？始惟均勢于歐陸，今乃並力於遠東，而美利堅外交亦不盡循孟祿之旨，其于亞洲關係尤巨。審時制變，何以應之策。

（5）英握海權，論者謂其據地中海之形勝。其設施之策若何？要區安在？自西伯利亞鐵路、尼加拉瓜運河，次第經營情勢變遷，將趨重於東亞。應如何先事預防以維全域策。

上記策問各題分別涉及西國學術、國際貿易、西國兵制、外交政策、海上霸權等方面的多種理論，有的並涉及當年的時事。例如，第 2 題涉及重商主義（「保商之法」）的早期理論（「塞漏卮之說」即限制出口，防止金屬貨幣外流）和晚期理論（「阻來貨、獎外輪」即「獎出限入」的外貿政策、「英吉利自行平稅之政」即英國學者提出的「貿易平衡」原則）。又如，第 5 題涉及當時擬議中的「尼加拉瓜運河」（後來並未開挖）。

2.是科第 14 名楊翼寰的策問墨卷《保商之法，阻來貨、獎外輪，務令出口之貨常多於進口，乃征諸英吉利自行平稅之政，而商務大興。其進出之差為負而商利自厚，其故何歟？試權其利害以維商策》謂：

各國言保商之策，數百年於茲矣。然汲汲於阻他國之來貨，獎本國之外輪，每年稅關計核，必出口之貨多於進口，乃為取贏之術，

此各國商宗計學為國家廣積金銀之通例也。乃征諸英吉利，自斯密亞丹之說出而行平稅之政，商務因之大興，其進、出貨之差雖負，而商利且加厚。說者謂塞漏巵之事，至此而不驗矣，不知懋遷之局，本民生之自然，任其自然，則當局者交利。為之去障塞捐煩苛，其跡似疏而其事實利。蓋兩國交通，所易者皆國中之產。始也各出其財力以恢張本國之產，繼乃各通其有無，而無用者轉為有用。故各國獲利之厚薄，視交通之巨細為權衡，非塞漏巵之說所能賅括也。第英吉利為商戰最雄之國，資本宏富，工藝盛興，其進口之貨，雖較未平稅以前加多，然考其進口貨宗，終竟生多於熟，出口反是。此商利加厚之實功也。他國若欲仿行，未必有利而無害。故欲維商政者，既使本國之土產加增，又必使本國之工業日進，則生利有方，分利無弊。否則國民游惰，他國以賤價取我之物，少加人力複以重價售之，則滔滔不塞將成江河，抵制無術，豈維商政之道哉。

此一墨卷指出進、出口商品的「生」、「熟」即原材料（自然產品）和加工產品（人工產品）的問題，提出「必使本國之工業日進，則生利有方，分利無弊」的意見，頗有見地。

3.是科第 7 名黃為基策問墨卷《西國學術有形上、形下之分，其已成科學者凡幾？要旨若何？何者最為切用？宜審其先後緩急之序，以資採擇而收實效策》略謂：

西國學術，胚胎於上古之希臘、羅馬，中衰於中古蠻族之蹂躪，更淪沒於頑頓昏謬之舊教。其中興也，一源於十一稘至十三稘二百年間。十字軍之東征，挈阿剌伯之數學、天文學、理化學、動物學、醫學、地理學以歸，而形下之學以興；一源于希臘古學之復興，學士大夫乃能盡讀古哲之書，而前此紀元前之蘇格拉底、阿里士多德、柏拉圖諸家理學，乃複彌綸磅礴，而形上之學以肇；一源於改革宗教，使教育之權不全歸僧侶掌握。龐傑英俊乃奮飛慷慨蹶起于荊天棘地、迷風腥雨之中。若路德、若廓美紐司、若陸克、若康得、若亞丹斯密諸學者，若歌白尼、若富蘭克令、若瓦特諸大製造家皆蜿蜒孕育乘運接起。往往一說既出，則每率舉

世之人心風俗而蕩滌、而進化。一機既明，則每率舉世之工商實業而新其製作、而開其利源。則形上、形下最盛之期，若今日是也。其為學也，一家建言百世公例；其為科也，執因窮果，研幾致用。語其條理，則一科之中，千指萬殊，而大綱俱在。德國大別為神學、法學、醫學、哲學四種，哲學範圍甚廣，凡數學、博物、理財、史學、地學、文學皆屬之；法國大別為文科、法科、醫科、神科；日本大別為法、理、文、醫、農、工六科。近吾國亦有分為文科、質科者。文科則形上之學屬之，質科則形下之學屬之，有譯作元科、間科者。理不專於一物，妙眾體而言，是曰元，形上之學也；事專言其一宗，則哲理之用事，是曰著，形下而兼形上之學也。間科介於二者之間，所考在於形下，其理可以萬殊。又有以名、數、質、力為諸科學之綱領者，要之不離乎形上、形下之分而已。今夫立國之本在學，無新舊，無中西，要皆期於有用。有用之學，先習普通。列強制令，歸重小學。立學之初，首重師範，此亦當世得失之林也。至論其先後緩急，又有急須採擇者，一曰理學，萃東西大理學家之粹而去厥頗；二曰國家學，采德國學派，即以其炮擊盧騷、福祿特爾民權橫議者，頒告天下；三曰倫理學，學分四綱，一曰對於一己之倫理、二曰對於家族之倫理、三曰對於人群之倫理、四曰對於君國之倫理。研習之所以示名教綱常於不朽。陸子所謂東海西海，心同理同者也；四曰史學，討斯學之旨趣，究已往之陳跡，以見國粹不可不保而政體各異不可不分。此四者為吾國今日正民敦俗、救時定亂之切學。至其他天文理化，求諸耳目之間；醫學衛生，痛癢至為相切，蓋普通學中最不可少者。不此之講而斷斷於學以外之事，則信乎非窮理盡性者，不足以明吾心之全體大用而以通物之表裡精細也。

此一墨卷講述西國學術及其學科分類，具見作者的新學功底。

四、清光緒三年（1877）丁丑科的臺灣進士

《清季〈申報〉臺灣記事輯錄》（《臺灣文獻史料叢刊》第247種）

下冊輯錄有《申報》所載有關清光緒三年（1877）丁丑科臺灣進士的相關資訊 7 種：

　　1.《申報》光緒二年四月二十日（1876 年 5 月 13 日，週六）

　　光緒二年恩科會試題名（節取）　第一百七十二名，施士潔（福建臺灣）　第二百七十九名，黃裳華（福建臺灣）

　　2.《申報》光緒二年五月初四日（1876 年 5 月 26 日，週五）

　　殿試分甲　第三甲賜同進士出身第三名施士潔（福建臺灣）

　　3.《申報》光緒三年四月十三日（1877 年 5 月 25 日，週五）

　　恭錄上諭奉旨：「這會試，滿洲取中八名、蒙古取中三名、漢軍取中六名、直隸取中二十四名、奉天取中三名、山東取中二十一名、山西取中十名、河南取中十七名、陝西取中十五名、甘肅取中九名、江蘇取中二十六名、安徽取中十八名、浙江取中二十五名、江西取中二十二名、湖北取中十四名、湖南取中十四名、四川取中十四名、福建取中二十名、臺灣取中二名、廣東取中十六名、廣西取中十三名、雲南取中十二名、貴州取中十一名。欽此。」

　　4.《申報》光緒三年四月十七日（1877 年 5 月 29 日，週二）

　　丁丑科會試題名（節取）　丁壽泉（福建）　黃登瀛（福建）

　　5.《申報》光緒三年四月二十日（1877 年 6 月 1 日，週五）

　　重印官板丁丑科會試題名　丁壽泉（福建臺灣）

　　黃登瀛（福建臺灣）

　　6.《申報》光緒三年五月初三日（1877 年 6 月 13 日，週三）

　　丁丑科金榜題名錄（節取）　第二甲賜進士出身　黃裳華（福建臺灣）　第三甲賜同進士出身黃登瀛（福建嘉義）

　　7.《申報》光緒三年五月十九日（1877 年 6 月 29 日，週五）

　　恭錄丁丑科新貢士授職諭旨　五月十一日，奉上諭：「……黃裳華……，著分部學習；……黃登瀛……，著交吏部簽掣分發各省，以知縣用，……。欽此。」

　　茲就上記資訊解讀如下：

　　清代科舉制度規定，舉人經會試分別名次錄取稱貢士，貢士經殿試

分別甲第、名次錄取稱進士。上記《申報》資訊 1-2 表明，黃裳華於清光緒二年（1876）丙子恩科中為貢士，名次第 279 名；黃裳華並未參加是科殿試，因此是科殿試分甲只有施士潔一名臺灣進士。

清光緒十二年（1886）禮部衙門編纂的《欽定科場條例》記：

> 康熙五十一年奉上諭，近見直隸、各省考取進士額數，或一省偏多，一省偏少，皆因南北卷中未經分別省分，故取中人數不均。今文教廣敷，士子俱鼓勵勤學，各省赴試之人倍多於昔。貧士自遠方跋涉赴試至京，每限於額，多致遺漏。朕深為軫念。自今以後，考取進士額數不必預定。俟天下會試之人齊集京師，著該部將各省應試到部舉人實數，及八旗、滿洲、蒙古、漢軍應考人數，一併查明，預行奏聞。朕計省之大小，人之多寡，按省酌定取中額數。考取之時，就本省卷內擇其佳者，照所定之額取中。如此則偏多偏少之弊可除，而學優真才不致遺漏矣。[5]

這裡所記「分省取中」辦法，「只是確定了進士錄取的分省錄取原則，具體錄取人數則由皇帝在每科會試時臨時欽定，其根據則是禮部上報的各省實際進入會數考場的舉人人數」，[6]「『分省中額』只是會試預備錄取的人數，它們和會試後實際取中的貢士人數、參加殿試的殿試人數，以及最終傳臚欽賜進士的人數都可能存在差距」。[7]

上記《申報》資訊 3 乃是光緒三年（1877）丁醜科預備錄取的分省（準確說應為分單位）名額；《申報》資訊 4-5 則是光緒三年（1877）丁丑科會試取為貢士的臺灣舉人名錄（丁壽泉和黃登瀛），也是預備參加殿試的臺灣貢士名錄　（丁壽泉和黃登瀛）。

光緒三年（1877）丁丑科殿試舉行之時，黃裳華以「補行殿試」方式加入，而丁壽泉則顯然未參加是科殿試（丁壽泉後來於 1880 年中為三甲第 84 名進士）。結果如上記《申報》6-7 所記，黃裳華和黃登瀛分

---

[5] 清光緒朝禮部纂《欽定科場條例》，沈雲龍編：《近代中國史料叢刊三編》，第 48 輯，第 1599-1600 頁，臺北，文海出版社 1989 年影印本。

[6] 毛曉陽、金甦：《清代文進士總數考訂》，《清史研究》，2005 年第 4 期。

[7] 毛曉陽、金甦：《清代文進士總數考訂》。

別錄取爲二甲和三甲進士，分別用爲京官和知縣。

　　我在寫作《地域歷史人群研究：臺灣進士》（收拙著《閩台區域社會研究》，鷺江出版社 2004 年 3 月版）時，據《明清進士題名碑錄索引》（上海古籍出版社 1979 年 10 月版）錄得臺灣進士 31 人，顯然漏列了臺灣進士黃裳華一名。

　　在北京國子監，清光緒三年（1877）丁丑科進士題名碑（編號爲 57 號）已風蝕而字跡不可辨識。但《明清進士題名碑錄索引》一書確實漏列了「黃裳華」。

　　這裡另有二個補證：

　　1.《大清縉紳全書》（清光緒十三名北京榮錄堂刊本）1 冊元部 34 頁戶部「額外司員」條下記：

　　　　主事黃裳華　福建臺灣人　丙子

　　這裡所記同《申報》資訊 7 所記「授職諭旨」之黃裳華「著分部學習」相吻合，但「丙子」應做「丁丑」。

　　2.福建南安詩山鳳山寺（主祀廣澤尊王）有黃裳華題匾，其文曰：

　　　　萬家生佛
　　　　進士　戶部主事黃裳華[8]

　　此亦與「著分部學習」的「授職諭旨」吻合，亦證明黃裳華的進士身份也。

　　附帶言之，寫作此文時，蒙劉影同學協助，獲讀毛曉陽、金甦刊於《清史研究》之《清代文進士總數考訂》。對於作者所具的功底、所下的功夫，心存感佩！

2011 年正月初一日至初六日
新春試筆

---

8 戴鳳儀修纂：《新修郭山廟志》，卷之七，《匾額》，光緒二十三年（1897）刊本。

清代福建的溺女之風與童養婚俗

一

溺女即溺棄女嬰之風乃是一種古老的惡俗，《前漢書》卷七十二《王吉傳》所謂「聘妻送女亡節，則貧人不及，故不舉子」[1]，是關於溺女之風的明確記載。

在福建，宋代已有溺女之風的記載。宋政和八年（1118），朱熹之父朱松在福建政和縣尉任上撰《戒殺子文》，其文有「自予來閩中，聞閩人不喜多子，以殺為常，未嘗不惻然也」[2]之語。朱松字喬年，號韋莊，其《戒殺子文》在政和縣發生了影響。清道光《福建通志》引《政和縣誌》記：

> 昔多溺女，自韋齋先生重戒後，俗漸革。有貼錢帛與人抱養為媳者。[3]

明代福建方志亦有福建溺女之風的歷史記錄。如《閩書》卷三十八《風俗》記：

> 姻締論財，要責無厭，貧則棄之。故其俗至於溺女不愛惜。[4]

又如萬曆《福安縣誌》記：

> 論婚以財，責備筐篚，鬻產妝奩，以致中人之家不敢舉女。[5]

又如崇禎《壽寧待志》記：

> 閩俗重男輕女，壽寧亦然，生女則溺之。[6]

---

1 引自《前漢書》，第 282 頁，上海古籍出版社、上海書店 1986 年 12 月《二十五史》本。
2 引自朱松：《韋齋集》卷十，《四庫全書》本。
3 轉引自道光《福建通志》，卷五十五《風俗志》。
4 引自《閩書》，第 2 冊，第 944 頁，福州，福建人民出版社 1994 年 6 月版。
5 引自萬曆《福安縣誌》，第 32 頁，福建省福安市地方誌編纂委員會 2003 年 3 月整理本。
6 引自崇禎《壽寧待志》，第 51 頁，福州，福建人民出版社 2003 年 6 月版。

入清以後，福建溺女之風愈演愈烈。茲選輯清代福建各地溺女之風的歷史記錄以證其嚴重性。

康熙《連城縣誌》記：

> 婚娶繁華。慮嫁奩之苛責，方弄瓦而即淹于水。[7]

康熙《松溪縣誌》記：

> 俗尚寡恩，凡貧民生子不能畜者，多溺不舉，而女尤甚。[8]

康熙年間，陳汝咸在漳浦知縣任上撰《嚴禁溺女諭》，其文略謂：

> 今查浦屬溺女之風，較之他邑尤甚。而且一邑之中曠鰥十居六七。男女之情乖，則姦淫之事起；家室之念絕，則盜賊之心生。姦淫則風俗不正，盜賊則地方不寧，是溺女之害不特滅絕一家之天理，而且種成姦淫盜賊之禍根。[9]

乾隆《泰寧縣誌》記：

> 婚嫁有禮，在乎完兒女百年之好，若婦家苛責聘儀，婿家較量奩物，以非禮矣。今嫁女之家，但求飾觀，物物取備，罄其資而不惜，或且稱貸從事，百金之家如是，千金之家必數百之；縉紳之家如是，庶民之家亦從而效之，遂有生計艱難，家業漸替者。於是貧氓固以女為嫌，富家亦以女為累，而溺女之風成矣。赤子含冤，慈心頓喪，可哀也哉！何如量力遣嫁，桃夭冰泮，不至愆期，裙布釵荊，盡堪宜家。誠使富貴者力崇儉德，挽回必易。二十年後暢然富庶氣象矣。[10]

乾隆年間勒石的《（廈門）普濟堂碑記》（蔡琛）記：

> 閩人習俗，凡女子遣嫁，夫家必計厚奩，故生女之家，每斤斤於

---

[7]　引自康熙《連城縣誌》，第49頁，北京，方志出版社1997年11月版。
[8]　引自康熙《松溪縣誌》，第268頁，福建省松溪縣地方誌編纂委員會1986年7月整理本。
[9]　轉引自道光《福建通志》，卷五十五《風俗志》。
[10]　引自乾隆《泰寧縣誌》，第29頁，福建省泰寧縣地方誌編纂委員會1986年12月整理本。

日後之誅求，輒生而溺斃。[11]

乾隆年間勒石的《（漳州）育嬰堂碑記》（楊景素）記：

> 漳俗多溺女者，余心為惻然。[12]

乾隆《長泰縣誌》記：

> 重門戶，侈妝奩，中人家行嫁，無明珠翠羽之屬，卒以為恥，故愚拙之民生女多不舉。[13]

乾隆《福清縣誌》記：

> 俗有溺女者，因生女多難於養育，遂致之死。哀哉！虎狼尚愛其子，此直虎狼之不若矣。或曰，將以速生求男也。夫殺已生之子以求未生之子，稍有人心者不為。況生男有命，豈殺女所能求哉？天道昭昭，必有以報之矣。[14]

乾隆年間，鄭光策在福清縣某書院掌教任上撰《與夏彝重書》，其文略謂：

> 昨蒙詢溺女一事，最為此邑惡習。土風豐於嫁女。凡大戶均以養女為憚，下戶則又苦無以為養，每家間存一二。然比戶而計，雖所溺多寡不同，實無一戶之不溺。歷任各明府皆痛心疾首，出示嚴禁，然不得要領。不過視為具文，實於風俗無所裨益。弟平日即有所聞，舊歲夏間始得其詳。細詢諸生，溺女之事究系何人下手？據云，當分娩之際母氏強半昏暈，且畏試水；男人又不入房；所有姒娣姑嫜，凡屬女流，怔怯者亦十而八九，惟穩婆實左右其間。渠以習慣漸成自然，又於所乳者無絲毫血屬之情，故其心甚忍而其手甚毒。凡胞胎初下，率舉以兩手審視，女也，則以一手覆而置於盆。問存否，曰不存。即坐索水，水至淋於盆，曳兒首倒入之，兒有健而躍且啼者，即力捺其首，兒輾轉其間甚苦。母

---

[11] 引自民國《廈門市志》，第 465 頁，北京，方志出版社 1999 年 5 月版。
[12] 引自《宓庵手抄〈漳州府志〉》，第 110 頁，漳州市圖書館 2005 年 8 月影印本。
[13] 引自乾隆《長泰縣誌》，第 268 頁，福建省長泰縣地方誌編纂委員會 1990 年 2 月整理本。
[14] 引自乾隆《福清縣誌》，第 158 頁，福建省福清縣誌編纂委員會 1987 年 12 月整理本。

氏或汪然淚下，旁人亦皆掩袂驚走，不欲聞其聲，而彼雍雍然自如也。有頃，兒無聲，撩之不動，始置。起整衣，索酒食財貨，揚揚而去。若此地無此穩婆，母氏既不能親其事，旁人又孰敢下手。間有一二殘忍者，然亦何至如此蔓延。且民間溺女不過彼時初生割慈斷愛，拼於一舉。若輾轉半日，既聞其呱呱而泣之聲，見其手足鼓舞之狀，鐵心石腸必有所惻隱。既抱舉半日，則雖勸之溺亦不溺矣。是此邑溺女之事，主謀固由於父母，而下手實由於穩婆。且因有下手之穩婆，故益釀成主謀之父母。嚴禁溺女而不嚴禁穩婆，非剔本搜根之法也。[15]

道光《福建通志》引乾隆《邵武府志》記：

貧家溺女之風尚未盡革。[16]

乾隆年間，魯鼎梅在德化知縣任上謂：

至於生下女兒，俱是自己骨肉，也是人身。乃無良之人，動輒淹死。訪聞此風，不但窮人，即生監之家往往有之。[17]

嘉慶年間，房永清在邵武知縣任上頒佈《正俗條約》，其文略謂：

禁溺女，以全好生也。天地有陰陽，人生有男女，忍心溺女，上干天和。現經紳士請修育嬰堂，甚屬盛舉。聽民送進乳養，以全其生，庶幾鄭女賈男之遺風，至今未遠。節妄費，以便嫁娶也。民間婚嫁，稱家有無。富戶結婚，無妨從厚，不應分外作傭，以壞風俗。奈窮簷小戶亦效奢華，殊乖保家之道。且嫁女擇佳婿，毋索重聘；娶媳求淑女，勿計厚奩。果能遵守成訓，則貧富易於嫁娶，溺女之風可止，而貧民小戶亦可婚娶成人，分外花費俱免矣。其有關於人心風俗匪淺也。[18]

嘉慶《雲霄廳志》記：

---

[15] 引自鄭光策：《西霞文抄》，卷二，清嘉慶十年（1805）刻本。

[16] 轉引自道光《福建通志》，卷五十五《風俗志》。

[17] 轉引自道光《福建通志》，卷五十五《風俗志》。

[18] 引自咸豐《邵武縣誌》，第 534 頁，福建省邵武市地方誌編纂委員會 1986 年 7 月整理本。

俗多生女不舉。蓋聞故殺子孫，律禁森然。矧男女皆稱為子，豈有十月懷胎，一朝離腹，並無罪愆，輒羅死法？乃惡習相沿，牢不可破，忍心害理，莫此為甚。[19]

民國《建寧縣誌》記：

女不負人，亦不累人，人亦何忍溺女，致傷天和而絕人道？然此風非法所能禁，必建育嬰堂而為之所，則人棄人養之利興，而我生我殺之慘息。嗣于嘉慶年間創設育嬰堂，傭婦人乳養之。自此溺女之風始息，所望各保之仁人君子亟為普設之也。[20]

道光《建陽縣誌》記：

婚姻以資財為輕重，或至溺女傷骨肉之恩。[21]

道光《清流縣誌》記：

士侈民頑，嫁娶論財，以致溺女換妻，滿街變亂黑白。[22]

道光年間，陳盛韶在古田知縣任上記：

古田嫁女，上戶費千餘金，中戶費數百金，下戶百餘金。往往典賣田宅，負債難償。男家花燭滿堂；女家呼索盈門。其奩為何？陳於堂者：三仙爵、雙弦桌類是也。陳於室者：蝙蝠座、臺灣箱類是也。飾於首者：珍珠環、瑪瑙笄、白玉釵類是也。然則奩儉爾乎？曰：「懼為鄉黨訕笑，且姑姊妹女子子勃谿之聲，亦可畏也。」緣是不得已，甫生女即溺之。他邑溺女多屬貧民，古田轉屬富民。然則奩與人為養媳乎？曰：「女甫長成，知生父母，即逃歸哭泣，許以盛奩，肯為某家婦，不許，誓不為某家婦。」蓋習俗之極重難返如此，婚禮不得其正，久而激成溺女之禍，可不思拔本塞源之道乎？[23]

---

[19] 引自嘉慶《雲霄廳志》，第 40 頁，福建省雲霄縣人大常委會 2005 年 12 月點校本。

[20] 引自民國《建寧縣誌》，第 129 頁，福建省建寧縣地方誌編纂委員會 2002 年 3 月整理本。

[21] 引自道光《建陽縣誌》，第 112 頁，福建省建陽縣地方誌編纂委員會 1986 年 7 月整理本。

[22] 引自道光《清流縣誌》，第 85 頁，福州，福建人民出版社 1992 年 6 月版。

[23] 引自陳盛韶：《問俗錄》，第 69 頁，北京，書目文獻出版社 1986 年 6 月版。

又在詔安知縣任上記：

其俗酷於溺女，鰥寡者多，……。[24]

道光《福建通志》引《大田縣誌》記：

生女間有溺之者，是則俗之敝也。[25]

民國《武平縣誌》記：

清咸、同間，洊遭兵燹，溺女之風甚熾。[26]

咸豐《邵武縣誌》記：

貧家溺女之風尚未盡革。[27]

民國《平潭縣誌》記：

清同治八年，同知李煐菑任一載，痛潭民生女多溺死，出示嚴禁，
犯者無赦。[28]

光緒年間，朱幹隆在彰化知縣任上記：

卑邑地方遼闊，民煙稠密，風俗□澆不一，而於溺女之風尤甚。
[29]

《閩省會報》[30]（1889 年三月初一日）記：

張君鶴號九臬，籍泉郡，遷省垣料理複利洋行，曩與李翁繼雪友
善。詢及長邑（按，指長樂縣）有溺女之習，遂動惻忍之心，於
光緒二年丙子秋間解囊樂助，凡貧乏之家生女不能存養者，每月
給以銅錢一千文為糧食糕飴之費，至四個月為滿。至光緒四年冬

---

[24] 引自陳盛韶：《問俗錄》，第 87 頁，北京，書目文獻出版社 1986 年 6 月版。

[25] 轉引自道光《福建通志》，卷五十五《風俗志》。

[26] 引自民國《武平縣誌》，第 393 頁，福建省武平縣地方誌編纂委員會 1986 年 12 月整理本。

[27] 引自咸豐《邵武縣誌》，第 532 頁，福建省邵武市地方誌編纂委員會 1986 年 7 月整理本。

[28] 引自民國《平潭縣誌》，第 240 頁，福建省平潭縣地方誌編纂委員會 1990 年 1 月整理本。

[29] 引自朱幹隆：《兼善集》，光緒八年（1882）「三山吳玉田鐫字」本。

[30] 福州華美書局印。

間乃止，計活有女嬰三百余人，計費銅錢一千三百串有奇。屆指於茲已十有三年，所救治之女嬰及笄將可聘矣。

光緒年間，林琴南《閩中新樂府》收《水無情（痛溺女也）》詩云：

孰道水無情，無情能作斷腸聲？孰道水有情，有情偏溺出胎嬰！女兒原是賠錢貨，安知不做門楣賀。臍上胞衣血尚殷，眼前咫尺鬼門關。阿爺心計憂鹽米，苦無家業貽兄弟，再費錢財制嫁衣。諸男娶婦當何時。阿娘別有皺眉事。乳汁朝朝苦累伊，床上縫鞋襪，鏡上梳頭髮，還要將來再費錢，何如下手此時先。一條銀燭酸風裂，一盆清水澄心潔。此水何曾是洗兒，七分白沫三分血。此際爺娘心始安，從今不著一些難。所恨兒無口，魂兒不向娘親剖。娘亦當年女子身，育娘長大伊何人？若論衣食妨兄弟，但乞生全願食貧。豈知聾瞶無頭腦，一心只道生男好，殺女留男計自佳，也須仰首看蒼昊！[31]

光緒《馬巷廳志》錄《馬巷育嬰堂碑記》記：

馬巷溺女之風甚熾。[32]

清末《安平縣雜記》記：

台南鄉婦常有溺女事，一生女孩，翁姑不喜，氣迫於心，而溺女于水。[33]

《福建白話報》第一年第二期（1904 年 8 月 15 日出版）[34]載公孫《福建風俗改良論》第二編《論溺女》謂：

我從前讀《天下郡國利病書》與《福建通志》的時候，見裡頭都載有一段說，福建溺女的風俗是頂普遍的。這個壞風俗大概別省沒有，單是我們福建一省特別造成的。我看了這兩部書，也不大去相信他。後來走到城外鄉下，看見凡近水的地方，都有立個石

---

31 引自林琴南：《閩中新樂府》，光緒丁酉（1897）印本。
32 轉引自何丙仲：《廈門碑誌彙編》，第 127 頁，北京，中國廣播電視出版社 2004 年 7 月版。
33 引自佚名：《安平縣雜記》，《臺灣文獻叢刊》，第 52 種，第 16 頁。
34 書藏福建省檔案館。

碑，碑上刻著「永禁溺女」四個字，才曉得這件事是真的了。

附帶言之，福州郊外塘邊立石禁戒溺女，在上世紀三十年代還是常見的情形。李長年《女嬰殺害與中國兩性不均問題》（載《東方雜誌》第 32 卷第 11 號，1935 年）記：

> 據日本人口問題專家西山榮久之研究的結果，……溺女最多的地方，為福建、江西兩省，其中尤以福州最為流行之所在，該地郊外池沼的旁邊，豎有「禁溺女」的石碑。[35]

日人舉辦的福州東瀛學校校長野上英一的《福州考》（1938 年出版）一書亦記：

> 在城門的入口及倉前山郊外，於前清時代立有嚴禁溺女之石碑，這即是嚴禁溺女之意。這並不在於「土風豐於嫁女」這一層，而在福州則基於養女為難這一點。此風現尚存於鄉村，市中則已無。[36]

該書還附有「禁溺女之碑」照片一幀。

以上歷史記錄表明，清代福建連城、松溪、漳浦、泰寧、長泰、福清、德化、邵武、建甯、建陽、清流、古田、詔安、大田、武平、平潭、彰化、長樂、安平等各縣及廈門城、漳州府、邵武府、福州府、雲霄廳、馬巷廳等各地之「白金之家」和「千金之家」，「縉紳之家」和「庶民之家」，「貧氓」和「富家」，「窮人」和「生監之家」，「貧民小戶」和「富戶」，「士」和「民」，「上戶」、「中戶」和「下戶」，「貧民」和「富民」，幾乎各種人家、各色人等均涉及「溺女之事」，情況是相當嚴重的。

二

---

[35] 轉引自《守節、再嫁、纏足及其他》，第 240-241 頁，西安，陝西人民出版社 1990 年 9 月版。

[36] 引自徐吾行譯《〈福州考〉中文譯稿》（手寫本），稿存福建師範大學圖書館；《福州考》日文本，福建師範大學圖書館亦有藏本。

溺女之風剝奪了無數女嬰的生存權，並且威脅了所有女嬰的生存權。

道光六年（1826），薛凝度在邵武知府任上撰《重修育嬰堂記》，其文謂：

> 上帝本好生之德，前王宏保赤之仁，伊古以來，未之有易也。我朝順治間，奉旨嚴禁溺女，雍正二年，諭建育嬰堂，恩至渥也。邵武前縣令張建堂于南市通衢，撥高陽寺產以充乳膳，嬰兒全活者眾。厥後經胥玩法，廢弛至於今。本署府初臨郡治，採訪輿情，提核堂中公存遺產並舊日條規，舉而責成諸紳士，冀其盡力經營，開誠撫育，以共襄厥事。
>
> 嗚呼！父子天性，男女何分？至忍心而溺之，真禽獸不若也！抑亦教養未周與？不有人焉，維持而補救之，人道或幾乎息矣。爰是葺其廬宇，酌其章程，俾乳哺有資，生息有藉，拯赤子於陷溺之中，牖愚民以知覺之性，體天心而遵國憲，此宇宙所以長存，人心所以不死也。至樂善好施，仗義題捐，推廣仁術，俾城鄉胥忠厚之風，子女罄全生之福，是在諸紳士遍為爾德矣，本署府有厚望焉！[37]

清代順治帝頒旨嚴禁溺女，雍正帝下諭建堂育嬰，這表明清代官方對溺女問題的關注及其遏制溺女之風、維護女嬰生存權的主要措施。

清代福建地方文獻也記有官方「出示嚴禁」，曉以「故殺子孫，律禁森然」、「天道昭昭，必有以報之」之理的事例，以及「此風非法所能禁，必建育嬰堂而為之所」的綜合治理的理念和「董行育嬰」的實踐。

例如，乾隆年間福建官方頒佈《嚴禁溺女諭》，以「治罪明文」和「冥報」之理曉示「所屬軍民人等」，其文曰：

> 乾隆二十四年□月□日，奉前巡撫部院吳憲示：照得天地以好生為德，父母以慈愛為本，故殺子孫，律有治罪明文。救人一命，勝造七級浮屠。今人乍見孺子將入于井，皆有怵惕惻隱之心。乃以親生之女，無端溺斃，何以全無惻隱之心？試觀牛雖蠢而猶知

舐犢，虎雖猛而未嘗食子。人為萬物之靈，具有天良，忍心溺女，真禽獸之不如矣。況溺女冥報最為酷烈，而育女者未必不如生男。如緹縈之請贖父罪，木蘭之代父從征，古來孝女，指不勝屈。故曰生男勿喜，生女勿悲。爾民何苦忍心為此？或謂嫁女奩贈需費，不知荊釵裙布，遺范可師，正無庸多費也。合行曉示。為此，示仰所屬軍民人等一體知悉，嗣後爾民當互相勸誡，凡嫁女者各崇儉德，不得以珠翠綺羅誇耀鄉里，並永戒溺女惡習。爾等無子之人，果能誓不溺女，自能一索得男，螽斯衍慶。倘不遵禁令，仍有溺女者，許鄰佑親族人等首報，將溺女之人照故殺子孫律治罪。如系奴婢動手者，即照謀殺家長期親律治以死罪。如系穩婆致死者，即照謀殺人為從律擬絞。其鄰佑親族人等，知情不首報者，照知情謀害他人不即阻當首告律治罪。各官凜遵毋違等因。[38]

又頒佈《育嬰堂條規》，要求全省「凡有育嬰堂之處，一體飭行，實心經理，毋稍懈忽廢弛，虛應故事，致干察究」。[39]

我注意到，乾隆年間以「福建省例」即省級規範性檔頒佈的《育嬰條規》規定：

堂內各孩，年過十二歲，即宜自食其力，不得長豢在堂，糜費錢糧也。設堂本意，原以保全殤天。今既起死全生，年過十二歲，若仍歸在堂長豢，不惟糜費錢糧，且至漸成遊手好閒之徒。其有人領為子女兒媳，任其具呈承領。[40]

此一規定暗示官方對民間領養苗媳的聽任態度：「童養」作為同「育嬰」相接續的環節，可減輕育嬰堂的經濟負擔。

在民間，童養婚俗參與維護女嬰的生存權早有記錄。《政和縣誌》所記「昔多溺女，自韋齋先生重戒後，俗漸革。有貼錢帛與人抱養媳者」，即其例也。

---

[38] 引自《福建省例》，《臺灣文獻叢刊》，第 199 種，第 471-472 頁。

[39] 引自《福建省例》，《臺灣文獻叢刊》，第 199 種，第 473 頁。

[40] 引自《福建省例》，《臺灣文獻叢刊》，第 199 種，第 476 頁。

　　道光四年（1824）起歷任福建建陽、古田、仙游、詔安各縣知縣和邵軍廳、鹿港廳同知的陳盛韶記古田的溺女之風時有「然則曷與人爲養媳乎」之語，透露其「勸撫苗媳」之意；論及詔安的溺女之風及其引發的人口性別比失調等社會問題時，則公然將「勸撫苗媳」同「嚴禁溺女」、「董行育嬰」並列：

> 小人老而無子，弱女及笄贅一婿，以盡餘年，情也。詔安買女贅婿，孀婦贅男，以承禋祀，守丘墓，分守家業，仰事俯畜，無異所生。族中人亦不以亂宗爲嫌。於是有約定初生之男從妻族，再生之男從夫族者。有生從妻姓，沒從夫姓者。更有戀其妻，貪其產，直忘所本來者。倘竊妻而逃，不顧贅父母之養，即訟端起焉。夫隨嫁兒得以承宗，鬻義子得以入祠，呂嬴牛馬，詔安氏族之實已不可考矣。何贅法復濫若此？蓋其俗酷於溺女，鰥曠者多，少壯喜於有室，遂不計厥宗耳。昔孔子射于瞿相之圃，爲人後者不入，所以重廉恥也。《春秋》之法，鬼神非其族類不歆其祀，重一本也。例載：異姓不准承祧。而執此以治詔安之民，令必不行；惟仿義男女婿酌分之律變而通之，更爲嚴禁溺女，董行育嬰，勸撫苗媳。怨女曠夫久而漸少，俗亦將變焉。[41]

　　陳盛韶於道光八年至十一年（1828－1831）在詔安知縣任上「設寄乳法苗媳一條」即於育嬰堂之「寄乳法」增設「勸撫苗媳「的條款，並記童養婚俗參與維護女嬰生存權的實效云：

> 詔安中戶娶妻聘近百金，下戶五六十金，其餘禮物不資，嫁者奩資如之，故嫁娶均難。嫁者難，斯養女少；娶者難，斯鰥夫多。義男承祧，孀婦招夫、產子繼嗣，其敝俗皆根於此。即無室家之匪民，擄搶械鬥，喜於從亂，亦根於此。邑設寄乳法苗媳一條，仿周官省禮多婚之政變而通之，可以濟婚禮之窮。窶人撫女七八年能執其帚，又七八年能爲人婦爲人母，無嫁娶之艱，有婦子之樂。且濟乳者月給錢五百，寒有衣帽，疾有藥餌。抱女之媒有賞，溺女之母有罪。民何憚而不爲此。余于詔安二十七月中，乳女千

⁴¹ 引自陳盛韶：《問俗錄》，第 86-87 頁，北京，書目文獻出版社 1986 年 6 月版。

二百餘,而去任時,乳婦匍匐道左,依依不捨也。為政之道,順而治之則易,逆而強之則難,寄乳一法,順故也。[42]

咸豐三年(1852),周揆源在邵武知府任上制定《育嬰堂規條》,其中規定:

小兒年半可以棄乳,如無人抱養出堂,仍每月幫給錢五百文。有抱為養女養媳者,或其父母後能養贍,情願領回者,並聽薄內開除;唯不准領作婢女,責成地保具結備查。[43]

道光二十八年(1848),《金門育嬰堂規條》亦規定:

遠近居家,願領為義女、苗媳者,准具領字,托端正有家身之人及殷實店鋪取保,親到育嬰堂報明裡居姓氏。若欲為媳,聲明配合伊男姓名,年幾歲,登賬存查。堂中給公照付執,以當婚帖。不取身價,並給隨身衣裙。領去後,如有轉賣及作婢者,查出稟究。

領取女嬰養為苗媳者,配合諸事有本堂分照為憑。本生父母不得干預爭執,以杜串詐諸弊。惟嬰女長成,本生母子要相認者,許其到局查明姓氏里居。

生女之家,苟不能割愛仍願領回自養者,聽之。若已被人領作義女、苗媳,不許給還。

媒婆人等能將局養女孩說合與人領作女、媳者,每一口賞錢一百文。……

嬰女如有未經領取者,限至八歲,即為央媒擇配。[44]

光緒十九年(1893),《馬巷育嬰堂規條》謂:

本堂育嬰經費,並無置有業產,亦無捐集鉅款,僅借巷轄婦女機杼余厘,是以不克久育。議定每嬰每月給錢四百文,四個月限滿,將牌追銷,停止給發。非謂四月嬰孩可以不乳而活,惟巷轄習俗,

---

[42] 引自陳盛韶:《問俗錄》,第83頁,北京,書目文獻出版社1986年6月版。

[43] 引自咸豐《邵武縣誌》,第87頁,福建省邵武市地方誌編纂委員會1986年7月整理本。

[44] 引自《金門志》,《臺灣文獻叢刊》,第80種,第71頁。

抱媳居多，是保嬰四月以後，有人抱作養媳，亦因俗成風、隨地制宜之一法也。[45]

黃宗智教授《法典、習俗與司法實踐：清代與民國的比較》一書指出：

法典本身從來沒有正式承認這一習俗（按，指童養婚俗），但在有清一代刑部承認並容忍了它，因而使其具有些少的合法性。用刑部道光二年（1822）處理一件案子時的話說，「民間於未成婚之先，將女送至夫家，名曰童養，自系女家衣食缺乏，不能養贍，不得已為此權宜計，所以法令不禁，聽從民便」。[46]

我在上文摘錄的、以及我所見的清代福建各地的育嬰堂「條規」或「規條」一類歷史檔，有「勸撫苗媳」之明確規定的均出於道光朝以後（含道光朝），此一情況或可印證黃宗智教授的論述。

清代福建詩人林鶴年（1847－1901），有《山婦（山中多畜苗媳）》詩記福建安溪的童養婚俗，詩曰：

不栽陌上桑，只采山中茶。君為浮萍草，妾作女貞花。十五為人婦，十三學當家。城中有女兒，兩鬢才髻丫。[47]

是詩明白如話，記苗媳的生存狀況：在家採茶為業，丈夫出外謀生，十三歲接受操持家務的訓練，十五歲成為人婦，有女兒在城裡（安溪縣城亦在山中）亦是苗媳，年屆又一輪「十五為人婦，十三學當家」經歷的發動期（「髻丫」是古代少女的一種對稱髮型，即在頭的兩側各挽一個對稱的髮髻，髮髻是女子成年的標誌）[48]。全詩絲毫不涉及母、女兩代苗媳自幼喪失婚姻自主權的苦楚（其時的社會其他成員亦無婚姻自主權），只告訴讀者：苗媳畢竟取得生存權而活著。

---

[45] 轉引自何丙仲：《廈門碑誌彙編》，第 128 頁，北京，中國廣播電視出版社 2004 年 7 月版。

[46] 引自黃宗智：《法典、習俗與司法實踐：清代與民國的比較》，第 151 頁，上海書店出版社 2003 年 2 月版。

[47] 引自林鶴年：《福雅堂詩抄》，1916 年再版本。

[48] 參見王維玲、王定祥：《中國古代婦女化妝》，第 104-105 頁，西安，陝西人民出版社 1991 年 2 月版。

　　總而觀之、總而言之，清代福建溺女之風強盛，「嚴禁溺女」、「董行育嬰」和「勸撫苗媳」是清代官方遏制溺女之風、維護女嬰生存權的主要措施；「童養」和「育嬰」相配套，亦是救濟女嬰的「因風成俗，隨地制宜之一法」，清代官方「法令不禁，聽從民便」；然而，當童養婚俗參與維護女嬰的生存權時，預先（而不待其年屆婚齡）剝奪了女嬰的婚姻自主權，童養婚俗亦是侵犯女權的陋俗。

2006 年 11 月 25 日

清代福建救濟女嬰的育嬰堂及其同類設施

一

清代康熙三十八年（1699），福建松溪縣建置「生生所」事竣，松溪知縣潘拱辰爲之記，其文曰：

> 邑舊有舉子倉六處，蓋因俗尚寡恩，凡貧民生子不能畜者，多溺不舉，而女尤甚。以故古之鄉先生，捐金置買公田，積穀以濟之。自有明喪亂，人心頹敗，公田俱廢，諸倉一無存者。開關以來，繼以海氛未靖，逆藩蹂躪，八閩軍興，杼軸殆無虛日，比年，又水旱不期，賦有常而產無恒。前之吏茲土者，苟欲自飽其囊橐，罔顧瘝之典鬻，悉索既盡，追呼猶不止，邑之人謀身之不暇，又烏能計及於他人棄女哉？由是邑民之無室者十人而五，甚至人倫道喪，風俗不可問矣。已卯之冬，楊生汝霖以教授資斧，慷慨建置一椽於城西，而命之曰「生生所」。收養棄女，輾轉告誡，務期存活。且能終歲劬勞，初無懈意，更為他人所難。余深嘉其好善為懷，而憂慮夫難為繼也，惟望邑之人，亦以楊生之心為心，交相贊助，將見行之不二十年，必比戶有室，而風俗於是乎上矣。楊生與邑之人其共勉矣。[1]

康熙《漳浦續志》記：

> 浦俗舊多「無為教」，不飲酒、不茹葷、亦不削髮，大約如白蓮社白雲宗之類。每教頭一人，聚徒多者或百餘人，少者亦不下數十。另建屋供佛其中，號曰經堂，人稱曰師父。無論男女，皆得入教，男稱菜公，女稱菜媽（猶言齋公、齋媽。浦方言以齋為菜）。以朔望為期，曰菜期，集眾燒香拜佛，夜聚曉散，佯修善事，人競惑焉。四十一年，有教頭女某氏者犯奸，事覺，知縣陳汝咸按其罪，因籍在縣諸經堂入官，盡驅諸從教者，士論韙之。改西門兜經堂為育嬰堂，縣巷經堂為公館。其在新路者，官賣本學生藍

---

[1] 引自康熙《松溪縣誌》，第 268 頁，福建省松溪縣地方誌編纂委員會 1986 年 7 月整理本。

鼎元，價銀五十兩；在西門者，官賣鄉紳黃尚寬，價銀三十兩，俱存庫。[2]

陳汝咸改經堂爲育嬰堂的事實曾發生久遠的影響，此事發生後 180 年，臺灣彰化知縣朱幹隆在光緒八年（1882）刊行的《兼善集》之序文裡寫道：

昔虞士恭鎮晉安立學堂以教授，朱子知漳州建義倉以備不虞，蔡廷予守泉州增置義渡以便塗人，陳莘學令漳浦毀天主、無爲諸異教爲育嬰堂之四者，皆閩中之善政也，予心嚮往之久矣。[3]

另據康熙《漳浦縣誌》，陳汝咸在漳浦知縣任上制定的《十家牌法》中有「禁溺女、典妻及久停親柩」[4]的規定。

光緒《漳州府志》記：

（長泰縣）育嬰堂，在縣署大門外左，國朝康熙四十二年知縣易永元即旌善亭遺址改建。[5]

乾隆《福州府志》記：

李斯義，字質君，長山人。康熙戊辰進士。四十四年，巡撫福建。潔己愛民，興文造士，所行善政，悉本至誠。念閩地人文日盛，每科應試，多至萬人，與布政使高緝睿集議，拓貢院旁隙地，復購民居，增號舍千餘楹，茸共學書院，拔髦士，延碩師，考業論文。更檄行州縣，各立義學，教貧士之無師者。復嚴溺女之禁，創育嬰堂，收養遺孩，檄行八郡，全活甚眾。後以酷署步禱，積勞成病，卒於官。士民肖其像於共學書院祀之。[6]

乾隆《汀洲府志》記：

2 引自《漳浦縣誌》（清康熙志—光緒再續志點校本），第 719 頁，福建省漳浦縣政協文史資料徵集研究委員會 2004 年 12 月編印本。

3 引自朱幹隆：《兼善集》，光緒八年「三山吳玉田鑴字」本。

4 引自《漳浦縣誌》（清康熙志—光緒再續志點校本），第 34 頁，福建省漳浦縣政協文史資料徵集研究委員會 2004 年 12 月編印本。

5 引自《宓庵手抄〈漳州府志〉》，第 110-111 頁，漳州市圖書館 2005 年 8 月影印本。

6 引自乾隆《福州府志》，第 90-91 頁，福州，海風出版社 2001 年 7 月版。

（清流縣）育嬰堂，在縣西，康熙四十五年，知縣王國祚建。[7]

乾隆《龍岩州志》記：

（龍岩州）育嬰堂，雍正二年知縣張宣奉文建屋三間，在州治西北隅，地處荒僻。旋即坍壞。乾隆元年，知州張廷球擇射圃餘地重建，前後二進各五間，繚以圍牆、門樓，惜常費無出，未克收養，惟冀好善者共襄之。[8]

又記：

（漳平縣）育嬰堂，在縣東門內，雍正三年奉文建造。[9]

乾隆《福清縣誌》記：

育嬰堂，在西門內舊察院衙地，雍正二年奉上諭建。[10]

乾隆《古田縣誌》記：

育嬰堂，雍正二年，欽奉上諭建立，在坊三保雙壩河。[11]

乾隆《德化縣誌》記：

育嬰堂，在下市東南水門內，一廳二房。雍正二年奉旨建。[12]

道光《晉江縣誌》記：

育嬰堂，在城內溪亭鋪，房屋一座，周圍八間。雍正二年，知縣葉祖烈奉□□文建。[13]

光緒《漳州府志》記：

[7] 引自乾隆《汀州府志》，第 227 頁，北京，方志出版社 2004 年 3 月版。

[8] 引自乾隆《龍岩州志》，第 88 頁，福州，福建地圖出版社 1987 年 1 月版。

[9] 引自乾隆《龍岩州志》，第 89 頁，福州，福建地圖出版社 1987 年 1 月版。

[10] 引自乾隆《福清縣誌》，第 106 頁，福建省福清縣誌編纂委員會 1987 年 12 月整理本。

[11] 引自乾隆《古田縣誌》，第 154 頁，福建省古田縣誌編纂委員會 1987 年 12 月整理本。

[12] 引自乾隆《德化縣誌》，第 161 頁，福建省德化縣誌編纂委員會 1987 年整理本。

[13] 引自道光《晉江縣誌》，第 308 頁，福州，福建人民出版社 1990 年 7 月版。

育嬰堂，在城北隅，國朝雍正二年奉文設立，初在准提閣，旋遷開元寺。乾隆十九年巡道楊景素建今所。其屋宇二十四間，海澄公黃仕簡捐置。[14]

民國《上杭縣誌》記：

育嬰堂，在登瀛門上畔，前封公祠舊址。清雍正二年，特諭各省轉飭各縣建置，收養孩稚之未成立者。然《趙志》云，堂宇雖設，經費無資而收養猶有待，先志其略。是當時已徒為具文矣。[15]

民國《武平縣誌》記：

育嬰堂，府志云在東門坊。據上杭趙志，此亦雍正二年奉文設立，收養孩稚之未成立者。杭志成於府志後一年，然云堂宇雖設，經費無著，收養猶有待。上杭如是，本縣將毋同？舊址今無考，疑亦虛應具文而已。[16]

乾隆《福州府志》記：

（閩縣）育嬰堂，雍正二年，奉文閩、侯二縣公設在城北遵截鋪地方，巡撫黃國材捐置田五百四十餘畝，又撥鹽耗銀兩，充為堂中乳哺衣藥之需。布政使趙國麟複撥公費銀五百兩以備不足。族人黃驚來有記。[17]

道光《漳平縣誌》記：

育嬰堂在縣東門內，雍正三年奉文建造。[18]

民國《廈門市志》記：

（育嬰）堂原在紫陽祠側，廈防同知李暲，雍正八年就學舍改造，

---

[14] 引自《宓庵手抄〈漳州府志〉》，第 110-111 頁，漳州市圖書館 2005 年 8 月影印本。

[15] 引自民國《上杭縣誌》，第 509 頁，福建省上杭縣地方誌編纂委員會 2004 年重印本。

[16] 引自民國《武平縣誌》，第 393 頁，福建省武平縣地方誌編纂委員會 1986 年 12 月整理本。

[17] 引自乾隆《福州府志》，第 331 頁，福州，海風出版社 2001 年 7 月版。

[18] 引自道光《漳平縣誌》，第 103 頁，福建省漳平市地方誌編纂委員會 2002 年 5 月整理本。

名注生祠，祠內雇乳婦數人，月給衣食，歲久而廢。[19]

民國《閩清縣誌》記：

> 育嬰堂在縣北門外毓麟宮旁，清邑令張兆鳳建。今圮。按育嬰為
> 地方善政，舊例貧民生女者無力養贍，送堂乳哺，亦有向堂月助
> 款者，溺女之風因之漸革。閩清舊有育嬰田租，系邑紳經理。現
> 此款不知提作何用，致貧民生女莫沾實惠，願司事者亟謀規復舊
> 制，則造福無量矣。[20]

張兆鳳于雍正年間任閩清知縣。

乾隆《汀州府志》記：

> 育嬰堂在府東北隅。乾隆九年，知府俞敦仁建，以鹽規銀二千五
> 百兩為育嬰費。十四年，知府曾日瑛於常例外加給乳婦衣服、嬰
> 兒綿襖，為嬰女擇配，復於堂後栽木築牆，以為蔭護。堂中董事
> 李永珩、蕭萱、俞上聞，捐火食羨餘銀，置店屋三植，為每年祝
> 聖公資。[21]

民國《南平市志》記：

> 清乾隆十年，巡道明福飭建育嬰堂，即縣治前龍鼎坊觀音堂，乾
> 隆十三年，知縣蘇渭生建。知縣李逢源、趙愛重修，五十年圮，
> 僅存基址。[22]

民國《廈門市志》記：

> 署巡道官兆麟，乾隆廿四年，買鎮南關舊軍裝局建注生祠，旁為
> 乳婦住宅。經營初定，即升任去。巡道蔡琛，乾隆廿九年復鳩貲，
> 多雇乳婦，每月給銀一兩。收養貧民幼孩，日遣人挑箱巡視，遇
> 棄孩，輒收養之。又兼行其他善舉，改名普濟堂，以監生林椿董

[19] 引自民國《廈門市志》，第 464 頁，北京，方志出版社 1999 年 5 月版。
[20] 引自民國《閩清縣誌》，第 280 頁，福建省閩清縣地方誌編纂委員會 1988 年 12 月重印本。
[21] 引自乾隆《汀州府志》，第 226 頁，北京，方志出版社 2004 年 3 月版。
[22] 引自民國《南平市志》，第 589 頁，福建省南平市地方誌編纂委員會 1985 年 5 月整理本。

其事。[23]

乾隆《福鼎縣誌》記：

> 育嬰堂，在南郊外。乾隆三十二年置，知縣潘鳴謙倡建，貢生施大恩、參將施如憲捐建。[24]

乾隆《泰寧縣誌》記：

> 育嬰堂，在宋時已有之。官立乳母，育細民舉子之不能育者。紹興五年，楚州人王洋知邵武軍事，以建、劍、邵、汀四州，細民生子多不舉，奏立舉子倉，逐鄉積穀。貧民育五月以上書之籍，至免乳日，授以米一石三斗。當時泰（寧）必有倉，今已莫考。我朝好生德治，奉文設立育嬰堂於北醫靈祠之前，而生者有所賴矣。[25]

又，乾隆《福寧府志》[26]記霞浦縣、福鼎縣、福安縣、寧德縣之育嬰堂，乾隆《福州府志》記古田縣、屏南縣、閩清縣、長樂縣、連江縣、羅源縣、永福縣、福清縣之育嬰堂，乾隆《汀州府志》記寧化縣、上杭縣、武平縣、永定縣之育嬰堂，雖未標明年代，當可視為乾隆年間已有之設施也。

道光《廈門志》記：

> 育嬰堂在廈門港火仔垵，坐西向東，大小房屋二十間。乾隆三十一年，巡道蔡琛就注生祠改為普濟堂，官雇乳婦收哺女孩。經費由興、泉、永各屬捐銀五千圓，除用及續捐，共存典生息三千六百四十八兩，年得息銀七百兩零。遴本地公正紳士董其事。嘉慶九年，同知徐汝瀾捐修屋宇。後歸其責于廳胥林芬，乃虛報物故，鬻作娼婢，百弊叢生。經廈防同知薛凝度斥革，復捐集公費，擇紳士八人，每月以二人分董其事，收孩、領孩。設堂總一人專司

---

[23] 引自民國《廈門市志》，第 464 頁，北京，方志出版社 1999 年 5 月版。

[24] 引自乾隆《福鼎縣誌》，第 56 頁，福建省福鼎縣地方誌編纂委員會 1988 年 5 月整理本。

[25] 引自乾隆《泰寧縣誌》，第 67 頁，福建省泰寧縣地方誌編纂委員會 1986 年 12 月整理本。

[26] 福建省寧德地區地方誌編纂委員會 1990 年 12 月整理本。

簿冊，設門役一人專司出入。複名「育嬰堂」。嘉慶二十四年，署同知成成捐銀四百五十兩零。道光六年，署同知張儀盛捐修屋宇。道光八年，署同知黃宅中捐銀一百五十九兩六錢。現存典銀二千八百七十四兩四錢，每年二分年息；又存庫銀九百三十三兩二錢四分，發典具領生息。現共存銀三千八百零八兩六錢。[27]

光緒《福安縣誌》記：

保嬰堂原名育嬰堂，在城內鳳尾山，道光六年，知縣劉之藹建。今改北辰冠後。同治十一年，知縣郝勱將轄下富陽充公田租一百七十擔，詳請大憲，准為育嬰經費。[28]

道光《永安縣續志》記：

育嬰堂，在縣前，舊為正音書院，道光十年，知縣柯培元捐俸倡修，邑紳士陳樹蘭、王家麟、張通榮、賴錫麟、李邦倫等創建，遞年貼工房地基租錢一千一百文。[29]

光緒《福建邵武府光澤鄉土志》記：

張廣誕，道光二十一年知縣事，設糧局，浚泮池，倡修忠義、節孝諸祠，立育嬰堂，構義塚。[30]

民國《上杭縣誌》記：

新育嬰堂在縣治第七鋪小街，坐北。道光二十三年，知縣陸友仁倡令捐建，在城紳士謝天香、陳敍典、郭貴、周懋德、丘映奎、丘映衢、謝天楨、範知銑各捐洋貳百圓，莫樹椿、郭景雲、郭仰燕卅餘人合捐洋銀壹仟圓有奇。並撥出上下河船戶陋規充收養經費。二十七年，學使彭蘊章捐廉百金並序其事。堂內外三進，中廳奉在事祿位及捐資名位，另置嘗業為祀費。查本堂業產歲可收租谷三百石，後因公派用將田變賣，現止收租谷八十石而已。其

---

[27] 引自道光《廈門志》，第58頁，廈門，鷺江出版社1996年2月版。
[28] 引自光緒《福安縣誌》，第77頁，福建省福安市地方誌編纂委員會1986年10月整理本。
[29] 引自道光《永安縣續志》，卷二。
[30] 引自光緒《福建邵武府光澤鄉土志》，《政績錄》三。

船捐早撥入中學。中學校改辦後，併入地方經費，而育嬰之舉久廢。[31]

道光《金門志》記：

金門育嬰堂，在後浦縣丞署西。道光二十八年八月，金門縣丞李湘洲、金門鎮右營遊擊鐘寶三與紳士林焜熿、蔡師弼、蔡漣清等倡建，至同治元年，落成。前後兩進，堂中祀子孫娘娘（附祀李公祿位）。所有章程，皆效泉州規條而損益之。官紳各捐項置業，以充經費。後以嬰多費少，幾乎不繼。幸有布政銜葉文瀾肩其事，籌項接濟。又將女嬰陸續撥入廈門育嬰堂乳養以分其力，皆紳士蔡師弼經辦。[32]

唐贊袞《台陽見聞錄》記：

查台郡育嬰堂之設，始自咸豐四年。職員石時榮偕郡紳倡捐銀業。初建歸於民辦。

同治八年，黎道台提歸官辦。委派官紳設法整頓，並仿照他省一文願捐收，未及幾年，停止。經費短絀。同治十二年正月，夏道台籌定洋藥抽捐彌補。至光緒七年十一月，洋藥抽捐停止，經費更屬不敷。屢據該堂紳董稟請：堂中原有田租共一十二款，每年連充黃敬租息，年計收銀一千元左右，而開銷年約銀二千六百餘元，尚不敷銀一千四五百元之譜。光緒八年十一月十三日，劉道台就於洋藥厘餘及海埔租息項下，提出六八洋銀六千元，發商生息，又於十一年十二月，就提回台南司碼平餘銀二千六百三十七兩七錢六分，發商生息，所短無幾。十四年間清丈，堂中所管鳳屬粵莊田業，未經定議，將來完糧而外，終恐比前短少。[33]

民國《霞浦縣誌》於「眾母堂」條下記：

溺女之習，甯郡尤甚。嬰堂、嬰社之設，吾甯無此財力，驟難集事。同治三年，郡守程榮春下車所著政績，如新學宮，清鄰寇，

[31] 引自民國《上杭縣誌》，第 509 頁，福建省上杭縣地方誌編纂委員會 2004 年重印本。
[32] 引自道光《金門志》，第 70 頁，《臺灣文獻叢刊》第 80 種。
[33] 引自唐贊袞：《台陽見聞錄》，第 78 頁，《臺灣文獻叢刊》第 30 種。

後對於眾母堂之設，尤見精心獨運。特定《寄乳章程》二十八則，集鉅款，建公局，遴公正紳士黃鐘澤、張國綸等為總董。至銀錢出入，收育嬰孩及一切稽查，又分別遴董以專。責成陸續設法廣捐，購置田產、店屋為常年經費。著《眾母堂彙編》一冊，刊千餘本，垂為長久之計。迄今六十餘年，閨邑嬰孩得獲生全之福，皆出自程公之賜，宜乎家屍而戶祝也。[34]

民國《南平縣誌》記：

清同治七年，知府趙均建議，倡設育嬰堂，詳請巡道周立瀛、飭同知陳培桂、紳董、曾世霖、胡雲章、王世錞、任潢、林運昌等，籌辦經費，定章立案。堂屋二進外，建牌坊一座，前為大門，左右兩廊，天井中為正廳，旁為堂董辦事房，後廳外牆屋，為乳婦育嬰室。再後有小庫一間，為貯穀之倉。大門外有小庫屋一植，賃人住居。……自趙前守向舉董事二人，一駐堂，管理出入嬰孩，監察乳婦。一經理，銀錢收支，及造女嬰衣裙。各支月薪，錢六千四百文。用堂丁二名司看門，兼雇乳婦抱嬰出入寄養，及收租穀等事，每名月給工食錢四千文。雇乳婦四人，堂內駐養，每人月給乳資伙食錢五千四百文。[35]

同治《淡水廳志》記：

育嬰堂，一在塹城南門內龍王祠左畔，購汪姓屋改造。一在艋舺甲街學海書院後，購黃姓地基新造，俱同治九年官紳倡捐合建。艋舺詳定撥三郊洋藥抽分每箱四圓之半、塹垣亦撥船戶抽分之半，以充經費。又擺接堡育嬰局，系業戶林本源集捐辦理，始于同治五年，廳中無案。[36]

民國《平潭縣誌》記：

保嬰局，清同治八年，同知李煐菡任一載，痛潭民生女多溺死，

---

[34] 引自民國《霞浦縣誌》，下冊，第 66 頁，福建省霞浦縣地方誌編纂委員會 1986 年 4 月整理本。

[35] 引自民國《南平市志》，第 590 頁，福建省南平市地方誌編纂委員會 1985 年 5 月整理本。

[36] 引自同治《淡水廳志》，第 116 頁，《臺灣文獻叢刊》第 172 種。

出示嚴禁，犯者無赦。一面督同士紳，分向十二區勸募，得二千餘緡，設局五福廟後殿。凡貧民生女無力撫養者，向局領錢四千文，以資撫育。委紳董其事。自此溺女之風，為之頓息。無何，管理者未盡得人，款多虛耗。至光緒間，遺存不敷開支，當其事者急於籌補，將款移歸興文書院，局遂關閉。現五福廟後牆石，尚存「保嬰局」二字。[37]

光緒《馬巷廳志》錄《馬巷育嬰堂碑記》記：

馬巷溺女之風甚熾。顧自乾隆甲午移轄至道光戊申，相距七十稔，金門始設堂育嬰，而馬巷仍無聞。同治癸酉，錢塘洪君麟綬來倅是廳，軫念民依，倡捐廉泉千串，又撥贓罰壹百貳拾串，募捐殷戶陸百串，抽捐當厘、布稅二千餘串，乃謀諸紳者，就廳署之東，擇地營建。堂坐北朝南，周圍廣約四十餘丈，繚以高垣。前為頭門三間，中為室如之，正祀臨水夫人。左祀洪君，禮也，右祀福德神，循常例也。臨街左右各有門，迤邐旁通，則兩花廳在焉。室後天井，果木叢發。又後有平屋九間，可畜乳媼。此外東西相對，復有平屋各二，小廂房各一，朝南房各一，牆留夾道，徵者居之。蓋自祀神、宴客、寓人、辦公、以訖為庖為湢，罔不工堅料實，輪奐有加。經始於癸酉六月，至次年九月落成。凡土木磚石、灰瓦丹漆之需，靡金錢二千四百緡有奇。又設分堂，一切更靡一千八百緡有奇，略及所捐募之數，其常年支銷，則別籌當利。房租、土布各捐，約可得錢八百餘緡，則聞風興起，好善者各有同心也。[38]

同治癸酉為同治十二年（1873）。

民國《武平縣誌》記：

六甲育嬰堂。清咸、同間，洊遭兵焚後，溺女之風甚熾。光緒初，諸生林耀南、溫華等倡捐募建養堂於秉正局對門。適當六甲市廛中央，規模稍小。光緒十三四年，林仰南等改建於公局後方。棟

---

[37] 引自民國《平潭縣誌》，第 240 頁，福建省平潭縣地方誌編纂委員會 1990 年 1 月整理本。

[38] 引自何丙仲：《廈門碑誌彙編》，第 127 頁，北京，中國廣播電視出版社 2004 年 7 月版。

宇弘敞，設備周至，送育者年十餘人或二十餘人。知縣唐志燮獎
聯有「保茲蒼赤，備厥玄黃」云。[39]

光緒《澎湖廳志》記：

育嬰堂，在媽宮城內。前系紳士捐資創設，監生林瓊樹董其事。
嗣後歸廳辦理。所有店業及借戶租息，每月收錢二十六千九百余
文。又奉文每月于鹽課項下，撥出銀五十兩，以後給育嬰諸費，
而養濟附焉。查光緒十八年十二月，現存女嬰三十三名。每名月
給口糧八百文。凡新報者，每名賀錢六百文，裙帳二副（錢約近
二百文），皆以原母養原女八個月，則截止不復給矣。計開：堂
內管賬月支錢六千文；堂丁二名，月支工食二千文；書辦月支紙
張銀五百文；又雜費四千八百五十文。又分恤養濟院孤貧，現存
孤貧一百九十名，每月每人給錢三百文。如有病故者，每名恤錢
四百文，均每月造報花名清冊，送藩司、總鹽局及鎮府衙門備查。
[40]

朱幹隆《兼善集·序》記：

光緒丙子餘中飛語去官，而育嬰（按，指籌設育嬰堂之事）遂寢。
辛巳事白復宰斯邑。邦人士咸欣然來告，以四君子之善政前公已
行其三，惟育嬰待舉，今五年公複來，公烏得無情哉，余即捐廉
以為倡，邦人士咸踴躍田租，傾囊以襄事，於是書院義學、義倉、
義渡、育嬰諸善政得以先後興焉。[41]

光緒丙子、辛巳分別為 1876 年、1881 年。《兼善集》所收朱幹
隆為倡設彰化育嬰堂的呈文裡有「卑邑地方遼闊、民煙稠密、風
俗□澆不一，而於溺女之風尤甚，從前城內設有育嬰堂一所」之
語，由此可知，光緒以前彰化先有育嬰堂一所，其年代失記。

二

---

[39] 引自民國《武平縣誌》，第 393 頁，福建省武平縣地方誌編纂委員會 1986 年 12 月整理本。

[40] 引自光緒《澎湖廳志》，第 77 頁，《臺灣文獻叢刊》第 164 種。

[41] 引自朱幹隆：《兼善集》，光緒八年「三山吳玉田鐫字」本。

　　上節羅列了清代福建救濟女嬰的育嬰堂及其同類設施的相關史料，本節擬討論其相關問題。此即梁啟超所謂「羅列事項之同類者，為比較的研究而求得其公則」[42]也。

（一）上承的歷史傳統

　　日本學者夫馬進教授在其名著《中國善會善堂史研究》裡指出：「清代人普遍認為育嬰堂是宋代慈幼局的繼承者」[43]。在舉證方面涉及福建的有民國《連江縣誌》卷二十「育嬰堂」條下的「雍正二年奉旨建。略仿宋制，郡縣各設慈幼局」一語。夫馬進教授據此認為「育嬰堂是宋代慈幼局的繼承者」的看法「一直持續到民國時期」。[44]

　　實際上，清代閩人還有另外一種普遍的看法：育嬰堂是宋代舉子倉的繼承者。康熙年間潘拱辰《生生所記》、乾隆《泰寧縣誌》關於育嬰堂的記載都表述了此一看法。此一看法也「一直持續到民國時期」。例如，民國《南平縣誌》於「舊育嬰堂」條下記：

> 宋有舉子倉，嘉泰間，知州事葉筠建。又有提舉司舉子倉，嘉定間，知州事劉允濟建。[45]

　　關於宋代舉子倉，明嘉靖《邵武府志》記：

> 王洋，字元渤，楚州人。紹興間知軍州事，有吏才。俗生子多不舉，洋奏立舉子倉，凡貧民當產者，例以錢米給之。[46]

　　康熙《寧化縣誌》記：

> 前此又有舉子倉凡四：一在龍上里黃土寨，一在新村里鷲峰院，一在招賢里寶地池寺，一在柳揚里三溪寨（今隸歸化）。此則宋紹興五年事也，時楚州人王洋知邵武軍事，以建、劍、邵、汀四

[42] 引自梁啟超：《清代學術概論》，第 44 頁，北京，東方出版社 1996 年 3 月版。
[43] 夫馬進：《中國善會善堂史研究》，第 143 頁，北京，商務印書館 2005 年 6 月版。
[44] 夫馬進：《中國善會善堂史研究》，第 126 頁，北京，商務印書館 2005 年 6 月版。
[45] 引自民國《南平市志》，第 589 頁，福建省南平市地方誌編纂委員會 1985 年 5 月整理本。
[46] 引自嘉靖《邵武府志》，第 434-435 頁，北京，方志出版社 2004 年 8 月版。

州細民生子多不能舉，奏立舉子倉。逐鄉置倉積穀，凡貧民受孕者，五月以上書之籍，至免乳日，授以米一石三斗焉。顧不知當時積穀之法，或分支於官租，或措設於良有司耳。但紹興之初，草創戎馬，乃留念窮鄉之赤子，君臣存心如此，即偏安數百十年，豈為幸乎！今雖代異事泯，不敢不志其名以告後世也。[47]

據明代福建省志《八閩通志》，宋代福建建寧、汀州、邵武、延平四府設有舉子倉107所。[48]

舉子倉創辦的宋紹興五年（1135）比慈幼局始設的咸淳元年（1265）要早130年。

（二）因應的社會問題

潘拱辰《生生所記》描述的「凡貧民生子不能畜者，多溺不舉，而女尤甚」的社會問題本身包含了親子關係上「人倫道喪」的問題；由溺棄女嬰的社會問題又引發了「邑民之無室者十人而五」即人口性別比嚴重失調、以及兩性關係上「人倫道喪，風俗不可問矣」的更為嚴重的社會問題。

顯然，育嬰堂及其同類設施是因應溺棄女嬰的社會問題以及由此包含和引發的人口性別比失調、風俗道德敗壞的社會問題而產生的，是以「收養棄女」即救濟女嬰為主要功能的設施。福建地方官、紳建置育嬰堂及其同類設施的動作往往同禁誡溺女的動作相配合。松溪縣「楊生汝霖以教授資斧，慷慨建置一椽於城西，而命之曰『生生所』」，松溪知縣潘拱辰《生生所記》「輾轉告誡」，「惟望邑之人，亦以楊生之心為心」，即其例也；陳汝咸在漳浦知縣任上「禁溺女」並「創育嬰堂」，李斯義在福建巡撫任上「嚴溺女之禁，創育嬰堂」，亦其例也。另一方面，福建地方官、紳救濟女嬰的動作往往針對當地溺棄女嬰的社會問題。例如，乾隆年間蔡琛在「分巡興泉永道」任上，「偶因祈禱雨澤，行歷郊

---

[47] 引自康熙《寧化縣誌》，第432頁，福州，福建人民出版社1989年12月版。

[48] 請參見黃仲昭：《八閩通志》，下冊，第423-437頁，福州，福建人民出版社1991年6月版。

野，見道旁有遺棄之嬰兒，野外多未埋之骸骼，而羸老孤貧，又復乞憐號泣，心竊怒焉傷之。細求其故，蓋廈門內接漳、泉，外達澎、台，四方來往者，實繁有徒。一旦旅抵無依，非零落于陌路，即轉死於溝壑，勢使然也。而閩人習俗，凡女子遣嫁，夫家必計厚奩，故生女之家，每斤斤於日後之誅求，輒生而溺斃；更貧乏者，忖不能自存，並生男而溺之。余思天性寡恩，大乘倫理，異鄉失路，誰切饑溺？因與廈防黃司馬謀興善濟堂以代其養。」[49]蔡琛「日遣人挑箱巡視，遺棄孩，輒收養之」的動作針對的當然是「道旁有遺棄之嬰兒」的狀況。乾隆年間，吳宜燮在尤溪知縣任上作《戒溺女歌》，詩曰：

> 天地由來德好生，父天母地古今名，是男是女皆吾子，胡為生死昧其情？世間不少傷心事，無過溺女最堪驚。
> 氣欲閉，口難開，才出胞衣無罪孽，頓遭毒手赴泉台。亦有懷胎十月苦，回首怎不肝腸摧？
> 盍念父母亦生我，愛我如同掌上珠；設使當年遭此溺，於今阿母有誰呼？勤耕力織堪撫育，憂貧憂累何其愚？
> 或冀生男先棄女，忍心害理鬼神誅。螻蟻尚有貪生意，矧此呱呱血肉兒。
> 此兒飲恨吞聲去，此冤此孽常相隨。籲嗟乎！燕雀愛其雛，日夕不忍離；猛虎猶抱子，依依乳哺時；豈靦然人面人心而反不如禽獸之仁慈？
> 勸吾民，聽吾歌而猛省，撫清夜而尋思。自今以往長相保，毋相遺，共承天地福無涯。[50]

吳宜燮「勸吾民，聽吾歌」，針對的亦是當地溺棄女嬰的社會問題。

臺灣的相關狀況可以從另一個側面說明溺棄女嬰的社會問題同救濟女嬰的動作之間的關係。

乾隆《鳳山縣誌》引《臺灣府志》記：

---

[49] 參見民國《廈門市志》，第 465 頁，北京，方志出版社 1999 年 5 月版；何丙仲：《廈門碑誌彙編》，第 110-111 頁，北京，中國廣播電視出版社 2004 年 7 月版。
[50] 引自民國《尤溪縣誌》，第 590 頁，福建省尤溪縣地方誌編纂委員會 1985 年整理本。

直省各州、縣並設普濟、育嬰二堂，台郡以在海外獨闕。顧臺地
土著者少，戶口未繁，嬰孩從無棄者。惟流移孤獨，恒不免轉死
溝壑。[51]

針對此一情況，乾隆十一年，巡台禦史六十七、范咸命建普濟堂而
未設育嬰堂。據我聞見所及，清代臺灣地方文獻明確記載的育嬰堂包括：

1、唐贊袞《台陽見聞錄》記載的「始自咸豐四年」的「台郡育
嬰堂」即臺灣府育嬰堂，址在台南；
2、同治《淡水廳志》記載的「始于同治五年」的「擺接堡育嬰
局」，址在擺接堡；
3、同治《淡水廳志》記載的「同治九年官紳倡捐合建」的「育
嬰堂」，址在「塹堡」即新竹；
4、同治《淡水廳志》記載的「同治九年官紳倡捐合建」的「育
嬰堂」，址在「艋舺」即臺北；
5、朱幹隆《兼善集》記載的建於光緒八年的育嬰堂，址在彰化；
6、光緒《澎湖廳志》記載的育嬰堂，址在「媽宮城內」即澎湖。

以上育嬰堂均建於「咸豐四年」（1854）以後。其時，臺灣社會正
逐步從移民社會向定居社會過渡。

陳孔立《清代臺灣移民社會研究》謂：「大約在 1860 年前後，臺灣
從移民社會過渡到定居社會」，人口增長方式從人口移入增長逐步轉爲
人口自然增長。[52]

臺灣社會在實現從移民社會到定居社會的轉型以後，才普遍發生溺
棄女嬰的社會問題，由此才有普設育嬰堂的狀況。

（三）早期的推展情況

夫馬進教授謂：

福建省自古以來就以溺女之風的盛行而聞名。但在本研究所涉及

的 52 處州縣之中，在雍正二年發佈設立育嬰堂的上諭之前，只有清流縣設有一處建於康熙四十五年的育嬰堂。這與康熙年間廣泛設立育嬰堂的江蘇省和浙江省形成鮮明對照。為什麼福建省很晚才設立普濟堂呢？民國《霞浦縣誌》中有如下的記載：「溺女之習，寧郡（福甯府）尤甚。嬰堂、嬰社之設，吾寧無此財力，驟難集事。」

即福寧府因為無法籌集到建設所需資金，所以即使在附郭的霞浦縣也沒有設立育嬰堂（善堂）和育嬰社（善社）。[53]

與夫馬進教授的結論稍有不同，本文的研究表明，清代康熙年間福建的育嬰堂及其同類設施至少有松溪生生所、漳浦育嬰堂、長泰育嬰堂、清流育嬰堂以及福建巡撫李斯義「創設」的「育嬰堂」。從李斯義以福建巡撫之尊「嚴溺女之禁，創育嬰堂，收養遺孩，檄行八郡，全活甚眾」一語看，李斯義創建以及福建八郡奉其「檄文」建置的育嬰堂，應當不止一所。

（四）官方的主導作用

在清代福建各地建置育嬰堂及其同類設施的歷史過程中，官方的主導作用是顯而易見的。

官員以個人身份參與的事例暫且旁置不論，官方將建置育嬰堂及其同類設施視為公務活動或行政行為的事例亦不勝枚舉。

例如，清代福建各地官修的方志將育嬰堂及其同類設施列入「惠政志」，乃是將建置育嬰堂及其同類設施視為公務活動和行政行為的明顯證據。

又如，清代福建官方行政法規彙編《福建省例》收有乾隆三十三年（1769）制定的《育嬰堂條規》，其文有「通行各屬，凡有育嬰堂之處，一體飭行，實心經理，毋稍忽廢弛，虛應故事，致干察究」[54]之語，顯

53　夫馬進：《中國善會善堂史研究》，第 804-805 頁，北京，商務印書館 2005 年 6 月版。

54　引自《福建省例》，第 473 頁，《臺灣文獻叢刊》第 199 種。

示了行政干預的力度。

又如，乾隆年間，楊景素在「汀漳龍道」任上建漳州育嬰堂，並撰《碑記》云：

> 漳俗多溺女者，余心為惻然，謂此非牧民者責耶？爰集郡、縣諸長，謀所為收恤計，及建育嬰堂，如京師、吳會諸地例，官出俸錢倡始，歲率為常。[55]

又如，朱幹隆《兼善集》所收彰化縣《育嬰堂章程》乃經彰化知縣、臺灣知府和臺灣道一一審核批准，臺灣道並且「匯核各省所形成規，參酌損益，另議章程八條」。[56]

（五）祀神、僑捐、賀錢、抄產等特殊事項。

1、祀神

道光《廈門志》和民國《廈門市志》記廈門育嬰堂名「注生祠」；道光《金門志》記金門育嬰堂「堂中祀子孫娘娘」（按，「子孫娘娘」當是採訪者誤記「注」為「子」的文讀音、誤記「生」的諧音為「孫」而來，「子孫娘娘」應是「注生娘娘」），所收《（金門）育嬰堂條規》內云：

> 如有人求名、求壽、求嗣，發願買救命若干，聽其到神前貼白願救幾命，將所費陸續交繳，願滿之日，將白勾完存局，榜示聞眾。可兩人共行，可一人獨舉，可量力而止、可計時而歸，較之刻文印送，其行事尤為著實，獲福更靡涯矣。[57]

所收《（金門）育嬰堂》碑記則有「以四月二十一日迓神入祀」[58]之語；《馬巷育嬰堂碑記》記堂中「正祀臨水夫人。左祀洪君，禮也；右祀福德神，循常例也」，又記「臨水夫人三位，每年正月十五日、二月二十三日、九月初九日壽辰，每次定用錢壹千陸百文，共用錢肆千八百

---

55 引自《宓庵手抄〈漳州府志〉》，第 110-111 頁，漳州市圖書館 2005 年 8 月影印本。

56 引自朱幹隆：《兼善集》，光緒八年「三山吳玉田鐫字」本。

57 引自道光《金門志》，第 73 頁，《臺灣文獻叢刊》第 80 種。

58 引自道光《金門志》，第 74 頁，《臺灣文獻叢刊》第 80 種。

文」;[59]（按，傳說中正月十五日爲臨水夫人的誕辰，而三月二十三日和九月初九日分別爲媽祖的誕辰和升化日，這裡所記「臨水夫人三位」應包括有媽祖）；《新竹縣制度考》所收《育嬰堂遞年應收各款及開銷條目》（按，文中題及「林亦圖」之名，林亦圖字維丞，係光緒年間新竹縣附生）有「育嬰堂內油、香全年六元」[60]的記載，由此可知堂內供有神明。

清代福建育嬰堂及其同類設施「迓神入祀」，供奉注生娘娘、臨水夫人、媽祖一類傳說中的婦嬰保護神或具有婦嬰保護功能的神明，是愛護女嬰之良善用心的表現。遇有「到神前貼白願救幾命」以「求名、求壽、求嗣」者，其交繳的錢銀又可供收養女嬰之資，亦籌措善款之道也。

2、僑捐

新修《安海志》記：

> 倪人俊字子范，清道光年間人，性仁慈好善。其時溺女嬰之風甚盛，野井山溝，嬰或常見。人俊目擊心傷，惻然以拯救難嬰爲已任。于道光二十四年甲辰（1844）邀集地方善士開設育嬰堂。人俊毅然渡洋，於新加坡、泗水、菲律賓一帶籌集經費。華僑踴躍輸將，該堂俾得發展，先後活嬰無數。其後輩亦能繼承美德，樂善為懷，值得稱頌。[61]

葉文瀾《（廈門）育嬰堂記》記：

> （廈門育嬰堂）自壬戌迄辛未，短 1.2 萬兩有奇。余偵其情，又不得不獨立措墊，然前虧既補，後顧茫然。適余有南洋之行，渡滬濱，逾暹、臘，募同鄉之為寓公者，遂合資置產為久長計。[62]

上記「自壬戌迄辛未」爲同治元年迄同治十年（1862－1871）。葉文瀾赴南洋籌集僑捐以充育嬰堂經費當是同治十年（1871）至光緒八年

[59] 引自何丙仲：《廈門碑誌彙編》，第 129-130 頁，北京，中國廣播電視出版社 2004 年 7 月版。

[60] 引自佚名：《新竹縣制度考》，第 89 頁，《臺灣文獻叢刊》第 101 種。

[61] 引自新修《安海志》，第 356-357 頁，福建省晉江市《安海志》修編小組 1983 年 9 月編印本。

[62] 引自民國《廈門市志》，第 466 頁，北京，方志出版社 1999 年 5 月版。

（1882）間的故事，所到之「暹、臘」即暹羅（今之泰國）、真臘（今之柬埔寨）也。

3、賀錢

光緒間彰化生員蔡占鼇（家住大肚溪上保鼇頭街）「為重修育嬰堂捐租濟費」的稟文謂：

> 竊以為閭閻之大，貧富不齊，生靈之繁，男女無異。而世反以為生男可慶、生女可悲，甚至一舉弄瓦竟有溺水而不顧者。仁人聞之實以傷心。[63]

針對「以為生男可慶、生女可悲」的世俗偏見和溺女陋習，澎湖育嬰堂為新生女嬰專門設立「賀錢」：「查光緒十八年十二月，現存女嬰二十三名，每名月給口糧八百文。凡新報者，每名賀錢六百文，裙帳二副（錢約近二百文），皆以原母養原女八個月，則截止不復給矣」。

4、抄產

據《兼善集》所收相關檔，光緒八年（1882）朱幹隆在彰化知縣任上報經臺灣道、府批准，「將戴案抄封莊天賜瓦房改作育嬰堂」，即將抄產充為育嬰堂的房產。

另外，朱幹隆還報經臺灣道、府批准，將民事訴訟雙方（姚乞與王金鋼）「爭管」的「厝屋」一座，「充入育嬰堂，年收租稅以為經費」。[64]

這是官方利用司法手段推動育嬰堂事務的事例。

2006 年 9 月 3 日午夜

---

[63] 引自朱幹隆：《兼善集》，光緒八年「三山吳玉田鑴字」本。
[64] 引自朱幹隆：《兼善集》，光緒八年「三山吳玉田鑴字」本。

赤腳婢、奶丫頭及其他

——從晚清詩文看閩、台兩地的錮婢之風

乾隆《福州府志》記：

> 張伯行，字孝先，儀封人。康熙乙丑進士。四十六年，巡撫福建。……閩俗買貧女為婢，凡男子勞役，悉以屬之，婢有至無齒不嫁者，或鬻之尼院，得價倍，而弊乃甚於錮婢矣。伯行諭令贖歸，間或分俸代為償而歸之，特嚴幼女為尼之禁，民感其義，俗遂革。[1]

這裡所記「買貧女為婢，凡男子勞役，悉以屬之，婢有至無齒不嫁者」，是為「錮婢」；「贖歸」和「償而歸之」，即償還贖金、令婢婚配（歸，女子出嫁也，《詩·周南·桃夭》：「之子于歸，宜其室家」）；康熙四十六年為 1707 年，張伯行時在福建巡撫任上。

光緒元年（1875），王凱泰以福建巡撫移駐臺灣，亦不幸而見錮婢之風盛行的狀況。其《臺灣雜詠三十二首》有詩並注云：

> 夭桃莫賦女宜家，韻事徒傳竹裡茶。少小為奴今老大，星星霜鬢尚盤鴉（錮婢之習，台郡尤甚）。[2]

從福建巡撫張伯行到福建巡撫王凱泰，亦即從清代前期迄於清代晚期、由閩省內地至於閩省臺地，錮婢之風並未止於一時一地也。

本文擬從晚清（道光朝至宣統朝）部分詩文看閩、台兩地的錮婢之風。

一

1 引自乾隆《福州府志》，上冊，第 91 頁，福州，海風出版社 2001 年 7 月版。
2 引自《臺灣雜詠合刻》，第 44 頁，《臺灣文獻叢刊》第 28 鐘。

福州詩人劉家謀於 1849－1853 年任臺灣府學訓導並卒於任。

劉家謀「留心文獻，所至則搜羅掌故，……于地方利弊尤惓惓焉」。[3]其在台詩有多種涉及錮婢之風。

劉家謀《觀海集》[4]有《赤腳苦》詩並注云：

> 縛腳歡樂赤腳苦，幼別耶孃去鄉土。一生冷落不知春，霜雪埋頭死無數。豈無浪合野鴛鴦，賤辱詎異青樓倡。生兒不得置懷抱，乳渾還為他人將。籲嗟呼！鳥雌思雄獸求牡，舞蝶遊蜂亦有偶。誰謂嫺兮獨否否，嫺兮何以稱珠母。籲嗟呼！嫺兮何以非珠母（小腳曰縛腳，大腳曰赤腳。婢皆大腳，老不遣嫁，聽其野合生子。既生則去子留母，使乳已子，或鬻他人得重償，謂之乳嫺。嫺，音如簡）。

其《海音詩》有詩並注云：

> 婢作夫人固有時，江沱江汜亦何辭。獨憐赤腳廚頭走，垂白無因著履綦（大腳者，曰赤腳；小腳者，曰縛腳。婢皆大腳跣足，或指配與人，始得穿履，而執役依然。錮婢之風，豪富家尤甚，不能禁其奔也）。[5]

「赤腳」是婢女的賤稱之一，梁章鉅《稱謂錄》：「《鶴林玉露》：『楊誠齋退休南溪之上，老屋一區，僅蔽風雨，長須赤腳，才三四人。』案，長須為奴，赤腳為婢」；[6]「嫺音如簡」，即「嫺」讀如「簡」之福州方言或閩南方言的白讀音[kan]。

劉家謀詩記錄了如下情況：

1、「赤腳苦」與「執役」

劉家謀詩題「赤腳苦」即「赤腳婢苦」也。

婢女多不纏足，因而有「赤腳」、「赤腳婢」、「大腳婢」一類賤稱。我曾在《從台南石姓某家的戶籍謄本看日據時期臺灣社會的若干情

---

[3] 謝章鋌：《賭棋山莊稿本》，第 1 冊，第 77 頁，南京，江蘇古籍出版社 2000 年 11 月版。

[4] 清咸豐戊午（1858）刻本。

[5] 劉家謀：《海音詩》，引自《臺灣文獻叢刊》，第 28 種，第 16 頁。

[6] 梁章鉅：《稱謂錄》，第 474 頁，福州，福建人民出版社 2003 年 12 月版。

況》一文指出：

> 纏足使得纏足婦女的生活能力和勞動能力大為減損，如林琴南
> （1852－1924）《小腳婦》詩所寫：「小腳婦，誰家女？裙底弓鞋
> 三寸許，下輕上重怕風吹，一步艱難如萬里。左靠嬢嬢右靠婢，
> 偶然蹴之痛欲死」。「破屋明斜陽，中有賢婦如孟光。搬柴做飯長
> 日忙，十步九息神暗傷。試問何為腳不良？婦看腳，淚暗落，纏
> 來總悔當時錯」。出於勞動的需要，查某嫺是不纏足的。石姓某
> 家的查某嫺四人（均不纏足）是一個集體的證明。[7]

在閩南方言裡，婢女稱「查某嫺」。如劉家謀所記，「婢皆大腳」乃
出於「執役」之需要。

2、「婢作夫人」與「執役依然」

婢女「或指配他人」，在主家「執役依然」。顯然，婢女不離主家而
「指配他人」，指配的應是主家的男性奴僕。「婢作夫人」即婢女婚嫁後，
其為人奴僕、聽人使役的狀況依然不變。

3、「野合生子」與「去子留母」

婢女年屆婚齡多不遣嫁，間或有「野合生子」之事，「既生則去子
留母，使乳己子，或鬻他人得重償，謂之乳嫺。」

「乳嫺」又稱「乳婢」、「奶丫頭」。「生兒不得置懷抱，乳湩還為他
人將」是乳嫺（乳婢、奶丫頭）悲慘遭遇的寫照，令人讀而發「籲嗟呼」
之歎！

比劉家謀稍早，道光十三年（1833）陳盛韶「調臺灣署鹿港廳事」，
其《問俗錄》裡亦有關於「奶丫頭」的記錄，其文曰：

> 使女曰丫鬟，閩人曰丫頭，乳姆曰奶娘，閩人曰奶媽。臺灣別有
> 奶丫頭。使女未嫁，未學養子，奶汩汩然出，諱莫如深。曷為乎？
> 炫玉求售，自詡為奶丫頭也。使女終其身，主人不嫁賣，不管束，
> 聽其野合，不以私胎為嫌，生女或致之死，生男或所私者抱去，
> 不則，主人仍育為奴。於是丫頭有奶，乳哺四雇，別其名貴其值，

7 引自拙著《閩台歷史社會與民俗文化》，第 27-28 頁，廈門，鷺江出版社 2000 年 8 月版。

曰奶丫頭。人無貴賤，得天之理與氣，羞惡之心，情欲之感，則一嫁不及時，淫奔媾而羞恥喪，人道類於禽獸。守令者，風俗之表率，必淳淳教誡，使及時嫁賣。不聽即懲以重刑，匪特敝俗可革而息，閨中怨氣，轉釀為太和，未嘗非積善余慶之一端。[8]

陶浚宣的《鷺江老婢行》和《續老婢行》記錄了婢女和婢女生活的別外兩種類型。

據尚小明《清代士人遊幕表》，陶浚宣（1846－1911），字心雲，號稷山，浙江會稽人，1876 年舉人，曾先後游於江蘇學政王先謙、兩廣總督張之洞幕中。[9]另據民國《廈門市志》，陶浚宣於光緒二十六年（1900）流寓廈門。[10]

民國《廈門市志》記：

> 錮婢之風氣，會稽陶浚宣著有《鷺江老婢行》二首，詞意淒惋，不堪卒讀，洵有心人也，爰全錄之。詩云：「人生有母子，貴賤理亦齊。賣女與鷺鄉，白首終養廄。自幼入君門，汲爨寧所辭。常忍凍與饑，敢逃鞭與笞。十五學梳頭，赤腳羞弄姿。顧我笑終風，下體憐葑菲。既荷主人恩，又怵主人威。此身屬君家，焉能自主持。女蘿附松柏，高下終連枝。薛荔多旁生，鴛鴦效兩栖。妾身未分明，兒身無是非。癡心聽嬌兒，加意相提攜。誰制主僕禮，不念劬勞詩。生男繡作褓，生女錦為褵。啼笑坐中堂，阿母侍階墀。呼同臧若獲，驅類犬與雞。本是房中老，長教灶下炊。伯勞逐燕飛，比翼終參差。主恩一朝斷，棄我忽如遺。落花辭故枝，茵溷隨風吹。覆水大海中，寧問流東西。兒女看成行，骨肉若路歧。小兒不解語，大兒知牽衣。問娘往何處，歸買棗與梨。明知永不返，還顧兒悲啼。出門復入門，兒女終無知。吞聲摧肺肝，兒女為酸淒。俯仰予一身，不如老寡妻。紅顏多錯忤，皓首終誰歸？吾聞春秋義，母貴貴以兒。嫡庶有明分，毛里無差池。覆育生我恩，胎養皇天慈。奈何薆懿親，天屬忍仳離。大婦非關

8　引自陳盛韶：《問俗錄》，第 128 頁，北京，書目文獻出版社 1983 年 6 月版。
9　參見尚小明：《清代士人遊幕表》，第 254 頁，北京，中華書局 2005 年 3 月版。
10　參見民國《廈門市志》，第 685 頁，北京，方志出版社 1999 年 5 月版。

妒，陋俗視無奇（俗謂之去母留子）。聖朝崇孝治，膚髮追所貽。推恩生身母，褒禮通尊卑。誥封九天錫，服制三年衰。漳泉文明地，閩海宏安溪。錮成無母邦，天怒鬼神嗤。革俗責士紳，屬禁申官司。起化原『二南』，君子鑄九夷。六沴蕩和氣，天網終恢恢。人禽幾希界，水木 本源思。」《續老婢行》云：「造化肇夫婦，一陰儷一陽。帝王重怨女，無俾『摽梅』傷。婢養亦人子，憔悴成孤凰。我欲膚此曲，此曲摧心腸。主母吼若虎，主父狠似狼。父母生我時，愛惜過弄璋。自昔罹喪亂，割肉投蠻鄉。賣兒幾多錢，敢怨爺與娘。高天晨鳥飛，翼翼看雙翔。仰視近卉榮，花葉自相當，天桃灼灼明，照眼春風狂。繁華坐銷歇，安能常芬芳。神仙自小姑，居處豈無郎。天上牽牛星，歲歲遙相望。阿妹美姿首，高價千金賞。流涕壓針線，代理嫁時裝。鴛鴦七十二，戶戶列成行。大婦綴珠瑙，小婦帶流黃。老婢無所為。滅燭還空房。房中何所有，舊制羅襦裳。羅襦久不施，掩鏡洗紅妝。涼風起天末，白露秋為霜。雙鬢何窈窕，鬢底星星蒼。為女不為婦，未嫁若未亡。聖代仁萬物，宮怨鑒漢唐。及時放掖庭，不令老嬪嬙。錮婢國所禁，刑律憲有章。女嫁二十期，逾時為不祥。擇對稱靈癡，休爭聘短長。人生貴知類，貴賤同倫常。已身及已女，衿悅百兩將。若非女兒身，對鏡理不盲。孤陰久為屬，元氣愁隱妨。郁成長憾天，日月無圓光。呼龍吸海水，穢俗蕩泉漳。有情皆滿願，諫石補天荒。」[11]

陶浚宣《鷺江老婢行》和《續老婢行》分別描述了漳、泉、廈地區的如下情況：

1、「身屬君家」與「去母留子」

梁章鉅《稱謂錄》記：

> 《漢書·王吉傳》：「王崇謝病乞骸骨，王遣就國，歲餘，為傅婢所毒。」《注》：「師古曰：傅婢者，傅相其衣服衽席之事。」《顏氏家訓》：「不及傅婢之指揮。」[12]

---

[11] 引自民國《廈門市志》，第 714-715 頁。

[12] 梁章鉅：《稱謂錄》，第 475 頁，福州，福建人民出版社 2003 年 12 月版。

在閩南方言裡，傅婢稱「姐」（音如普通話「這」的口頭讀音，但不翹舌），指稱的亦是同主人有私密關係乃至性關係的婢女。如陶浚宣所記，「十五學梳頭，赤腳羞弄姿。顧我笑終風，下體憐菲菲。既荷主人恩，又怵主人威。此身屬君家，焉能自主持。女蘿附松柏，高下終連枝」是年屆婚齡的婢女同主人之性關係的寫照。傅婢生育兒女後，聽人使役的狀況依然不變：「呼同臧若獲，驅類犬與雞」（《稱謂錄》：「罵奴曰臧，罵婢曰獲」[13]）。傅婢在主家的地位低下，而其低下的地位亦是朝夕不保的；「主恩一朝斷，棄我忽如遺。」一旦傅婢被逐出主家，其兒女卻必須留在主家，「俗謂之去母留子」！

2、「爲女不爲婦」、「未嫁若未亡」

《續老婢行》裡的老婢，屬於嫁期被耽誤（「女嫁二十期，愈時爲不祥」）、婚姻生活甚至性生活權利亦被剝奪（「爲女不爲婦」）的「怨女」。終其一生，「未嫁若未亡」。

二

婢女的遭遇引起眾多詩人的同情，婢女問題則引起官、紳的關注。

例如，在《詩畸》[14]所收以《逃婢》爲題的詩作裡，諸詩人爲婢女設想了「出籠灶下飛嬌鳥」的出路。

閩縣鄭棧（肎彭）詩云：

青衣蹤跡不分明，花下更番覓紫櫻。失去任嘲劉禹錫，跪余忍棄鄭康成。不知赤腳誰新主，疑與蒼頭有舊盟。儻入侯門猶幸事，蕭郎無奈苦鍾情。

臺灣丘逢甲（仙根）詩云：

青衣暗脫出門初，懶向妝台作侍書。五夜添香心已逸，雙丫就道膽猶虛。出籠灶下飛嬌鳥，漏網泥中走小魚。怕有多情阮遙集，

---

[13] 梁章鉅：《稱謂錄》，第470頁，福州，福建人民出版社2003年12月版。
[14] 清光緒癸巳（1893）年刻本。

追回人種急騎驢。

灌陽唐景崧（南注）詩云：

> 櫻桃花底避人行，團扇前宵影尚明。魚婢杳然流水跡，鸚哥猶作下簾聲。賣珠猶憐如兒女，粘貼教人識姓名。最苦閨娃相伴久，青衣空掛不勝情。

又如，光緒年間馬子翊《台陽雜興三十首》有句質問錮婢之家云：

> 底事豪門偏錮婢，秋風蕭瑟若未情。[15]

又如，宣統年間，臺灣新竹詩人鄭珍甫（神寶）有《老婢》詩對怨曠婢嫗寄寓同情，詩云：

> 薄命如花不自愁，泥中逢怒幾春秋。添香掃地無多事，且伴經神到白頭。[16]

劉家謀曾記錄官、紳誡禁錮婢之風的三個事例，其《海音詩》有詩並注云：

> 可憐十曲已嘘唏，再到堂前筆已譏，辛苦吳航柯博士，載將怨女滿船歸（周潤東太守彥有《十可憐》之歌，戒錮婢也。鄭六亭廣文《再到堂筆錄》亦譏之，以為士大夫家何苦為此徒作冤孽以貽後耳。長樂柯義周廣文龍章嘗掌教崇文書院，將歸，載婢數十人於內地嫁之，誠苦海慈航也）。[17]

與劉家謀幾乎同時，梁章鉅於道光二十四年（1844）在福建浦城縣養病期間，亦有詩、文誡禁錮婢之風並記其「遣婢」善舉：

> 驚心薄俗太支離，失笑高門半守雌。一紙厄詞何足算，三年五度遣楊枝（浦城錮婢之風，牢不可破。余曾撰《錮婢說》一篇，以代暮鼓晨鐘，乃殊少警覺者。余到浦甫三年，而遣婢至五次，皆

[15]　馬子翊：《台陽雜興三十首》，引自《臺灣文獻叢刊》，第28種，第60頁。
[16]　引自蔡汝修編：《台海擊缽吟集》，1911（？）年版。
[17]　劉家謀：《海音詩》，引自《臺灣文獻叢刊》，第28種，第16-17頁。

不化其身價，而中兩婢乃從錮婢之家轉鬻而嫁之者。不可謂但以言感人者矣）。[18]

其《錮婢說》文曰：

古禮，女子二十而嫁。有故則二十三而嫁。明以二十三為最遲也。孟子曰：女子生而願為之有家。誠以欽食男女，人之大欲存焉。婢女亦女也。天下之最窮而無告者，莫如鰥寡孤獨。然此四民者，即不幸猶不必其相兼。而其無妻、無夫、無父、無子皆至於垂老而後廢，非窮於人而窮於天也。若今之使婢，則幼而賣身于我，父母不能相顧，非孤而何。值應嫁之年而禁錮之，使不得嫁，非寡而何。至老不嫁，則終身無生子之望，非獨而可。以一人之身，備歷其窮，而又非天之所使，則各有所歸也。仁人君子，其能熟視而無睹乎？況婢女長大，情竇必開，倘姦淫事發，不但誤其終身，而中蒙貽羞，本家亦難以自解。甚至生子，又從而殘害之，忍心害理，其罪益大。獨不思及果報，念及子孫乎。吾願凡有使婢，年將至二十三歲者，必須亟為擇配，否則聽其適人。薄給本主之財。若本主有心禁錮，許婢家自陳於官，而族鄰為之舉首。有隱蔽者，亦坐之以法。其擇配者，尤在不論身價；只求得所，使咸得各遂其生。庶不至肆行刻薄，以干神怒，而召天災。其亦中和位育之一助也。惟是果報之說猶隱也，子孫之念亦私也。今之有使婢者，大約皆讀書明理、知文識字之家，誠使日持此文而反復尋繹之，必默然有所動於中。語云：人之欲善，誰不如我。實有無藉官長之董勸，文字之激發者。否則，冥然無覺，悍然不顧，吾甚恐其不得齒于齊民、不得立于人世，而將不可朝居也。果報云乎哉！子孫云乎哉！[19]

劉家謀和梁章鉅都以「果報之說」、「子孫之念」即因果報應，作孽貽後的說法告誡錮婢之家。

---

[18] 梁章鉅：《歸田瑣記》卷八，引自《清代筆記叢刊》，第 2 冊，第 1936-1937 頁，濟南，齊魯書社 2001 年版。

[19] 梁章鉅：《歸田瑣記》卷八，引自《清代筆記叢刊》，第 2 冊，第 1936-1937 頁，濟南，齊魯書社 2001 年版。

道光二十年（1840），姚瑩在臺灣分巡兵備道任上有《錮婢積習示禁碑記》，略謂：

> 據紳士稟稱：竊照家有貧富，人有貴賤。臺地最可傷者，惟婢女耳！夫良家女子，在家則有父母兄弟姐妹之親，出嫁則翁姑夫婦妯娌兒女之樂；獨自為婢，不過父母家貧，不得已割愛賣充賤役，為償數十兩身價，以救饑寒。彼獨非十月懷胎、三年哺乳之人也哉！禮稱女子十五笄而字，二十年而嫁。明乎時之不可失也。思吾有女，必分配及期；佳偶未蔔，則日夜隱憂。易地以觀，豈甘遲之歲月至老無配歟？臺地風俗，婢長不嫁，或畜之於家，或轉鬻他人，終身老役，死而後已！……。細天地好生之德，陷家庭難言之隱，良心喪盡，天理奚存！冤氣鬱結，幽憤莫伸，上干天怒。此台陽所以或數年遭一小劫，或十年遭一大劫，未必非此階之屬也。……等情到道。據此，查例載：凡紳衿庶民之家，如有將婢女不行婚配、致令孤寡者，照不應重律杖八十；令其擇配等語。是不嫁婢女者，本有治罪明條。乃臺地錮婢之風，出於情法之外，上干天和，下敗風俗，歷經前道、府暨本司道示禁勸諭，仍不能改！……。為此示仰臺屬紳士軍民人等知悉：凡爾紳士系讀書明理之人，當為齊民之表率，即軍民人等、亦各具有天良，亟應廣積陰功，務各遵照本司道所定章程：家如有婢女年至二十三歲以上者，一概即為擇配，以召天和、而挽惡習。如敢故違，許該婢及婢之父母兄弟親屬人等赴地方官呈明，即將該婢領回擇配，不追身價；仍將該家長照例治罪，以為怙惡不仁者戒。其各猛省，毋違！特示。[20]

道光二十八年（1848）前後，徐宗幹在臺灣兵備道任上有《戒錮婢文》，其文曰：

> 夏正二月，綏多士女；周官仲春，令會男女。風詩桃夭、摽梅諸篇，詠婚姻以時。生民之始，王化之基；齊家治國，其理一也。夫正家之道，以不用婢女為最善；即使令需人，近年二十，必須

及時擇配。彼亦子女，不過命薄耳；一任禁錮，非所以養和氣於家室、貽陰德於子孫也。且天地之氣，與人心相感召，中和位育，調燮之機甚微。但以因果淺近之說驗之，凡多蓄婢者，家道必不和順，子孫每少繁昌，蓋怨曠鬱積所致也。即如天災風患、水溢地震、災祲病疫，雖天地氣數，究由人而興；其理固無或爽焉。聞紳官、殷實之家，好善樂施者眾，而隱造此孽，損傷實多。若由地方查禁，恐胥役人等及奸民藉端滋擾，別生枝節；是以先行告戒，其各發惻隱之心，挽回積習。互相勸勉，公同立限，半年以內，如家有年近二十婢女，概行擇配。但須令其依託得所，不得欲速見利，誤其終身。倘留配奴僕家人，亦須禮以行之，明正名分。是亦杜漸防微，為保家長久之計；智者自能遠慮及之，幸勿視為瑣瑣迂談！強恕而行，求仁莫近，仍為自己兒女種福，此不費錢之大功德也。[21]

　　光緒年間，范克承在臺灣安平知縣任上有《嚴禁錮婢不嫁碑記》，其文略謂：

光緒十五年五月二十一日，據芙蓉郊董事職員張大琛等稟稱：「……郡城有等紳富，買用婢女，甚至二十歲以上，仍使其市肆往來，□外無分。遇輕浮之徒，當眾戲調；稍為面熟，即有貪利六婆勾引成奸。所謂奸盡則出殺由，禍害更烈。琛等睠風化攸關，可否請以示禁有婢之家，凡使女至二十歲以上者，如本有婿，或無婿而有娘家可主者，該家主收回原交身價、退回字據，將該女交其父母領回分配、不得久留使用。似此可無怨女之憂，藉培家主之德，販運奸徒亦可奸無從入手，引誘之輩又可絕勾奸之術。琛等心存義舉，仁憲自有權衡，是否有當？不揣冒瀆，陳情再叩，仰祈俯賜轉詳，通飭勒石嚴禁」等情到縣，……本縣查：錮婢不嫁，最為惡俗。該職員所稟，系杜絕奸拐，整頓風化起見，似可府如所請，陳詳情道憲通飭一體示禁外，合行出示嚴禁。為此，示仰闔邑紳商軍民諸色人等知悉，自示之後，如有年大婢女、趕緊即行婚配，不得仍蹈故轍，倘敢錮婢不嫁，一經察出，無論何

項人等，定即從嚴懲辦，決不姑寬！各宜自愛，毋違，特示。[22]

作為在職官員，姚瑩、徐宗幹和范克承亦以「果報之說」、「子孫之念」告誡錮婢之家，其立碑示禁之行政行為的法律依據是《大清律例》關於「凡紳衿、庶民之家，如有將婢女不行婚配，致令孤寡者，照不應重律，杖八十」的條文。

2006 年 10 月 1－5 日記於廈門

22　引自黃典權：《臺灣南部碑文集成》，下冊，第 520-521 頁，《臺灣文獻叢刊》，第 218 種。

性別壓迫：「典賣其妻」、「買女贅婿」和「命長媳轉偶」

——閩、台兩地的部分證言、證物和案例

一

明代崇禎年間，著名作家馮夢龍在福建壽甯知縣任上撰《壽寧待志》，書中有關於福建歷史上「典賣其妻」之風的重要證言，略謂：

> 或有急需，典賣其妻，不以為諱。或賃于他人生子，歲僅一金，三周而滿，滿則迎歸。典夫乞寬限，更券酬直如初。亦有久假不歸，遂書賣券者。[1]

這裡，馮夢龍記錄了「典賣其妻」的三種方式：典妻、賣妻和租妻。

典妻、賣妻和租妻都以妻子為有價商品。其中，賣妻乃由本夫同買方訂立買賣合同，議定並收受價錢，一次性賣斷買斷。典妻和租妻則屬於暫時出讓（當然，如馮夢龍所記「亦有久假不歸，遂書賣券者」即由暫時出讓改為一次性賣斷的情況）。典妻由本夫和典夫約定典金、典期等事項並訂立合約，典期內典金由本夫使用以應其「急需」，妻子則聽典夫使喚（包括為典夫生子）；期滿，典金歸還典夫，妻子歸還本夫，妻子在此一過程裡相當於典當的抵押品和償付利息的費用。租妻的情節大致如馮夢龍所記，本夫坐收租金，租期「三周而滿」則完全是為「賃于他人生子」而設計的，因為懷孕、生子、哺乳及至斷乳一般需要三年的時間；「歲僅一金」指一年的租金僅為一兩金花銀。

附帶言之，清人嚴有禧《漱華隨筆》記：

> 崇禎辛巳（十四年），桐城生員蔣臣上言鈔法可行。且云：歲造

---

[1] 引自馮夢龍：《壽寧待志》，第 52 頁，福州，福建人民出版社 1983 年 6 月版。

三千萬貫，一貫直一金，可得金三千萬兩。……閣臣蔣德璟具揭
爭言：「民雖愚，誰肯以一金買一張紙？」禦史白抱一亦上書極
□，事卒不行。[2]

近人丁國鈞《荷香館瑣言》則記：

《芸窗雜錄》云：崇禎十年米價，冬粟每石一兩二錢，白粟一兩
一錢，油每斤淨錢七八十文，大為可駭！及十四年，糙米每石二
兩二錢，冬粟每石二兩五錢。[3]

據此可知，「歲僅一金」的租金連一石米也買不起。

馮夢龍所記「典賣其妻，不以為諱」應該是一時一地的情形。在福
建，「典賣其妻」通常被認為晦氣之事，當事者多諱言之。例如，在福
建漳州，典妻、賣妻和租妻的契約多在豬圈起草和簽訂，筆、墨用畢即
棄如汙物。[4]

清代康熙年間，陳汝咸在福建漳浦知縣任上制定《十家牌法》，其
文有「禁溺女、典妻及久停親柩」[5]的規定；民國時期，胡邦憲於 1944
年 12 月在福建福安縣縣長任上填報的《福建省福安縣禮俗情況調查表》
記：

貧苦人家無力娶妻，或娶妻未能生育者，為延續後嗣計，有租妻
之陋俗。期間，先約定居滿限期後仍歸原夫。此種陋俗，本府早
予積極禁止，現已稍殺。[6]

實際上，此種狀況一直延續到《中華人民共和國婚姻法》頒佈實施
的 1950 年前後。

新版《福安市志》記：

2　轉引自謝國楨：《明清社會經濟史料叢抄》第 94 頁，福州，福建人民出版社 2004 年 5 月版。
3　轉引自謝國楨：《明清社會經濟史料叢抄》第 100 頁，福州，福建人民出版社 2004 年 5 月版。
4　報告人陳某某，1939 年生，出生地臺灣南投，居住地福建漳州，公務員。
5　引自《漳浦縣誌》（康熙志—光緒再續志）點校本，第 34 頁，福建省漳浦縣政協文史資料徵
　　集研究委員會，2004 年 12 月編印。
6　福建省檔案館藏，閩檔 11—11—727。

1950 年 5 月《婚姻法》頒佈後，縣司法科深入第八區（溪潭鄉）進行摸底，在 1950 年全區總戶數 7262 戶中，已婚的 3579 對，童養媳 2784 人，租妻 33 人，典妻 20 人，等郎妹有 26 對。[7]

又記：

1951 年 12 月，（福安）召開第二次婦女代表大會，檢查《婚姻法》執行情況，在政府的說明下，童養媳和受包辦婚姻壓迫的婦女得到解放，38 例租妻、42 例典妻、10 例合妻案件得到處理，10 位童養媳回到父母身邊，大批婦女在經濟上逐漸獨立。
1952 年 6 月，在社口區，……解除租妻、合妻、典妻關係 11 例。[8]

又記：

荒瘠山村人家，遇上天災人禍，無力撫養妻室兒女，或是家貧無力娶親，於是典賣、賃妻現象頻頻發生。據 1950 年對 1 個區的調查，就發現典妻 20 例，賃妻 33 例。[9]

新版《寧德市志》記：

在封建社會裡，婦女既無政治地位，也無經濟地位，由於農村經濟落後，民不聊生，婦女還被當做商品進行買賣，受盡凌辱。1953年，據對 3 個區 8 個鄉調查，解放前被典妻者達 308 人，黃田鄉夏村 1058 個婦女中童養媳有 617 人，占 58.32%。[10]

新版《連江縣誌》記：

據 1952 年第二區（浦口）調查，在全區 7513 名婦女中，童養媳有 1092 人（其中已婚 719 人、未婚 373 人）、等郎配 89 人、典妻 15 人。[11]

[7]　引自《福安市志》，第 756 頁，北京，方志出版社 1999 年 12 月版。
[8]　引自《福安市志》，第 725 頁，北京，方志出版社 1999 年 12 月版。
[9]　引自《福安市志》，第 1031 頁，北京，方志出版社 1999 年 12 月版。
[10]　引自《寧德市志》，第 625 頁，北京，中華書局 1995 年 11 月版。
[11]　引自《連江縣誌》，第 927 頁，北京，方志出版社 2001 年 8 月版。

新版《建甌縣誌》記：

> 舊時，婚姻實行買賣制，有些窮人無力娶妻，又有娶妻後負債累累而無法供養者，托媒說定，將妻子「典」與別人，寫出「典書」，議定「典價」、「典期」。在典期內生兒育女歸典娶者所有，到期妻歸原夫，價款不退。一般出現在窮山僻壤，解放後此陋習已絕跡。[12]

現在來看相關證物和案例。

福建壽寧縣檔案館藏有一紙賣妻契約[13]，其文曰：

> 立再醮婚書契　黃阿贊娶妻龔氏招琴，現年四十歲，未生男女。奈因家下貧窮，衣食生活難度，不（得）已於（與）妻招琴相議，托媒再醮，轉配婚與陳宅世榮兄為妻，結為百年鸞鳳，秦晉之婚。茲今憑媒三面議作禮金法幣拾元正，即日筆下親收足訖，未少分文，其婚書自成立之後，任憑陳邊（方）迎娶，結為百年夫婦，黃邊（方）永不得異言。惟願陳邊（方）再添子生枝，茂盛長髮以其祥。立婚書為據。即日親收過婚書內禮金法幣拾元正再照。
> 中華民國貳拾柒年八月吉日立婚書
> 黃阿贊　　在見〇〇〇　　媒人〇〇〇　　代筆〇〇〇

在此一證物、此一案例裡，黃阿贊將妻子龔招琴當作商品賣得法幣10元，賣妻原因是龔氏「未生男女」和「家下貧窮」；契約的「在見」、「媒人」和「代筆」均畫圈而不署名，但在契約的上右、上左和下左處分別寫有「陳四」、「發叔」和「辛女」，這應該是「在見」、「媒人」和「代筆」的署名。此一署名方式是當事人諱言其事的表現。

馮爾康《古人生活剪影》據清代檔案記錄了發生於福建的另一宗賣妻案例：

> 嘉慶時，福建長汀人蘭貴隴，娶妻吳氏。吳氏結婚時 17 歲，與蘭貴隴堂兄蘭應隴通姦，被丈夫發現，就以貧窮為名，托媒婆鄧

---

12 引自《建甌縣誌》，第 859 頁，北京，中華書局 1994 年 3 月版。
13 福建省壽寧縣檔案館藏，編號 023。

秋媽出賣吳氏。媒婆找到王思封，王出彩禮番銀 50 元，蘭貴隴寫立婚書，收清財禮，這時吳氏 20 歲。但是蘭應隴從中作梗，毆死王思封（中國第一歷史檔案館檔案，內閣全宗·刑科題本·婚姻類，嘉慶四年第 105 包）。[14]

在蘭貴隴賣妻案裡，其妻吳氏的售價為番銀 50 元，可謂價值不菲。此一售價當與吳氏年輕（「這時吳氏 20 歲」）有關。

二

10 年前，拙稿《呂赫若小說的民俗學解讀》指出：

《呂赫若小說全集》所收《石榴》描述了招贅婚的種種情況。

（一）《石榴》裡的金生、大頭和木火三兄弟，除木火未婚而死外，金生和大頭的婚姻都屬於招贅婚。

（二）就招贅婚男、女雙方而言，男方應招入贅的通常原因乃在於生活貧困、無力婚娶，如金生、大頭兄弟「生活這般貧困，如果不入贅他家，是無法娶妻的」，「無法獨立娶妻，必須入贅」；金生的妻家「為妹招夫的動機是希望有個勞動的幫手，所以看中金生默默勤奮工作的優點」。金生的妻家「是一個母親一人，兄嫂有兩個小孩的家庭」，不存在子嗣繼承方面的問題。子嗣繼承發生問題的家庭實行招贅婚多出於「傳宗接代」的考慮。

（三）招贅婚可以分為招入婚（隨妻居）和招入娶出婚（婚後一段時間，贅夫攜妻返回本家居住）。金生的婚姻顯然屬於招入娶出婚：「入贅的條件只說是八年，之後就無條件讓他獨立」。

（四）招贅婚生育的子女或隨父姓，或隨母性，或按約定比例隨父姓和隨母姓（這在閩台民間俗稱「抽豬母稅」）。金生的妻家有「兄嫂」及其「兩個小孩」，不存在子嗣繼承方面的問題，因而「並沒有說生下來的小孩歸屬於他們家」。

（五）招贅婚不同於常規婚姻，但也有常規的收（送）聘金的情節，如《石榴》所記，大頭應招入贅時理應償付的聘金為「一二

百兩」，這使得大頭及其兄長頗為「操心」；金生的婚姻，實際上是以金生八年的勞務來償付聘金的。

（六）金生是長子，他的招贅婚具有特殊性。

按照宗法制度和宗法觀念，長子、長孫、長曾孫、長玄孫……的繼承系統代表始祖正體，是「百世不遷」的。金生的招贅婚能夠成立，妻家關於八年後「讓他完全獨立」即招入娶出的承諾和「並沒有說生下來的小孩歸屬於他們家」的寬容是很重要的條件，然而作為嫡長子，金生在父母雙亡之後承擔有祭祀供奉祖先的責任。那麼，贅夫在妻家是如何供奉自家祖先牌位的呢？……作為長子長孫，金生將自家祖先牌位「放入吊籠」掛在樑上，其用意在於表示自家祖先並不因自己的招贅婚而在此落戶。然而，將自家的祖先牌位設置於「稻穀脫殼的房間」而不是廳堂之上，掛在樑上、「擺在長椅子上」而不是安放龕內和供桌之上，這種做法顯然帶有辱沒祖先的痛苦色彩。[15]

實際上，在閩、台兩地歷史上的招贅婚俗裡，除了為女兒招婚，替媳婦招婚（包括「買女贅婿」和按照「子死媳在，媳婦可以招夫」之民間習慣法而行之的招婚）亦是常見情況。

清人筆記《問俗錄》記：

> 小人老而無子，弱女及笄贅一婿，以盡餘年，情也。詔安買女贅婿，孀婦贅男，以承禋祀，守丘墓，分守家業，仰事俯畜，無異所生。族中人亦不以亂宗為嫌。於是有約定初生之男從妻族，再生之男從夫族者。有生從妻姓，沒從夫姓者。更有戀其妻，貪其產，直忘所本來者。倘竊妻而逃，不顧贅父母之養，即訟端起焉。夫隨嫁兒得以承宗，鬻義子得以入祠，呂嬴牛馬，詔安氏族之實已不可考矣。[16]

另一清人筆記《台遊筆記》則記：

> （臺灣民間）無子買女亦稱媳婦，媳婦再買之女曰孫媳婦。每見

---

[15] 引自拙著《閩台歷史社會與民俗文化》，第 144-147 頁，廈門，鷺江出版社 2000 年 8 月版。
[16] 陳盛韶：《問俗錄》，第 86 頁，北京，書目文獻出版社 1983 年 12 月版。

喪家門首標曰：亡故幾代大母。蓋以所買之媳婦稱呼，並非子孫，甚至六、七代，八、九代不為怪也。[17]

又記：

子死媳在，媳婦可以招夫，名曰招硬，又曰招夫養子。[18]

民國《同安縣誌》亦記：

此外更有招贅一節。有因無子養媳招夫者，亦有因夫亡貪其家業而為之者。淫亂瀆宗，不可謂禮，有心世道風俗者切嚴禁之。[19]

茲舉一典型個案而言之。

《臺灣文獻彙刊》所收《臺灣民間契約文書（二）》錄有陳成興替養媳李氏查某招婚案例的相關證物三種。

（一）《明治四十年（1907）陳成興招婚合約字》文曰：

立招婚合約字人陳成興，因長男名喚金山，不幸先年棄世，其妻李氏查某，年庚十七，未有婚合，無夫可靠，難以獨守，不得勢局。爰托媒議再招宗親陳乞之甥金寶，忠厚勤儉，喜歡前來入贅，當日金寶同媒備金二十圓，交成興收入以為承婚花宴之費。登時援筆立字，遂成金石，即日過門匹配，付金寶成親，以為夫婦。後日生下男女，不論多少，均分各半。抑或他年再置物業，俱系各配攤分。自此立字允諾宗親好時合卺，百年偕老，惟願將來如兄如弟，宜室宜家，伏望後日麟振振而蠡悅悅。此系二比喜悅，各無反悔，口恐無信，立招婚合約字壹樣式紙，各執壹紙以為存證。

明治丁末拾壹月　　日
立招婚合約字人陳成興、陳乞

---

[17] 佚名：《台遊筆記》，引自《臺灣文獻彙刊》第 5 輯，第 8 冊，第 365 頁，（北京）九州出版社、廈門大學出版社 2004 年 12 月版。

[18] 佚名：《台遊筆記》，引自《臺灣文獻彙刊》第 5 輯，第 8 冊，第 365 頁，（北京）九州出版社、廈門大學出版社 2004 年 12 月版。

[19] 引自民國《同安縣誌》卷之二十二《禮俗》。

說合為媒人陳氏勤[20]

（二）《明治四十三年（1910）陳成興請求說諭願》文曰：

右者竊成興，茲因明治四十二年拾月間被招婿陳金寶橫言逆說，家內農業工事全然不理。迨至今年十月二十七日，自報他行出外求利自用，至今並無回家，而內中放下妻兒，日夜懷恨，無語可施，思無奈何，亦是不得已。今求望蒙大人喚二比集訊，查察虛實。此段奉願候也。

新莊支廳長警部中間光太郎殿。

明治四十三年十二月十四日

請求人　陳成興[21]

（三）《大正九年（1920）陳火生等鬮書》文略謂：

同立鬮書合約字人長房陳火生、次房火用、三房錦溪等兄弟三大房，竊念生父在日有抱養媳婦一口李氏查某，長大招贅與陳金寶入門結為夫婦，偶有生下長子名添福等。緣我兄弟甥四人，蓋聞張公同居世，家道休之風尚在。又聞樹大枝分，水遠流別，理有固然。來日難免分爨，又恐後來子孫人心不古，爭短較長，致傷和氣，失其骨肉之親，當堂相議，不如自此分家，同請公人族長到家協議，悉將承祖父遺下建置之物業，先抽出原充為長孫之額，又抽出公業輪流，以養贍連完婚諸費，其餘業產及家俱畜類等件，各配踏分明，作四份均分。……

大正九年庚申八月　　日

同立鬮分合約字人陳長房火生

　　　　　　　次房陳火用

　　　　　　　三房陳錦溪

　　　　　　　甥陳添福（陳金寶代印）

成年者法定代理人李氏查某

（在場見人、親族公人、代筆人，略）[22]

---

[20] 引自《臺灣文獻彙刊》第 7 輯第 7 冊，第 423-424 頁。

[21] 引自《臺灣文獻彙刊》第 7 輯第 7 冊，第第 424 頁。

[22] 引自《臺灣文獻彙刊》第 7 輯第 7 冊，第 432-435 頁。

　　從上記證物可以看到，陳成興是在長子金山早年夭殤、養媳李氏查某年屆婚齡的情況下托媒說合，替李氏查某招婿，屬於按照「子死媳在，媳婦可以招婚」之民間習慣法而行之的招贅婚，其特殊性則在於李氏查某「未有婚合」，是陳成興的養媳，亦是陳成興的養女。陳金寶系陳成興「宗親陳乞之甥」，又系陳姓「宗親」，作爲贅婿，他按照常規婚姻的做法，「同媒備金二十圓，交成興收入以爲承婚花宴之費」，並同招婚方議定：「後日生下男女，不論多少，均分各半。抑或他年再置物業，俱系各配攤分」。婚姻成立後，陳成興對贅婿陳金寶「家內農業工事全然不顧」「出外求利自用」相當不滿。然而，在陳成興逝世以後，其後人分爨析產，陳金寶同李氏查某的兒子陳添福作爲「甥」，同陳氏兄弟三人一起作爲「兄弟甥四人」，各分得一份財產。招贅婚約關於「俱系各配攤分」的約定得到實現。

　　替媳婦招婚（包括「買女贅婿」和按照「子死媳在，媳婦可以招婚」之民間習慣法而行之的招贅婚）的執行者之目的是「續宗」，其批評者的目標卻是「亂宗」。在我看來，作爲婚姻雙方的女方（媳婦、養媳和養女），其意願和情感是否受到尊重的問題才是評估此類招贅婚的關鍵問題。將媳婦（包括養女、養媳）當做有用（用於「續宗」）的物品、蔑視其意願和情感的行爲屬於可憎可惡的性別壓迫。

　　乾隆《福州府志》記：

> 楊氏，方廷蔭妻，嫁甫二日，廷蔭爲繼母所逼赴水死。氏痛夫死非命，投江者再，遇援不得死。繼姑欲奪其志，以氏配己所生子廷賡，氏不從，怒欲鬻之外鄉而甘心焉。氏苦無依，營葬嫡姑畢，遂投繯，臨歿，囑附葬于嫡姑之旁。鄉閭憐之，鳩金助殮。事聞，布政使趙國麟爲之弔祭，懲廷賡等，雍正七年旌。[23]

　　上記「繼姑欲奪其志，以氏配己所生子廷賡」的婚姻如果成立，即屬於所謂「兄終弟及」的轉房婚。

　　泉州《蓬島郭氏家譜》於民國十七年（1928）增設的「新譜例」規

23　引自乾隆《福州府志》，下冊，第 449 頁，福州，海風出版社 2001 年 1 月版。

定：

> 兄奪弟婦，弟占兄嫂，叔奪侄婦，侄占叔母，為黷倫傷化之極，
> 義不入譜，亦令聊記其生、卒、葬於附譜。[24]

泉州《新榜吳氏家譜》（清末民初手寫本）載《黃龍族規》謂：

> 兄收弟婦，弟納兄妻者，是為亂倫，宜絕其嗣，親服中罪加三等。
> [25]

在福建歷史上，轉房婚俗屬於屢禁不止的婚俗。

實際上，轉房婚本不足詬病，應該受到批評的是不顧媳婦的意願和
情感而「欲奪其志」、強迫婚配的做法。

這裡，我要報告福建歷史上轉房婚俗的一種特例。

泉州圖書館藏有《閩南竹枝詞》一冊，全書僅 3 頁。封面題「閩南
竹枝詞　申丙署簽」，文末跋語署「翰國謹跋」（申丙字翰周）。

查《民國福建省地方政權機構沿革資料（1911—1949）》[26]，申丙於
1934 年 7 月任南安縣縣長。

《閩南竹枝詞》收詩 24 首，其第 17 首詩並注云：

> 棠花憔悴棣花香，遞嬗良緣屬小郎（《晉書》：道韞為小郎解圍。
> 稱小叔也）。莫怨陳平真盜嫂，兄能圓鏡願同償（謂兄得珠還，
> 弟亦獲偶也。有三四子人家，苟大兒失業出外謀事經年無好音
> 者，即命長媳改偶次男，如已娶婦，遞配三子。倘兄衣錦還鄉，
> 仍使重圓破鏡，為弟另娶。友愛如斯，足令噴飯）。

上記「大兒失業出外謀事經年無爲音者，即命長媳改偶次男」的做
法，是典型的性別壓迫的做法：將媳婦當做有用的物品、不顧其意願和
情感而強迫轉房；又是非典型的轉房婚：兄未終而弟及。

閩、台歷史上替媳婦招婚（包括「買女贅婿」和按照「子死媳在，

---

[24] 轉引自陳支平：《福建族譜》，第 58 頁，福州，福建人民出版社 1996 年 8 月版。

[25] 轉引自陳支平：《福建族譜》，第 328 頁，福州，福建人民出版社 1996 年 8 月版。

[26] 福州，福建人民出版社 1994 年 7 月版。

媳婦可以招夫」之民間習慣法而行之的招婚）和「大兒失業出外謀事經年無好音者，即命長媳改偶次男」分別屬於招贅婚俗和轉房婚俗的特例，宜爲中國婦女史研究者注意。

2007 年正月初一日—正月十二日

福州—北京，新春試筆。

閩台冥婚舊俗之研究

一

《周禮鄭注》曰：

> 禁遷葬者與嫁殤者（遷葬謂生時非夫婦，死既葬，遷之使相從也。
> 殤十九以下，未嫁而死者，不以禮相接，死而合之，是亦亂人倫
> 者也。鄭司農云：嫁殤者謂嫁死人也。今時娶會是也）。[1]

據此可知，冥婚作爲一種古老的陋俗，其行、禁和違禁而行的歷史
過程始於周代或周代以前；據此又可知，遷葬（「生時非夫婦，死既葬，
遷之使相從也」）和嫁殤（「嫁死人也」，嫁「未嫁而死者」也）是其早
期的基本類型。

現在來看早期的冥婚案例：曹操爲「愛子倉舒」（曹沖）安排的冥
婚。

《魏志》記：

> （邴）原女早亡。時太祖愛子倉舒亦歿，太祖欲求合葬，原辭曰：
> 「合葬非禮也，原之所以自容於明公，公之所以待原者，以能守
> 訓典而不易也。若聽明公之命，則是凡庸也。明公焉以爲哉？」
> 太祖乃止。[2]

又記：

> 鄧哀王沖字倉舒，……年十三，建安十三年疾病，太祖親爲請命，
> 及亡，哀甚。……爲聘甄氏亡女與合葬。[3]

上記擬議而止的「原女早亡」、「欲求合葬」的計畫和「聘甄氏亡女
與合葬」的事實，均屬於爲未婚男、女死者安排的聯姻，並未涉及未婚

---

[1] 引自《周禮鄭注》，光緒二十二年（1896）新化三味堂刊本，福建圖書館藏。
[2] 引自《二十五史》第 2 冊，第 42 頁，上海古籍出版社、上海書店 1986 年 12 月版。
[3] 引自《二十五史》第 2 冊，第 70 頁，上海古籍出版社、上海書店 1986 年 12 月版。

女性生者的性命和幸福。

　　然而，最遲肇始於明代、至少發生於閩台，歸葬漸盛於遷葬、嫁於殤亦漸盛於嫁殤，爲生者與死者包辦締婚亦盛於爲死者聯姻矣。歸葬和嫁於殤乃是冥婚舊俗極端劣質化的產物。

　　下文擬以錄自福建（包括臺灣）方志和譜牒之冥婚案例爲據，就遷葬與歸葬、嫁殤和嫁於殤而言之，描述和論述閩、台兩地歷史上的冥婚舊俗之種種情況：屍歸夫家、身死夫家而葬之，上門守貞、望門守貞，從安排死者聯姻到包辦生者與死者締婚，以及合喪、苗媳守貞、過門待嫁而嫁於殤、延婿入贅而嫁於殤、夫家移柩從於女而合葬等。

二

　　《崇武所城志》記：

> 林細娘，庵邊林毓之少女，庠生奇材之姐也。女警慧端謹，寡言笑，家居閨□，裡嫗罕見面。許聘于李正崑之子長。及笄將娶，以端午日競鬥于江口之港，長溺于水，訃傳其家，烈女之父母泣，女亦泣。……自是獨居一室，晡時登小樓望夫溺處，父母之迫，其罵詈非一。女度不得行其志，遂入室更衣，取帛自縊。時萬曆七年十一月十一日，女方年十九。遠近聞者鹹悲之，縉紳士大夫皆有傳。
> 後十數年，羅封人來知是邦，歸烈女于李氏之邱而合窆焉，上其事於兩台而旌之。[4]

　　這裡所記乃是發生於明代福建崇武的冥婚案例：男女雙方生前有約而未婚，死既葬，官府遷之使相從。然而，此一案例已不同於早期的遷葬，它涉及了女性的生存和幸福：事主林細娘在未婚夫械鬥而死後自盡以殉。

　　與此相近的未婚妻聞訃自盡以求合葬（或附葬）的案例，可稱爲「歸

4　引自《惠安政書》附錄《崇武所城志》，第48頁，福州，福建人民出版社1987年9月版。

葬」。

歸葬大致可以分爲兩類。

1.屍歸夫家而葬之。

乾隆《晉江縣誌》記：

> 王氏，林汝楚未婚妻，裕曾女，名樟娘。汝楚歿，絕粒一日，閉
> 戶自經，年方十七。夫家迎柩合葬。[5]

又記：

> 莊氏，林仰烈未婚妻。名完娘，許配林仰烈。歿，女聞訃，號哭
> 不食，從容自縊。舅家迎柩合葬。知府劉侃給匾旌之。[6]

乾隆《古田縣誌》記：

> 魏氏，名瓊姑，鄭世獻未婚妻。世獻死，氏自縊，屍歸鄭家，兩
> 屍相向，各鮮血從鼻孔出。初氏父坦，庠生，善筮，求婚者輒以
> 筮不從而弗諧。至與鄭議婚，筮得咸卦，以為吉，許述鄭。迨女
> 殉夫死，父咎其筮之不神。噫！瓊姑不當配他人，止當配天夫以
> 成其名，筮早知之矣，豈得謂不神哉？氏屋之西偏路旁有井，村
> 中人得舉得第，則井先沸而鳴。康熙間，無聲久矣，至雍正十年
> 六月鳴，七月鳴，十一月又鳴，人擬氏父必獲舉，孰知足年只生
> 一氏，而一作烈女，以證其祥也。然則烈女實由一村之正氣所生，
> 其可輕乎？乾隆十七年旌表。[7]

乾隆《福寧府志》記：

> 林聚姑，陳芳名妻，未婚，年十九聞芳訃，更服欲往夫家，父母
> 不可。日夜悲號，適聞議婚，遂自縊。次日，舅迎其屍至家殯殮，

---

[5] 引自乾隆《晉江縣誌》第 522 頁，上海辭書出版社 2006 年 9 月版。
[6] 引自乾隆《晉江縣誌》第 521 頁，上海辭書出版社 2006 年 9 月版。
[7] 引自乾隆《古田縣誌》，第 378 頁，福建省古田縣地方誌編纂委員會辦公室 1987 年 12 月整
理本。

與芳名合葬焉。[8]

嘉慶《雲霄廳志》記：

> 陳葳娘，進士何子祥子孫中未婚妻也。孫中天歿，氏聞訃哀痛。欲赴夫家守節。屢囑代請，翁姑未之許也。不勝悲忿，最後聞有別婚之議，痛詈之，服毒而死，年二十一。夫家憐之，為立嗣，迎其柩，與夫合葬焉。[9]

嘉慶《福鼎縣誌》記：

> 林正幹妻朱玉娘，未婚，幹沒，氏欲奔喪，父母不許。由是足不下樓，閉戶飲泣年餘。有求婚者，氏聞，自縊死。林家哀其節，請歸櫬焉。[10]

道光《漳平縣誌》記：

> 貞女閨姑，劉魁女也。十齡失恃，事繼母以孝聞。年十六，字陳少韓，而少韓以血疾死。訃至，女欲奔喪守志，父母難之，遂絕飲食。又明日，投繯以殉。雍正三年重九後二日也。陳氏舁棺與少韓同窆。明年請旌祀節孝祠。[11]

光緒《漳浦續志》記：

> 李氏，知安邱縣先開女也。年十四，許字趙若雙。越四載，未婚而夫死，女毀妝素服。及期，母將改字，女泣謂嫂曰：「余夫不幸夭折，萬無再配理。」數日後竟自經，夫家迎柩，與夫合葬焉。[12]

民國《平潭縣誌》記：

[8] 引自乾隆《福寧府志》，第 922 頁，福建省寧德地區地方誌編纂委員會 1990 年 12 月整理本。
[9] 引自嘉慶《雲霄廳志》，第 176 頁，福建省雲霄縣人大常委會 2005 年 12 月點校本。
[10] 引自嘉慶《福鼎縣誌》，第 231 頁，福建省福鼎縣地方誌編纂委員會 1988 年 5 月整理本。
[11] 引自道光《漳平縣誌》，第 267 頁，福建省漳平縣地方誌編纂委員會 2002 年 5 月整理本。
[12] 引自《漳浦縣誌》，第 534 頁，福建省漳浦縣政協文史資料徵集研究室委員會 2004 年 12 月整理本。

薛靜宋，南澳區漁塘仔村人。幼許聘莊上區曆場仔村林祖仲。年十六，聞祖仲病卒，慨然縊以殉。時乾隆癸丑十一月二十二日。夫家義之，舁歸合葬。[13]

2.身死夫家而葬之。

乾隆《福州府志》記：

劉坤宋，許字林士悅。聞士悅卒，女慟絕，輒破所照鏡奔喪，抵林氏，見夫屍，撫膺哀號，徐收淚問姑，曰：「婦于歸何室也？」姑指其處，女既入室就縊，與士悅從殮焉。[14]

乾隆《福清縣誌》記：

陳瓊使，永賓裡陳惠卿女，幼失母，事繼母如其母。卜婚于南上隅奕超男名世。一夕夢鏡破，心疑為不祥。未數夕，又夢人馳刺至，則十九日訃也。名世果以七月是日訃于陳，悉如夢中狀。女哀號幾絕，告于父曰：「兒雖未適王，實為王家婦。王郎死，兒義不獨生，從此訣矣。」父母悲咽不能答。於是制為縞衣，詰旦，辭家人畢，即登輿去。宗黨送者咸泣下。女自如無戚容。詣王門，襲吉服，拜宗祊，拜翁姑，告成婦也。乃易服就喪次，撫棺呼數語，語不哀，哀亦不淚。人謂：「新人嫺於禮者，不□髻，不哭踴何？」女曰：「是固知之。頃刻泉下人，懼毀容無以見夫君耳。」尋入名世寢室，仍取初服服之，仰視小樓有兩板，繫繩以經，一瞬而絕。康熙戊申二月二十一日也，去夫死僅三日，年一十九。[15]

又記：

林玠宋，北二隅諸生林兆機女。五歲失母，事繼母以孝聞。年十一，許配西陳諸生陳傑長男歲可。夫苦讀抱屙，女聞之輟食累日，

[13] 引自民國《平潭縣誌》，第 282 頁，福建省平潭縣地方誌編纂委員會 1990 年 1 月整理本。

[14] 引自乾隆《福州府志》，第 594 頁，福州，海風出版社 2001 年 7 月版。

[15] 引自乾隆《福清縣誌》，第 618 頁，福建省福清縣誌編纂委員會 1987 年 12 月整理本。

且燃香臂上，籲天求代，晨昏為常。及夫卒，女聞訃大慟，欲奔殉，母未之許。女曰：「兒心已死三閱月矣。」母知計決，命輿且縞素往。輿未至，先馳婢告陳曰：「陳郎當遲殯，俾得覿遺容，死當不恨。」詣陳門，吉服拜宗祊翁姑。已，乃更素衣。就喪次，展衾撫視，呼而吊者三。詢陳郎寢室，入曰：「吾得死所矣。」出繯於袖，自經而殉。時康熙八年六月六日也，距夫死僅一朝，年二十有二。[16]

又記：

周墾官，茂才周豫應女。前相國葉文忠公耳孫信之未婚妻也。豫應與信父學博起龍同學交契，適兩家有娠，遂指腹中為婚。年十八，將婚期，信病寢不起，女聞之即絕粒。凶訃至，欲奔殉。母及家人多方寬解，知不可奪，咸白衣冠送之。至則展拜如新婦禮。拜畢，撫屍哭曰：「郎少待，妾立相從耳。」葉宗族具牲禮奠女，卻之，親索繩纏以帛，遂自經。時康熙甲戌十一月二十有四日也。[17]

乾隆《晉江縣誌》記：

王氏，諸生施嘉惠未婚妻。同安詮奇女。嘉惠鄉試歿于福州，氏年十七，聞訃奔喪接柩，慟屢絕。孝事舅姑一年，至嘉惠小祥日，縊柩側。家人合葬之，以夫侄為之嗣。[18]

民國《同安縣誌》記：

陳氏，林萬瑞妻，未嫁而瑞沒，父母匿不以聞，陳氏偵知，即赴瑞家哭奠，及撤靈曰：「吾志畢矣。今葬不及同穴，幸埋我於墓側。」遂投繯死。時崇禎癸未年也。[19]

三

---

[16] 引自乾隆《福清縣誌》，第 618 頁，福建省福清縣誌編纂委員會 1987 年 12 月整理本。
[17] 引自乾隆《福清縣誌》，第 620 頁，福建省福清縣誌編纂委員會 1987 年 12 月整理本。
[18] 引自乾隆《晉江縣誌》第 522 頁，上海辭書出版社 2006 年 9 月版。
[19] 引自民國《同安縣誌》，第 1059 頁，北京，方志出版社 2007 年 3 月版。

林耀華教授《義序的宗族研究》記：

> 冥婚是一種死後的婚姻，社會上不很常見的習俗。一二富厚人家的女兒，在成婚的年齡，大約十四五歲之上死去，她的父母請媒說合一個年齡相當的男子，與她婚配，這就是冥婚。
>
> 冥婚的一切禮儀和正式婚俗相同，不過因為女子死在床上，務要收殮，所以許多禮節只能縮短時間進行。先是媒人受過女家父母的囑託，就去尋找一個平凡的窮苦的子弟，約定要賠他多少銀錢，或是另外給他聘個續弦的女兒，男子許可之後，也經過送「知單」、「合婚」、「定聘」等等手續，最末男子來到女家，由女家制一個草人，草人身上穿著出嫁的衣服，頭上加冠，就是代表已死的新娘，她和男子在女家廳上拜堂，草人由伴房扶之行禮，禮儀完結之後，男子請女子的紅鞋一雙，坐轎歸家，在家設「靈前桌」供奉，這叫做「請鞋」。自是以後，兩家來往，一如親戚。
>
> 「撥棺」也是一種冥婚，禮儀條件和請鞋相等。惟是男子到女家，沒有拜堂，只在女屍入殮蓋棺的時候，由這個男子騎棺上而過，俗叫「撥棺」，然後請女子的神位和「靈前錢」歸家供奉。
>
> 已經定聘的女子死去，她的未婚夫應當來「撥棺」，或是「請鞋」。他續弦的時候，先去搬死妻的妝奩，紅轎先接死妻的牌位。[20]

又記：

> 冥婚的意義有二：一是鄉人怕女子死後，在陰間無處棲身，因為本族宗祖不收錄女子的，假如她和一個男子結了冥婚，她的靈魂就可以投到男家的祖宗處去，並且可以享受男家子子孫孫的祭祀。一是鄉人深信青年女子在未成婚前死去，她的鬼變作「惜花鬼」，非常屬害，專門向著青年男子作祟，假如她和男子結了冥婚，在陰間她有了名分，也就安定了。[21]

林耀華教授報告的乃是《周禮鄭注》所謂「嫁殤」（「未婚而死者」，「死而合之」）。

---

[20] 引自林耀華：《義序的宗族研究》，第 139-140 頁，北京，三聯書店 2000 年 6 月版。

[21] 引自林耀華：《義序的宗族研究》，第 150 頁，北京，三聯書店 2000 年 6 月版。

10 餘年前，我從臺灣學者鄭喜夫先生的《民國丘倉海先生逢甲年譜》一書裡找到了三件「嫁殤」的案例，並在《略談臺灣民間的冥婚之俗》一文[22]裡報告說：

> 丘逢甲的祖父丘學祥（丘氏入台二世祖）曾娶龍氏、古氏神主。丘逢甲本人當十四歲時（1876 年），同台中霧峰林家有議親之事，當年十月，林家婦病逝。丘逢甲二十歲時（1883）娶妻廖氏。次年生子，週期而殤；第三年又生一女，未彌月而不育。丘逢甲《上元後一夕斌兒痘殤志痛》（有注云：「丁亥，□女生，週期而殤」）記錄了丘逢甲痛失一女一子的遭遇。按照冥婚之俗的說法，這應是已故林家女作祟的原因了。於是，丘逢甲在 1886 年往霧峰迎娶林氏神主，奉為正妻，1889（是年，丘逢甲中為進士）並為安葬屍骨。

嫁殤（「嫁死人也」）是為未婚女性死者包辦的同男性生者的婚姻，它不涉及未婚女性生者的生存問題，但可能影響男方所娶的女性生者（如丘學祥之妻羅氏，丘逢甲之妻廖氏）的婚姻幸福。

與嫁殤相應的嫁於殤（嫁於死人也），執行的則是未婚女性生者同未婚男性死者的婚約。

這裡有一個問題。歸葬也發生於未婚女性生者和未婚男性死者之間，但它先將未婚女性生者變成死者，歸而葬之。因此，歸葬屬於未婚男、女死者的聯姻。

嫁於殤的案例亦略可分為二類。

1.上門守貞

乾隆《福州府志》記：

> 劉和姐，許字高世才。未婚，世才卒，女適高。事姑劉氏惟謹。姑病篤，割股以進，病遂愈。氏年二十七卒，與世才合葬

---

22 收拙著《臺灣社會與文化》，福州，海峽文藝出版社 1994 年版。

焉。[23]

又記：

> 湯荷官，許字周澤。未婚，澤死，荷官聞訃，歸周服喪，孝養舅
> 姑，力勤紡織。九載，為夫營葬，葬歸，曰：「吾事已畢，可以
> 從夫地下矣。」即於是夜自經死。康熙六十一年旌。[24]

又記：

> 王氏瑞英，許字周元梅，年十四，元梅卒，女歸周家，矢志貞守，
> 擇夫侄為嗣，日夜紡織以營葬，享年七十有九。[25]

又記：

> 梁氏，名毓珺，許字黃煙，年二十二，聞訃歸黃，事舅姑，撫嗣
> 子，孀守三十餘載，雍正八年旌，入節孝祠。[26]

上記案例的「女適高」、「歸周服喪」、「女歸周家」、「聞訃歸黃」均
是未婚女性死者嫁於殤的一種說法。適、歸，女子出嫁也。

乾隆《安溪縣誌》記：

> 王意娘，庠生王士聯女，庠生林長春塚婦。孝事舅姑，閨跡足式，
> 恩賜粟帛，一堂五代。享年九十三。[27]

上記「塚婦」，亦是嫁於殤之說。

乾隆《臺灣府志》記：

> 蕭氏愛娘，臺灣人，武舉鳳求婦。少許配洪思齊。未娶而思齊歿。
> 愛娘年十九，矢志守節。白其父，歸洪養族子為息。十二年未嘗
> 歸寧。乾隆四年病卒，合葬齊墳武定里。[28]

---

[23] 引自乾隆《福州府志》，第 444 頁，福州，海風出版社 2001 年 7 月版。

[24] 引自乾隆《福州府志》，第 448 頁，福州，海風出版社 2001 年 7 月版。

[25] 引自乾隆《福州府志》，第 595 頁，福州，海風出版社 2001 年 7 月版。

[26] 引自乾隆《福州府志》，第 483 頁，福州，海風出版社 2001 年 7 月版。

[27] 引自乾隆《安溪縣誌》，第 300 頁，廈門大學出版社 1988 年 2 月版。

[28] 引自乾隆《臺灣府志》卷十二，第 22 頁，北京，中華書局 1985 年 5 月影印本。

民國《藤山志》記：

> 郭祝官，藤儒士鄭澍未婚妻也。幼聰慧，通詩書，工書法，許字儒士鄭澍，未婚而澍歿。氏年二十，欲以身殉，父母泣勸而止。遂上門守節，恭事舅姑，撫育嗣子。舅姑、嗣子相繼歿，依外氏而居。族人有欲為之請旌者，謝曰：「萬世久安，忠臣之心也；白頭相守，節婦之志也。試翻歷史，凡得忠臣、節婦之名者，皆人生大不幸之遭遇也。吾方痛死者不能復生，又安忍因以得名乎！願毋請旌。」苦守五十年，病於外氏，臨危曰：「吾為鄭家婦，當死于鄭家，乃輿歸其夫侄處，翌日卒，年七十八。」[29]

2.望門守貞

乾隆《福州府志》記：

> 林璵芳，尚書爌女孫，戶部員外世吉女也。許吳爾雅，未婚，爾雅卒，女年十六，即欲奔喪，父母難之。女重違父母意，持齋不履閾外者十二年，死曰：「葬必歸吳。」合掌誦梵語而瞑。[30]

又記：

> 陳佳官，侯官人，遷居沙縣，許字葉日炳。未婚，夫卒，訃至，女閉戶自縊，以救免。乃毀妝茹素，依父母貞守十一載。日炳父母俱逝，其兄弟知女矢志不移，以禮迎歸，擇兄子春城為嗣，時方繦褓。女哭奠殯所，即閉戶密室，朝夕對木主哭泣，雖妯娌罕得見面。又六年，嗣子已六歲，料能成立，即于所居投繯盡節，年三十六。[31]

　　在此一案例裡，陳佳官望門守貞 11 年，又上門守貞 6 年，如此度過 36 年（實際是 35 年）的悲苦一生！

　　乾隆《晉江縣誌》記：

---

[29] 引自民國《藤山志》，第 82-83 頁，福州，海風出版社 2004 年 2 月版。
[30] 引自乾隆《福州府志》，第 443 頁，福州，海風出版社 2001 年 7 月版。
[31] 引自乾隆《福州府志》，第 481-482 頁，福州，海風出版社 2001 年 7 月版。

許氏，楊綢觀未婚妻，名娥娘，恭觀女。綢觀往海外二十餘載，斷音耗。姑及父母遣嫁，皆不從。守貞至年四十一，綢觀終不歸，遂絕粒死。楊家義之，迎主祭祀，以綢觀侄為嗣。[32]

民國《同安縣誌》記：

陳姻娘，東門外儒士劉文傑未婚妻。年十三夫歿，望門守節。姑疾侍病，三年無倦容。持長齋，卒年六十七。[33]

四

　　福建（包括臺灣）方志所記閩、台冥婚舊俗之特殊事例，亦當引起中國婦女史研究者的注意。

1.合喪

乾隆《臺灣府志》記：

黃氏器娘，黃勉女，台邑武定裡人，幼許陳越琪。聞琪病，即為減膳祈禱。迫琪死，父母秘不與言，氏密察得實即自縊。夫家舁琪柩與氏柩會于路，合葬魁鬥山，康熙六十一年旌表，建坊十字街。[34]

　　上記「夫家舁琪柩與氏柩會于路」語可證，雙方各行喪禮，於送葬路上合其喪、於魁鬥山合葬之也。

2.苗媳守貞

民國《同安縣誌》記：

盧氏節薑，城北魏瑪鴻未婚妻，自幼歸魏家為養媳。年十

32　引自乾隆《晉江縣誌》第 522 頁，上海辭書出版社 2006 年 9 月版。
33　引自民國《同安縣誌》，第 1064 頁，北京，方志出版社 2007 年 3 月版。
34　引自乾隆《臺灣府志》卷十二，第 19 頁，北京，中華書局 1985 年 5 月影印本。

五瑪鴻卒，氏矢志不嫁，事故以孝聞，以夫從兄子徽音為嗣，家素貧，辛苦女紅，撫孤成立，民國元年卒，六十有九。[35]

又記：

梁氏，馬巷許厝社許實力妻，時為養媳，十二歲夫歿，誓守，年六十八卒。[36]

3.夫家移柩從於女而合葬

乾隆《臺灣府志》記：

紀氏險娘，臺灣人，紀惠女，少許字吳使，年十八未嫁而使病。氏聞之而寢食俱廢。尋，使歿，氏遂自經以殉。夫家移使柩與紀合葬武定里州仔尾。雍正五年祀節烈祠。[37]

4.過門待嫁而嫁於殤

民國《同安縣誌》記：

王氏，名五娘，許世鐘未婚妻，擇日將婚，世鐘遠出，屆期未歸。舅姑謂曰「吉」，乃迎媳以待子。越三日，訃聞世鐘先二月逝矣。五娘遂以婦服拜舅姑，旋入房自縊，時年十九。家人俟其梓櫬歸，合葬之。[38]

5.延婿入贅而嫁於殤

民國《金門縣誌》記：

陳氏守娘（一作居娘），南京人（一作莆田人），臺灣鄭經管事國賢女，幼許字後浦許奎。奎染疾，母老家貧。氏聞之，私謂父母

---

[35] 引自民國《同安縣誌》，第1062頁，北京，方志出版社2007年3月版。

[36] 引自民國《同安縣誌》，第1064頁，北京，方志出版社2007年3月版。

[37] 引自乾隆《臺灣府志》卷十二，第18頁，北京，中華書局1985年5月影印本。

[38] 引自民國《同安縣誌》，第1058頁，北京，方志出版社2007年3月版。

曰：子病母老，勢難久存。夫之不幸，奴之命也，願侍湯藥、盡
婦道。父母重違其意，延婿入贅。時奎病甚，氏日夜與其母奉侍，
衣不解帶。甫三月，奎沒，撤靈自縊，祔葬於奎墓側。[39]

五

選擇本文的論題，乃是選擇了一次痛苦的寫作經歷。

首先，我從乾隆《福寧府志》、乾隆《臺灣府志》、乾隆《福州府志》、
乾隆《古田縣誌》、乾隆《安溪縣誌》、乾隆《晉江縣誌》、乾隆《福清
縣誌》、乾隆《南靖縣誌》、嘉慶《福鼎縣誌》、嘉慶《雲霄廳志》、道光
《漳平縣誌》、光緒《漳州府志》、光緒《漳浦續志》、民國《同安縣誌》、
民國《南靖縣誌》、民國《平潭縣誌》、民國《金門縣誌》、民國《南平
縣誌》、民國《藤山志》以及《螺江志》、《崇武所城志》等福建方志和
《民國丘倉海先生逢甲年譜》抄錄了閩台歷史上的冥婚案例 100 件。

寫作過程中，幾次讀魯迅先生的《我之節烈觀》，不覺淚下！想想
歷史上那麼多的女孩當其十四五歲、二十餘歲的妙齡，就接受了冥婚的
安排，接受了悲苦的生或者悲苦的死，心中頗為難受。

臨末，我要魯迅先生的話來收束本文。魯迅先生說：

> 節烈這事，現代既然失存在的生命和價值；節烈的女人，豈非白
> 苦了一番？可以答他說：還有哀悼的價值。他們是可憐人；不幸
> 上了歷史和數目的無意識的圈套，做了無主名的犧牲。可以開一
> 個追悼大會。
> 我們追悼了過去的人，還要發願：要自己和別人，都純潔聰明勇
> 猛向上。要除去虛偽的臉譜。要除去世上害己害人的昏迷和強暴。
> 我們追悼了過去的人，還要發願：要除去於人生毫無意義的苦
> 痛。要除去製造並賞玩別人苦痛的昏迷和強暴。
> 我們還要發願：要人類都受正當的幸福。[40]

---

[39] 引自民國《金門縣誌》，第 266 頁，《臺灣文獻彙刊》本，九州出版社、廈門大學出版社 2004
年 12 月版。

[40] 引自魯迅：《我之節烈觀》，《魯迅全集》第 1 冊，第 123 頁，北京，人民文學出版社 1981

2007 年 5 月 1 日—7 日
寫於福州

年版。

清至民國時期福建的婢女救濟及其績效

一

婢女的生存狀況涉及了人口買賣、過度勞役、低生活水準、性禁錮、性侵犯、身份歧視以及受教育權、婚姻自主權被剝奪等多方面的問題。

這些問題的性質都是相當惡劣的。

然而，總體觀之，清代官、紳只對其中的性禁錮問題予以特別關注，對其他問題則程度不同地予以認可或縱容。

道光《建陽縣誌》引「萬曆志」記：「役婢女，居然絕配終身」，並謂「今日習俗與此所載無異」。[1]

官、紳編修的地方誌當然代表了官、紳的態度。《建陽縣誌》的記載表明，由明入清，福建官、紳對婢女性禁錮問題格外關注以至幾乎不及其餘。

乾隆《福州府志》記：

> 張伯行，字孝先，儀封人。康熙乙丑進士。四十六年，巡撫福建。……閩俗買貧女為婢，凡男子勞役，悉以屬之，婢有至無齒不嫁者，或鬻之尼院，得價倍，而弊乃甚於錮婢矣。伯行諭令贖歸，間或分俸代為償而歸之，特嚴幼女為尼之禁，民感其義，俗遂革。[2]

康熙四十六年為 1707 年，張伯行時在福建巡撫任上。

這裡記錄了婢女生存狀況的三個問題：人口買賣、過度勞役和性禁錮。張伯行主要針對了性禁錮的問題，一方面「諭令贖歸，間或分俸代為償而歸之」即要求民眾並自己參與償還贖金、令婢婚配（歸，女子出嫁也。《詩·召南·桃夭》：「之子於歸，宜其室家」），另一方面「特嚴幼女為尼之禁」以防止預後的性禁錮問題。然而，張伯行對婢女生存狀

---

[1] 引自道光《建陽縣誌》，第 112 頁，福建省建陽縣地方誌編纂委員會 1986 年 7 月整理本。
[2] 引自乾隆《福州府志》，上冊第 91 頁，福州，海風出版社 2001 年 7 月版。

況涉及的人口買賣問題是縱容的，他要求和實行的婢女救濟之方式是再次買賣。

《閩政領要》記：

> 閩俗頹敝，而其敝之尤甚者一曰錮婢。紳士之家，操作之事皆婢任之。一經契買，即同永錮。其自三十、四十以上遣嫁者，尚稱及時擇配，竟有終身不令適人者。婢有私孕，不問所由來，育男則棄之，育女則留之待其長成亦如乃母之服勞之畢世焉。此風比比皆然，而建郡為甚。前甯化縣縣丞耿嘉平署篆浦城，訪知其弊，比戶清查，擇其年三十以上、五十以下，督令登時遣嫁者，數幾滿百。其六旬以外之白頭老婢，彼亦不願複效于飛之樂矣。本司顏希深到任刊頒告示，廣為勸誡，稍知感化，而此弊終未能盡除，全賴地方官徐徐化導以端風俗。[3]

《閩政領要》乃於乾隆二十二年（1757）由福建布政使德福輯纂，10年後（1767）由布政使顏希深增補。

查嘉慶《浦城縣誌》、民國《寧化縣誌》，耿嘉平系山東館陶人，優貢生，乾隆二十一年（1756）、乾隆二十二年（1757）兩度署理浦城知縣。

耿嘉平在署理浦城知縣任上針對了婢女生存狀況之性禁錮問題，以「比戶清查」的行政手段、「督令登時遣嫁」的行政命令，解救了「數幾滿百」的婢女。

德福、耿嘉平和顏希深在乾隆年間也注意到婢女的買賣（「契買」）和過度勞役（「操作之事皆婢任之」）的問題，但他們共同認定的「其自三十、四十以上遣嫁者，尚稱及時擇配」，實際上是為買婢之家使役婢女的不正當權益提供辯護和保護的。

道光十三年（1833）「調臺灣署鹿港廳事」的陳盛韶，在其《問俗錄》記：

3　引自《臺灣文獻彙刊》第 4 輯第 15 冊，第 90-91 頁，九州出版社、廈門大學出版社 2004 年 12 月版。

使女曰丫鬟，閩人曰丫頭，乳姆曰奶娘，閩人曰奶媽。臺灣別有奶丫頭。使女未嫁，未學養子，奶汩汩然出，諱莫如深。曷為乎？炫玉求售，自詡為奶丫頭也。使女終其身，主人不嫁賣，不管束，聽其野合，不以私胎為嫌，生女或致之死，生男或所私者抱去，不則，主人仍育為奴。於是丫頭有奶，乳哺四雇，別其名貴其值，曰奶丫頭。人無貴賤，得天之理與氣，羞惡之心，情欲之感，則一嫁不及時，淫奔熾而羞恥喪，人道類於禽獸。守令者，風俗之表率，必諄諄教誡，使及時嫁賣。不聽即懲以重刑，匪特敝俗可革而息，閨中怨氣，轉釀為太和，未嘗非積善余慶之一端。[4]

作為「地方守令」，陳盛韶對養婢之家的要求是「嫁賣」，即實行又一輪的人口買賣。

道光二十四年（1844），梁章鉅在福建浦城縣養病期間有詩自記其救濟婢女的事蹟。詩曰：

驚心薄俗太支離，失笑高門半守雌。一紙厄詞何足算，三年五度遣楊枝（浦城錮婢之風，牢不可破。余曾撰《錮婢說》一篇，以為暮鼓晨鐘，乃殊少警覺者，餘到浦甫三年，而遣婢至五次，皆不化其身價，而中兩婢乃從錮婢之家轉鬻而嫁之者。不可謂但以言感人者矣。）[5]

梁章鉅當時乃以紳士的身份在浦城五次解救婢女。梁章鉅針對了婢女的性禁錮問題，卻對婢女買賣問題的惡劣性質全然無有認識，並以「皆不化其身價」（化，消除也）即維護買婢之家的權益自炫。

咸豐二年（1852），劉家謀在臺灣府學訓導任上作《海音詩》百首，其詩注曰：

長樂柯義周廣文（龍章）嘗掌教崇文書院。將歸，載婢數十人於內地嫁之，誠苦海慈航也。[6]

---

[4] 引自陳盛韶：《問俗錄》，第 128 頁，北京，書目文獻出版社 1983 年 6 月版。

[5] 梁章鉅：《歸田瑣記》，引自《清代筆記叢刊》，第 2 冊，第 1936-1937 頁，濟南，齊魯書社 2001 年版。

[6] 劉家謀：《海音詩》，引自《臺灣文獻叢刊》第 28 種，第 17 頁，臺灣銀行 1958 年排印本。

又曰：

> 徐樹人廉訪（宗幹）諭富紳出貲贖之。予亟商諸二三好善之士勸捐贖回，各為收養，稻熟以後，按名各給路費，載還其家。[7]

這裡所記柯義周、徐宗幹、劉家謀及「二三好善之士」的「苦海慈航」故事乃發生於清代嘉、道、咸年間（1796—1852）。此一干人等關注的亦是婢女的性禁錮問題，採用的救濟之法亦是贖買。

光緒十五年（1889），范克承在臺灣安平知縣任上有《嚴禁婢女不嫁婢記》，其文曰：

> 光緒十五年五月二十一日，據芙蓉郊董事職員張大琛等稟稱：「……郡城有等紳富，買用婢女，甚至二十歲以上，仍使其市肆往來，閫外無分。遇輕浮之徒，當眾調戲；稍為面熟，即有貪利六婆勾引成奸。所謂奸盡則出殺由，禍害更烈。琛等睠風化攸關，可否請以示禁有婢之家，凡使女至二十歲以上者，如本有婿，或無婿而有娘家可主者，該家主收回原交身價、退回字據，將該女交其父母領回婚配、不得久留使用。似此可無怨女之憂，藉培家主之德，販運奸徒亦可奸無從入手，引誘之輩又可絕勾奸之術。琛等心存義舉，仁憲自有權衡，是否有當？不揣冒瀆，陳情再叩，仰祈俯賜轉詳，通飭勒石嚴禁」等情到縣，……本縣查：錮婢不嫁，最為惡俗。該職員所稟，系杜絕奸拐，整頓風化起見，似可府如所請，陳詳請道憲通飭一體示禁外，合行出示嚴禁。為此，示仰闔邑紳商軍民諸色人等知悉，自示之後，如有年大婢女、趕緊即行婚配，不得仍蹈故轍，倘敢錮婢不嫁，一經察出，無論何項人等，定即從嚴懲辦，決不姑寬！各宜自愛，毋違，特示。[8]

作為官、紳兩方，安平知縣范克承和鴉片煙販商會（「芙蓉郊」）職員張大琛亦是希圖以償還「原交身價、退回字據，降該女交其父母領回分配」即贖買的救濟方法以解決婢女的性禁錮問題。

---

[7] 劉家謀：《海音詩》，引自《臺灣文獻叢刊》第 28 種，第 9 頁，臺灣銀行 1958 年排印本。
[8] 引自《臺灣文獻叢刊》，第 174 種，第 366-367 頁。

二

　　清代末年，福建基督教界亦啟動其婢女救濟的事工。光緒二十一年
（1895），福州美華書局「活板印刷」的《（基督教）美以美會綱例》第
三章第四十款規定：

> 我教會自昔及今，視居奴蓄婢，殊為殘忍之事，論買人為奴婢，
> 賣人為奴婢，或視奴婢視同財物，實違上帝之律法，逆天理之自
> 然，悖救主所命愛人如己之法，並犯本會總例所云：凡欲居本會
> 者，勿害人，宜避諸惡之條。故我儕以仁愛之心，勸眾傳道教友，
> 不可犯此大罪，尤當自盡其分，以基督徒所能為合理之法，力除
> 此弊。

　　上記戒律針對了婢女生存狀況的人口買賣問題。

　　1930 年 10 月，以「言乎時間，本團當負責推翻中國四千餘年根深
蒂固之婢制；言乎空間，本團當負責救拔千萬朝不保夕之同胞」為標榜
的中國婢女救拔團（The Society for the Relief of Chinese Slave Girl）在
福建廈門鼓浪嶼成立。這是一個以基督徒為主體的專事婢女救濟的團
體。據《中國婢女救拔團三周年紀念特刊》、《中國婢女救拔團第五周年
紀念報告》和《中國婢女救拔團第六周年紀念報告》等資料，中國婢女
救拔團成立三周年時有「一萬數千的團員」，團員有義務「一生遵守本
團宗旨努力救拔婢女工作」和填報《婢女狀況調查表》；[9]該團成立五周
年時，該團附設的婢女收容院（租用德國領事署舊址為院址）「救拔了
一百數十個婢女，除約四十人已由本團代為擇配外，其餘住在本院的還
有九十人左右」；[10]該團成立六周年時，又增加收容院院生 26 人。[11]該

---

[9]　漢耕：《本團三年來工作概況》，引自中國婢女救拔團總部編：《中國婢女救拔團三周年紀
　　念特刊》（1934），第 22 頁。

[10]　許春草：《創辦中國婢女救拔團五周年的回顧》，引自中國婢女救拔團總部編：《中國婢女
　　救拔團第五周年紀念報告》（1935），第 7 頁。

[11]　《本年份婢女投奔本院總人數表》，載中國婢女救拔團總部編：《中國婢女救拔團第六周年
　　紀念報告》（1936）第 4 頁。

團還爲受虐、遭受性侵犯和挨打、被殺的婢女提供法律援助。[12]

中國婢女救拔團發起人和主持者許春草（1874—1960）是辛亥革命志士、建築商和基督徒，在福建廈門兼具紳士和教友的身份。

1935 年福州基督教美以美會發起「廢婢運動」。《1935 年福州美以美年議會禁止蓄婢並童養議決案》謂：

一、請各牧區對於信徒納妾、蓄婢、蓄奴、童養之惡習務要切實制止。

甲：嚴格取締婢女制度（凡屬他人女子在家庭工作不給工資，又待遇與親生女子不同者皆在取締之列）。

乙：請各堂會、各學校、各醫院以及其他教會服務機關組織小組廢婢運動委員會（例如在學校、醫院分教職員組、學生組、校友組，在堂會則利用固有之各屬組織之）。

丙：請以上各團體最少每學期演講討論或表演廢婢問題一次，藉以提醒眾人知蓄婢之不道德與不合人道。

丁：請各小組實行調查現有婢女之家庭及其待遇之情形。

戊：用個人談話法勸勉蓄婢之人自動釋放婢女。

己：對婢女當照下列條件

（一）當視之如己女使其衣食飽足。

（二）換其姓名。

（三）使其受自己兒女所受同等之教育，最低限度當由初級小學或同等學校畢業。

（四）輟學後年齡達到婚配時期者當求其同意為之擇配。

1.對方年齡適合；

2.不可賣之為妾；

3.不可多索聘金，倘有聘金當作嫁奩之用。

庚：凡各男女傳道以及教會所有受薪人員不遵並違犯以上規則者應革其職（《綱例》第卅款）。

辛：凡各男女傳道以及教會所有受薪人員此後仍繼續收買婢女者亦當革職（《綱例》第卅款）。

---

[12] 參見《中國婢女救拔團三周年紀念特刊》（1934）第 7-22 頁。

壬：凡蓄婢之人不肯釋放婢女者切勿為之洗禮。

癸：請本會宗教教育部函達全國編制主日學材料，各機關最少編著廢婢材料二篇。

另，附童養問題（略）

二、以上各決議案請教區牧區主任負責執行。[13]

上記「議決案」涉及婢女的身份歧視、性禁錮、受教育權被剝奪、低生活水準和過度勞役問題。

上承 1895 年《（基督教）美以美會綱例》關於禁止「居奴蓄婢」的戒律，1935 年福州基督教美以美會關於「廢婢運動」的「議決案」也有禁止「男女傳道及教會所有受薪人員」收買婢女的規定。然而，教會的戒律實際上並未發生預期的效力。1930 年，許春草尖銳地指出：

> 基督徒不當養婢無疑，但是事實卻怎樣呢？我看見不但普通基督徒養婢了，聖會裡的長執也養婢了；不但長執養婢了，牧師傳道也養婢了！教會裡原有禁止養婢的明文，基督徒養婢，為什麼不受處分呢？可憐啊，軟弱無能的教會，怕人過於上帝，魔鬼掌權了，基督徒何止養婢呢？不也一樣學著非基督徒虐待婢女嗎？我親眼看見某堂會的長老，他的婢女，挨不過打跑出門去被非基督徒帶走了。我又看見基督徒的婢女，挨不過打，跑進保良所去了。基督徒啊，榮耀爾們的主罷！[14]

現在談談官方法令的效力問題。《大清律例》有「略買略賣人」的法定罪名和「略賣子孫為奴婢，杖八十」的量刑規定。對此，清代官、紳實施婢女救濟時並不予以適用，反而採用再次買賣的救濟方式。民國時期，官方也頒佈了一系列有關婢女救濟的法令，如《中華民國刑法》（1927）第三百三十條規定：「使人為奴隸者，處一年以上七年以下徒刑。本條之未遂罪，罰之」[15]，另有《維護人道保障女權通令》（1927）、

---

[13] 引自美以美會福州年議會宗教教育部基督教化家庭與兒童年事業委員會編印：《廢婢運動消息》，第 1 頁，1936 年 3 月 1 日出版。

[14] 許春草：《向養婢的惡魔宣戰》，引自中國婢女救拔團總部編：《中國婢女救拔團三周年紀念特刊》（1934），第 42 頁。

[15] 引自《中華民國刑法》第 18 頁，北京，中國方正出版社 2006 年版。

《禁止蓄奴養婢辦法》（1932）、《禁止蓄婢辦法》（1936）等內政部頒佈
的規章。然而，婢女買賣問題並不曾得到有效的依法治理。例如，《禁
止蓄婢辦法》第一條規定：「凡以慈善關係或收養養女名義，蓄養婢女
者，均依本辦法禁止之」[16]。在《禁止蓄婢辦法》頒佈後，福州基督教
美以美會並不更改其《廢婢運動宣言》關於「釋放婢女」的定義：「所
謂釋放即待如己的子女，使受相當教育」[17]。一般民眾「為避免法律上
糾紛」[18]，亦「易婢而為養女」[19]。

　　清至民國時期官方的法令和教會的戒律實際上均未發生預期的效
力。

三

　　如上文所記，1756 年耿嘉平在署理浦城知縣任上面對的錮婢之風，
在 88 年後的 1844 年仍然讓到浦城養病的梁章鉅見而「驚心」。

　　又如，中國婢女救拔團在 1930—1936 年收容救濟來自各地的婢女
近二百名。然而，中國婢女救拔團所在的廈門市，其市區（不包括鼓浪
嶼區和市郊）在 1932 年養婢之家凡 1696 戶，婢女 2580 人，其中養婢
最多者一家有婢女 26 人。[20]

　　據福建省檔案館藏檔案，福建省政府曾於 1942 年、1944 年兩次發
放「各縣有關禮俗行政之民俗改良輔導經費」，並要求各縣填報《禮俗
情況調查表》和《查禁民間不良習俗工作報告表》。表格設計有「蓄養
婢女」的欄目。各縣報告乃於 1944 年、1945 年、1948 年分別報送省政
府（部分縣在館藏檔案裡未見報告）。

---

16 引自美以美會福州年議會宗教教育部基督教化家庭與兒童年事業委員會編印：《廢婢運動消
　息》，第 2 頁，1936 年 3 月 1 日出版。

17 引自美以美會福州年議會宗教教育部基督教化家庭與兒童年事業委員會編印：《廢婢運動消
　息》，第 4 頁，1936 年 3 月 1 日出版。

18 閩檔 11−11−727

19 閩檔民政廳 11−11−727

20 據《廈門市內婢女調查統計表》，收中國婢女救拔團總部編：《中國婢女救拔團三周年紀念
　特刊》。

茲摘錄有關「蓄養婢女」的報告。

1944 年 3 月，平和縣縣長馮世徵報告：「尚有蓄婢者，系少數富家」；[21]

1944 年 7 月，甯德縣縣長郭克安報告：「現蓄婢之風漸見減少，蓄婢之家名義上亦稱為養女。此風現經厲禁，尚未全絕」；[22]

1944 年 7 月，甯洋縣縣長陳萬璸報告：「本縣民家無蓄婢，其小康之家因家務繁多，間有買養女以幫助家務，其年齡多在十一二歲以上。到十六七歲時即以生女之待遇擇配」；[23]

1944 年 7 月，邵武縣縣長袁國欽報告：「蓄婢早經禁止，尚有少數以收養女名義代婢使用」；[24]

1944 年 7 月，安溪縣縣長陳拱北報告：「甚少蓄婢，惟普通人家均養有童養媳」；[25]

1944 年 8 月，長汀縣縣長方揚報告：「中上之家，多有蓄婢者」；[26]

1944 年 8 月，莆田縣縣長石有紀報告：「現在已無明白蓄婢，惟一般村落或市鎮中，小康之家庭多乞養 10 歲上下之小女子為養女或為童養媳以佐助家庭中之勞作，至年紀及笄則為之訂婚出嫁他家或與家中預定之兒子結婚作媳焉」；[27]

1944 年 8 月，南靖縣縣長陳鐵魂報告：「蓄婢之風甚少，惟城區一般婦女多以自己有子女後即抱養苗媳」；[28]

1944 年 8 月，閩清縣縣長周鋒報告：「本縣尚無發現蓄婢情形」；[29]

1944 年 9 月，漳平縣縣長黃懋銖報告：「本縣蓄婢之風猶不減於昔

[21] 閩檔 11－11－489。
[22] 閩檔民政廳 11－11－727。
[23] 閩檔民政廳 11－11－727。
[24] 閩檔民政廳 11－11－727。
[25] 閩檔民政廳 11－11－727。
[26] 閩檔民政廳 11－11－727。
[27] 閩檔 11－11－489。
[28] 閩檔民政廳 11－11－727。
[29] 閩檔民政廳 11－11－727。

日，城區及各鄉鎮稍有家產者多有蓄婢」；[30]

　　1944 年 9 月，永泰縣縣長葉培馨報告：「尚有二三富家有蓄婢情事，惟屬罕見」；[31]

　　1944 年 9 月，霞浦縣縣長戴啓熊報告：「普通無蓄婢情形」；[32]

　　1944 年 9 月，柘洋特種區區長王乃平報告：「無（蓄婢情形）」；[33]

　　1944 年 9 月，長泰縣縣長卿建楚報告：「現只有童養媳，未聞有蓄婢」；[34]

　　1944 年 9 月，浦城縣立民眾教育館館長張甯謙報告：「本縣蓄婢頗多，縉紳富戶早相替成風。爲人婢者多度非人生活，爲狀至苦。鼎革之後已日見減少，且易婢而爲養女，待遇亦漸改善，非複向之蓬首垢面矣」；[35]

　　1944 年 9 月，金門大登鄉主任梅鄂報告：「蓄婢之風在前清頗盛，現已絕無」；[36]

　　1944 年 12 月，東山縣縣長鄧啓群報告：「本縣土地磽瘠，經濟不豐，居民多能勤勞，對於蓄婢則向無沿習」；[37]

　　1944 年 12 月，福安縣縣長胡邦憲報告：「本縣人民不論貧富均無蓄婢」；[38]

　　1945 年 1 月，福清縣縣長余烈報告：「本縣民俗樸素，蓄婢少有，而富庶人家亦有此舉，惟現已改爲童養媳，尚未聞虐待之情形發生」；[39]

　　1945 年 1 月，羅源縣縣長黃光裕報告：「邑之富家，多有蓄婢，爲避免法律上糾紛，書面爲養子（女）字樣，尤以城中爲甚」；[40]

30　閩檔民政廳 11－11－727。
31　閩檔民政廳 11－11－727。
32　閩檔 11－11－727。
33　閩檔 11－11－489。
34　閩檔 11－11－489。
35　閩檔民政廳 11－11－727。
36　閩檔民政廳 11－11－727。
37　閩檔民政廳 11－11－727。
38　閩檔民政廳 11－11－727。
39　閩檔民政廳 11－11－727。
40　閩檔 11－11－727。

　　1945 年 4 月，將樂縣縣長趙同和報告：「蓄婢之事，各鄉更少。城中之蓄婢多半是代主人婆洗衣服、砍柴、撿豬菜或做三餐，稍不如意，就教訓她打她罵她，到了十七八歲許配鄉間人爲妻。若女婿有情有義，以親生女兒看待，二家聯姻」；[41]

　　1945 年 4 月，泰甯縣縣長劉誠報告：「蓄婢極爲普遍，尤以富裕人家，蓄婢三四人者。鄉間易盛行童養媳之惡風」；[42]

　　1945 年 8 月，連城縣縣長鄭永祥報告：「本縣蓄婢之家很少，間有富室巨賈，買貧寒家之女爲婢，成人後仍照嫁女方式擇配，此後亦如親戚之誼互相往來，但以全縣計，蓄婢之家僅千分之一二耳」；[43]

　　1948 年 1 月，廈門市政府市長黃天爵報告：「（婢女）均已改爲養女」；[44]

　　1948 年 6 月，永安縣縣長陳燈報告：「因地方貧瘠，人民經濟力薄弱，蓄婢之風少見」；[45]

　　1948 年 6 月，仙游縣政府（縣長宋慶烈）報告：「在舊封建社會遺留下之特殊階級家庭有蓄養婢女，一般家庭尚無此情事」；[46]

　　1948 年 8 月，順昌縣縣長鄒錫光報告：「（本縣蓄婢情形）尚少發現」；[47]

　　1948 年 8 月，平和縣縣長鬍子剛報告：「（蓄婢情形）較少」，「經分別勸告後此種惡習較少」；[48]

　　1948 年 8 月，建陽縣政府（縣長任自強）報告：「蓄養婢女多系富有之家，過去風氣頗盛」；[49]

　　1948 年 8 月，柘榮縣政府（縣長沈安）報告：「本縣尚無蓄婢陋習」；

41　閩檔民政廳 11－11－727。
42　閩檔民政廳 11－11－727。
43　閩檔民政廳 11－11－727。
44　閩檔 11－13－115。
45　閩檔 11－11－489。
46　閩檔 11－11－727。
47　閩檔 11－13－115。
48　閩檔 11－13－115。
49　閩檔 11－13－115。

50

　　1948 年 8 月，南平縣政府（縣長林志先）報告：「富商豪門爲養尊處優，多有蓄養婢女供其侍奉」；[51]

　　1948 年 8 月，漳浦縣縣長鄭有泰報告：「本縣有養女制並無婢女制」；[52]

　　1948 年 9 月，古田縣縣長丁梅董報告：「過去雖有蓄婢情事，現已漸減少」；[53]

　　1948 年 11 月，華安縣政府（縣長許元培）報告：「民眾因受封建遺毒，富有家庭常有蓄養婢女差遣勞役」。[54]

　　我們從上記縣長們報告的問卷得到的結論是：清至民國時期（1644—1948）福建婢女救濟的績效可以用「略有小補，無濟於事」一語予以評估。

　　中國婢女救拔團的同工許牧世曾斷言：

> 創辦本團的同志們，多半是基督教的教徒，我們認為天地間只有基督的愛會叫我們不避一切困難，不惜任何犧牲地來肩負這種救拔的工作，我們相信，不是空言提倡民權的國民黨員所能做，也不是專門曉得煽動階級鬥爭的共產黨所曉得幹。[55]

　　許牧世當年的斷言並不完全準確。我們看到的事實是，福建的婢女問題乃是在 1949 年以後、在中國共產黨的領導下逐步得到解決的。

　　　　　　　　　　　　2008 年 7 月 19 日，銀婚紀念日
　　　　　　　　　　　　記於京師大學堂舊址近旁之旅舍

---

[50] 閩檔 11－13－115。
[51] 閩檔 11－13－115。
[52] 閩檔 11－11－489。
[53] 閩檔 11－11－489。
[54] 閩檔 11－11－727。
[55] 牧世：《告懷疑我們的朋友》，引自中國婢女救拔團總部編：《中國婢女救拔團三周年紀念特刊》，第 37 頁。

1945—1948：福建文人與臺灣文學

閩台關係史上有兩個迄未引起研究者充分重視的時段。

日據臺灣初期（1895—1897）。施士潔、許南英、汪春源等臺灣詩人滿懷悲憤，相繼離台流寓於福建各地。

臺灣光復初期（1945—1948）。葉明勳、王新民、歐坦生等福建文人滿腔熱忱，先後有赴台或涉台的活動。

在今天對福建學者來說，這兩個時段的研究一為隔世研究、一為隔岸研究，其艱難可知矣。

吾人願勉為其難。我在割台之恥 100 周年、臺灣光復 50 周年的 1995 年，完成了《臺灣近代詩人在福建》一書的寫作。其時乃有寫作本文的計畫。

同《臺灣近代詩人在福建》一樣，本文亦是「真正意義上的『拋磚引玉』之作」[1]，期盼引起兩岸學者對本文議題的共同興趣。

一

「中國的文壇和報壇是表姐妹，血緣是很密切的」[2]；福建和臺灣則是親兄弟，關係尤為親近。

臺灣光復初期（1945—1948），一批福建報人先後來到了臺灣。他們或是記者、或是編輯，嫻於編報、又善作文，既發新聞、亦編文藝。到台後囿於生活和工作的條件、社會和政治的生態，文學的才華和文學的活動或曾受限受阻，他們仍然或多或少同臺灣文壇有所關聯。

這批人士中到台時間最早的當推葉明勳。據我所見福建協和大學的學籍檔案和校史資料，葉明勳系福建浦城縣人，1936 年考入福建協和大學（入學年齡 23 歲），1940 年畢業並留校任職於訓導處（曾任代訓導長）。葉明勳在校期間曾任福建協和大學抗建劇團（原名救亡劇團）

1 汪毅夫：《臺灣近代詩人在福建》，第 227 頁，臺北幼獅文化公司 1998 年版。
2 曹聚仁：《文壇五十年》，第 8 頁，東方出版中心 1999 年版。

團長。該團曾於 1940 年暑期巡迴演出於閩、浙、贛、皖四省，一路開展抗日宣傳。其後，葉明勳赴美國州立科羅拉多大學新聞學院、史丹福大學新聞研究院研習報學。1945 年 9 月 28 日，葉明勳以「中央通訊社採訪」即中央社記者的身份列名於當天成立的「臺灣省行政長官公署、臺灣警備司令部前進指揮所」名單[3]。1945 年 10 月 5 日，葉明勳隨該所其他成員從重慶飛赴臺北。葉明勳到台後初任中央社駐台特派員，後改任中央社臺北分社主任，其住所和辦事處所分別爲臺北「明石町舊高橋知事官邸」和「壽町三丁目十四番地」[4]（後改名「西寧南街」[5]）。葉明勳在當時擔任的是臺灣報界最爲顯赫的職務，加上他熱心於「福建協和大學臺灣校友會」[6]一類聯誼活動，因而在臺灣文化界有很好的人緣。1946 年 5 月 4 日，臺灣文藝社成立，葉明勳爲該社發起人之一。葉明勳的夫人嚴停雲後來以「華嚴」的筆名從事文學創作，成爲臺灣著名小說家。嚴停雲係福建閩侯人，中國近代文化名人嚴復的孫女。

　　長期擔任福建改進出版社社長的著名報人黎烈文於 1946 年初到台。臺灣《新生報》1948 年 3 月 13 日有張明的《在臺灣的作家》記：

> 光復後第一個來臺灣的中國作家（按：應爲大陸作家）是黎烈文。在抗戰中黎烈文一直留在福建永安主持改進出版社並主編《現代文藝》月刊，……黎烈文和陳前長官（按：指陳儀）私交甚篤，來台前即系應陳邀，最初任《新生報》副社長，其後即在（任）省立師範學院教授。

　　黎烈文到台後擔任的報界和教育界職務，都同文學相關。隨黎烈文到台的還有其夫人雨田女士。雨田女士名許粵華，曾任改進出版社《現代兒童》主編，並曾在該社出版短篇小說集《罪》和散文集《水上》。我曾見 1947 年《臺灣省政府公報》所刊臺灣省教育廳的《推薦書目》，

---

[3] 鄭梓：《戰後臺灣的接收與重建》，第 66-68 頁，臺北新化圖書有限公司 1994 年版。

[4] 見《臺灣省行政長官公署公報》，第 1 卷第 2 期，1945 年 12 月 5 日。

[5] 見《臺灣省行政長官公署公報》1947 年春季號，第 144 頁。

[6] 該會於 1946 年 3 月 31 日成立，葉明勳以「得票最多，推爲常務幹事」，「會址假中央社臺北分社內，俾葉校友可就近主持」。見《閩台關係檔案資料》，第 741 頁，鷺江出版社 1992 年版。

內有雨田的作品[7]，又曾見同年福建廈門《明日文藝》「下期預刊小說」目錄裡有雨田的《零點五》。

　　曾任福建《中央日報》記者的沈嫄璋於 1946 年隨丈夫姚勇來到台，並於 1947 年進入臺灣《新生報》社。沈嫄璋在臺灣光復前夕的 1945 年 6 月 11 日，曾以「《中央日報》社代表」的身份，出席「福建省會暨永安各界舉行臺灣淪陷 50 周年紀念大會籌備會」[8]。到台後，沈嫄璋除主要采寫《陳長官談憲政》[9]一類省政新聞外，也發表《新中國劇社的長成》[10]、《人類文化的里程碑》[11]一類文化新聞。姚勇來曾任福建《南方日報》、《福建民報》、《中央日報》等報記者和改進出版社《戰時民眾》編輯。姚勇來在福建的常用筆名爲「丫‧狼狽」（「狼狽」爲英文 LONGBABY 的音譯），並以此名聞於福建報壇和文壇。姚勇來在福建也曾以「姚隼」爲筆名，其《割棄了的盲腸》、《犧牛》、《夜酒樓》、《新生》[12]和《放舟下沙縣》[13]等均署名「姚隼」。到台後，姚勇來最初供職于臺灣省行政長官公署新聞室（該新聞室後改稱「臺灣省政府新聞處」，爲秘書處下設機構。1948 年 8 月 31 日《臺灣省政府合署辦公施行細則》規定：「秘書處設新聞處」），後與沈嫄璋雙雙進入臺灣《新生報》社。他以「姚隼」爲筆名在《臺灣月刊》、《新生報》等發表作品，如《新臺灣之旅》、《人與人之間及其他》、《橋之讚頌》、《橋頭二題》、《十年》、《海浴場上》、《化蕃兩公主》等作品[14]，並以《論爭雜感》[15]等文參加了在 1947 年發起的「臺灣文學論議」。其《十年》所記「八年當中，我們輾轉在後方的山城裡，過著最起碼最艱難困苦的日子，我們逃過難，我們

---

[7] 臺灣省行政長官公署于 1947 年 4 月 24 日奉命改制爲臺灣省政府。

[8] 《閩台關係檔案資料》，第 369 頁，鷺江出版社 1992 年版。

[9] 載《臺灣月刊》第 5 期，1947 年 2 月 10 日。

[10] 載《臺灣月刊》第 3、4 期合刊，1947 年 1 月 10 日。

[11] 載臺灣《新生報》1948 年 3 月 24 日。

[12] 分別載福建永安《現代文藝》第 1 卷第 4 期（1940 年 7 月 25 日）、第 1 卷第 6 期（1940 年 9 月 25 日）、第 3 卷第 2 期（1941 年 5 月 25 日）。第 4 卷第 6 期（1942 年 3 月 25 日）。

[13] 載福建永安《現代青年》第 2 卷第 5 期，1940 年 9 月。

[14] 《新臺灣之旅》、《人與人之間》載於《臺灣月刊》，《橋之讚頌》、《橋頭二題》、《十年》、《海浴場上》、《化蕃兩公主》均載臺灣《新生報》。

[15] 載臺灣《新生報》1948 年 6 月 20 日。

挨過炸彈，我們挨過疾病，我們挨過饑餓」乃是姚勇來、沈嫄璋夫婦抗戰時期在福建山城永安的生活經歷。

曾任福建《中央日報》、《東南日報》、《福建時報》等報特約記者的何敏先於 1946 年到台任職於教育部門。他得工作職務（教育處視察）之便，遊歷臺灣各地，寫成《環遊臺灣》一書在臺灣出版。何敏先離台返閩後於 1948 年 8 月，以業餘特約記者身份，參加福州市記者公會。何敏先字文聰，福建福州人。[16]

1946 年，廈門《青年日報》記者林良到台供職於臺灣省國語推行委員會。臺灣光復初期，國語推行運動在臺灣有很強的勢頭、也有很強的陣容。除了著名語言學家魏建功受聘擔任臺灣省國語推行委員會（該會成立於 1946 年 4 月 1 日）主任委員外，我們從 1948 年臺灣各界哀挽許壽裳教授的詩、詞、聯、文，如臺灣省國語推行委員會《敬悼本會委員許季茀先生》文並注、汪怡《挽詞》三首並注[17]等可知，1913 年教育部召開讀音統一會時到會的 44 名會員中，至少有許壽裳、汪怡二人於臺灣光復初期在臺灣活動。林良到台後最初任職於臺灣省國語推行委員會研究組，後改派到該會《國語日報》編輯兒童副刊（該副刊創刊於 1948 年 11 月 23 日）。林良於此一時期開始從事兒童文學創作，並以「子敏」的筆名聞於臺灣文學界。林良（子敏）系福建同安縣人，於今有臺灣兒童文學創作的「大家長」和「長青樹」之譽。[18]

1947 年 2 月，福建報人鄭文蔚等人創辦的《中外日報》在臺灣曇花一現。鄭文蔚在福建曾主編《文座》月刊（1936 年 7 月 1 日創刊於福州），並曾任中央通訊社福州分社總編輯。1946 年，鄭文蔚到台籌辦民營的《中外日報》，並邀請福建報人寇冰華、陳石安和趙肅芳到台分別擔任該報總主筆、副總編輯和攝影記者。寇冰華曾主持福建《大成日報》等報編務，並曾任中央通訊社福州分社總編輯；陳石安曾任福建《中央日報》、《大成日報》、《東南日報》等報編輯和記者；趙肅芳則是《東

---

[16] 參見《福州新聞志‧報業志》，第 397-399 頁，福建人民出版社 1997 年版。

[17] 載《臺灣文化》第 3 卷第 4 號，1948 年 5 月 1 日，臺灣文化協進會出版。

[18] 王林：《日月潭邊的童心淺唱》，載《臺灣研究集刊》1998 年第 2 期。

南日報》攝影記者。1947 年 2 月 1 日,《中外日報》正式發刊,不久因臺灣「二‧二八事件」發生而停刊。《光復後臺灣地區文壇大事紀要(增訂本)》(臺灣文訊雜誌社 1995 年 6 月二版)記:「(1947 年 2 月)1 日,《中外日報》在臺北市創刊,發行人林宗賢、社長鄭文蔚,主筆寇冰華」。《中外日報》停刊後,寇冰華、陳石安和趙肅芳於 3 月間先後離開臺灣。幾個月後,陳石安再次赴台,在臺灣從事報業和報學研究。陳石安的報學研究成果有《報學概論》、《新聞編輯學》等,陳石安還以「苓憑」的筆名創作文學作品。[19] 鄭文蔚也留居臺灣,臺灣《新生報》1948 年 8 月 28 日曾刊有鄭文蔚同文友的唱和詩,鄭文蔚的和詩乃「以近狀串次成章」,詩曰:

> 地悲歡仍此身,重來時節又殘春。未消鬱勃樽前氣,猶對娉婷月下人。從昔才氣關困厄,至今世亂幸全真。斯鄉尚有求田計,不向雲間露一鱗(「悔向雲間露一鱗」,定庵句)。

從是詩看,鄭文蔚的心境「鬱勃」而處境「困厄」,顯然與其文學才華受限、文學活動受阻有關。

臺灣光復初期赴台的福建報人,除了上記十數人,我從史料聞見所及的尚有高拜石、路世坤、倪師壇、周玉津、鄭天宇、鄧錡昌、卓克淦等十數人。其中,高拜石曾任《福建民報》、《建國日報》總編輯,1947 年到台後曾任職於臺灣省政府新聞處;路世坤在福建曾任編輯和記者,1946 年到台後曾任《自由日報》(1946 年 12 月 10 日創刊)總編輯,1947 年 2 月任「臺灣省行政長官公署財政處科員」[20],後轉入臺灣《新生報》社;倪師壇曾任永安《改進》主編,到台後曾任臺灣《公論報》(1947 年 10 月 25 日創刊)總主筆;周玉津曾任福建改進出版社編輯,到台後曾任臺灣《日月潭週報》(1946 年 4 月創刊)主編。

---

[19] 參見徐君藩等編:《兩岸故人集》,第 203 頁,海峽文藝出版社 1994 年版;徐君藩等編:《福州文壇回憶錄》,第 256-257 頁,海潮攝影藝術出版社 1993 年版。

[20] 據《臺灣省行政長官公署公報》1947 年春字第 792 頁,1947 年 2 月 28 日。

二

福建學者對臺灣的研究起步較早、出手亦快。迨臺灣光復之時，已形成一定的研究實力和研究成果。

舉例言之。在臺灣經濟史研究方面，周憲文的名著《臺灣經濟史》之撰述，「止于臺灣光復，初稿大體完成，且已擇要發表」[21]。周憲文於1941年來閩籌建暨南大學建陽分校並任分校校長，1942年暨南大學總校遷閩與分校合併，周憲文改任商學院院長。1944年到福建永安從事學術研究，曾在改進出版社出版《中外古今談》一書（列為《改進文庫》第21種）。周憲文於1946年2月到台就任臺灣省法商學院院長。

在臺灣文學研究方面，亦復如是。

1945年4月30日，朱劍芒在福建永安《龍鳳》創刊號發表《臺灣詩詞叢話》。

朱劍芒系南社詩人，知名學者，「1941年流浪到福建，曾供職於省政府」，1945年6月15日端陽節在福建永安組織南社閩集並任社長，「當時社員多數在省政府各部門工作」。[22]

《臺灣詩詞叢話》論及鄭成功、梁啟超、許南英、譚嗣同、章太炎諸人詩詞作品，其議論頗可注意。如：

> 清季，新會梁啟超亡命日本曾拾獲鄭氏五言、七絕各一首，揭諸《新民叢報》。惜事隔四十年，余已不復憶其隻字。他日台島重光，甚願與彼土中有志之士，益蒐鄭氏之遺墨而付之剞劂。即或所制寥寥，而吉光片羽，亦足與岳鄂王《滿江紅》、文文山《正氣歌》，鼎足而存。

又如：

> 許氏復有《祝英台近》一詞，係謁五妃廟所作。詞云：「杜鵑聲，

---

[21] 周憲文：《臺灣經濟史自序》，引自政協浙江省椒江市委員會文史工作委員會《椒江文史資料》第9輯，1991年7月。

[22] 顧國華編：《文壇憶舊初編》，第211-213頁，上海書店1999年版。

精衛恨，國破主恩斷。桂子空山，宿草餘芳甸。記曾璿室瑤房，寵承魚貫，從君死，一條組練。那曾見，荒塚二月清明，村翁新麥飯。撮土為香，一盞寒泉薦。徘徊斷碣殘碑，貞妃小傳，也羞殺新朝群彥！」末語罵得簡賅，無奈賣國者流，且以識時自命，而恬不知恥乎？

又如：

任公《海桑吟》中有《臺灣雜詩》十七首，其第十首亦系憑弔五妃墓之作。詩云：「五妃從死地，竹淚滿南州。銅輦成千古，天香聚一丘。遺民占廟食，秀骨補天愁。遠望煤山村，棠花不盡秋」。就詩論詩，此首亦殊平凡，蓋湘江二妃，淚成斑竹，僅寫帝舜崩於蒼梧後之極度哀傷，初未有從死之說，與五妃之同時殉身，微嫌不類，至頷聯「銅輦」、「天香」等字面，亦殊浮泛，腹聯「秀骨補天愁」一語，直不知所云矣。任公《飲冰室詩話》中，固嘗自承不善作詩，有「每作律詩一首，或數日不能完成」之說。可見工于文者未必工詩，不獨□□固為然也。

此外，朱劍芒於文中三次提及「吾友周子召南」，謂：

吾友周子召南，熟於臺灣掌故，徵文考獻，亦至勤篤，最近有《臺灣詩歌》之選輯。

又謂：

召南既有《臺灣詩歌》選輯之計畫，深盼其搜得譚氏遺集，盡采其遊台所作，當有慷慨激昂，睥睨一世之作品，以供我歌泣也。

又謂：

茲于召南處複得《玉山吟社席上即事》一首，亦章氏在台所作。

從上記看，當時尚有周召南者在福建從事臺灣文學研究，徵文考獻，有選輯《臺灣詩歌》之計畫並已輯得相當資料。[23]

---

[23] 關於周召南的情況，我曾向章振乾、鄭庭椿、趙玉林、陳庭煊等老人徵詢，均不得而知。此

　　《龍鳳》創刊號還刊有《丘逢甲談「贅」》一文。文中稱「閩人丘煒萲於光緒二十二年曾著《菽園贅談》一書，逢甲爲之序，自稱臺灣宗弟，就『贅』字特加發揮」並節錄有丘逢甲之序文，略謂：

> ……當今天下而談贅，則又何者非贅？三公九卿，翊天子治天下者也，今知政者僅權要數人，其他雖和戰大事若罔聞焉，則大臣贅。……知府、知州、知縣，不知府、州、縣中之民生苦樂、戶口盈虛也，則守土之吏皆贅。……中土吾土也，而公地焉、租界焉、捕房焉、船塢焉、礦地焉，山藏海墊，不敢自悶，環起要脅，予取予攜，蓋呼喝所加，無求而不得也，則主權贅。……平等之約，與國所同也，獨至吾國，不能從同也，屆期而修，只益彼而吾益損，則約□贅。……徵稅，吾自有之權也，而若限焉，且非客卿，若即不能集事，則關政贅。……講製造者，歷年成事，若人若物，仍事借材，言式則我舊而人新，言用則人利而我鈍；靡以鉅款，而但益虛廢也；假以雄職，則只知盤踞也，則船政贅。……陸師步伐，猶拾人唾余而不克自治，是舊額之靡、新寡之囂，固未得齊整以理也；乃以陸將用長海軍，甲船炮艇，不遊弋保商民，而以迎送奉人吏；南軍北軍，時而不聯，倉卒遇戰，陸潰而海亦敗，或樹降幡焉，用是重爲天下儍笑，則兵政亦贅。……是故今而不談則已，今日而談贅，固天下有人人所同痛哭流涕長太息而不能已者。

　　此文爲丘逢甲佚文。我所見丘煒萲（菽園）《菽園贅談》之大字本（十四卷本）和小字本（七卷本）書前均無此序文。[24]文獻難得，《龍鳳》節錄丘逢甲佚文，亦當視爲福建學者在臺灣文學研究方面的一項成績。

　　1947 年，福建國立海疆學校教授王新民在該校《海疆學報》第一卷第二期（1947 年 4 月 15 日）發表《清初臺灣番族原始文學資料》。

周召南是否即擔任《臺灣之聲》（1946 年 6 月 1 日創刊）主編的周召南？識者幸告。

[24] 丘煒萲（菽園）《揮麈拾遺》謂丘逢甲「所撰《贅談》、《揮麈》序，文中亦屢點談字、贅字、麈字」，可知丘逢甲確曾爲《菽園贅談》（1897）和《五百石洞天揮麈》（1899）撰序。《菽園贅談》書前未刊丘序，可能與丘煒萲不滿其「特加發揮」有關。又，《丘逢甲談「贅」》在龍鳳月刊發表屬於補白，其目錄不載，非讀書細心者不能見。

　　福建國立海疆學校創辦於 1944 年。該校「創辦的動機，是為收復臺灣而儲備人才」，[25]校址先後設於福建仙游、南安和晉江。王新民後來擔任該校海疆資料室主任。[26]

　　《清初臺灣番族原始文學資料》以近萬字之譜，從多種文獻收集前人採集的居住在臺灣的少數民族的口傳文學，以直音法注音、以意譯法釋義，如：

> 《麻豆思春歌》：「唉加安呂燕（夜間難寐），音那馬無力圭肢腰（從前遇著美女子），礁圭勞音毛番（心中歡喜難說）」（《台海使槎錄》卷五）

　　又將收集而得的「清初臺灣番族原始文學資料」分為戀愛、祭祖、務農、婚嫁、告誡、會飲、祝禱、狩獵和其他凡九類，並略加考證。

　　王新民此文開篇即指出清人筆記中誤閩南方言語詞為「番族土語」之謬，表現了福建學者在臺灣文學研究方面地近臺灣、人常往來，熟悉臺灣方言等情況的優勢。

　　王新民此文發表之後，臺灣學者王錦江（王詩琅）在臺灣《新生報》副刊《文藝》第 9 期（1947 年 7 月 3 日）發表《臺灣新文學運動史料》，將臺灣新文學運動分為三個時期：

> 第一期是 1924 年的發軔迄 1932 年的萌芽期，第二期是續此到 1936 年的本格化時期，第三期是中文被禁到光復為止的日文全盛時期。

　　兩者相提並論，王新民做的是分類研究，王錦江做的是分期研究；王新民研究的是民間文學，王錦江研究的是文人創作；王新民研究臺灣舊文學，王錦江研究臺灣新文學。王新民和王錦江的研究都屬於臺灣文學史的編述。

---

[25] 蟻校長（蟻碩）：《創造光榮的歷史》，載《國立海疆學校校刊》第 15 期，1948 年 11 月 5 日。

[26] 《海疆資料室成立，聘王新民、楊杯仁為正、副主任》，載《國立海疆學校校刊》第 15 期，1948 年 11 月 5 日。

三

臺灣光復初期，臺灣的文藝創作頗爲活躍。福建的作家和藝術家亦與有力焉。

1945 年 10 月，曾任福建國立音樂學校校長和教授的著名音樂家蔡繼琨來到臺灣。10 月 30 日，蔡繼琨被委派爲「臺灣省行政長官公署宣傳委員會委員」。[27]同年 12 月，「臺灣省警備司令部交響樂團」成立，團址設於臺北「第三高等女學紀念舍館」，[28]蔡繼琨任團長。不久，「臺灣省警備司令部交響樂團」改名爲「臺灣省行政長官公署交響樂團」，蔡繼琨仍任團長。臺灣省行政長官公署交響樂團在臺灣光復初期經常舉辦演奏會，並曾赴閩訪問演出。我藏有當時該團在臺灣某次演奏會的節目表，並曾見該團訪閩演出的紀念刊，從中可以想見其時的盛況，亦可以想見該團在臺灣光復初期對於提升臺灣文藝水準的影響力。蔡繼琨於今被譽爲臺灣交響樂之父。蔡繼琨在臺灣《新生報》也寫有《戲劇節感言》一類短文。

1946 年 11 月，福建的劇作家林舒謙和木刻家朱鳴崗幾乎同時接受了臺灣省訓練團的教職。

據《臺灣省行政長官公署公報》，林舒謙於 1946 年 11 月 28 日受委派擔任「臺灣省訓練團主任秘書」[29]；朱鳴崗則先在 1946 年 11 月 27 日受委派擔任「臺灣省訓練團講師兼訓導處美術指導員」。[30]

林舒謙三十年代初開始在福建《國光日報》副刊《縱橫》發表戲劇作品。其後，林舒謙在福建各報刊發表了《抬頭》、《生眼睛的子彈》、《噴火口》、《毒》、《戰》、《最後一幕》、《同一線上》、《臥薪嚐膽》等數十種劇作。抗戰期間，林舒謙曾任福州文化界救亡協會戲劇股股長、抗敵後援會抗敵劇團編選股股長兼演出股股長、抗敵後授會抗敵劇團總幹事、

27《臺灣省行政長官公署公報》第 1 卷第 2 期，1945 年 12 月 5 日。

28《臺灣省行政長官公署公報》第 1 卷第 2 期，1945 年 12 月 5 日。

29《臺灣省行政長官公署公報》1946 年冬字第 774 頁。

30《臺灣省行政長官公署公報》1946 年冬字第 762 頁。

福建省教育廳戰時國民教育巡迴教學團幹事、福建省教育廳民眾教育第一巡迴教學團團長，並擔任《福建劇壇》半月刊（1941 年 7 月創刊）主編（另兩名主編爲陳啓肅和石叔明）。林舒謙在台活動情況幾乎未見記載，於今可以確知和推知的是：他曾親身經歷臺灣「二・二八事件」發生的全過程、他在臺灣省訓練團教職任上爲培養臺灣的文學藝術創作人才做了有益的工作。

朱鳴崗在抗戰時期曾任福建長汀僑民師範學校和永安師範學校美術教員，並曾在福建各報刊發表木刻和繪畫作品，如《慰問》[31]、《流亡》[32]、《戰時婦女的工作》（漫畫 12 幅）[33]等。在臺灣，朱鳴崗也有《交通四題》[34]、《街頭小街》[35]等美術作品發表，並有《刃鋒和他的木刻》[36]等藝術評論。同林舒謙一樣，朱鳴崗也在臺灣省訓練團的教職任上培養臺灣的創作人才。

在福建與朱鳴崗同時和齊名的美術家還有木刻家吳忠翰（吳宗漢）和畫家陳庭詩（耳氏）。此二人亦同臺灣的文藝創作發生了關係。吳宗翰於 1946 年 10 月 20 日在臺灣《和平日報》上發表《讀〈魯迅書簡〉後感錄》。這是一篇研究魯迅、談論「木刻上諸種問題」的文論，又是紀念魯迅的時論。它同當時眾多的有關魯迅的文章一起，構成了臺灣光復初期臺灣文壇的「魯迅風潮」。據我所知，吳忠翰此文曾以《〈魯迅書簡〉讀後感一關於木刻上諸種問題》爲題先在 1946 年 1 月廈門《閩南新報》副刊《藝壇》上發表。臺灣《和平日報》刊登此文可能屬於從福建報刊轉摘、也可能是從福建來稿採用。陳庭詩是聾啞畫家，到台前在福州生活書店工作。曾在福建各報刊發表美術作品，如在永安《戰時木刻》發表《皇軍三部曲》（系列漫畫三幅）等，1947 年到上海參加全國木刻展，同年赴台。到台後，陳庭詩潛心於繪畫藝術，很快引起廣泛的

---

31 載福建永安《現代文藝》第 4 卷第 1 期，1941 年 10 月 25 日。
32 載福建永安《現代文藝》第 4 卷第 6 期，1942 年 3 月 25 日。
33 載福建永安《戰時木刻》第 4 期。
34 載《臺灣月刊》第 3、4 期合刊，1947 年 1 月 10 日。
35 收於江慕雲《爲臺灣說話》，上海中國印書館 1948 年 9 月版。
36 載臺灣《新生報》1948 年 10 月 8 日。

讚譽。

　　1947 年 2 月，福建作家歐坦生到臺灣基隆中學任教。歐坦生從 1936
年開始發表小說，1941 年考入暨南大學建陽分校，1945 年畢業。歐坦
生的小說創作曾受到張天翼的影響，他用過「異風」的筆名（異、翼同
音）。到台前，歐坦生曾在上海《文藝春秋》發表小說《泥坑》，並向該
刊投寄小說《訓導主任》和《婚事》[37]。歐坦生到台即躬逢臺灣「二‧
二八事件」發生。他以此親身經歷寫成小說《沉醉》[38]。《沉醉》發表後，
引起臺灣著名作家楊逵的注意和好評，他在《臺灣文學問答》一文裡說：

　　　去年 11 月號的《文藝春秋》曾有邊疆文學特輯，其中一篇以臺
　　灣為背景的《沉醉》，是「臺灣文學」的好樣本[39]。

　　楊逵還將《沉醉》收入他主編的《臺灣文學》第 2 輯（1948 年 9
月）。歐坦生後來改用「丁樹南」的筆名從事文學批評，並卓然自成一
家。

　　曾在福建創辦《明日文藝》（1945 年 12 月 15 日創刊於莆田，1946
年 5 月 1 日第二期起改在廈門出版，曾乃碩為該刊發行人，並曾任該刊
主編）、並曾發表《李清照評傳》[40]等文學作品的曾乃碩於 1947—1948
年間到臺灣。到台後從事文史研究和教學，成績斐然。

　　1946 年初畢業於廈門大學銀行系的姚一葦（原名姚公偉），在福建
學習和工作期間以「姚宇」和「袁三愆」的筆名發表小說、翻譯作品和
文藝評論。如 1943 年 7 月發表於永安《改進》的小說《輸血者》，1945
年 10 月發表於永安《改進》的小說《春蠶》、1946 年 5 月發表於廈門
《明日文藝》的小說《翡翠鳥》、1945 年 7 月發表於福建《中央日報》
的小說《料草》和 1945 年 4 月發表於福建長汀《中南日報》的戲劇評
論《論〈總建築師〉》等。姚一葦於 1946 年 9 月 1 日到台，10 月 1 日

---

[37]《泥坑》、《訓導主任》和《婚事》分別載《文藝春秋》第 3 卷第 4 期（1946 年 10 月 15 日）、
　　第 4 卷第 3 期（1947 年 3 月 15 日）和第 5 卷第 2 期（1947 年 8 月 15 日）。

[38] 載《文藝春秋》第 5 卷第 4 期，1947 年 11 月 15 日。

[39] 轉引自《1947-1949：臺灣文學問題論議集》，第 142 頁，臺灣人間出版社 1999 年版。

[40] 載《公餘季刊》創刊號，1944 年 9 月 15 日，平和縣訓練所畢業學員聯絡站。

進入臺灣省銀行公庫部任辦事員。姚一葦後來成為臺灣地區最有影響力的劇作家和評論家。

曾任福建省立師範學校校長、並曾有詩劇《悲壯的別離》（1938 年 9 月刊於福建《抗敵戲劇》半月刊）等作品發表的唐守謙於 1945 年 11 月 30 日就任臺灣省立臺北師範學校校長[41]；原在廈門擔任教育工作和編輯工作的陳香，於 1948 年到台，曾任臺灣《少年時報》週刊（1948 年 11 月創刊）主編；在福建以寫文藝評論見長的俞棘，到台後曾任臺灣《中華日報》（1946 年 2 月 20 日創刊）總編輯；吳東權於 1946 年中學畢業後，從福建莆田到臺灣任職於日產接收委員會，1947 年在臺灣《全民日報》（1947 年 7 月創刊）開始發表作品，於今成為臺灣著名小說家[42]。唐守謙、陳香、俞棘、吳東權等人臺灣光復初期的文學活動，以及當時臺灣報刊採用福建作者來稿的情況，都值得我們進一步探其究竟。

2001 年 10 月 18 日
於廈門大學臺灣研究中心兼職研究員辦公室

---

[41] 《臺灣省行政長官公署公報》第 1 卷第 3 期，1945 年 12 月 8 日。
[42] 參見徐廼翔主編：《臺灣新文學辭典》，第 95-96 頁，四川人民出版社 1989 年版。

魏建功等「語文學術專家」與光復初期臺灣的國語運動

一

1945 年 10 月 25 日，臺灣光復。

光復初期（1945—1948）臺灣國語運動即日進入了官方籌劃和民眾自發並行的過渡階段。

按照《臺灣接管計畫綱要》（1945 年 3 月）關於「接管後應確定國語普及計畫，限期逐步實行。中小學校以國語爲必修科，公教人員應首先遵用國語。各地方原設之日語講習所，應即改爲國語講習所，並先訓練國語師資」[1]之規定，以及臺灣省行政長官陳儀[2]關於「本人到臺灣後，擬先著手國語和國文的教授，務期達到使臺胞明白瞭解祖國文化之目的。此項工作艱巨，然以本人在福建推行國語運動之經驗而言，則此種工作在臺灣省可望於四年內大抵完成」[3]的設想，臺灣省行政長官公署及其相關部門和機構，臺灣省各市、縣政府乃積極籌劃國語運動。

陳儀早年留日、嫺於日語，當年臺灣民眾通曉日語者亦約占七成之譜。[4]陳儀在臺灣光復之日，於「中國戰區臺灣省受降典禮」結束後乃用國語在電臺廣播講話。這是官方「遵用國語」、推行國語的第一個姿態。翌月，陳儀爲《國語廣播教本》（林忠編著）題簽[5]是又一個姿態。

官方在此一階段籌劃國語運動的主要舉措乃在於「學校」和「學者」兩個方面。

在「學校」方面，臺灣省行政長官公署教育處「以語文教育爲急務，

---

[1] 引自陳鳴鐘、陳興唐主編：《臺灣光復和光復後五年省情》，上冊，第 54 頁，南京出版社 1989 年 12 月版。

[2] 據《國民政府公報》，1945 年 8 月 29 日「國民政府令：特任陳儀為臺灣省行政長官」。

[3] 見重慶《大公報》1945 年 9 月 2 日。

[4] 據薛綏之：《旅台雜記》，載《北方雜誌》第 6 期，1947 年 5 月。薛綏之當年在台任國文教員、《世界日報》駐台記者。1985 年 1 月在山東大學教授任上病逝。

[5] 據臺灣《新生報》1945 年 11 月 23 日、11 月 25 日之《新書預告》。

決定自卅五年度上學期起，各學校一律用國語教學」[6]。為配合此一決定，教育處著手編輯、出版「國民學校暫用國語課本、中等學校暫用國語課本」和「民眾國語讀本」，並辦理國語師資的徵聘和訓練[7]。臺灣省行政長官公署的其他機構如訓練團及臺灣省各縣、市政府也參與徵聘國語師資的工作。

　　這裡所謂（民國）「卅五年度上學期」係指 1946 年度春季開學之「上學期」，而不是 1946—1947 學年度秋季開學之「上學期」。我們從 1946 年 5 月《臺灣省行政長官公署教育處答省參議會質詢》所記「臺灣同胞大家都知道普及國語之必要，但在過渡時期，各校教員不一定通曉國語，所以學校教授用語，暫採用本地方言，勢所難免，因此，在高雄縣就發生一種教育之嚴重問題，就是學校教員用閩南語講授，而客家學生不通閩南語，感覺非常痛苦」[8]可以確知；教育處版的「國民學校暫用國語課本、中等學校暫用國語課本」和「民眾國語讀本」在 1946 年 2 月以前亦應已出版，魏建功《「國語運動在臺灣的意義」申解》一文提及 1946 年「陰曆元宵（按：即 1946 年 2 月 16 日）晚上的事」：「我們的女工周來富介紹她的兩個同伴周美玉、廖寶玉來學國語，我請王子和（炬）先生教她們。起初讀的教育處印行的民眾國語讀本」、[9]提及「教育處印行的民眾國語讀本」；臺灣省行政長官公署及其相關處室和機構，臺灣省各縣、市政府在 1946 年 2 月以前徵聘國語師資的工作也留有歷史記錄。如，1946 年 1 月，臺灣省訓練團有電文稱：

　　臺灣省訓練團徵聘國音國語教員多位，以大學出身、曾任高中國語教師、能教注音符號及通閩南語者為合格，待遇從優，旅費另發，請速代登報徵聘逕行赴台或來榕轉檯[10]。

---

[6] 臺灣省行政長官公署教育處：《臺灣省教育復員工作報告》，1947 年 3 月。引自陳鳴鐘、陳興唐主編：《臺灣光復和光復後五年省情》，上冊，第 412 頁。

[7]《臺灣省行政長官公署教育處工作報告》，1946 年 5 月。引自陳鳴鐘、陳興唐主編：《臺灣光復和光復後五年省情》，上冊，第 365 頁。

[8] 引自陳鳴鐘、陳興唐主編：《臺灣光復和光復後五年省情》，上冊，第 374 頁。

[9] 引自《魏建功文集》第 4 卷，第 311 頁，南京，江蘇教育出版社 2001 年 7 月版。

[10] 引自福建省檔案館、廈門市檔案館編：《閩台關係檔案資料》，第 401-402 頁，廈門，鷺江出版社 1993 年 6 月版。

廈門《江聲報》1946 年 1 月 10 日報導：

> 臺灣高雄市政府擬聘閩南籍小學教師 100 名，委託泉州新南書社
> 為申請登記處，……。時間：自本月 5 日起至 15 日止。有志赴
> 台從事小教工作者，可檢同證件及 2 寸半身像片 2 張前往登記，
> 候輪赴台云。[11]

在「學者」方面，臺灣省行政長官公署教育處「請准教育部調派國
語推行委員（會）魏常委建功等三人，並在渝、滬邀請專家多人，先後
到台，成立本省國語推行委員會，進行各項基礎工作。」[12]教育部調派
的三名國語推行委員會人員是常委魏建功、專委何容和王炬，教育處在
渝、滬邀請的專家則有孫培良、張宣枕、王潔宇、齊鐵恨等人。

臺灣民眾自發參與國語運動的狀況亦自「臺灣光復當日」始。李嚴
秀峰《臺北蘆州李氏古厝沿革簡介》記：

> 日寇統治臺灣時期，我政府曾派設中華領事館駐設臺灣。領事為
> 曾啟明先生，浙江溫州人。李氏李祖武、李新蔗與其私交甚篤，
> 願為其宣揚國語運動，每于清晨拂曉時分，密至該館向曾領事學
> 習國語，再秘密傳授家人。至臺灣光復當日，李氏族人率先創辦
> 國語補習班，免費教授國語，鄉人聞風而至者眾多，約二百餘人，
> 共設三班，由李祖武、李新蔗教授之，達年餘之久，足見臺灣同
> 胞熱愛祖國之愛國精神。

王禹農編著的《標準國語講義錄》一書也在 1945 年 10 月 25 日即
「臺灣光復當日」由東方出版社出版。同年在臺灣出版的同類著作還有
陳茂雲《國語會話讀本》（臺北國語普及會，1945）等。

當然，官方的籌劃也包括了「對社會上私人或機關團體之傳習國語
者，予以示範及協助，使其合於標準」[13]，包括了對民眾自發「傳習國

---

[11] 引自福建省檔案館、廈門市檔案館編：《閩台關係檔案資料》，第 401-402 頁，廈門，鷺江
出版社 1993 年 6 月版。

[12] 《臺灣省行政長官公署教育處工作報告》，1946 年 5 月。引自陳鳴鐘、陳興唐主編：《臺灣
光復和光復後五年省情》，上冊，第 364 頁。

[13] 《臺灣省行政長官公署教育處工作報告》，1946 年 5 月。引自陳鳴鐘、陳興唐主編：《臺灣

語」活動的指導。

臺灣省國語推行委員會是 1946 年 4 月 2 日正式成立的。該會《組織規程》（1946 年 4 月 2 日公佈）第二條規定：

> 本會設委員十九至二十五人，除教育處主管國民 教育及民眾教育科長為當然委員外，余由教育處遴選語文學術專家，呈請行政長官公署聘派之。[14]

此一規定明確宣示臺灣國語運動從官方籌畫、民眾自發到學者（「語文學術專家」）主導的轉折。

然而，臺灣省國語推行委員會在正式建立之前已有開展工作的記錄。

吳永坤記：魏建功「與『國語會』同事何容、王炬以及女師院國語專修科部分師生於 1946 年 2 月春節抵達臺北，出任臺灣省國語推行委員會主任委員，主持在台推行國語工作」[15]。查當年春節正月初一為西曆 2 月 2 日，星期六。

另據魏建功《「國語運動在臺灣的意義」申解》記：「我到臺灣的第二個星期日晚上，曾經在廣播電臺廣播了一篇廣播詞」，該廣播詞題為《國語運動在臺灣的意義》，於 1946 年 2 月 10 日刊於臺灣《人民導報》。1946 年 2 月 10 日為星期日，恰是 1946 年春節正月初一以後的「第二個星期日」。顯然，魏建功首次到台的日期為 1946 年 2 月 2 日。

據我聞見所及，1946 年 2 月 2 日以後，臺灣省國語推行委員會開展工作的記錄有：

1946 年 2 月 8 日（正月初七，星期五），臺灣省行政長官公署「員工之國語訓練，由國語推行委員會委員講授，自 2 月 8 日至 3 月 30 日，參加講習者 120 人」；[16]

光復和光復後五年省情》，上冊，第 364 頁。

[14] 引自張博宇編：《臺灣地區國語運動史料》，第 71 頁，臺灣商務印書館 1974 年 11 版。

[15] 吳永坤：《「苟利國家生死以」——寫在〈魏建功文集〉出版與魏建功先生百年誕辰之際》，載《中華讀書報》2002 年 7 月 21 日。

[16]《臺灣省行政長官公署教育處工作報告》，1946 年 5 月。引自陳鳴鐘、陳興唐主編：《臺灣

　　1946 年 2 月 10 日（正月初九，星期日），臺灣省國語推行委員會主任委員魏建功發表廣播講話，講題爲《國語運動在臺灣的意義》；

　　1946 年 2 月 16 日（正月十五，星期六），國語推行委員會委員王炬在宿舍講授國語，聽者女工周來富、周美玉、廖寶玉三人，採用教材爲《民眾國語讀本》（臺灣省行政長官公署教育處編）；

　　1946 年 2 月 17 日（正月十六，星期日），魏建功作《「國語運動在臺灣的意義」申解》。

　　在我看來，光復初期臺灣國語運動轉入學者主導的正規階段乃自魏建功教授到台的 1946 年 2 月 2 日始；此前，從 1945 年 10 月 25 日迄於 1946 年 2 月 1 日恰屆百日之期，光復初期臺灣國語運動經歷了整整 100 天的過渡階段。

二

　　1946 年 4 月 2 日，臺灣省行政長官公署教育處公佈臺灣省國語推行委員會組成人員：

主任委員　　　魏建功
副主任委員　　何容
常務委員　　　方師鐸　李劍南　齊鐵恨　孫培良　王玉川
委員　　馬學良　林紹賢　冀書熾　蕭家霖　徐敍賢　周辨明
　　　　張同光　朱兆祥　沈仲章　曾德培　葉桐　嚴學窘　吳守禮　王潔宇　王炬[17]

　　上記諸人中，曾德培和葉桐分別是臺灣省行政長官公署教育處國民教育科科長和民眾教育科科長，按照《臺灣省國語推行委員會組織規程》第二條之規定列名爲「當然委員」；其他各位皆是「語文學術專家」，魏建功等人並且是著名的「語文學術專家」。

　　光復和光復後五年省情》，上冊，第 364 頁。
[17] 引自張博宇編：《臺灣地區國語運動史料》，第 74 頁。

　　1947 年 4 月 24 日，臺灣省行政長官公署奉命改制爲臺灣省政府[18]；同年 6 月，臺灣省國語推行委員會組成人員隨之調整，主任委員魏建功改任專門委員，副主任委員何容改任主任委員，新聘洪炎秋爲副主任委員，新聘祁志賢、王壽康、梁容若爲常務委員，新聘董長志爲專門委員，新聘遊彌堅、李萬居、黃純青等爲兼職委員。[19]

　　按照《臺灣省國語推行委員會組織規程》的規定，該會除常委及委員兼任調查研究、編輯審查、訓練宣傳各組組長外，另聘總務組長 1 人，並設編輯、編審、視導、辦事員等各若干人，並且「必要時得呈請行政長官延聘專家擔任專門委員或編輯」。因此，光復初期曾參與臺灣國語推行委員會工作的語文學術專家並不囿於臺灣省行政長官公署教育處、臺灣省政府教育廳先後公佈的臺灣省國語推行委員會組成人員。

　　例如，張宣忱曾任臺灣省國語推行委員會總務組組長，負責該會「文書撰擬、收發、保管及印信典守」、「預算決算之編制」、「庶務及出納」、「國音國語圖書資料之印刷」及其他事務；[20]許壽裳曾任臺灣省國語推行委員會兼職委員或專門委員（許壽裳於 1948 年 1 月 28 日遇刺逝世後，臺灣省國語推行委員會的挽詞乃以《敬悼本會委員許季茀先生》[21]爲題）；夏德儀、黃得時曾任臺灣省國語推行委員會編輯，義務爲該會《國語日報》編輯副刊；[22]汪怡自稱於光復初期「來台養痾」。[23]作爲「部開的在台委員」、[24]作爲教育部國語推行委員會及其前身教育部讀音統一會、國語統一籌備會、國語統一籌備委員會的資深委員，汪怡同臺灣省國語推行委員會保持了密切的關係，後來並出任該會《國語日報》董事；林良于光復初期受聘擔任臺灣省國語推行委員會編輯，曾任《國語日報》之《兒童副刊》（1948 年 11 月 23 日創刊）主編。臺灣省國語推行委員

---

[18] 據《國民政府公報》，1947 年 4 月 24 日「國民政府令：臺灣省行政長官公署著改制爲臺灣省政府。」

[19] 據張博宇編：《臺灣地區國語運動史料》，第 33 頁。

[20] 據張博宇編：《臺灣地區國語運動史料》，第 73 頁。

[21] 載《臺灣文化》第 3 卷第 4 期，1948 年 5 月 1 日。

[22] 據張博宇編：《臺灣地區國語運動史料》，第 93 頁。

[23] 語見汪怡《挽許壽裳詩題注》，《臺灣文化》第 3 卷第 4 期，1948 年 5 月 1 日。

[24] 語見張博宇編：《臺灣地區國語運動史料》，第 91 頁。

會在臺灣廣播電臺開設「國音示範講座」（齊鐵恨主講，1946 年），林良是該講座的閩南語翻譯。林良後來以「子敏」為筆名，成為著名的兒童文學作家。此外，曾從事山東方言調查的王向辰（筆名「老向」），於光復初期到臺灣工作；[25]「俞敏是『燕京大學研究院』的研究生」，於光復初期「在臺灣推行國語教育」；[26]洪篤仁於光復初期到臺灣任「臺灣省行政長官公署教育處視察」，[27]離台後曾任廈門大學語言學教授；等等。

從學術陣容看，光復初期臺灣的國語運動具有兩個明顯的傳統。

一是從讀音統一會、國語統一籌備會、國語統一籌備委員會而來的教育部國語推行委員會的傳統。

據黎錦熙《國語運動史綱》[28]一書記載，1913 年 2 月 15 日至 5 月 22 日，教育部在北京召開讀音統一會，審議通過《注音字母》方案和《國音推行方法七條》等檔。許壽裳、汪怡列名於該會 80 名代表、44 名到會代表名錄；1919 年 4 月 21 日，教育部國語統一籌備會成立，汪怡、蕭家霖等為委員；1923 年，教育部國語統一籌備會審議「請組織『國語羅馬字委員會』」案，汪怡為該案連署人之一。國語統一籌備會議決設立國語羅馬字拼音研究委員會，汪怡、周辨明等為委員；1928 年，國語統一籌備會改為國語統一籌備委員會，汪怡、魏建功等為常委，蕭家霖等為委員。

1940 年，國語統一籌備委員會改為國語推行委員會，魏建功、汪怡、何容、王炬、蕭家霖等為常委、專委或委員。

上記魏建功、汪怡、何容、王炬、蕭家霖、周辨明、許壽裳諸人以外，齊鐵恨、王壽康、王玉川、張宣忱、王向辰等人也曾在教育部國語推行委員會及其前身的中國大辭典編纂處、國語羅馬字促進會、《國語小報》社和國語專修科等相關機構任職。

---

[25] 據《中國新文學大系（1927—1937）》，第 19 集，第 424 頁，上海文藝出版社 1989 年 5 月版。

[26] 倪海曙：《中國拼音文字運動史簡編》，第 207 頁，上海時代出版社 1950 年 6 月再版

[27] 據《臺灣省行政長官公署公報》1947 年夏字第 89 頁關於「本公署教育處視察洪篤仁」的免職令，1947 年 4 月 7 日。

[28] 上海商務印書館 1934 年版。

　　另一是承蔡元培、胡適、錢玄同而來的北京大學的傳統。光復初期在臺灣主持或參與臺灣國語推行委員會工作的「語文學術專家」中，魏建功、何容、方師鐸、龔書熾、馬學良、許壽裳、夏德儀、沈仲章、洪炎秋等人曾經受業或執業於北京大學。這幾位才華橫溢的北大學人使得北大與臺灣、北大與光復初期臺灣的國語運動發生了一種親近的關聯。

　　舉例言之。

　　1946 年 1 月 27 日，臺灣省國語推行委員會主任委員魏建功於來台就任途中，在上海寫下《回憶敬愛的老師錢玄同先生》。文中稱：

> 我從民國十七年受先生命追隨做國語統一的運動，一直到現在。我們都是研究中國語文的書呆子，對於正音和識字兩件事總想得到賢明的當局勵精實行。先生在日對於注音符號標準的改定，譯音符號拼音方式的討論，簡體字系統的整理，中國大辭典編纂處的計畫，無一不有周密的主張和熱忱的宣導。抗戰以來，南北阻隔，國語推行委員會到二十九年才繼續工作，距先生逝世已一年有餘。最近臺灣光復，國語推行工作，我們責無旁貸，奉調前往，一切正待請教于先生，偏偏先生下世已有了七年！過濾待機，適逢《國文月刊》為紀念八年來逝世與國文有關的學者，徵文於我，教我寫關於先生的文字，我只好先寫這一篇瑣細的回憶，姑且作為我紀念先生的第一次公開的文字。[29]

　　魏建功不僅記錄了追隨錢玄同「做國語統一運動」、奉調赴台繼續「國語推行工作」的歷程，並且還在文中記錄了錢玄同關於「國語元祖劉繼莊先生」和「國語紀元」、關於「統一國語，研究方言，製造音字」及「改古文為白話文」（即「國語的四大涵義」）的看法和說法。魏建功乃秉承了母校的傳統、先師的理念，跨海投身於光復初期臺灣的國語運動。

　　1946 年 9 月，魏建功到北京、上海徵聘國語師資。《臺灣省教育復員報告》記：

---

[29] 引自《魏建功文集》第 5 卷，第 531 頁。

> 又於三十五年九月初，在平、滬兩地設立本處駐平、滬征選教員
> 辦事處，派國語推行委員會主任魏建功、本處編審室主任沈其達
> 分別兼任辦事處正、副主任，負責辦理平、滬兩地教員征選事宜。
> [30]

在北京，魏建功將「臺灣省行政長官公署教育處招考國語推行員辦事處」設於母校「北大文學院」。[31]北大同臺灣、同光復初期臺灣的國語推行運動的親近關聯，由此平添一樁生動的事例。

1947 年 9 月 1 日，《臺灣文化》在《文化動態》欄內報告：

> 魏建功為錢玄同入室弟子，平居彼此來往信劄極多，魏氏擬將所
> 藏錢氏遺劄，付之影印。[32]

魏建功在台影印的錢玄同遺劄，「封面寫『錢玄同先生遺墨』，扉頁寫『先師吳興錢玄同先生手劄弟子魏建功敬藏』」[33]。

附帶言之，關於錢玄同遺劄之影印件和原件的下落，張中行《負暄瑣話》記：

> 有一次談到錢玄同先生，我說我還保持著他（按：指魏建功）影
> 印的錢先生的遺墨，問他記得否。他說，原件就在抽屜裡，我如
> 果想要，可以送一、兩份。不久前北大舊同學吳君來，已經拿走
> 一些。說著，他拉開抽屜，把錢先生信的黏貼本拿出來，還有十
> 幾份，我挑了一份，是民國二十年（1931）八月二十九日所寫，
> 內容是通知魏先生，北大決定聘請他擔任研究所的職務，月薪二
> 百八十元，時間自八月起云云。[34]

洪炎秋於 1929 年畢業於北京大學教育系。傅振倫《七十年所見所聞》記：

---

[30] 引自福建省檔案館、廈門市檔案館編：《閩台關係檔案資料》，第 745 頁。
[31] 引自張博宇編：《臺灣地區國語運動史料》，第 39 頁。
[32] 據《臺灣文化》第 2 卷第 8 期，1947 年 9 月 1 日出版。
[33] 引自張中行：《負暄瑣話》，第 67-68 頁，哈爾濱，黑龍江人民出版社 1986 年版。
[34] 引自張中行：《負暄瑣話》，第 67-68 頁，哈爾濱，黑龍江人民出版社 1986 年版。

> 北大教育系同學洪標，臺灣省人，其伯父洪棄生著《臺灣戰紀》
> （初名《瀛海偕亡記》）2 卷，《中東戰紀》1 卷，抒其國家喪地
> 之悲，在北京大學出版部發行，流行不廣。[35]

傅振倫亦是北京大學 1929 年畢業生。這裡所記「洪標」即洪炎秋，
「其伯父」應爲「其父」。洪炎秋歸返臺灣後，於 1947 年 6 月出任臺灣
省國語推行委員會副主任委員。1947 年他曾撰寫《國內名士印象記》，
記取北大師友之種種情形，在《臺灣文化》連載。

三

當光復初期臺灣的國語運動從過渡階段轉入正規階段，起而發揮主
導作用的魏建功等「語文學術專家」自然從官方籌畫的力道、民眾自發
的熱忱得到了支持。官方和民眾的支持是國語運動順利推展的重要條
件。

然而，國語運動的推展有其自身的規律。魏建功等「語文學術專家」
順應國語運動推展的規律、而不是順從官方籌畫或民眾自發的傾向，確
實發揮了學者的主導作用。例如，1946 年 2 月 16 日，臺灣省行政長官
陳儀在臺灣廣播電臺的廣播講話裡強調：

> 對於國文，我希望我們要剛性的推行，不能稍有柔性。……我們
> 推行國語，必須剛性的，俾可增加效率。[36]

臺灣省行政長官公署教育處關於從 1946 年春季開學之上學期起
「各學校一律用國語教學」的決定正是官方的剛性政策之一。魏建功在
該決定實施半年以後，又將「各學校一律用國語教學」的剛性時限柔性
地延長了兩年。1946 年 7 月 30 日，魏建功在《新生報》上撰文指出：

> 我們很佩服本省的各樣年紀的人士，都異常熱心的學習國語，在
> 很短的時間裡就能用來演說和對話。最近暑假開始，有許多學校

---

[35] 引自傅振倫：《七十年所見所聞》，第 54 頁，上海，華東師範大學出版社 1997 年 12 月版。
[36] 陳儀：《陳長官講演詞》，載臺灣《新生報》1946 年 2 月 16 日。

舉行懇親會或學藝會遊藝會，我們得躬逢其盛，眼看著國語運用
的很發達。我們相信不出兩年一定達到學校教育全用國語的理
想。[37]

又如，對於社會上熱心傳習國語而不得其法的民眾，魏建功亦提出
嚴肅的勸告：「我們在這裡敬告熱心傳播國語的人士，千萬別把臺灣朋
友領到迷途裡去！」[38]

轉入正規階段後，光復初期臺灣的國語運動貫徹的學術理念，乃出
於對清代初年以來「三百年間國語運動學者所見的要點」[39]或「三百年
來前輩所指引的方針」[40]，對「臺灣的今日現實」[41]即「臺灣現行語言
的情形」[42]的探認。

魏建功在 1946 年夏季寫作的《國語運動的綱領》、《何以要從臺灣
話學習國語》和《國語的四大涵義》，集中闡述了光復初期臺灣國語運
動的學術理念。

「劉繼莊是清初學者，撰《新韻譜》，梁任公特別表彰出來的。劉
氏 1648 年生，快有三百年了」。[43]劉繼莊即劉獻廷，梁啓超《清代學術
概論》有專節評估他的學術成就[44]。劉繼莊生於 1648 年，時當清代初年
（清順治五年）。其《新韻譜》在語言學術史上具有劃時代的意義，其
生年遂被認定爲清代初年以來國語運動的肇始之年。

魏建功指出：

這裡我們還要引錢玄同先生的一段話，來證明勞氏（按：指勞乃
宣）的意見現在是國語運動史上的主要思想。民國二十二年，後
於勞氏此文（按：指勞乃宣《致中外日報書》）二十八年，錢先

---

[37] 引自《魏建功文集》，第 4 卷，第 348 頁。

[38] 引自《魏建功文集》，第 4 卷，第 340 頁。

[39] 語見《魏建功文集》，第 4 卷，第 323-324 頁。

[40] 語見《魏建功文集》，第 4 卷，第 327 頁。

[41] 語見《魏建功文集》，第 4 卷，第 324 頁。

[42] 語見《魏建功文集》，第 4 卷，第 320 頁。

[43] 引自《魏建功文集》，第 4 卷，第 323 頁。

[44] 見梁啟超：《清代學術概論》，第 24-26 頁，上海古籍出版社 1998 年 1 月版。

生說：「我以為『國語』一詞，涵義甚廣。決非『本國現行標準
語』一義所能包括，最重要的有『統一國語』、『研究方言』、『製
造音字』三義（改古文為白話文亦是一義）。而此三義者，劉繼
莊均已見到，故言及國語，當開始于劉繼莊也。……信能行劉氏
之教，實現國語之三要義，則必能『利濟天下後世』無疑也」（見
《以西曆一六四『八』歲在『戊』子為國語紀元議》）[45]。

這就是「三百年間國語運動學者所見的要點」或「三百年來前輩所
指引的方針」也。

魏建功以同樣精審的眼力掃描「臺灣現行語言的情形」：

一是　臺灣人寫文章，多少有一點受日本語法的影響。

二是　臺灣人認國字（漢字），幾乎全是日本文裡所用的漢字觀
念。

三是　臺灣人學國語，很有日本人語音的影響，也大半用日本人
學中國話的方法。

四是　臺灣人說臺灣話沒有說日本話方便了。

五是　臺灣人在交際場所往往不知不覺要用日本話，即是日本人
所謂「挨拶」的時候都要說日本話。

六是　臺灣人因為臺灣話與日本話沒有關係，因而對於祖國國語
的感覺也大有毫無關係似的，

七是　臺灣人因為日本話的標準訓練，養成很自然的信守標準的
習慣，對祖國國語沒有絕對標準感到困難。

八是　臺灣人自己嘴裡的臺灣話用詞與國語相同，卻不知道國語
用詞是什麼，往往感覺國語詞彙難得知道。

九是　臺灣人不知道尋求一條捷徑，去學國語，即是沒有外省各
地自然從原對照現象國語的觀念。[46]

在上述兩個方面「匯總」[47]的基礎上，魏建功「提出臺灣省國語運
動綱領」如下：

---

[45] 引自《魏建功文集》，第 4 卷，第 323 頁。

[46] 引自《魏建功文集》，第 4 卷，第 320-321 頁。

[47] 語見《魏建功文集》，第 4 卷，第 324 頁。

1、實行台語復原，從方音比較學習國語。
2、注重國字讀音，由「孔子曰」引渡到「國音」。
3、刷清日語句法，以國音直接讀文達成文章還原。
4、研究詞類對照，充實語文內容建設新生國語。
5、利用注音符號，溝通各族意志融貫中華文化。
6、鼓勵學習心理，增進教學效能。[48]

上記學術理念的核心，又可以用魏建功的話概括爲：用「自家學話的方法」，不用「日本人學中國話的方法」。[49]

從學術實踐看，光復初期臺灣的國語運動乃沿著彼此並行的「統一國語」「研究方言」「製造音字」和「改古文爲白話文」四條跑道推展。

（一）「統一國語」

1、公佈「國音標準」

1946 年 5 月 30 日，臺灣省國語推行委員會編印《國音標準彙編》。臺灣省行政長官公署爲該書發佈公告，其文曰：

> 查推行國語必先統一讀物、統一讀物端賴確立標準。我政府自民國元年，召開讀音統一會，議定注音字母以後，對於國語之統一和推行，歷年逐漸實施，如公佈注音字母，通令全國各小學一律教習國音國語，改正「注音字母」的名稱為「注音符號」，採用北平地方現代音系為國音標準，編行《國音常用字匯》，刊佈《中華新韻》……等各在案，歷時已久，事成故常，正值本省淪陷，尚未通行。現在既經光復，亟宜播布。本署接收之初，即著手組設臺灣省國語推行委員會，負本省推行國語之任務。現據該會送呈所編之《國音標準彙編》前來，經教育處審查，凡關於注音符號的體式及發音方法，國音的音韻及拼法，聲調及韻呼，捲舌韻的分析，常用字的標準讀法……等，都已編錄在內，適合學習及檢查國音之用，在本省國語推行，可藉以收到標準化的效果。嗣

---

[48] 引自《魏建功文集》，第 4 卷，第 318 頁。

[49] 語見《魏建功文集》，第 4 卷，第 320-321 頁。

後關於一切注音讀物，悉應以此書為准，合亟公告周知！[50]

2、「分發國語留聲片」

《臺灣省政府工作報告（1947 年度）》之「教育部分」記：

> 商務印書館有此留聲片一種，尚合本省需要，乃定購 120 套。除
> 依各縣市國民學校數目比例分發各縣市領用外，省立師範學院與
> 各師範學校及中學校師範班亦各分發 1 套[51]。

商務印書館的「國語留聲片」名為「國語留聲機片課本」，由趙元任 1921 年在美「發音」，商務印書館「灌制」。

3、舉辦國音示範廣播講座

臺灣省國語推行委員會「派員經常於每日早晨六時在臺灣廣播電臺播音，為各地教師及專員國語教育責任者作發音示範，並解釋語音變化並解答疑問」。[52]

（二）「研究方言」

4、實驗從方言學習國語

臺灣省國語推行委員會「為實驗從方言學習國語，於三十五年十月一日，成立示範國語推行所，派推行員三人，由王委員潔宇任所長，朱委員兆祥任指導員。所址初設於北投，三十六年六月三日，遷設於淡水。三十六年八月，此項工作告一段落，推行所結束」。[53]《臺灣省政府工作報告（1947 年度）》亦記：

> 三十五年十月十日，調本會（按：指臺灣省國語推行委員會）試
> 用視導三人在北投設立示範國語推行所一所，實驗「用比較類推
> 法以方言學習國語」。[54]

---

[50] 引自張博宇編：《臺灣地區國語運動史料》，第 86 頁。
[51] 引自陳鳴鐘、陳興唐主編：《臺灣光復和光復後五年省情》，上冊，第 428 頁。
[52] 引自陳鳴鐘、陳興唐主編：《臺灣光復和光復後五年省情》，上冊，第 429 頁。
[53] 引自張博宇編：《臺灣地區國語運動史料》，第 88 頁。
[54] 引自陳鳴鐘、陳興唐主編：《臺灣光復和光復後五年省情》，上冊，第 428 頁。

5、編印「臺灣國語比較練習用書」

光復初期，臺灣省國語推行委員會編印的「臺灣國語比較練習用書」[55]有：

《臺灣省適用注音符號十八課》（1946）
《民眾國語讀本（加注國音及方音注音符號）》（1946）
《從臺灣話學習國語》（1946）
《怎樣從臺灣話學習國語》（1946）
《國台字音對照錄》（1947）
《廈語方言符號傳習小冊》（1947）
《臺灣方音符號》（1948）

（三）「製造音字」

6、推介注音符號

1946年7月16日，臺灣《新生報》之《國語》副刊第9期發表魏建功《談注音符號教學方法》。

1946年8月6日，臺灣《新生報》之《國語》副刊第12期發表林本元《注音符號的由來》。林本元系臺灣省籍人士，曾在北京就學。

1948年5月1日，臺灣省國語推行委員會在《臺灣文化》第三卷第四期發表《敬悼本會委員許季茀先生》，其文並注曰：

> 三十五年前，讀音統一會上，先生們排難解紛折衷至當確立注音字母的製造原則，奠定了國語運動的規矩。（注）
> 三十五年間，國語事業若斷若續，這一套注音字母卻越磨越亮，越用越靈，在臺灣文化復原的工作上已顯示出先生們卓見真實不虛！
> 我們正期望追隨先生繼續努力，以語文工具改進文化思想，反正人心徹底收復失地，誰料到您先竟碰上這樣不幸的遭遇！
> 我們想不到戕害先生的是這樣一個么魔小偷兒，卻憬悟到他是受

---

55 語見《臺灣省政府工作報告（1947度）》，陳鳴鐘、陳興唐主編：《臺灣光復和光復後五年省情》，上冊，第428頁。

了我們要掃除的異族文化的養育，唉！想念先生的功績，哀悼先
生的死！

注：民國二年二月二十五日讀音統一會在北京開會，距先生之死
整三十五年，先生為浙江省代表出席，當時為核定音素，採定字
母，爭論紛紜，先生與馬浴藻、朱希祖、周樹人（皆章太炎弟子）
提議以簡單漢字為注音字母，遂成定案。

臺灣省國語推行委員會

此一奇特的悼文，實際上也是注音符號（注音字母）的推介廣告。

7、頒佈臺灣方音符號方案

1946 年 1 月，臺灣省國語推行委員會頒佈該會委員朱兆祥設計的
《臺灣方音符號》方案。

1946 年，臺灣省國語推行委員會編印《臺灣適用注音符號十八課》。

1946 年，臺灣省行政長官公署教育處編印《民眾國語讀本》，該書
注有「方音注音符號」。

1947 年，臺灣省國語推行委員會「在上海定制五號臺灣方音符號
銅模一副，刻下業已整理就緒，亦交由《新生報》社鑄字使用」。[56]

1948 年，臺灣省國語推行委員會《國語日報》之《語文乙刊》，利
用臺灣方音符號來比對方言與國語在聲、韻、調的對應關係。

8、設計方言羅馬字方案

1948 年 9 月，臺灣省國語推行委員會委員朱兆祥在《臺灣文化》
第三卷第七期發表《廈語方言羅馬字草案》，該草案被稱為「台語方羅」
草案或「台語羅馬字草案」

此前，胡莫在《臺灣文化》第三卷第五期《廈門方言之羅馬字拼法》
一文裡提出《臺灣新白字》方案。

9、使用國語羅馬字

1947 年，臺灣省國語推行委員會「與臺北市政府合作，為街路牌
上加注國音 1100 塊」。[57]

---

[56] 引自陳鳴鐘、陳興唐主編：《臺灣光復和光復後五年省情》，上冊，第 429 頁。
[57] 引自陳鳴鐘、陳興唐主編：《臺灣光復和光復後五年省情》，上冊，第 430 頁。

1948 年 9 月，臺灣省國語推行委員會朱兆祥謂：

> 咱們中國的國語羅馬字自經專家制定以後，已於民國十七年九月
> 二十六日由大學院（即教育部）正式公佈了。臺灣全省路牌的羅
> 馬字注音，即是國定的國語羅馬字的拼音。[58]

（四）「改古文為白話文」

10、編寫文法教科書

魏建功認為：「自從有新文學以來，因為語文教育方法的忽略，早已忘棄了胡適先生所提倡的『文學的國語』和『國語的文學』的意義了」，[59]「臺灣的國語運動是要把『言文一致』的實效表現出來，而使得『新文化運動』的理想也得到最後勝利。國語中間有與臺灣相同的文法，所有編輯教科書的先生是應該注意發揮的」；[60] 在「訓練」用白話文寫作的過程裡，「教文法是最好的辦法」。[61]

光復初期，臺灣省國語推行委員會之「語文學術專家」編寫的文法教科書有：

《怎樣學習國語和國文》，許壽裳編，臺灣省立編譯館，1946 年。

《實用國語文法》，董長志編，何容、齊鐵恨校閱，臺灣省國語推行委員會，1948 年。

從單項看，光復初期臺灣國語運動在「改古文為白話文」項下似乎除「教文法」外乏善可陳、「尚待建設」[62]；就總體而言，光復初期臺灣國語運動對於臺灣現代文學實現「改古文為白話文」一項乃是功莫大焉。「改古文為白話文」即「反對文言文，提倡白話文」的首倡者胡適嘗謂：

> 當我在 1916 年開始策動這項運動時，我想總得有二十五年至三

---

[58] 引自朱兆祥：《廈語方言羅馬字草案》，《臺灣文化》第三卷，第七期，1948 年 9 月 1 日。

[59] 引自《魏建功文集》，第 4 卷，第 368 頁。

[60] 引自《魏建功文集》，第 4 卷，第 314 頁。

[61] 引自《魏建功文集》，第 4 卷，第 367 頁。

[62] 引自《魏建功文集》，第 4 卷，第 325 頁。

十年的長期鬥爭（才會有相當結果）；它成熟的如此之快，倒是
我意料之外的。我們只用了四年的時間，要在學校內以白話文代
替文言，幾乎完全成功了。

在 1919 年至 1920 年兩年之間，全國大、小學生刊物共約四百多
種，全是用白話文寫的。[63]

在臺灣光復初期、在光復初期的臺灣，由於國語運動的有力配合，
「改古文爲白話文」才得以在胡適 1916 年曾經預計的「三十年」屆滿
之期開始成熟。

四

關於光復初期臺灣國語運動之學術刊物、學術著述及其他學術資
訊，茲據聞見所及，報告如下：

（一）學術刊物

光復初期由臺灣省國語推行委員會及其附屬機構主導的學術刊物
包括：

臺灣《新生報》之《國語》副刊。週刊，每週二出版。1946 年 5
月 21 日出第一期，1946 年 12 月 24 日出至第三十二期乃停刊；

《國語通訊》，不定期刊，臺灣省國語推行委員會印行。1946 年 12
月出第一期、第二期，1947 年出至第十四期乃停刊；

《國語旬刊》，臺灣省國語推行委員會示範國語推行所編印，1946
年創刊，出至第七期乃停刊；

《兒童之友》，不定期刊，「出版兩期」後「因經費困難暫停」。[64]

臺灣《中華日報》北部版之《國語》副刊，1948 年 9 月 1 日出第
一期。

---

[63] 唐德剛譯注：《胡適口述自傳》，第 163 頁，上海，華東師大出版社 1993 年版。
[64] 據《臺灣省政府工作報告（1947 年度）》，陳鳴鐘、陳興唐主編：《臺灣光復和光復後五年
省情》，上冊，第 430 頁。

《國語日報》，1948 年 10 月 25 日創刊。

（二）學術著述

據《臺灣省政府工作報告（1947 年度）》，臺灣省國語推行委員會「編審」的語文學術著作包括《注音符號》等「國語講習用書」16 種、《國語推行手冊》等「國語參考用書」8 種、《臺灣省適用注音符號十八課》等「臺灣國語比較練習用書」3 種，《國語標準彙編》等「國語小叢書」29 種，《國語常用語用例》等「有關國語書籍」19 種。[65]

上記 5 類凡 75 種。1945—1946 年間、1948 年間亦各出書多種。照此，光復初期臺灣國語推行委員會所出之語文學術著述應在 100 種以上。其中，《注音國語活葉文選》從 1945 年 12 月至 1946 年 5 月，共銷售 35000 冊，為當時「五種銷路較佳的書刊」[66]之一。

魏建功等語文學術專家撰寫的學術論文，數量上亦頗可觀。魏建功在臺灣省國語推行委員會主任委員、專門委員任上共撰寫學術論文 24 篇，其中 22 篇已收入新近出版的《魏建功文集》。

（三）其他學術資訊

1、關於方言羅馬字的論爭

1948 年 6 月，胡莫在《廈門方言之羅馬字拼音法》一文（載《臺灣文化》第三卷第五期）裡提出《臺灣新白字》（又稱《新拼音法》）方案。

同年 9 月，朱兆祥發表《廈語方言羅馬字草案》（載《臺灣文化》第三期第七期），對「胡式羅馬字」提出批評，指出：

> 方符的制定，必須以注符為根據。方羅的制定，也必須以國羅為依歸。胡先生的方案乃就教會羅馬字加以修正，與國羅失卻連

---

[65] 見陳鳴鐘、陳興唐主編：《臺灣光復和光復後五年省情》，上冊，第 429-430 頁。

[66] 據《臺灣書店工作報告》，陳鳴鐘、陳興唐主編：《臺灣光復和光復後五年省情》，上冊，第 388 頁。

系，這已決定了他的方言羅馬字的前途了。理由很簡單，僅有方羅，沒有國羅，或方羅與國羅失卻連繫，則方言文學最多也只能在那狹隘的圈子裡打轉，決難達到發展方言文學的理想目的。如果方羅與國羅脈絡相通，則國語文學和方言文學可以互相吸收、充實、輝映。那麼方言文學才有正常發展的前途。也正是因為必須在互相配合之下，咱們方能看到中國口語文學的全貌。

朱兆祥提出的「台語羅馬字草案」乃秉承了「以國羅為依歸」的原則。

2、關於「臺灣現行語言的情形」

1947 年 9 月，味欖（錢歌川）在《臺灣文化》第二卷第八期發表《臺灣的國語運動》，指出：

你現在隨便打開一張本地報紙來看，奪目的廣告欄中，便有的是「銘謝」「急告」「目藥」「齒科」「罐頭專門製造元」「紛失啟示」「明細」「仕度」「食事」一類的日本話，然而在本省人心目中，卻並不感覺它們與本國話有什麼不同。

又報告：

我家裡請了一個本省的女僕，她是一個小學畢業生，說得一口很好的日本話，光復以後才從她母親那裡學會了臺灣話，到我家不到兩個月，又學會了極流利的國語。她有天好像有什麼新發現似的自矜地對我說，她也懂得一種外國語，那就是日本話。我認為她這種自覺是很有意義的。每個本省人是非有這種自覺不可的。必得先感覺到日本話是一種外國話，然後才會想到自己的本國話，有學習的必要。

並指出：

臺灣的國語運動，如果只是發音的問題那就很簡單，不難短期推行，可惜還有許多語辭和語法，需要他們從新學習呢！國語運動成功之日，也正是臺灣話復活之時。

味欖（錢歌川）此文印證了魏建功等語文學術專家描述的「臺灣現行語言的情形」。

3、關於「臺灣」和「光復初期」在清代初年以來國語運動史上的地位在清代初年以來的國語運動史上，「臺灣」和「光復初期」乃是相當重要的地點和時段。

茲舉三個例證。

其一。黎錦熙《國語運動史綱》記：

> 清雍正六年（1728）上諭：「朕每引見大小臣工，凡陳奏履歷之時，唯有閩廣兩省之人，仍系鄉音，不可通曉。……應令福建廣東兩省督撫，轉飭所屬府、州、縣有司及教官，遍為傳示，多方訓導，務使語言明白，使人通曉，不得仍前習為鄉音」。故當時督撫遵諭飭屬建此正音書院。[67]

據劉良璧《重修福建臺灣府志》，清代雍正七年（1729）以後，臺灣、鳳山、彰化、諸羅各縣先後建立正音書院。

其二。據魏建功《國語的四大涵義》一文的描述，「國語運動開始有各家注意『文字簡易』，創制拼音文字」的事實除了盧戇章制《廈腔一目了然初階》（1892）外，吳稚暉造《豆芽字母》（1895）、蔡錫勇制《傳音快字》（1896）、力捷三制《閩音快字》（1896）、王炳耀制《拼音字譜》（1896）、沈學著《盛世母音》（1896）、康有為編《十六音》（1896）、王照造《官話合聲字母》（1900）、勞乃宣作《簡字》（1905）皆發生於臺灣「被日本佔據」的 1895 年以後。

1895 年以後，國語運動史上同臺灣關聯的事實有：

1898 年，盧戇章「應了日本臺灣總督兒玉氏之聘，辦理總督府學務課事三年，故對於切音新字的形式，意見大變」，遂新著《切音字書》。[68]

1898 年，工部虞衡司郎中林輅存「以字學繁難，請用切音以便學

---

[67] 引自黎錦熙：《國語運動史綱》，第 26-27 頁。

[68] 引自黎錦熙：《國語運動史綱》，第 15 頁。

問」呈請都察院代奏。奏摺中提及盧贛章、力捷三、沈學、王炳耀、蔡錫勇「各有簡明字學刊行於世」[69]。林輅存即林景商，臺灣著名詩人林鶴年之第四子，幼隨父居住於臺灣，1895 年乃離台內渡。

其三。魏建功抵台之初曾滿腔熱忱地預言：「從今以後，我們由臺灣喪失而積極開始的國語運動將要在臺灣收復以後又巧巧的從臺灣積極開始完成大功！」[70]

光復初期臺灣國語運動創造了很好的成績和經驗。如，發揮學者（「語文學術專家」）的主導作用、遵照學術規律辦事；「在台創辦《國語日報》，是爲我國第一份在字旁加注音符號的報紙」[71]；「從語到文」的教學方法；「用比較類推法以方言學習國語」；方羅的制定「必須以國羅爲依歸」，等。

1949 年以後，魏建功擔任中國文字改革協會常務理事、中國文字改革研究會委員、新華辭書社社長、北京大學副校長、中國科學院哲學社會學部委員、《中文拼音方案》委員會委員、普通話審音委員會委員等重要職務，在大陸語文學界繼續發揮主導作用。光復初期臺灣國語運動的學術經驗，亦得相當完美地融合於當代中國的語言文字工作。

2002 年 9 月 15 日凌晨寫就

---

[69] 引自黎錦熙：《國語運動史綱》，第 12 頁。
[70] 引自《魏建功文集》，第 4 卷，第 313 頁。
[71] 夏德儀：《魏建功文集·夏序》，引自《魏建功文集》，第 1 卷，第 1 頁。

西觀樓藏閩南語歌仔冊《台省民主歌》之研究

一

　　福州大學施舟人（K.M.Sehipper）、袁冰淩教授伉儷創建的西觀藏書樓藏有上世紀 60 年代從臺灣收集而來的歌仔冊近千種，其中包括閩南語歌仔冊《台省民主歌》之石印本和手抄本各 1 種。

　　查舊日筆記，我於 1987 年 11 月 12 日、於初涉臺灣近代文學研究之時，從《臺北文物》摘錄了如下一則資訊：

> 日軍侵佔臺灣後，島內各地曾流行著一部《台省民主歌》，這歌的唱本，是光緒丁酉年秋季，由上海點石齋印行的，光緒丁酉是日軍侵入後二年，因為年代相距不遠，所以歌詠當時臺灣民主國抗戰情形，頗為詳盡，雖然所唱諸事，未必盡與事實相合，但是頗可供作研究當時的歷史比照資料。[1]

其後，又見林清月《臺灣民謠》記：

> 光緒二十七年有署名採訪生採集的二首俗歌，一為《西仔反歌》，一為《臺灣民主國歌》。[2]

並見連橫《雅言》記：

> 臺灣有盲女者，挾一月琴，沿街賣唱，其所唱者，為《昭君和番》、《英台留學》、《五娘投荔》，大都男女悲歡離合之事。又有采拾臺灣故事，編為歌辭者，如《戴萬生》、《陳守娘》及《民主國》，則西洋之史詩也。[3]

---

[1] 引自廖漢臣：《詹振抗日考》，載《臺北文物》第 3 卷第 1 期，1954 年。福建社會科學院圖書館藏《臺北文物》第 3 卷之「借閱卡」留有我首次（1987.11.12）借閱該書的記錄。

[2] 林清月：《臺灣民謠》（1948 年），轉引自謝雲聲《臺灣情歌集》，第 127 頁，廈門閩南文化研究所印，2000 年 12 月。

[3] 連橫：《雅言》，《臺灣文獻史料叢刊》第 166 種，第 36 頁。

　　另見施博爾（K. M. Sehipper）《五百舊本歌仔冊目錄》[4]錄有《台省民主歌》之目。

　　我初耳「施博爾」之名，亦當 1987 年 11 月。其時，我從《台南文化》第 9 卷第 3 期（1972）所載黃典權《清進士題名碑中之臺灣進士》見有「前年走訪寓南（按，即台南）之荷蘭留學人施博爾先生」之語。

　　從 1987 年 11 月、從初涉臺灣近代文學研究以後，我常留心訪求《台省民主歌》、亦頗關心施博爾先生及其收集的「五百舊本歌仔冊」的下落。

　　2003 年 2 月，我在寫作《地域歷史人群研究：臺灣進士》[5]時注意到，施博爾先生與今之福州大學特聘教授施舟人先生的英文名完全相同。通過電話請教，終於證實：黃典權教授當年在台南所見「荷蘭留學人施博爾先生」即現任福州大學特聘教授的施舟人（K.M.Sehipper）先生。

　　2004 年 3 月，施舟人先生當年在臺灣收集的歌仔冊（包括 1965 年以前在臺灣台南收集的 500 種和 1965 年以後從臺灣新竹、台中等地收集的數百種）正式成為福州大學西觀藏書樓的館藏。

　　牛津大學博多利圖書館（Bodleian Library）收藏的 19 種歌仔冊，在上世紀 60 年代曾引起國際漢學界的廣泛注意。福州大學西觀藏書樓在此一方面的館藏，自當彌足珍視。

　　蒙施舟人、袁冰淩教授伉儷的厚意，我在福州大學西觀藏書樓得以借閱館藏全部之歌仔冊，並且獲贈《台省民主歌》之石印本（上海點石齋光緒丁酉秋季刊本）和手抄本之影印件各 1 種。

　　下文擬就《台省民主歌》涉及的文讀與白讀、脫文與缺頁、印本與抄本、口傳與筆錄、史詩與史實、唱本與讀物，以及國家認同的觀念與臺灣人民的愛國主義傳統諸問題，逐一考證辨析。

二

[4] 載《臺灣風物》第 15 卷第 4 期，1965 年。
[5] 收拙著《閩台區域社會研究》，廈門，鷺江出版社 2004 年 3 月版。

　　據《台省民主歌》石印本估算,《台省民主歌》之足本應有 179 段、5012 字。

　　《台省民主歌》的用韻屬於句句押韻（每句 7 字）、逐段換韻（每段 4 句）。此一狀況,從《台省民主歌》石印本之 1.1－8.4 句即 1－8 段已見其定式:

> 說出清國一條代,邊出一歌唱出來。臺灣事志天下知,造出火車先出來。
> 新造火車行鐵枝,無腳能行不真奇。欽差設計想計致,百姓聞名少念伊。
> 百般心思用一疼,造起火車卜再人。就看日子卜興工,各位路頭設票房。
> 火車卻客吹水螺,卜放盡磅著添火。大甲溪中造難過,並無賢人可收尾。
> 欽差告老到家中,壞伊手尾唐景松。臺灣千軍萬馬將,一時返背心奸雄。
> 鴻章東洋通日本,卜征滿州光緒君。在伊打算一半允,望卜江山對半分。
> 說到京城李鴻章,奸臣心肝真正雄。本身朝內佐宰相,何用甲伊去通商。
> 鴻章見用奸臣計,去通日本打高麗。返來朝中見皇帝,五路港口著盡把。

　　以上 1.1－1.4 句之代、來、知、來押[ai]韻,其中「知」用白讀[꜀tsai]而不用文讀[꜀ti];2.1－2.4 句之枝、奇、致（智）、伊押[i]韻;3.1－3.4 句之疼（冬）、人、工、房押[aŋ]韻,其中「人」用白讀[꜀laŋ]而不用文讀[꜀lin],「工」用白讀[꜀kaŋ]而不用文讀[꜀koŋ];4.1－4.4 句之螺、火、過、尾押[e]韻,其中「過」用白讀[keˋ]而不用文讀[koˋ];5.1－5.4 句之中、松、將、雄押[ioŋ]韻;6.1－6.4 句之本、君、允、分押[un]韻;7.1－7.4 句之章、雄、相、商押[ioŋ]韻;8.1－8.4 句之計、麗、帝、把押[e]韻。

　　「文白異讀」在閩南方言各自成系統,有充分和典型的表現。利用

文讀、白讀的變換來押韻，是《台省民主歌》用韻方面的一個特點。我在上文已指出「知」、「工」、「過」各有文、白兩讀，用其白讀始得合韻，這裡還要舉出用文讀來押韻的例證：

1、42.1—42.4 句（「尾省頭人真不通，封伊撫台民主王。未曾拉旗人就廣，敢能為伊去沉亡」）之通、王、廣、亡押[ɔŋ]韻，其中「通」用文讀[ₑtʻɔŋ]而不用白讀[ₑtʻaŋ]；

2、84.1—84.4 句（「今年光緒大落難，誅著日本占江山。百姓逃走真千難，下天下地求平安」）之難、山、難、安押[an]韻，其中「山」用文讀[ₑsan]而不用白讀[ₑsuā]；

3、107.1—107.4 句（「頂年通莊現由景，五月十三小文明。今年十三那者淨，亦是反亂未太平」）之景、明、淨、平押[iŋ]韻，其中「明」用文讀[ₑbiŋ]而不用白讀[ₑbiā]。

以「句句用韻（每句 7 字），逐段換韻（每段 4 句）」的定式衡之，我們可以發現《台省民主歌》石印本有 5 處脫文：

1、24.1—24.4 句（「台南下府爾主意，臺北景松去料理。戶尾交代楊希賓，圭隆朝棟也忠臣」）之意、理押[i]韻，賓、臣押[in]韻；26.1—26.4 句（「呵悔卜守戶尾港，身中得病不知人。倒落房中身世重，日本未來過工空」）之港、人、重、空押[aŋ]韻；24.4 句與 26.1 句之間只有「三條港腳有人鎮，百般大志無要謹」之鎮、謹押[in]韻。顯然，第 25 段脫 2 句凡 14 字；

2、78.1—78.4 句（「日本來到雖時淨，驚了人家有住兵，卜去巡查手夯銃，一間看了過別間」）之淨、兵、銃、間押[iŋ]韻；80.1—80.4 句（「和記李春告番口[6]，日本來打當買茶。夏茶今年大好計，那卜趁錢盡一下」）之口（勢）、茶、計（價）、下押[e]韻；78.4—80.1 句之間只有「十二安民水返腳，街頭巷尾占塊查」之腳、查押[a]韻。顯然，第 79 段脫 2 句凡 14 字；

3—4、89.1—89.4 句（「圭良到城有五步，水返腳圭一牛路。一日

---

[6]《台省民主歌》之石印本和手抄本於此均用「勢」的俗寫，「告番口（勢）」似為「靠番勢」。

卜走真千苦，此去卜設司令部」）之步、路、苦、部押[ɔ]韻；92.1—92.4
句（「不少日本脫庫口，赤身路骨一時間。力人雞鴨滿六萬，正人看見
驚甲瘦」）之口、間、萬、瘦押[an]韻；89.4—92.1 之間有「總督一日直
入城，城內敢著設縣廳」）之城、廳押[iā]韻，又有「日本入城未幾時，
後面再來是戈裡」之時、裡押[i]韻。顯然，第 90 段脫 2 句凡 14 字，第
91 段亦脫 2 句凡 14 字。

　　5、152.1—152.4 句（「廿六早起興大隊，用計排陣打者開。呆人口
須走別位，克開百姓死歸堆」）之隊、開、位、堆押[ui]韻；154.1—154.4
句（「戈裡走入府城內，總督縣廳全全知。掃官千總都凡在，雖時點兵
蔔去口」）之內、知、在、口押[ai]韻；152.4—154.1 句之間只有「廿八
西盛來豈到，相招來走放乎伊」（按，「來豈到」似應爲「來到豈」，「豈」
取文讀音近於「此」）即「廿八西盛來到豈，相招來走放乎伊」之豈、
伊押[i]韻。顯然，第 153 段脫 2 句凡 14 字。

　　以石印本同手抄本相比照，我們發現手抄也存在上記脫文，並且發
現石印本和手抄本共同的錯、訛問題。如，石印本 30.3 句「卜獻江山
還皇帝」之「帝」應爲「上」，始合於上、下文之章、松、上、終之[iɔ
ŋ]韻，手抄本於此亦誤；又如，石印本 82.4 句「城內軍宗眾人搬」、102.4
句「甲人軍宗著去交」、103.4 句「莊中打買追軍宗」之「軍宗」應爲「軍
裝」，「軍宗」屬於生造的訛詞，手抄本亦用此訛詞。

　　當然，手抄本和石印本也有各自的缺、脫、錯、訛問題。茲舉 3 例：

　　1、手抄本每頁 16 句。首頁首句「光緒力話應鴻章」爲石印本的
9.1 句。顯然，手抄本缺 32 句（1.1—8.4 句）、缺 2 頁；

　　2、手抄本於「五月時節來交城」（石印本之 14.4 句）與「未曾出
戰先行文」（石印本之 15.2 句）之間脫 1 句凡 7 字（石印本之 15.1 句，
文爲「日本好漢打汝順」）；

　　3、石印本 66.1 句「初六基隆陳大鏡」之「鏡」應爲「銃」；石印
本 89.1 句「圭良到城有五步」之「圭良」應爲「基隆」、「步」應爲「頗」

[7]；石印本 107.1 句「頂年通莊現由景」之「由景」應爲「遊境」；石印本 132.3 句之「眾圭圖記來保認」之「圭」應爲「街」。

三

《台省民主歌》之石印本和手抄本有共同的脫文、錯字和訛詞，這說明石印本和手抄本有相當密切的關聯。

我們無法辨明其間的孰先孰後問題，但可以認定：石印本和手抄本均後於口傳本，是口傳本的文字記錄。

手抄本篇末有「借問只歌乜人騙（編），正是曉神良君先」之語，宣稱《台省民主歌》的編者是名爲「良君」、人稱「先生」（在閩南方言裡，「先」即「先生」）的某人。

從口傳到筆錄，《台省民主歌》不僅在口頭、也在書面留存下來、流傳開來。在此一過程中可能發生的狀況包括：

1、同一口傳本衍出不同的筆錄本；

2、不同的筆錄本作爲唱本介入口傳流程，並在一定程度上影響口傳的品質、促進口傳本的變動並由此而有大同小異的多種口傳本；

3、筆錄本經改抄而有不同於底本的改抄本。

在我看來，《台省民主歌》之石印本和手抄本既可能是同一口傳本衍出的兩種筆錄本、也可能是兩種不同口傳本的各自的筆錄本。當然，也不能排除兩本之間一爲底本、一爲改抄本的可能。

作爲筆錄本之一種，《台省民主歌》石印本封面標明「光緒丁酉秋鐫」、「上海點石齋石印」，折頁處有「上海書局」字樣。上海點石齋印書局（簡稱「上海書局」）創辦於 1879 年，附設於上海《申報》館（《申報》創刊於 1872 年）。「光緒丁酉」爲 1897 年。就我從西觀樓的館藏所見，日據時期在臺灣流傳的歌仔冊（包括刻印本、石印本和活字印本）有相當部分是由開設於廈門二十四崎頂和泉州道口街的書坊印行的。

---

[7] 「顧」作爲量詞，在閩南方言裡指「10 里」。「五顧」相當於 50 里，豈是「五步」能及。「五步」屬於訛詞。

《台省民主歌》石印本乃由上海點石齋書局印行，又在臺灣流傳和留存，此一史實、此類史實證明：日據時期海峽兩岸文化交流並不曾「阻斷」。

臺灣學者黃得時教授嘗謂：

> 我在學生時候都不願意正當的功課，天天都是歡喜看那個歌仔書，什麼《呂蒙正》、《大舜耕田》、《劉廷英賣身》，共他很多種，可是，都並不是當作歌謠看，是像看小說那麼樣，目的是在看故事，那時候人家最喜歡的還是七字仔。裡頭有很有興趣的，「阿君要返我要留，阿君神魂用紙包。待君返去阮來解，包君神魂在阮兜」。還有，「若無共君同床困，因何褲帶短三分」，自己的肚大起來不說，反說是褲帶短了，表現的很好。[8]

歌仔冊可以作為唱本，亦可當做讀物；可以唱而聽，也可以看或讀。歌仔冊的受眾包括了聽眾和讀者。

從總體上看，歌仔冊以敘事、說教為能事；在日據時期的臺灣，歌仔冊乃是人文典故和人情世故、乃是中華文化傳播和延續的一個載體。

《台省民主歌》「采拾臺灣故事」、近於「西洋之史詩」。在史詩與史實之間，《台省民主歌》兼重史實，具有相當程度的真實性。

例如，關於唐景崧官軍兵變和臨陣脫逃的醜聞，《台省民主歌》45.1─46.2 句曰：

> 景松家後返家鄉，送伊庫銀一百兩。做人中軍敢返樣，就共賊裡細思量。
> 賊裡聽見就得知，手夯大刀就起來，一時打到撫衙內，就力中軍起來口。

66.1─67.4 句曰：

> 初十基隆陳大鏡（銃），第一返背廣東兵。撫台卜走塊想正，害死官員真不明。

城內火車直直口，卜去基隆甲伊口。也無口須三五擺，透冥抽兵走落內。

以上所記，亦見於史書。姚錫光《東方兵事紀略》記：

> 三月二十五日午後，景崧之婿餘姓者內渡，令勇丁舁其裝出撫署。將入船，文奎率黨十餘人持刀劫於道；勇丁逃，文奎令其黨安置掠物關帝廟；而自追勇丁，直入撫署內。方副將自出喝曰：「汝欲反耶？」文奎徑砍其頭；方副將抱頭反奔，入門已踣。中軍護勇時屯署內，將應文奎，爭出棚放排槍，蓋以為號也，幫帶見事急，自閉營門，並閉撫署門。[9]

思痛子《台海思慟錄》記：

> 省垣益惶怖，連夜命黃翼德統粵勇乘火車赴援。及抵基隆，前敵悉敗潰，遂乘原火車返省，妄言基隆已失。省中立時嘩潰，如水決風發，莫可遏抑。[10]

俞明震《臺灣八日記》記：

> 維帥一見，即言「大事已去，奈何？」余出紳士公稟，且請駐八堵。維帥言「午刻聞前敵言，即令黃翼德率護衛營紮八堵」。頃黃忽回城，據言「獅球嶺已失，大雨不能紮營，且敵懸六十萬金購總統頭（六十萬金購頭之說亦謠言也，可笑），故乘火車急馳回城，防內亂」（黃至八堵，士卒均未下車）。余怒斥其欺罔。[11]

又如，關於臺灣個別士紳附逆的劣跡，《台省民主歌》87.1—87.4句曰：

> 日本入城未幾時，就叫良兄倩戈裡。卜倩龜裡滿滿是，一時扛米無延遲（按，「戈裡」、「龜裡」在閩南方言裡又作「苦力」）。

161.1—163.4句曰：

9　姚錫光：《東方兵事紀略》，引自《臺灣文獻史料叢刊》第 7 輯第 40 種，第 47-48 頁。
10　思痛子：《台海思慟錄》，引自《臺灣文獻史料叢刊》第 7 輯第 40 種，第 9 頁。
11　俞明震：《臺灣八日記》，引自《臺灣文獻史料叢刊》第 7 輯第 57 種，第 12 頁。

日本安民未幾時，就講採金一代志。平生個人真硬氣，無宜盡忠歸行伊。

雖時打掃大廳堂，就倩人工煎茶湯。一家大小環環返，望卜做官有久長。

日本叫伊來相議，次子文乾第有義。領兵台南平劉義，返來正人皆歡喜。

128.1—128.4 句曰：

采舍帶在錫口後，算來莊中第一頭。日本大隊一下到，守備公館安伊兜。

以上所記，亦于史有據。廖漢臣《詹振抗日考》記：

（日軍）至七日下午六時完全佔據臺北城。而雇用錫口人施良，隨日軍一小隊至錫口，募集工人，搜括糧食。日兵及隨軍員工，到處強征雞鴨，侮辱婦女。

又記：

日軍開抵錫口後，是在當地陳采舍大厝中借宿。陳采舍是當地有名的富戶，為保身計，殷勤招待日兵，且應日軍的要求，派他次子文乾和弟有義，到日軍前聽用。[12]

又如，關於詹振抗日的英勇事蹟，《台省民主歌》165.1—179.4 句記之甚詳。其文譽詹振「真敢死」、「真清榮」、「有功勞」、「盡忠報國」，謂日軍「無路用」、「未□半陣就退兵」、「敗陣走入府城內，通城個番流目滓」，並用指桑罵槐之法，表面上指責詹振、實際上痛罵將錫口夷為「平埔」、「害人無厝」的日軍。據廖漢臣《詹振抗日考》的考證，《台省民主歌》裡的詹振故事，一一合於歷史的真實。

四

12　廖漢臣：《詹振抗日考》，載《臺北文物》第 3 卷第 1 期，1954 年。

　　《台省民主歌》乃以「清國」之「欽差」在臺灣建造鐵路的事蹟起
興。「欽差」指初以巡撫銜到台督辦軍務、後任臺灣巡撫的劉銘傳。劉
銘傳在台期間積極推行新政、卓有建樹。

　　在我看來，《台省民主歌》開篇講述「清國」之「欽差」的事蹟，
並稱「百姓聞名少念伊」（按，「少念伊」即「想念他」），除了文學技巧
上的考慮外，還有表達思想內容的用意。從日據之初開始，對「清國」
賢良官員包括劉銘傳的思念常流露於臺灣的文學作品。

　　例如，與《台省民主歌》作年相當的洪棄生的名篇《代日儒答清官、
日官利害》（1896），痛快淋漓地表達了對「清國」即中國歷代賢良官員
的情感。其文略謂：

> 清官去而日官來，事之大變、民之大害也，民之害多而利少也。
> 非利少也，利不勝害也。何害乎？害其私也；何私乎？私日本也；
> 何私日本乎？私日本以迫台民也；迫台民何謂私乎？私將令之不
> 立也、私官令之不行也；何謂不立、不行乎？將不能令以戢兵、
> 官不能令以救民，此所謂私、所謂害也。
> ……今者臺灣新破，攻城掠地，屍橫遍野；所殺皆途路平民，民
> 為寒心——然猶攻取之日，不可得而察也。乃得地經年而兵悍愈
> 甚，占民居、掠民財、淫民婦、戕民命、辱民望，民之含忍而不
> 敢言者多矣；至萬無可忍而始出告訴，而將官俱置諸不問，民為
> 短氣——然猶曰地方未久，不可得而安也。乃時至踰年而各部兵
> 官妄囚民、妄刑民、妄殺民，囚則極虐、刑則極酷、殺又極冤；
> 孔廟儒林受殘毀，書生秀士遭苦辱，而民於是絕望矣！民間小有
> 爭訟，咸受各部苛責；至受日人之暴而有訟，自始至今未嘗小有
> 懲示：此非大害乎？害出於民，各有所治；害出於日人，絕無所
> 戒：此非大私乎？皇皇憲草，未嘗懸一新令以戢官兵；堂堂國法，
> 未嘗誅一屠伯以慰民心：此非私日本以迫台民乎？故曰害多而利
> 少也！[13]

　　又如，謝雲聲編《臺灣情歌集》（1927）收有語涉「欽差」的臺灣

---

[13] 洪棄生：《寄鶴齋全集》，引自《臺灣文獻史料叢刊》第 8 輯第 304 種，第 64-65 頁。

情歌三首：

> 欽差造橋在新莊，北橋要過開橋門。要去娘兜路不遠，鐵打腳骨也陰酸。
> 欽差造橋真是賢，柴橋要造匯一頭。想要與娘你來門，無疑有頭無尾梢。
> 欽差造橋真是通，要造鐵橋到完工。護娘僥去話袂講，是你哥仔大棟憨。[14]

又如，1911 年 4 月 2 日台中櫟社詩會乃以「追懷劉壯肅」為題，與會社友 28 人、來賓 12 人（包括梁啓超）各以此題賦詩，追思劉壯肅即劉銘傳。

《台省民主歌》36.4 句曰：「尾省臺灣寫乎伊」，42.1 句曰：「尾省頭人真不通」。臺灣於 1885 年建省（全稱為「福建臺灣省」），其時乃在「甘肅新疆省」設省之後，故有「尾省」之稱。臺灣民間至今尚有「尾省出賢人」之諺流傳。

《台省民主歌》75.1 句曰：「撫台逃走過別省」，82.2 句曰：「臺灣一省尋無官」，145.4 句曰：「一時搬走過別省」。

《台省民主歌》以「台省」入於標題、「清國」入於首句（「說出清國一條代」），又在文中屢用「尾省」、「臺灣一省」稱臺灣，「別省」稱其他省，以此表明對臺灣建省、對臺灣作為「清國」一省之地位的看重。

對「清國」賢良官員的思念、對臺灣作為「清國」一省之地位的看重，這兩個方面均屬於祖國認同的觀念。

祖國認同的觀念從來是臺灣人民愛國主義傳統的最為顯要和重要的部分，即使在日據時期的臺灣、在臺灣的日據時期，此一狀況也沒有改變。

2004 年 4 月 3 日中午

---

[14] 引自謝雲聲編：《臺灣情歌集》。

閩台關係研究的兩個問題

——寫給中國閩台緣博物館的學術報告

新年裡傳來喜訊，中國閩台緣博物館已在泉州選定新址，行將建成高規格、大規模的新館。

在我看來，「清代：政治制度層面上的閩台關係」和「日據臺灣時期的閩台關係」是當前閩台關係研究方面必須補做和重做的作業。

本文擬就此為閩台關係研究的推展和深入，為中國閩台緣博物館館藏的收集和布展提供若干思考的線索和參考的資訊。

一、清代：政治制度層面上的閩台關係

1、從「八閩」到「九閩」

據《清實錄》，康熙二十二年（1683）八月二十九日（10.19），「福建水師提督施琅題報：臣於八月十一日，率官兵自澎湖進發，十三日入鹿耳門至臺灣」[1]；康熙二十三年（1684）四月十四日（5.27），「差往福建料理錢糧蘇拜，會同福建督撫提督疏言，臺灣地方千餘里，應設一府三縣，設巡道一員分轄；應設總兵官一員、副將二員、兵八千，分為水陸八營。澎湖應設副將一員、兵二千，分為二營，每營各設遊、守、千、把等官。從之」[2]自是，臺灣成為福建臺灣府、成為福建省的第 9 個府。

唐代置「福建觀察使」，始有「福建」之名；宋代設「福建路」，轄一府（建寧）、五州（福州、泉州、漳州、汀州、南劍州）和二軍（邵武軍、興化軍），遂有「八閩」之稱；元代設「福建行省」；明代置「福建承宣佈政使司」，轄福州、建寧、邵武、延平、興化、泉州、漳州、

---

[1] 引自《〈清實錄〉臺灣史資料專輯》，第 59 頁，福州，福建人民出版社 1993 年 2 月版。
[2] 引自《〈清實錄〉臺灣史資料專輯》，第 64 頁，福州，福建人民出版社 1993 年 2 月版。

汀州八府和福寧直隸州。清承明制，初設八府一州。1684 年，「臺灣入籍，益一而九」。[3]於是有「九閩」之稱。至於福寧「奏升爲府」、「並列十閩」，[4]乃是清雍正十二年（1734）的事、乃是後話也。

清代乾隆年間成書的《鷺江志》收有黃成振的《九閩賦》，其文有「國家仍制勝朝，八府分剖。迨乎臺灣入籍，益一而九。同爲我疆，福州爲首」[5]之語，記錄了清初福建行政設置上從「八府」到九府、從八閩到「九閩」的變化。

附帶指出《福建省歷史地圖集》[6]的一個問題。該書第 232 頁記：

> 清改布政使司爲省，福寧州升爲府，龍岩、永春升爲直隸州，凡轄府州十一、廳縣六十。至是，福建政區設置基本定型。另外，順治十八年（1661 年），鄭成功收復臺灣後在臺灣設承天府，康熙二十二年（1683），清軍攻入臺灣，改承天府爲臺灣府，隸屬福建省，後經開發，至光緒十一年（1885 年）正式建省。

「福寧州升爲府，龍岩、永春升爲直隸州」時當雍正十二年（1734）、時在臺灣建府（1684）50 年之後，臺灣府豈能列於「凡轄府州十一」之外，記載清代「福建政區設置」豈能如此離譜？另外，臺灣的開發並不自臺灣建府始，這也是應該明確指出的。

2、閩省「內地」與「臺地」的官員互調

臺灣建府初期，清廷即授權福建巡撫從閩省內地調派官員到台補缺，其後又就「內地」（包括閩省內地）與「臺地」官員互調事宜作出明確規定。據《清實錄》，康熙二十七年（1688）九月二十四日（10.17），「命臺灣文職員缺，准該撫於閩省見任官內揀選調補」[7]；雍正七年

---

[3] 引自[清]薛起鳳主纂：《鷺江志》，第 141 頁，廈門，鷺江出版社 1998 年 4 月版。

[4] 《乾隆〈福寧府志〉舊序》。引自《民國〈霞浦縣誌〉》，上冊，第 8 頁，霞浦縣地方誌編纂委員會整理，1986 年。

[5] 引自[清]薛起鳳主纂：《鷺江志》，第 141 頁，廈門，鷺江出版社 1998 年 4 月版。

[6] 福州，福建地圖出版社 2004 年 4 月版。

[7] 引自《〈清實錄〉臺灣史資料專輯》，第 72 頁，福州，福建人民出版社 1993 年月日 2 月版。

（1729）二月四日（3.3），「吏部議複：臺灣各缺，向例三年任滿，稱職者加升銜，再留三年，方准升用。該員家屬，格于成例，不得帶往，難免繫念。今奉旨，調往各官，到任一年，令督撫於內地揀選賢員到台協辦，半年後即令舊員回至內地補用，海疆既得諳練之員，而各官又免瞻顧之慮，應永著爲例。至協辦人員，既從內地調往，則內地員缺，需員署理，應於每年七、八月間，由臣部請旨，照台地道府、同知、通判、知縣等員揀選人員命往、以備調補委署之用」[8]；雍正八年（1730）十月七日（11.16），「大學士等遵旨議複：署福建總督阿爾賽疏言，臺灣道府廳縣等官，舊例到任一年之後，督撫揀選內地之員赴台協辦，俟半年後，將舊員調回補用，統計前後不過年半，而獨當其任者不過半年，爲期太近，該員未必不以任事不久草率塞責，諸務諉延。請嗣後調台各員，俟到任二年，該督撫選員赴台協辦，仍照例於半年後調回舊員，則在台各員既得盡心辦事，又可免交盤煩迭及草率諉延之弊。應如所請。從之：」[9]雍正十年十二月二十日（1733.1.18），議復：「嗣後臺灣道准鎮協例，二年報滿，恭候酌用。知府、同知、通判、知縣各員照參、遊守例，二年報滿，題明候升。應如所請。從之。」[10]

清康熙二十七年（1688）授權「福建巡撫」從「閩省見任官內」選員赴台調補，清雍正七年（1729）改令「督撫」即閩浙總督與福建巡撫「于內地揀選賢員到台協辦，半年後即令舊員回到內地補用」，「內地」也從福建巡撫管轄的閩省「內地」擴大爲閩浙總督節制的閩、浙內地。但是，「于閩省見任官內」選員調補「臺灣文職員缺」的規定仍然有效、照舊實施。

「臺灣文職員缺」中的「教職員缺」，清廷明文規定：「臺灣府學訓導及臺灣、鳳山、諸羅、彰化等四縣教諭、訓導缺出，先盡漳、泉七學調缺內揀調；不敷，再於通省教職內揀調」[11]。

---

8 引自《〈清實錄〉臺灣史資料專輯》，第 104 頁，福州，福建人民出版社 1993 年 2 月版。
9 引自《〈清實錄〉臺灣史資料專輯》，第 106-107 頁，福州，福建人民出版社 1993 年 2 月版。
10 引自《〈清實錄〉臺灣史資料專輯》，第 109 頁，福州，福建人民出版社 1993 年 2 月版。
11 引自《〈清實錄〉臺灣史資料專輯》，第 254 頁，福州，福建人民出版社 1993 年 2 月版。

1994 年，我曾以閩江流域爲例、從一個側面研究清代福建「內地」與「臺地」官員互調的狀況，並在《文化：閩江流域與臺灣地區》[12]一文報告閩江流域與臺灣地區官員（包括教職）互調的事例近百件，如：

> 臺灣縣歷任知縣中從閩江流域調任的有顧中素（康熙三十四年由閩縣知縣調任）、盧承德（康熙三十六年由沙縣知縣調任）、陳璸（康熙四十一年由古田知縣調任）、王仕俊（康熙四十三年由清流知縣調任）、俞兆嶽（康熙五十三年由大田知縣調任）、冷岐暉（雍正八年由建安知縣調任）、楊允璽（乾隆七年由浦城知縣調任）、魯鼎梅（乾隆十四年由德化知縣調任）、夏瑚（乾隆二十三年由閩縣知縣調任）、王右弼（乾隆三十四年由德化知縣調任）、郁正（乾隆四十一年由歸化知縣調任）、程峻（乾隆四十七年由閩清知縣調任）等；……。

又如：

> 臺灣淡水撫民同知莊年於乾隆七年升任建甯知府、諸羅知縣衛克堉於乾隆二十九年調任南平知縣、彰化知縣陸廣霖乾隆於十三年調任順昌知縣、臺灣知縣祁征祥於光緒九年調任閩縣知縣等。

附帶言之。俗諺「三年官，兩年滿」常被理解爲和使用於諷刺貪官：任期未滿而私囊中飽。實際上，這句俗諺還反映了清代臺灣在職官制度方面的一種慣例，由此慣例而有福建「內地」與「臺地」之間官員互調的狀況。

3、福建鄉試與臺灣考生

清代科舉制度規定，鄉試爲省級考試（俗稱考舉人），每三年凡一舉，逢子、卯、午、酉之年行之，遇皇家慶典增開恩科；一般於各省省會行之，在學生員（俗稱秀才）經歲考、科考合格者與焉。

清康熙二十六年（1689）爲丁卯年。是年舉行的福建丁卯正科鄉試

---

[12] 收拙著《中國文化與閩台社會》，福州，海峽文藝出版社 1997 年 4 月版。

首次「准福建臺灣府鄉試另編字型大小，額中一名」[13]即對臺灣考生另編字型大小、單列錄取名額；首次錄取臺灣舉人，據《臺灣府志》（康熙三十五年序刊補刻本）卷之八《人物志》之《舉人年表》，鳳山縣蘇峨於是科中為舉人；首次以「臺灣事宜」作為考試題目，《清實錄》「康熙二十六年十月十七日」條下記：「今覽各省所進題目錄中，其題目多有未當，如福建三場策問臺灣事宜一道，於地方情形事勢，毫未通曉，乃茫昧命題，殊為悖謬」。儘管清廷對福建丁卯正科鄉試的考題並不滿意，但福建當道諸公請求對臺灣考生另編字型大小、單列名額，又以「臺灣事宜」入於考題，誠可謂對臺灣考生關愛有加，於今視之仍然是相當令人感念的故事。

同福建內地各府一樣，臺灣鄉試諸生多到福州參加鄉試。鄉試每三年凡一舉，時或增開恩科，於是每隔一、二年就有一批臺灣鄉試諸生、一批臺灣秀才來到福州。出於航海安全和不誤考期的考量，臺灣鄉試諸生多提前渡海入閩。清人徐宗幹《斯未信齋雜錄》[14]記：

> ……設酒食遙祭諸生之漂沒者，刊石於門云：「鄉試諸生，小暑節前內渡，過此勿往。」又立石試院云：「鄉試文武生，勿輕出海口，文於小暑前，武于白露後。」又作《渡海萬全歌》云：「三、四千石新照船，鹿口對渡到蚶泉，三月廿三、四日後，四月初七、初八前」。

從小暑前離開臺灣，到九月十五日鄉試放榜後，臺灣鄉試生於考前、考後，一般須在福建內地居留幾個月，其間不免有訪學、訪古、訪書和訪友的雅事。福州府與臺灣府、福建省的內地與臺地，因福建鄉試而設定了常年交流的契機。

4、清代幕府制度與臺灣「無福不成衙」的歷史狀況

幕友（又稱幕賓、幕客和師爺）是中國古代官署裡沒有官職的佐助

---

[13] 引自《〈清實錄〉臺灣史資料專輯》，第70頁，福州，福建人民出版社1993年2月版。
[14] 《臺灣文獻叢刊》第93種，臺北大通書局1987年10月版。

人員，通常由官署主官私人聘請。主官作爲府主辟置幕府、延請幕友，幕友則入幕佐助、對府主負責，這是幕府制度的兩個方面。

在清代，幕府制度幾乎成爲職官制度的延伸和組成部分。清雍正元年（1723）有諭：

> 夫今之幕賓，即古之參謀、記室，凡節度、觀察等，赴任之時，皆征辟幕僚。功績卓著，即拜表薦引。彼愛惜功名，即不敢任意苟且。嗣後督、撫所延幕賓，須揀歷練老成、深信不疑之人，將姓名具題。如效力有年，果稱厥職，諮部議敘，授之職位，以示砥礪。[15]

清代臺灣幕友的活動，始於清軍進駐澎湖之時、盛於清廷設官臺灣之後。

清康熙二十二年（1683）閏六月二十二日，施琅率清軍經七日夜之海戰，進駐澎湖。其時，施琅軍中有幕友多人，其最得力者名周澎。乾隆《泉州府志》記：

> 周澎，字文濤，晉江人。博學工古文、詩賦。靖海將軍施琅延之幕中，刻不能離，翰墨盡出其手。[16]

清道光十三年（1833）有諭：

> 此次台匪滋事，嘉義縣縣丞方振聲、臺灣鎮標千總馬步衢、把總陳玉威並家屬、幕友等同時遇難，激烈捐軀。覽奏墜淚，可嘉可憫之至！[17]

把總屬於正九品武職官，此一品級的官員亦延請幕友，可見清代臺灣幕風之盛。

臺灣民間曾有「無福不成衙」之諺流傳。臺灣學者吳瀛濤在《臺灣諺語》（臺灣英文出版社 1979 年版）裡解釋說：「清代，臺灣的官吏多

---

[15] 《清世宗實錄》，卷五。
[16] 乾隆《泉州府志》，卷五十五，《文苑》。
[17] 引自《〈清實錄〉臺灣史資料專輯》，第 830 頁，福州，福建人民出版社 1993 年 2 月版。

數是福州人，此因福州是福建省的省垣，而當時閩台管轄未分離，所有臺灣的州、廳、縣官，大部分是由福建總督、巡撫，從省內揀選，自然上至撫台衙門的幕僚，下至縣丞衙門的雜員都充斥了福州人」。這裡有一個誤解。清代回避制度規定，督撫以下、雜職以上，均各回避本省；即非本省，五百里內亦不得爲官；教職稍可放寬，止於回避本府。「無福不成衙」反映的歷史真相是：清代臺灣各級、各地、各種衙門裡幾乎都有福州人士擔任教職或者幕友。

　　1995 年，我在寫作《清代福州對台文化交流的若干情況》[18]時曾編制《福州人擔任臺灣教職一覽表》，並指出：由福州人士擔任的臺灣教職任數（186 任）約占臺灣教職任數（641 任）的 29%。清代福州歷史文化名人陳衍以及郭咸熙、郭賓石、方雨亭、周松孫、王貢南、劉荃、鄭星帆、林仲良、曾宗亮等福州人士都曾到台遊幕。

　　幕府是佐助府主辦理公共事務的機構，但幕友卻是府主私人聘用即私雇的人員。有文學愛好的幕友公餘自可以詩文自娛，當府主亦是文學愛好者時，幕友自當陪侍府主參加文學活動。福州以及福建內地其他各府到台游幕的人士，於臺灣的公共事務和文學事業均發生了影響。

5、班兵制——人員定期移動、定點移居的管道

　　清代各省地方軍隊稱爲「綠營」，以其旗用綠色、以營爲基本建置單位也。「召募土著」即就地徵收兵員是綠營的組建原則。

　　清代康熙年間，清廷出於政治上的考慮，在臺灣實行以內地綠營分兵丁輪班戍守，三年一換的班兵制度。道光年間，臺灣人士陳震曜曾指出清廷此舉的用意：

> 各省兵丁，俱屬土著之人。唯臺灣開闢之初，戶口僅數十萬，沃野千里，民願爲農。彼時召募土著之兵，亦無有應之者。加以鄭氏甫平，續有小丑，恐土著在伍，或有通匪之虞。此當時調遣內

[18] 收拙著《中國文化與閩台社會》，福州，海峽文藝出版社 1997 年 4 月版。

地班兵戍台之深意也。[19]

　　臺灣班兵三年一換，由內地各營選員撥往換班。兵丁出缺亦不可令臺灣人頂補，俱由內地兵丁頂補。清廷准許班兵年過四十無子者搬眷隨軍，又准班兵就地娶親。這樣，不斷有退役班兵因家口在臺灣駐紮地而定居焉，又不斷有班兵戚屬從內地來到臺灣駐紮地定居。

　　清廷在臺灣實行的班兵制實際上成為閩省內地與臺灣之間大批量人員定期移動、定點移居的特殊管道。

6、從「福建臺灣府」到「福建臺灣省」

　　清光緒十一年（1885）九月五日（10.12），清廷下詔，「著將福建巡撫改為臺灣巡撫，常川駐紮，福建巡撫事即著閩浙總督兼管。所有一切改設事宜，該督詳細籌議，奏明辦理」，[20]臺灣「所有一切改設事宜」即建省事宜自茲啟動。

　　在臺灣建省過程中，清廷確定「新疆甘肅之制」為臺灣建省的模式：

　　臺灣改設行省，必須與福建聯成一氣，如「甘肅新疆」之制，庶可內外相維。[21]

　　「『甘肅新疆』之制」是新疆建省（1884）之際，清廷為應對邊疆危機、防禦外國入侵而採用的政區設置方面的新制，其用意乃在於「內外相維」即加強新設立的邊疆省份同內地省份的關係和聯繫。

　　「『甘肅新疆』之制」的要點為：

　　（一）以「甘肅新疆省」為新疆省的全稱。陳致平《中華通史》[22]卷九第 330 頁記：「新疆之設省初名甘肅新疆省，後來將甘肅二字取消而簡稱新疆」；

　　（二）以「甘肅新疆巡撫」為新疆巡撫的全稱；

19 引自連橫：《臺灣通史・陳震曜傳》。
20 引自《〈清實錄〉臺灣史資料專輯》，第 1143 頁，福州，福建人民出版社 1993 年 2 月版。
21 引自《〈清實錄〉臺灣史資料專輯》，第 1146 頁，福州，福建人民出版社 1993 年 2 月版。
22 廣州，花城出版社 1996 年 2 月版。

（三）甘肅巡撫事務由陝甘總督兼管，「甘肅新疆巡撫」亦歸陝甘總督節制。

奉命籌辦臺灣建省事宜的閩浙總督楊昌浚、福建臺灣巡撫劉銘傳嚴格遵奉、再三重申「臺灣雖設行省，必須與福建聯成一氣，如『甘肅新疆'之制，庶可內外相維」的旨意，並指出：「閩臺本爲一省，今雖分疆劃界，仍須唇齒相依，方可以資臂助，誠應遵旨內外相維，不分畛域，乃能相與有成」，又提議：「查新疆新設巡撫關防，內稱『甘肅新疆巡撫臺灣本隸福建巡撫，應照新疆名曰『福建臺灣撫』」。

臺灣建省的具體事宜，一一如「『甘肅新疆』之制」：在臺灣建省以後，清代官方檔提及臺灣一般用其全稱「福建臺灣」，如「福建臺灣嘉義縣城隍廟」、「福建臺灣宜蘭縣知縣馬桂芳」，用簡稱則稱「臺灣」或「福建」。簡稱「福建臺灣」爲「福建」的事例有北京國子監所立光緒十二年丙戌科、光緒十五年已丑科、光緒十六年庚寅科、光緒十八年壬辰科、光緒二十年甲午恩科、光緒二十四年戊戌科、光緒二十九年癸卯科之《進士題名碑》上的臺灣進士林啓東、徐德欽、蔡壽星、丘逢甲、許南英、陳登元、施之東、李清琦、黃彥鴻、陳浚芝、汪春源的籍貫均將「福建臺灣」簡稱爲「福建」；臺灣巡撫的關防文曰「福建臺灣巡撫關防」（用漢、滿兩種文字）；福建巡撫事宜改由閩浙總督兼管，福建臺灣巡撫亦歸閩浙總督節制。

臺灣建省初期，「福建臺灣省」同福建省仍然保持了教育行政、財政等方面的聯繫。

在教育行政方面，臺灣建省以後並不單獨舉行省級考試（鄉試）。臺灣鄉試乃歸於福建鄉試行之。臺灣民間因此有「福州城—假京（驚）」的歇後語流傳：出省赴考的目的地乃是京城，臺灣的鄉試諸生也出省赴考，其目的地卻是福州，不是真的京城也。

在財政方面，從臺灣建省至 1891 年春，福建每年撥協銀 44 萬兩、5 年共撥協銀 220 萬兩以充臺灣建省經費。質言之，臺灣建省經費主要是由福建財政承擔的。

7、結語

早在 10 餘年前，吾友楊彥傑教授曾經指出：

> 清代閩台兩地雖有各種形式的文化交流，但從根本上說，這只是
> 兩岸人員流動的一些現象而已，直至 1895 年日本人佔領臺灣以
> 前，臺灣一直處在福建文化的強烈影響之下，兩岸文化是一體
> 的。這種文化一體的關係，主要是由於大陸向臺灣的不斷移民；
> 同時也由於兩岸長期屬於一個行政體系，政治制度相同，官方提
> 倡的意識形態一致。[23]

誠哉是言也！

政治制度層面上的閩台關係應該受到學界的重視、應該得到細緻的
描述和深刻的論述。

二、日據臺灣時期的閩台關係

1、「宿寇門庭」，「閩人尤有切膚之感」

康有爲《康南海先生自編年譜》記：1895 年割台禍起，京師「連
日並遞章滿察院，衣冠塞途，圍其長官之車。臺灣舉人，垂涕而請命，
莫不哀之。時以士氣可用，乃合十八省舉人于松筠庵會議，以一晝二夜
草爲萬言書，請拒和、變法、遷都三者」。[24]臺灣舉人汪春源、黃宗鼎、
羅秀惠到都察院上書，「垂涕而請命」，時在 1895 年四月四日（4.28）。
其後，康有爲「合十八省舉人于松筠庵會議」，又「以一晝二夜草爲萬
言書」，並於四月八日（5.2）舉「拒和、變法、遷都」三事上書清廷。

在京任職之閩人黃謀烈等亦聯名上書，抵制割台之議。黃謀烈《庸
叟自撰壙志》記：

---

[23] 楊彥傑：《臺灣歷史與文化》，第 144 頁，福州，海峽文藝出版社 1995 年 2 月版。

[24] 康有為：《康南海先生自編年譜》，引自《續修四庫全書》（上海古籍出版社），第 558 冊，
　　第 183 頁。

適朝鮮交涉事起，中日構兵，邊防孔亟。迨議和，日人索臺灣，許之，予會同鄉合疏，留中未下。複單銜請堂官代奏，已書諾。越二日，剛子良侍郎告曰，既成事，可不說。蓋其時約書已用璽，特外廷未之知耳。[25]

1895 年五月初六日（5.29），日軍在臺灣登陸。當年五月，閩人林琴南作《周莘仲廣文遺詩‧序》，其文曰：

莘仲廣文歿且三年，李佘臣茂才宗典為梓其遺詩。既成，江伯訓孝廉校之。為詩凡若干首。古體發源眉山，伏采潛發，永以神趣，在時彥中可為卓出。近體極仿義山，及國初宋荔裳、王阮亭諸老，麗句深采，不傷刻鏤，所謂獨照之匠耳。集中作在台時紀時攬勝為多，皆足補志乘之缺。嗟夫！宿寇門庭，臺灣今非我有矣！詩中所指金山、玉穴，一一悉以資敵，先生若在，陡能為伯翊之憤耳，究不如其無見也。余杜門江幹，以竹自農，一鋤以外，了不復問。今校閱先生之詩，感時之淚，墜落如濺，念念先生于無窮矣。光緒乙未五月，後死友林紓識。[26]

林琴南於文中以「宿寇門庭」、「資敵」謂臺灣淪於日人之手，又以「究不如其無見也」、「感時之淚，墜落如濺」極言痛失臺灣的悲憤。

閩人，清光緒庚寅（1890）恩科狀元吳魯則以「國家失其藩籬，吾閩失其外府」而扼腕太息：

東倭構釁，踩隙蹈瑕，震我邊疆。而一二任事之臣，倉皇失措，喪師失律，割地議和。由是鹿耳鯤身之地，悉淪于旃裘腥酪之鄉，國家失其藩籬，吾閩失其外府.歲月滄桑，時局邅迍，豈意料所及耶？[27]

吳魯的兒子、舉人吳鐘善於 1918 年遊歷臺灣，歸來亦以「江浙撤其藩籬，閩粵失其外府」[28]為歎。

---

[25] 引自陳泗東：《幸園筆耕錄》，下冊，第 57 頁，廈門，鷺江出版社 2003 年 1 月版。

[26] 引自汪毅夫：《中國文化與閩台社會》，第 28 頁，福州，海峽文藝出版社 1997 年 4 月版。

[27] 引自陳泗東：《幸園筆耕錄》，下冊，第 57 頁，廈門，鷺江出版社 2003 年 1 月版。

[28] 引自吳鐘善：《守硯庵詩稿、荷華生詞合刻》之《東寧詩草自序》，晉江吳氏桐南書屋藏版。

　　林琴南、吳魯、吳鐘善都從閩台關係的角度抒發「痛失臺灣」的感歎，將臺灣視爲福建的「門庭」、「藩籬」和「外府」。實際上，1895 年以後以「痛失臺灣」爲主題的閩人詩文往往語涉閩台關係。

　　在日據臺灣的 50 年間，「痛失臺灣」是閩人心中無法撫息的痛，福建的民間文件和官方文件在日人據台後多年尚時或提及。

　　我收有 1925 年印發的、閩侯某家的民間檔 1 種，該件屬於爲父母壽辰徵求賀詩賀文的啓事。出於避諱和其他原因，文件並無事主（啓事者之父母）之名和啓事者之姓，亦未署年份。我從文中「本年 11 月 11 日（舊曆九月二十五日）、8 月 5 日（舊曆六月十六日）欣逢家嚴、慈七十雙壽」和「謹擇 9 月 27 日（舊曆八月初十日）」二語查考，知其年份爲 1925 年。在臺灣淪於日人之手 30 年後所出的這份民間文件裡，有「自臺灣割讓後，閩人尤有切膚之感」之語。

　　1944 年，「福建臨時參議會第二屆第三次大會」檔有「閩台原屬一家，我們福建人士，對於臺灣的一切，實負有兄弟相扶持的先天義務」[29]、「臺灣爲我國東南屏障，清初原屬本省之一府」[30]一類說法。

　　宿寇門庭，閩人尤有切膚之感。此乃密不可分的閩台關係使然、此亦密不可分的閩台關係的表現。

2、1895－1940：海關檔案所記廈門口岸出、入臺灣人數

　　《閩台關係檔案資料》收有據廈門海關檔案資料編制《1895－1940年廈門口岸出入臺灣人數統計表》：

年份	出口	入口	年份	出口	入口
1895	17474	26183	1899	9066	11619
1896	7652	7717	1900	7597	10292
1897	9114	10068	1901	6898	9027

---

[29] 引自《閩台關係檔案資料》，第 383 頁，廈門，鷺江出版社 1993 年 6 月版。
[30] 引自《閩台關係檔案資料》，第 382 頁，廈門，鷺江出版社 1993 年 6 月版。

1898 年份	6750 出口	6858 入口	1902 年份	6391 出口	7559 入口
1903	5797	6740	1921	5750	8062
1904	5415	6549	1922	4606	6335
1905	4897	5577	1923	4555	6778
1906	5126	5417	1924	6074	6468
1907	5630	5972	1925	6374	6112
1908	5214	5766	1926	5930	8286
1909	4155	7027	1927	8898	6733
1910	5484	6280	1931	12083	17772
1911	5219	6232	1932	8302	15378
1912	4582	5790	1933	9141	19670
1913	5331	5660	1934	13632	21639
1914	4855	5666	1935	22572	28193
1915	5947	6031	1936	17157	20587
1916	4979	6395	1937	14039	27609
1917	5117	5658	1938	2598	4295
1918	5584	5284	1939	11920	14529
1919	3592	4682	1940	9085	10004
1920	4451	4903			

　　該表顯示，1895－1940 年間，從廈門口岸出、入臺灣的人數，最少為 2598、4295 人/年，最多達 22572、28193 人/年；據該表綜合分析，1895－1940 年間從廈門口岸出、入臺灣的人數總計為 324977、422862 人，年均出、入臺灣人數為 7221.7、9396.9 人。

　　實際上，從福建沿海各地（包括廈門）出、入臺灣的人員有相當部分是不經海關（包括廈門海關）查驗登記、以私渡方式實現的。1926

年 9 月，駐廈日本領事井上庚二郎起草的《廈門籍民問題》謂：「因在臺灣護照之核發手續嚴格，無法以正途來廈，於是乘輪船起航前之混亂混入船中，或搭乘戎克、漁船來廈。自高雄、安平地區搭乘戎克，兩三日便可抵廈。故來廈者應爲數甚多。」[31]

3、臺灣遊記裡的閩、台兩地旅運情況

汪洋《台遊日記》（上海中華書局 1917 年 6 月版，以下簡稱汪著）、黃強《臺灣別府鴻雪錄》（香港商務印書館 1928 年 5 月版，以下簡稱黃著）和江亢虎《臺灣追記》（上海中華書局 1935 年 9 月版，以下簡稱江著）分別記作者 1916 年 4 月 4 日至 4 月 20 日、1927 年 11 月 30 日至 12 月中旬、1934 年 8 月 21 日至 9 月 12 日之臺灣游程，所記閩、台兩地旅運情況尤可注意。

汪著記其赴台舟中「有上天仙劇團百餘人，爲日人招至臺灣演劇」，又記其在台期間，邂逅「來台調查鹽務之泉州鹽務局正局長何公敢君崧齡、廈門鹽務局副局長徐鱸卿君模」，又「在總督府官邸晤廈門出品代表李奎璧君、福州出品代表江慶新君」（按，「出品代表」即來台參加「勸業共進會」的展團代表）。

黃著於「基隆登陸」一節記：

> 船方下錨，風雨交加。大阪商船公司大小火輪駛靠開城丸船旁，兩中國青年隨小船來。登甲板後，彼此晤談，始知一爲林君克明，廈門大學美術系教授。一爲黃君金水，臺灣殷商黃君東茂之子。聞林君爲黃君東茂新選之婿，早已來台，現婚期將屆，故特迎其母林太夫人來台主婚云。林太夫人同伴之柯君，乃林君摯友，此次來台觀禮。

江著則記其「同行有學生蔡重光君，當地布商也，自備資斧，請願從遊」；又記「由閩渡台，福州、廈門每週皆有日本輪船直放。一夜可達臺北之基隆（本名雞籠），或台南之高雄（本名打狗）」。

---

[31] 引自《閩台關係檔案資料》，第 383 頁、第 6 頁，廈門，鷺江出版社 1993 年 6 月版。

　　從上記可以看到日據臺灣時期閩台兩地政務、商務、演藝事務和私人事務往來的情形，看到「跨海婚姻」以及為結婚、主婚和觀禮而赴台的事例，看到閩台兩地交通便捷的條件。

4、「專售臺灣」的曆書和由閩入台的歌仔冊

陳泗東《泉州〈洪潮和百年曆〉序》謂：

> 泉州是福建的文化古城，我國著名的僑鄉，也是臺灣同胞的「祖家」之一。十八世紀初期，泉州出了一個有名的曆學家洪潮和。他的子孫傳習曆法，世以為業。同時又世代教授門徒。二百多年來，閩南、臺灣和南洋的閩南僑胞，一向使用洪潮和「繼承堂」（按，應為「繼成堂」）編印的曆書。即使在日本帝國主義侵佔臺灣期間，洪氏的曆書依然在台風行。洪氏派下的門徒，分佈在閩、台和海外，頗具影響。所以，洪潮和在泉州科技史和民俗史上，有其一定的地位。[32]

　　我近在泉州發現 1929 年泉州繼成堂編印的《洪潮和通書》。書之封頁有「庚午年通書便覽」、「繼成堂」、「授男彬淮偕孫正體正信」、「曾孫堂燕元孫鑾聲同選」、「擇日館住福建泉州府城考棚邊道口街海清亭」、「坐東向西招牌腳有一石獅為記方是正派老祖館」及「洪潮和通書」字樣；書之扉頁有「專售臺灣」字樣；書前有 1926 年 9 月 7 日晉江縣知事陳同簽發的《晉江縣公署佈告》（第 65 號），其文有「洪潮和于前清雍正年間由欽天監奏准在泉城開設繼成堂擇日館，迄今二百餘年，所造通書月份、節口及春牛圖悉與憲書吻合。發行以來，民間稱便」之語；書前又有「參校門人」名錄凡 400 人，其中臺灣門人為 140 人。

　　上記情況證明：日據臺灣時期，泉州坊間有「專售臺灣」的曆書刊行，並有「臺灣門人」與有力焉。

　　與曆書一樣，歌仔冊是清代以來福建坊間的暢銷印品之一。

　　日據臺灣時期，「臺北帝大東洋文學會」編印的《臺灣歌謠書目》

---

32 引自陳泗東：《幸園筆耕錄》，下冊，第 553 頁，廈門，鷺江出版社 2003 年 1 月版。

（昭和十五年即 1940 年 10 月 26 日，油印本），實際上是該會當時在台收集的歌仔冊目錄。該書目收有 1905 年廈門文德堂印行的《增廣梁山伯祝英台新歌全傳》、1916 年廈門會文堂印行的《最新大舜耕田歌上本》、1916 年廈門會文堂印行的《新編浪子回頭》、1924 年廈門會文堂印行的《新刻詹典嫂告禦狀新歌》、1925 年廈門會文堂印行的《新編戀嫖客》、1927 年廈門會文堂印行的《最新烏白蛇放水歌》等。

　　1965 年，施博爾在《臺灣風物》第 15 卷第 4 期發表的《五百舊本歌仔冊目錄》亦收有在臺灣收集的 1906 年至 1922 年間廈門書坊印行的歌仔冊數十種。如 1906 年廈門會文堂印行的《增廣最新陳三歌全集》和《新出臭頭、新娘、娘仔合歌》、1907 年廈門會文堂印行的《新樣唐寅磨鏡珠簪記》、1909 年廈門文堂印行的《最新玉堂春廟會歌》和《最新玉堂春三司會審歌下本》、1910 年廈門文堂印行的《最新父子狀元歌》和《最新張文貴紙馬記》、1910 年「寄廈後埔集記兌」之《新樣採花相褒歌》、1914 年廈門會文堂印行的《最新王昭君冷宮歌》、1917 年廈門文德堂印行的《楊乃武》、1920 年廈門會文堂印行的《最新出外歌》、1921 年廈門會文堂印行的《買臣妻迫寫離婚書》、1922 年廈門會文堂印行的《最新破腹驗花歌》等。

5、清末科舉：來自臺灣的鄉試諸生和出自福建的臺灣進士

　　1895 年以後，每逢福建鄉試舉行之期，往往有臺灣諸生（科舉制度中在學生員分廩生、增生、附生等，總稱諸生）力圖渡海與試。

　　1897 年福建丁酉科試期間，臺灣秀才鄭鵬雲因受日人阻撓、不得渡海與試，賦詩曰：

> 踏遍槐黃跡已陳，磨穿鐵硯暗傷神。功名有份三生定，世事如棋一局新。五度秋風曾老我，三分明月正懷人。瀛東多少觀光客，桂籍留名話夙因。[33]

---

[33] 詩收王松：《台陽詩話》，臺北大通書局《臺灣文獻叢刊》本。

　　從詩中看，鄭鵬雲已五赴福建鄉試，此次不得渡海與試，而臺灣還有許多同樣遭遇、不得不作壁上觀的秀才。1903 年，福建癸卯科鄉試舉行之期，鄭鵬雲終於衝突阻撓、偕其堂弟鄭養齋同赴福州鄉試。

　　臺灣詩人洪棄生《賦贈丁茂才錫勳從內兄》詩有注云：「君今年欲返泉州，應省試，被日本驗舟驅回」，記錄了丁錫勳秀才試圖渡海取道泉州赴「省試」（福建鄉試）卻在登船時被日人查出驅回的痛苦經歷。

　　另一方面，在 1898 年舉行的光緒二十四年戊戌科會試期間，臺灣淡水舉人黃彥鴻（時已歸籍于福建閩縣）入京應試，臺灣新竹貢士陳濬芝（時已歸籍於福建安溪縣）入京補行殿試，他們分別成為是科二甲第85 名進士和三甲第 184 名進士。在填報籍貫時，他們仍自報為「福建臺灣省淡水縣人」和「福建臺灣省新竹縣人」。於是，在清光緒二十四年戊戌科進士題名碑上有了「黃彥鴻（福建淡水）」和「陳濬芝（福建新竹）」的記錄。臺灣舉人汪春源（時已寄籍於福建龍溪縣）在是科中為貢士、因事未及應殿試而返，1899 年入京補行殿試，本來可以列名為光緒辛丑（1901）恩科進士，卻因庚子事變、北京貢院毀於火，辛丑恩科合併於癸卯（1903）科行之，所以汪春源列名為癸卯科三甲第 120 名進士。在填報履歷時，汪春源亦自報為「福建臺灣安平縣人」，在是科進士題名碑上乃有「汪春源（福建安平）」的記錄。

　　由於歷史的原因，清末福建推出了黃彥鴻、陳濬芝和汪春源三位臺灣進士。

　　附帶言之，簡稱「福建臺灣省」為「福建」是 1885 年臺灣建省以後曆科進士題名碑的慣例；但在 1895 年臺灣淪於日人之手以後，簡稱「福建臺灣省」為「福建」就有了諱言臺灣的用意，如清人文廷式《聞塵偶記》[34]謂：「臺灣既割，舉國遂諱言臺灣。劉銘傳卒，特旨予恤，而不正言其官為前臺灣巡撫，不知草擬諸臣果何用心也」。

6、學校的故事

---

[34] 文收文廷式《文廷式集》，北京，中華書局 1993 年版。

福建協和大學創辦於 1916 年，初由基督教福建六差會（公理會、美以美會、歸正會、倫敦會、聖公會和長老會）聯合倡辦。

福建協和大學先後招收了幾名臺灣學生，其中包括林炳垣、林澄水和鐘天爵。

我收有林炳垣在協和大學的學籍檔案之影本。該件顯示，林炳垣於 1924 年 7 月畢業於台南長老教中學（Presbyriam　Middle　School）[35]，1925 年考入福建協和大學，1929 年畢業。據《協大校友》第 75 期（1946 年 7 月 1 日出版），1946 年，福建協和大學「全體留台校友，於三月三十一日下午 3 時半，假中山堂舉行茶會，討論（校友會）進行事宜。會中林校友炳垣報告渠 20 餘年前畢業時，文憑上所書籍貫系臺灣省台南人，此文憑于最近方自滬寄到，重睹之餘，益佩母校有遠大的識見及護國的精神」，「在領事館服務的林炳垣氏爲校友中的老前輩，林炳垣、林澄水及鐘天爵三校友系台籍人，尤屬難得」。[36]

創辦於 1921 年的廈門大學，在日據臺灣時期之 1922－1945 年間共招收了 15 名臺灣學生。[37]

1944 年 8 月，福建國立海疆學校籌備處在福建仙游縣成立；1945 年 1 月，福建國立海疆學校招收首屆新共 200 人。該校「創辦的動機，是爲收復臺灣而儲備人材」。[38] 1946 年 6 月，遷校址于福建晉江。1947 年 1 月，該校首屆學生畢業，「多服務於臺灣等地」[39]另據該校《海疆校刊》，該校畢業生有數十人分佈於臺灣省政府會計處、地政局、農業試驗所、台南稅捐緝征處、省人壽保險公司、基隆通運公司等部門和臺灣各地、各類學校。

7、進香、探親及其他

---

[35] 據林金水《臺灣基督教史》（北京，九州出版社 2003 年 7 月版）第 303 頁，該校創辦於 1885 年，「是全台第一所西式中學」。

[36] 引自《閩台關係檔案資料》，第 741 頁，廈門，鷺江出版社 1993 年 6 月版。

[37] 據《廈大校史資料·畢業生名冊》，廈門大學出版社 1990 年 11 月版。

[38] 蟻碩：《創造光榮的歷史》，載《國立海疆學校校刊》第 15 期，1948 年 12 月 25 日。

[39] 《國立海疆學校概況》，引自《海疆學報》創刊號，第 84 頁，1947 年 1 月 15 日。

　　我收有臺灣各宮廟之「沿革志」、「簡介」多種，其中有日據臺灣時期臺灣各宮廟到福建祖廟進香的記錄。如《臺灣嘉義縣東石港先天宮志記》：

> 民國十三年（1924）、四月初二日，本宮舉辦迎請五年千歲金身，特派代表黃傳心、吳雙、楊鎮、吳元篇、黃髮、吳明、黃民、黃裕、吳賀、吳曲、黃行、黃出、吳根、蔡雙、柯口、黃烏斑、柯歲、吳鐵、吳豆等十九名，往泉州「富美宮」進香。素仰肖太傅威靈，即懇請「富美宮」諸位董事，幸蒙賜許雕塑太傅全體骨節金尊。特托雕佛匠連雅堂先生，快速加工，以赴四月十一日返駕，果如期照辦，得與五年千歲金尊一併迎歸到達本宮。值梅月望日，遂即舉行祭典，演唱梨園，到現有例年四月十五日舉行祭典，曰「泉州進香紀念日」。

　　又如，《臺灣雲林縣光大寮開台肖府太傅沿革志》記：

> 民國十七年（1928），本宮董事會曾組團渡海前往泉州富美宮謁祖進香，並賜匾一面。刻有「威震麥津」，懸掛於正殿前面以做永久紀念。

　　日據臺灣時期，閩、台兩地以探親（兼及省墓、訪友、奔喪）為事由的人員往來相當頻繁。這在詩、文裡有很多記錄。如，許南英《窺園先生自訂年譜》於「1912年」條下記：「回台省墓，兼與諸親友敘舊」，1916年，許南英再次回台探親，在台期間，許南英還參加了台南詩社的活動。又如，鄭伯嶼《如此江山樓詩存‧鄭序》記：「余避地溫陵（按，溫陵為泉州別稱），息影於桐蔭者二十載」，「辛酉（按，即1921年）夏五，餘省墳東渡。……越明年，香谷先生出殯，余往執紼」。又如，邱緝臣《丙寅留稿》有《菊友內棣自台來訪賦以贈之》（按，內棣即「內弟」）之詩，施士潔《後蘇龕合集》有《泉垣旅次，呂厚庵文學自台中三角莊來》之詩，等。

8、結語

　　我在閩南某地曾見一方 1989 年 4 月勒石的碑刻，其文有「海峽兩岸隔絕一個世紀，但隔不斷血濃於水的親情」之語。這令我頗感驚訝。

　　我們所見的、如本文所記的歷史事實是：日據臺灣時期，在閩、台兩地即海峽西岸和海峽東岸，不僅血濃於水的親情不曾隔斷，人員往來及各方面各層面的交往亦不曾隔斷，真不知「海峽兩岸隔絕一個世紀」之說從何說起！某些學者似乎亦接受了此等謬說。有鑑於此，我們應當加強「日據臺灣時期的閩台關係」之研究。

　　　　　　　　　　2005 年元月 30 日於福州寓所之涵悅齋

流動的廟宇與閩台海上的水神信仰

一

　　供奉民間信仰諸神明的廟宇，乃是民間信仰延續和傳播的重要載體；從廟宇的分佈來考察民間信仰的延續和傳播，乃是相當合理的研究思路。

　　然而，當我們面對「閩台海上的水神信仰」之論題，我們不能不留意及於海舶供奉水神的現象，不能不留意及於設在船上的流動的廟宇也。

　　茲徵引若干相關史料。

　　（一）福建泉州有昭惠廟主祀「通遠王」。宋政和五年（1115）勒石的《昭惠廟記》記：

> 公有廟於寺（按，指泉州延福寺）之東隅，為州民乞靈市福之所。
> 吾泉以是德公為多，凡家無貧富貴賤，爭像而祀之，惟恐其後。
> 以至海舟番舶，益用嚴恪。[1]

　　「泉州為中世紀時，世界第一大商埠」，「當宋元之世，泉州為第一大商埠。……外國賈客蟻集，番貨薈集於此，由中國往外國，由外國來中國，莫不於泉州放洋登陸」。[2]《昭惠廟記》關於「海舟番舶」亦「像而祀之」、並且「益用嚴恪」的記載說明，早在宋代、從福建泉州放洋和在福建泉州靠岸的海運船舶（包括外國船舶），於船上供奉和祭祀水神的現象已相當普遍。

　　（二）陳侃《使琉球錄》（1524）記：

> 乃者琉球國請封，上命侃暨行人高君澄往將事。飛航萬里，風濤叵測，璽書鄭重，一行數百人之生，厥系匪輕。爰順輿情，用閩

[1] 引自鄭振滿、丁荷生編纂：《福建宗教碑銘彙編》，泉州府分冊（上），第 16 頁，福州，福建人民出版社 2003 年 12 月版。

[2] 張星烺：《泉州訪古記》，載《地學雜誌》第 1 期，1928 年 10 月 31 日，中國地學會編。

人故事，禱於天妃之神；且官舫上方，為祠事之，舟中人朝夕拜禮必虔，真若懸命於神者。[3]

又記：

舟後作黃屋二層，上安詔敕，尊君命也，中供天妃，順民心也。[4]

（三）1599 年，葡萄牙耶穌會傳教士沙忽略在致教友信中談及在一艘中國帆船上所見情景，略謂：

在船艙的左側，……這是上座的神龕裡，供著一個媽祖的像，因為她是水手和海盜的保護者。在她的兩旁，一邊有一個侍衛，全都給她跪著，一個叫千里眼，一個叫順風耳。……媽祖婆也叫天妃，船上的人對她的敬禮很勤，每天一早一晚的，總要用高香長燭在她的像前燃著，遇著非常的事故，還要用一種占卜的方法，請求她指示。[5]

（四）1575 年，西班牙奧斯定會駐馬尼拉主教德‧拉達率團從菲律賓到福建訪問。其《出使福建記》記：

……在一天一夜的風暴中，我們發現自己處於危境時，中國人告訴我們說，因為我們這些教士在場，上帝解救了他們；為我們之故，他們放棄了通常在這種情況下向附在船尾的偶像舉行的儀式，因為我們曾告訴說那是徒勞無益的，他們應向唯一真實的上帝求救。如果他們真的向他們的偶像禮拜，那他們是偷偷幹的，不讓我們看見。[6]

（五）肖崇業《使琉球錄》（1579）記：

舟後故作黃屋二間，中安詔敕，上設香火，奉海神天妃尊之，且

---

[3] 引自《使琉球錄三種》，《臺灣文獻叢刊》第 287 種，第 35 頁，臺北大通書局印。
[4] 引自《使琉球錄三種》，《臺灣文獻叢刊》第 287 種，第 9 頁，臺北大通書局印。
[5] 引自蔣維錟編纂：《媽祖文獻資料》，第 376 頁，福州，福建人民出版社 1990 年 4 月版。
[6] 引自蔣維錟編纂：《媽祖文獻資料》，第 377 頁，福州，福建人民出版社 1990 年 4 月版。

從俗也。[7]

（六）謝肇淛《五雜俎》（1616）記：

一云：天妃是莆田林氏女，生而靈異，知人禍福，故沒而為神。……羅源、長樂皆有臨水夫人廟，云夫人之妹也，海上諸舶，祠之甚虔，然亦近於淫矣。[8]

（七）張學禮《使琉球記》（1664）記：

（康熙）二年四月抵閩。督撫設席于南台，閱視船隻。其船形如梭子，上下三層，闊二丈二尺、長十八丈、高二丈三尺。桅艙左、右二門，中官廳，次房艙，後立天妃堂，船尾設戰台。[9]

（八）汪楫《使琉球雜錄》（1682）記：

使臣登舟，必先迎請天妃奉舵樓上，而以拿公從祀。[10]

（九）徐葆光《中山傳信錄》（1718）記：

將台下為神堂，供天妃諸水神。[11]

（十）黃叔璥《台海使槎錄》（1763）記：

通販外國，船主一名；財副一名，司貨物錢財，總捍一名，分理事件；火長一正、一副，掌船中更漏及駛船鍼路；亞班、舵工各一正、一副；大繚、二繚各一，管船中繚索；一碇、二碇各一，司碇；一遷、二遷、三遷各一，司桅索；杉板船一正、一副，司杉板及頭繚；押工一名，修理船中器物；擇庫一名，清理船倉；香公一名，朝夕焚香祀神；……。[12]

（十一）《泰寧縣志》（1769）記：

---

[7] 引自《使琉球錄三種》，《臺灣文獻叢刊》第 287 種，第 39 頁，臺北大通書局印。

[8] 引自蔣維錟編纂：《媽祖文獻資料》，第 131 頁，福州，福建人民出版社 1990 年 4 月版。

[9] 引自《清代琉球記錄集輯》，《臺灣文獻叢刊》第 292 種，第 3 頁。

[10] 引自《琉球國志略》，《臺灣文獻叢刊》第 293 種，第 286 頁。

[11] 引自《清代琉球記錄集輯》，《臺灣文獻叢刊》第 292 種，第 21 頁。

[12] 引自《臺灣文獻叢刊》第 4 種，第 17 頁。

天后宮，在丁家巷。……按，天后莆田人，……海舶常祀之。[13]

（十二）朱景英《海東劄記》（1773）記：

舶內出海一，即船主；舵工一；亞班一，用以緣桅攀帆，捷如猿猱，升頂了無怖畏，足資占望經理者；大繚一；頭碇一；司杉板船一；香公一，司祀神者；……。[14]

（十三）袁枚《續子不語》（1788）記：

林遠峰曰：「天后聖母，余二十八世姑祖母也。未字而升化，靈顯最著。海洋舟中，必虔奉之。」[15]

（十四）李鼎元《使琉球記》（1799）記：

恭請天後行像並拿公登舟，祭用三跪九叩首禮。……拿公者，閩之拿口人，常行賈舟，臥聞神語：「某日當行毒某地」。公謹伺之，至期，果見一人拋毒水中。公投水收取，盡食之，遂卒，以故面作藍靛色。土人感其德，祀之。以為拿口人，故曰拿公。或曰公葛姓，以業拿舟得名。[16]

（十五）齊鯤、費錫章《續琉球國志》（1808）記：

北風暴起，船身敧側，舉船惶恐。臣等焚香叩禱天后暨拿公像前，默祝平安，回日當據實奏聞，恭請禦書匾額，以答神庥。瞬息間，仍轉東北風，次日即過姑米。聞同日二號船遇暴亦然，文武官弁虔叩尚書神像前乃免於厄。按，尚書陳姓，名文龍，福建興化人。宋咸淳四年，廷對第一，官參知政事，知興化軍為賊所執，不屈死。明時顯靈，護救封舟，封水部尚書，立廟閩省南關外。國朝冊封琉球，向例請天后、拿公神像供奉頭號船，請尚書神像供奉

---

[13] 引自乾隆《泰寧縣誌》，第 93 頁，福建省泰寧縣地方誌編纂委員會整理，1986 年 12 月，非版本圖書。

[14] 引自《臺灣文獻叢刊》第 19 種，第 15-16 頁。

[15] 引自《袁枚全集》，第 4 冊，《續子不語》，第 8 頁，南京，江蘇古籍出版社 1993 年 9 月版。

[16] 引自《清代琉球記錄集輯》，《臺灣文獻叢刊》第 292 種，第 149 頁。

二號船。[17]

（十六）張均《顯應記二則》（1824）記；

夜深，風愈大。時約二更，舟子在天后座前焚香，……。[18]

（十七）林樹梅《渡臺灣記》（1824）記：

道光四年秋閏七月，家君自海壇奉檄護理臺灣水師副總兵，攜樹梅之任。八月朔抵廈登舟。……海舶供奉天后，神甚靈異。[19]

（十八）林樹梅《戰艦說》（1838）記：

（閩船）中官廳祀天后曰占櫃，供香火甚謹。[20]

（十九）徐宗幹《浮海前記》（1848）記：

（道光戊申三月）二十一日，至泉州。二十八日，駐蚶江。四月初一日，祭海。……初二日，登舟。舟人，歐進寶也。舵水數十人，載可四、五千石，中設天后龕……。[21]

（二十）徐宗幹《壬癸後記》（1853）記：

壬子夏，……何生廷玉，省試回台，遇風不得泊，且見盜船遙集，以余朱書「禹」字焚禱於艙中天后神前，旋即轉風入港。士子負笈往來無恙，皆神佑也。[22]

（二十一）趙新《續琉球國志略》（1866）記：

臣新等幸膺斯役，於到閩日遵照舊章，迎請天后、尚書、拿公各行像在船保護詔敕。……是日適值暴期，斷虹現于東北，午後，黑雲陡起，海色如墨，一舟皆驚。臣等謹焚香，默禱天后、尚書、

[17] 引自蔣維錟編纂：《媽祖文獻資料》，第 278 頁，福州，福建人民出版社 1990 年 4 月版。

[18] 引自蔣維錟編纂：《媽祖文獻資料》，第 283 頁，福州，福建人民出版社 1990 年 4 月版。

[19] 引自林樹梅《嘯雲山人文鈔》，第 3 卷，清道光庚子（1840）刻本。

[20] 引自林樹梅《嘯雲山人文鈔》，第 9 卷，清道光庚子（1840）刻本。

[21] 引自《臺灣文獻叢刊》第 87 種，第 126 頁。

[22] 引自《臺灣文獻叢刊》第 93 種，第 71 頁。

拿公並本船所供蘇神前。……又於十一月初十日自琉球返棹放洋，是夕復遇暴風，巨浪山立，越過船頭，船身幾沒，復觸礁沙，勢極危險。臣等復於神前虔禱，化險為平。……臣等查詢閩省士民，據云：「神蘇姓，名碧雲，系福建同安縣人，生於明季天啟年間。讀書樂道，不求仕進。晚年移居海島，洞悉海道情形，海船均蒙指引平安。歿後，於海面屢著靈異。兵商各船，均祀香火，每歲閩省巡洋，偶遇危險，一經籲禱，俱獲安全。」[23]

（二十二）王韜《瀛壖雜誌》（1874）記：

閩粵海舶多駛往南洋，較航日本利數倍之。舶中敬奉天妃，甚至一有忤觸，風濤立至，祈求輒應，捷若影響。[24]

（二十三）姚元之《竹葉亭雜記》（1893）記：

海舶敬奉天妃外，有尚書、拿公二神。……二神亦海舟所最敬者。[25]

此外，據「琉球國王室」的「移交照會檔」，清乾隆年間漂流至琉球的「福建省興化府莆田縣商人船戶林攀榮等三十三人」、「福建省漳州府龍溪縣商人船戶林順泰等三拾貳人」、「閩縣難商船林攀榮等三十三人」、「龍溪縣難商船戶金乾泰等二十六人」和「龍溪縣難商船戶林長泰等二十六名」，其船上物件或「所撈物件」分別有水神偶像「天后娘娘三位」、「天后娘娘並將軍三位」、「天后娘娘一位、千里眼將一位、順風耳將一位」、「天后娘娘壹位、觀音菩薩壹位、千里眼壹位、順風耳壹位」和「天后娘娘壹位、千里眼將壹位、順風耳將壹位」。[26]

以上史料所記通遠王、媽祖（天妃、天后）、拿公、「水部尚書」（陳文龍）、臨水夫人、千里眼、順風耳和蘇神諸水神的偶像隨海舶出入於

---

[23] 引自《琉球國志略》，《臺灣文獻叢刊》第 293 種，第 336 頁。
[24] 引自蔣維錟編纂：《媽祖文獻資料》，第 340 頁，福州，福建人民出版社 1990 年 4 月版。
[25] 姚元之：《竹葉亭雜記》，第 145 頁，臺北，文海出版社 1969 年 6 月版。
[26] 引自蔣維錟編纂：《媽祖文獻資料》，第 384-385 頁，福州，福建人民出版社 1990 年 4 月版。

福州、廈門、泉州和臺灣各海港的情況，以及記載者所謂「順民心也」、「爰順輿情，用閩人故事」、「且從俗也」、「遵照舊章」和「必」、「常」等語說明，船舶供奉水神的現象在閩台海上乃是隨在有聞、隨處可見的現象；所記船上供奉水神的場所或有「神堂」、「天妃堂」、「祠」等名，有的場所供有主神和從祀神，有「高香長燭」、「香楮」、占卜用器，有「香公」、有「朝夕焚香楮」之人或「司祀神者」，又有舟子和舟客爲其相對固定和不斷變動的香客等狀況證明，船上供奉水神的場所儘管址在海上艙中、儘管其數難於計量，亦是相對簡陋或相當完備的廟宇。在我看來，此等廟宇可稱爲流動的廟宇。

　　流動的廟宇乃是閩台海上水神信仰的傳播管道之一。有眾多的信民乃是通過此一管道接近和接受了水神信仰的。例如，明清兩代奉派出使琉球的官員和隨員在入閩以後、出使途中親聞、親見和親歷水神的某些「靈異」情節，返航後捐資修廟、請賜封號、報功還願、彰揚「聖跡」，成了水神信仰的虔誠信民和熱心的傳播者；有眾多的廟宇乃是因應隨此一管道而來的水神偶像而興建的，如著名人類學家李亦園教授指出：

> 在渡海飄洋而來之時，移民們的航海技術尚屬幼稚，也沒有氣象預報的設備，加以臺灣海峽水流湍急，颱風又極頻仍，所以早期的移民都隨船供奉與海洋有關的神，包括媽祖與玄天上帝（北極星神，作為航海標誌），以求平安渡台。到了臺灣之後，他們就把隨船而來的神像供祀於廟宇中，這就是臺灣民間信仰中最普遍受供奉的是媽祖之原因，而較不受注意的玄天上帝廟，竟也居各種廟宇之第 6 位，也可以在這裡得到說明。[27]

附帶言之，閩台海上船舶供奉水神的現象於今仍然可見。

二

　　就傳說中的初始功能而言之，閩台海上的水神略可分爲兩類。

---

[27] 李亦園：《人類的視野》，第 295-296 頁，上海文藝出版社 1996 年版。

一類是海神，其最早的靈驗傳說乃在於保護海船。如通遠王，「海舶番船」，「賴之以靈者十常八九」[28]；又如媽祖，「妃之靈著多於海洋之中，保護船舶，其功甚大」[29]；又如五顯大帝，「原帝之初，昆季有五，皆歿爲海神」[30]。

另一類爲江河之神（其中包括部分在傳說中被賦予水神功能的神明）播遷入於海上。如晏公，其傳說中的功能在於江河護航。道光《建陽縣誌》記：

> 江河廟，在縣治東南隅。祀晏公，即所稱九江八河神也。宣德戊申，知縣何景春復建。先是，問津於交溪之滸者，多傾覆，因立廟於此。而坊民黃賢複募眾立二石塔以鎮之，一在廟中，一在東山之麓，其患遂息。[31]

另據乾隆《汀州府志》，長汀縣和清流縣也有晏公廟的分佈[32]。長汀和建陽、清流分別地處汀江流域和閩江流域，晏公廟的分佈與其他的內河航運業是相應的。然而，據康熙《崇武所城志》，崇武也曾有晏公廟[33]。崇武地處海陬，在昔是一個漁村，所城內向無內河航運之役。顯然，作爲「九江八河之神」的晏公在當地已被奉爲海神，晏公信仰亦已播遷入海。又如臨水夫人，初以「救世人產難」[34]之神聞名於閩省內地，後在閩台海上亦有救助海難的傳說。

與此相應，福建內河的水神也略可分爲江河之神和播遷入於內河航道的海神兩類。媽祖是海神播遷入於內河航道的典型例子，福建各內河

---

[28] 引自鄭振滿、丁荷生編纂：《福建宗教碑銘彙編》，泉州府分冊（上），第 16 頁，福州，福建人民出版社 2003 年 12 月版。

[29] 引自蔣維錟編纂：《媽祖文獻資料》，第 10 頁，福州，福建人民出版社 1990 年 4 月版。

[30] 引自鄭振滿、丁荷生編纂：《福建宗教碑銘彙編》，泉州府分冊（上），第 449 頁，福州，福建人民出版社 2003 年 12 月版。

[31] 道光《建陽縣誌》，第 157 頁，福建省建陽縣地方誌編纂委員會印，1986 年 7 月，非版本圖書。

[32] 乾隆《汀州府志》，第 287 頁、第 292 頁，北京，方志出版社 2000 年 3 月版。

[33] 《崇武所城志》，第 30 頁，福州，福建人民出版社 1987 年 9 月版。

[34] 乾隆《古田縣誌》，第 218 頁，福建省古田縣地方誌編纂委員會辦公室整理，1987 年 12 月，非版本圖書。

沿岸多有媽祖廟分佈。對此，清代有人在遠距海陬的福建省寧化縣提出質疑：「乃寧化不知海舶爲何物，無故而祀天妃，得無諂乎？」[35]

這裡討論兩個問題。

其一，福建內河水神勢力（影響力）範圍的平面劃分與閩台海上水神的立體譜系。

福建內河航運開發頗早，但內河航道頗多險阻。《福建航運史》記：

> 福建內河各水系上游地段，多陝谷險灘，水流湍急，怪石橫互，破舟沉船屢有所聞。就四大水系而言，閩江的沙溪、富屯溪、建溪及劍溪計有 410 灘，九龍江西、北溪 23 灘，晉江東溪 21 灘，西溪 8 灘，汀江長汀至峰市共 69 灘。這些記載，雖非確數，但已窺見內河航道險灘的密佈程度。[36]

因應福建內河航道的開發和發展、因應福建內河的狹谷和險灘，福建內河各地段各有護航的水神。以汀州府爲例，宋修《臨汀志》（1279）記：

> （郡城）普應廟，乃福州南台閩越王廟二將。左協威廣惠靈應侯，右詡忠嘉忠顯應侯之行祠也。……治平中增築城壘，辟門架樓，軍校運材，蕩于暴水，遙禱二侯，願祠以報。頃之，木出於潭，乃立廟通遠門上。[37]

又記：

> 三聖妃廟在長汀縣南富文坊。乃潮州祖廟靈惠助順顯衛英烈侯博極妃、昭貺協肋靈應慧佑妃、昭惠協濟靈順惠助妃。嘉熙間創。今州、縣吏運鹽綱必禱焉。[38]

---

[35] 康熙《寧化縣誌》，第 417 頁，福州，福建人民出版社 1989 年 12 月版。

[36] 引自《福建航運史》，第 321 頁，北京，人民交通出版社 1994 年版。

[37] 《臨汀志》，引自《文獻史料研究》，第 2 輯，第 4 頁，福州，福建地圖出版社 1990 年 12 月版。

[38] 《臨汀志》，引自《文獻史料研究》，第 2 輯，第 6 頁，福州，福建地圖出版社 1990 年 12 月版。

按，「靈惠助順顯衛英烈侯博極妃」可能即媽祖，因為「靈惠」、「助順」、「顯衛」、「英烈」均是媽祖在宋代得到的封號；舊稱成批輸運貨物的組織如船隊、車隊等為「綱」。

又記：

> 安濟廟在清流縣南夢溪洞，即「九龍陽潛靈王廟」也。自唐有之，莫詳創始、封爵之由。廟前有灘險甚，往來之舟，非禱於祠下不敢行。宋朝賜今額。[39]

又記：

> 白馬將軍行祠在清流縣南拱辰坊，乃靈顯廟中一神也。淳熙間創，為綱運之護。[40]

再以清流縣為例，道光《清流縣誌》記：

> 安濟廟在縣南鐵石洞口，又名九龍廟。廟之前有大灘九、小灘十八，舟行甚或難，過者必禱於廟，威靈著顯。[41]

又引《重修安濟廟記》云：

> 大凡天下至險之地，則必有神焉以嘿佑之，使人鮮傾覆陷溺之患，若天妃之于海，金龍之於河，洞庭群之於湖，諸如此類，難以枚舉。清流，故寧化地也，其東南鐵石洞口，有安濟廟，一名九龍廟，蓋即九龍之神也。九龍之大灘九、小者倍之，峽小湍急，龍高水陡、八閩之稱絕險者，莫愈於此。故其神之靈爽為最著，而其廟祀亦為最久。[42]

清流縣九龍灘乃「九龍之神」的勢力（影響力）範圍，其他水神（包括媽祖）無可入主其地。

---

[39] 《臨汀志》，引自《文獻史料研究》，第 2 輯，第 9 頁，福州，福建地圖出版社 1990 年 12 月版。

[40] 《臨汀志》，引自《文獻史料研究》，第 2 輯，第 10 頁，福州，福建地圖出版社 1990 年 12 月版。

[41] 引自《嘉靖、道光〈清流縣誌〉》，第 104 頁，福州，福建人民出版社 1992 年 6 月版。

[42] 引自《嘉靖、道光〈清流縣誌〉》，第 105 頁，福州，福建人民出版社 1992 年 6 月版。

媽祖在福建內河也有崇高的地位，但在傳說中並不同其他水神廣泛締結主從或主次的關係。明人張以寧《（古田）順懿廟記》謂：

> 以寧唯吾閩之有神，光耀宇內，若莆之順濟，漕海之人，恃以為命、有功於國家甚大，綸音薦降，褒崇備至。今順懿夫人，禦災捍患，應若影響，于民生有德豈淺淺哉？[43]

這裡既認同順濟（媽祖）功大位崇，又認為順懿（臨水夫人）可以不避不讓、分庭抗禮。總而觀之、總而言之，在福建內河沿岸的水神廟和水神傳說裡，媽祖入主其他水神廟、其他水神從於媽祖的情況和情節都是罕見寡聞的。

在閩台海上的水神譜系裡，媽祖具有至尊的地位，其他水神在傳說中、在祭祀儀式裡往往被降格為媽隨從和從祀神。

例如，在福建內河被奉之甚恭的水神拿公，在閩台海上「流動的廟宇」裡成了從祀之神，如汪楫《使琉球雜錄》所記「使臣登舟，必先迎請天妃奉舵樓上，而以拿公從祀」。

又如，在《天后顯聖錄》裡，晏公作為水怪被媽祖降服，並被收為「部下總管」。

按，《天后顯聖錄》書前有進士林堯俞、林蘭友、林嵋、林麟昌、黃起有等人之序，查《明清進士題名碑錄索引》[44]，林堯俞等人均為莆田（包括仙遊）人，其科年、甲等、名次分別為：明萬曆十七年三甲第25名、明崇禎四年三甲第29名、明崇禎十六年三甲第165名、清康熙九年三甲第184名、明崇禎元年二甲第13名。林堯俞的科年明萬曆十七年為1589年，林麟昌的科年清康熙九年為1670年，其間相距81年；另據蔣維錟《媽祖文獻資料》第137頁，林堯俞的生年為1558年，距林麟昌的科年112年。顯然，《天后顯聖錄》非一時之作。又，清人趙翼《簷曝雜記》記：

---

[43] 乾隆《古田縣誌》，第219頁，福建省古田縣地方誌編纂委員會辦公室整理，1987年12月，非版本圖書。

[44] 上海古籍出版社1979年10月版。

晏公廟，昔人以為江中棕繩，許旌陽以法印擊之，遂稱正神雲。按《國家憲猷》載豬婆龍事，有老漁問其姓，曰，「晏也」。明太祖曰：「昔救我於覆舟山，雲是晏公」，乃封為神霄王府晏公、都督大元帥，命有司祀之，而不雲棕怪。[45]

又如，臨水夫人在傳說中成了「夫人之妹」和媽祖的部下。如謝肇淛所記「羅源、長樂皆有臨水夫人廟，雲夫人（按，指媽祖）之妹也」，高澄《臨水夫人記》所記「吾（按，媽祖自稱）已遣臨水夫人爲君管舟矣，勿懼勿懼」[46]。

又如，「水部尚書公」陳文龍被當做媽祖的隨從之神。齊鯤、費錫章《續琉球國志》記：「國朝冊封琉球，向例請天后、拿公奉頭號船，請尚書神像供奉二號船」。又如，蘇神（又稱蘇公、蘇公之神、蘇王爺，其名則有蘇碧雲、蘇永默和蘇緘等說）在閩台海上也「屢著靈異」，當媽祖登舟，蘇神輒失其主神位置矣，如趙新《續琉球國志略》所記「臣等謹焚香，默禱于天后、尚書、拿公並本船所供蘇神各像前」。

與福建內河水神勢力（影響力）的平面劃分不同，閩台海上諸水神構成了媽祖居上、諸神從之的立體譜系。所以然者何？在我看來，福建內河水神廟的分佈同內河航道的險灘直接相關。質言之，福建內河水神勢力（影響力）範圍的劃分有可以標識的自然物爲界。在閩台海上，四望唯水，茫無畔岸，水神的勢力或影響力所及，無法實現由此及彼的平面劃分，卻易於形成自上而下的立體譜系。媽祖同水上諸神的關係因河、海而異，其原因蓋在於此。

其二，「順風順流」、「定風穩流」的訴求與水神信仰的興衰。

通遠王（又稱樂山福王、樂山神、樂山王、善利王、通遠仙翁、白須公、白衣叟、通遠善利廣福王、福佑帝君等）是「宋時最爲靈著」的海神，其廟爲祈風之所。「泉州自宋元祐二年（西元 1087 年）設市舶司，主管海外交通貿易，自此至終宋二百年間，市舶司及州、縣官員每年春、秋兩度，在通遠王祠爲海舶來往舉行祈風儀典。通遠王李元溥因此成爲

[45] 趙翼：《簷曝雜記》，第 243 頁，臺北，文海出版社 1969 年 8 月版。
[46] 引自《使琉球錄三種》，《臺灣文獻叢刊》本，第 39 頁，臺北大通書局印。

航海人最早的保護神」[47]。

　　然而，「元代以後，湄洲媽祖娘步步高升，完全代替九日山通遠王的海神地位。從此，這兩尊（按，指通遠王及其從祀神仁福王）宋代顯赫一時的泉州海上保護神，就寂寂無聞了。時至今日，九日山的昭惠廟（按，即通遠王祠）已廢，本來在惠安洛陽、晉江安海等處，都建有昭惠廟。現在除（惠安）洛陽昭惠廟仍供奉通遠王，還有點香火外，已很難找到通遠王的蹤跡」。[48]

　　通遠王信仰之興與衰，其原因乃在於神明傳說中的主要功能。

　　在航海技術「尚屬幼稚」之時，「順風順流」和「定風穩流」是海上舟子和舟客最為主要的企盼。在傳說中，通遠王初以禱雨有應聞名，在海上亦有「定風穩流」的功能，但其最被看重的功能乃在於祈風有應。在機械力用於航海之前，風和流（即風力和潮汐之力）是航海的主要動力，人力（划槳、拉纖等）是補充動力。宋代出入泉州港口的「海舟番舶」春夏借西南季風而來，秋冬順東北季風而去，通遠王祠和通遠王以其地理位置和祈風有應的傳說而被選擇作為祈風之所和祈風儀典的主神，地位得以凸顯。在航海技術漸次發達，「機船」、「火輪」出現以後，通遠王最被看重的功能當然漸被看輕，通遠王信仰當然亦漸次式微矣。

　　臨末談一個有趣的現象。據清人林焜熿、林豪《金門電》和近年所出《金門縣誌》[49]，通遠王信仰也播遷入於金門：金門太武山印寺舊祀「通遠仙翁」，金寧鄉有「白須公廟」。我們知道，金門地處海中，四面無高山遮罩，中間有丘陵起伏，「故東北風三時不絕，颶風所發，甚於內地」。[50]所以，風災是金門最常遭遇的災害，金門民間信仰裡有專門應對風災的「風獅爺」和「風制石」、「風雞咬今箭」等鎮風之神和鎮風之物。在金門，通遠王的祈風功能曾被提起（林焜熿、林豪《金門志》有「祈風禱雨，悉奇應」之語），但顯然不曾被看重，金門信民看重的應

---

[47]　引自《南安寺觀》，第 6 頁，福建省南安市宗教局編，1996 年 1 月印，非版本圖書。

[48]　引自陳泗東：《幸園筆耕錄》，下冊，第 733 頁，廈門，鷺江出版社 2003 年 1 月版。

[49]　金門縣社會教育館編，1992 年版。

[50]　劉敬：《金門縣誌》（1921 年），福建師院圖書館 1959 年油印本。

該是通遠王的禱雨功能。

2005 年 2 月 9 日至 12 日

（正月初一日至初四日），新春試筆

從福建方志和筆記看民間信仰

　　本文擬從福建方志和筆記類著述舉例取證，討論福建民間信仰涉及的相關問題。

一

　　在福建現存的三種宋修方志裡，淳熙《三山志》（梁克家）有「寺觀類」，「公廨」類下又有「祠廟」之目；寶祐《仙溪志》（趙與泌、黃岩孫）雖非全帙（據宋人劉克莊《仙溪志序》，該書凡 15 卷。今存 5 卷），散存本亦有「祠廟」類；開慶《臨汀志》（胡太初、趙與沐）有「寺觀」類，亦有「祠廟」類。

　　宋代以後的福建方志亦大多有「寺觀」與「祠廟」（或稱「廟祠」、「廟祀」、「叢祠」等）的分類。

　　福建方志之「祠廟」類在內容上又有兩個明顯的特點：一是所記頗多祠廟之神靈驗事蹟的傳說，這是「寺觀」類幾乎無從記取的內容；二是所記基本上屬於既非佛寺、又非道觀的非佛非道或亦佛亦道之所，這是「寺觀」類一般不予記取的內容。

　　以寶祐《仙溪志》為例。

　　寶祐《仙溪志》於「祠廟」條下有題注云：

> 祭法云：法施其民則祀之，以死勤事則祀之，能禦大災捍大患則祀之。閩俗機鬼，故邑多叢祠。惟袁侯以死捍寇，於法得祀，余或以神仙顯，或以巫術著，皆民俗所崇敬者，載在祀典，所當紀錄。其不在祀典者不書。[1]

　　據此，寶祐《仙溪志》「祠廟」條下所記城隍廟、仙水靈惠廟、靈顯祠、靈惠袁侯廟、興福廟、顯祐廟、興教廟、慈感廟、三妃廟、東嶽行祠、南台惠利嘉澤二侯廟、昭靈顯祐真君行祠、明山靈濟廟、靜應廟、

---

[1] 引自寶祐《仙溪志》，第 61-62 頁，福州，福建人民出版社 1989 年 12 月版。

昌山靈應廟、靈輝廟、蕭宮沖應廟、威祐廟、順濟行祠、威惠靈著王廟二（一在楓亭南、一在楓亭北）、慈濟沖應真人行宮二（一在縣東、一在縣西）、靈濟廟凡 24 個祠廟，除「靈惠袁侯廟」（袁侯名章，紹興中與賊力戰死焉，邑人哀之，爲立祠）外，各祠廟之神「或以神仙顯，或以巫術著」，都有靈驗事蹟的傳說，寶祐《仙溪志》分別以「禱雨屢應」、「神主科名尤靈」、「旱甚，縣官禱之立應」、「顯晦皆決於夢，其應如響」、「發陰兵拒賊，現身，人皆見之」、「婦人妊娠者必禱焉，神功尤驗」、「航海者有禱必應」、「里人傳真君化現身，鑿井得泉」、「歿而有靈，祈禱輒應」、「祈禱感應」、「里人敬信，呼曰大仙」、「水旱、盜賊，祈禱必應」諸語記之。

寶祐《仙溪志》「祠廟」條下所記祠廟「皆民俗所崇敬者，載在祀典」，然而一一視之，均屬於不僧不道、非寺非觀之所。

再以弘治《八閩通志》（黃仲昭）爲例。

作爲明修省志，弘治《八閩通志》亦有「寺觀」與「祠廟」的分類；其「祠廟」廣泛收錄各府志、縣誌所記「祠廟」及其巫術或鬼神靈驗事蹟的傳說。如宋修縣誌寶祐《仙溪志》所記仙遊縣 24 個「祠廟」，有城隍廟、仙水靈惠廟、靈顯祠、靈惠袁侯廟、興福廟、顯祐廟、興教廟、明山靈濟廟、靈輝廟、英濟廟、蕭宮沖應廟、順濟行祠和威惠靈著王廟等 13 個入於弘治《八閩通志》之「祠廟」類（其中靈顯祠、順濟行祠和威惠靈著王廟在弘治《八閩通志》改記其名爲「靈顯龍王祠」、「天妃行祠」和「威惠廟」），「真人嘗遊仙溪，鑿井以溉民田」、「歿而神靈，里人祀之」、「神出陰兵禦賊」、「凡水旱盜賊，禱之多應」、「禱之輒應」等靈驗事蹟的傳說亦得記之。

附帶言之，寶祐《仙溪志》應記而其散存本未見記錄的仙遊「寺觀」，弘治《八閩通志》「寺觀」類記之頗爲詳備。

另以康熙《寧化縣誌》（李世熊）爲例。

康熙《寧化縣誌》是中國方志學術史上成就最高、聲名最著的方志著作之一。該書有「寺觀志」，又有「壇壝廟祠志」。其「壇壝廟祠志」記「廟之奉制建祀者一，曰城隍。建于土人而歲祀惟虔者十二，曰東嶽，

曰關帝，曰毘沙門天王，曰五通，曰連山，曰普應，曰顯應，曰天妃，曰白馬，曰白水，曰伊公，曰李公。凡祠之專祀於蒞官者一，曰土地」等，並記有「令君密禱於神，寇即授首」、「魂時出沒，土人因祠祀之，適有寇警，禱神而寇退」一類靈驗事蹟的傳說（當然，李世熊對所記「廟祠」有很尖刻的批評，我在下文將討論及之）。

福建方志關於「寺觀」和「祠廟」的分類，大致相當於宗教（佛教、道教）活動場所和民間信仰活動場所的分類。

這裡涉及一個問題：民間信仰同宗教的主要區別。

任何一種宗教如佛教或道教都具有自成系統的關於理論（教理、教義）和制度（教儀、教規）的學說，宗教學說並且因宗教生活同世俗生活有相當程度的隔離（「和尚出家」、「道士進山」正是此一隔離的說法和做法）而較少受到世俗生活的影響。因此，宗教在總體上具有制度化的傾向。與宗教不同，民間信仰無有、亦不合於任何一種宗教學說，卻有種種隨時發生、並且隨時附益的關於巫術和鬼神靈驗事蹟的民間傳說。民間信仰是世俗生活的產物、又同世俗生活密切混合。因此，在宗教學說與民間傳說、宗教生活與世俗生活之間，民間信仰乃表現出鮮明的世俗化傾向。

世俗化與制度化的區別，亦即是民間信仰同宗教的主要區別。

由此，我們可以看到民間信仰的兩個特點。

其一，民間信仰是非制度化的，因而往往表現為「祀神的混亂」[2]、表現為非佛非道或者亦佛亦道。此一特點可以用李亦園教授的名言來概括，曰：中國的民間信仰「不能用『什麼教』的分類範疇去說明它」[3]。作為民間信仰活動場所的祠廟，既非佛寺、又非道觀，所以在大部分福建方志裡自立為一類。

福建方志關於「寺觀」和「祠廟」的分類，已見於宋、降及明清，近乎千年，乃是相當悠久的學術傳統。

---

[2] 顧頡剛：《泉州的土地神》，載《廈門大學國學研究院週刊》第 1 期、第 2 期，1927 年 1 月 5 日、12 日出版。

[3] 李亦園：《文化的圖像》，下卷，第 119 頁，臺北，允晨文化實業股份有限公司 1992 年版。

其二，民間信仰是世俗化的，因而其「神道設教」之種種說法和做法往往具有擬人化和隨意性的特點。

茲舉例言之。

（一）清代閩人林賓日（林則徐父）《林賓日日記》於（嘉慶己卯年即 1819 年）「閏四月廿一日壬子」條下記：

> 省垣自去冬迄今，孩子以痘疹死者不下六、七千人。[4]

又於同年「六月十九日己酉」條下記：

> 新建主疹潘氏夫人廟宇，通鄉請拜梁，應之並赴席。[5]

又於同年「七月廿五日己酉」條下記：

> 疹媽廟首事葉、鄭二姓，交緣鄭中書瑞麟來拜。[6]

以上記錄了民間信仰「神道設教」之擬人化的特點：有痘疹之病、即有「主疹」之神曰「潘氏夫人」、又俗稱「疹媽」，如同世俗生活中「主治」某症之某大夫也，並有「疹媽廟首事」、「交緣」（相當於世俗生活中之公關人員）等專業人員；有痘疹流行的疫情，遂有新建「潘氏夫人廟宇」即「疹媽廟」之舉；建廟上樑，亦如建築民居上樑，當行「拜梁」之禮。

（二）近人陳鑑修《龍溪新誌初稿》記：

> 邑人多迷信，故淫祀特多。民國初年，南鄉檢浦社有所謂「水仙姑」者，蓋南河中女屍止於鄉前，鄉人哀其暴露而瘞之耳。未幾，有壓花會者禱之獲巨注，遂神之。里中無賴復造說若干事實以信其說，不數月而愚夫愚婦數百里外來相膜拜，荒郊頓成鬧市矣。邑令許蘊白惡其惑民，令警務局長陳之鴻（清福）禁之，鏟其墳，拔其碣。未旬日陳於晚間乘醉冶遊，為怨家所刺，眾又喧傳被殛

4 引自林賓日：《林賓日日記》，第 216 頁，南京，江蘇古籍出版社 2000 年 11 月版。
5 引自林賓日：《林賓日日記》，第 242 頁，南京，江蘇古籍出版社 2000 年 11 月版。
6 引自林賓日：《林賓日日記》，第 254 頁，南京，江蘇古籍出版社 2000 年 11 月版。

于水仙姑，香火轉盛。今已鞠為茂草矣。[7]

此一個案頗能說明民間信仰於「神道設教」方面的雙重特點：「水仙姑」從鬼到神、香火盛而「轉盛」，乃出於和由於世俗生活中賭徒心理上的需求、社會上溺斃和仇殺等突發事件及「里中無賴」所「造說」的靈驗事蹟。

附帶言之，「邑令許蘊白」即臺灣進士許南英。許南英於 1895 年離台內渡寄籍龍溪，1903 年起遊宦廣東，民國初年出任龍溪縣令。

（三）近人胡樸安《中華全國風俗志》所錄《閩人佞鬼風俗記》記有福建民間迎神賽會之種種情節：「閩中神道階級之儀，亦足為各省冠。每年七、八月間賽會，凡高級之神道，其出也必以輿，中級以下皆步行于街路之中」；「奉神出巡，有時途中神與神相遇，有一定儀注及問答之信語。神不能自言，以『香頭』代言之」；「閩中神道，講究應酬，有時北澗之武聖五公晉城拜詣雙門樓之武聖，而雙門樓之武聖五公，於客神回鄉之時，必親送至城外，名曰送行。當拜客及送行時，皆用全部儀仗、十番鼓樂、台閣雜劇，又雇省城外之白面（即土妓）扮出戲中角色，騎馬唱曲」；……《閩人佞鬼風俗記》並且指出民間信仰同世俗生活密切混合的特點：「閩人信鬼而畏官，久而久之，兩種心理合而為一，於是乎廟中之木偶皆施以官場之制度矣」[8]。是為擬化人特點的典型事例。

（四）董作賓《閩俗瑣聞》記：

福州「武聖廟」最多。相傳其先皆為「五帝廟」。閩俗貧無立錐之地者則住廟，昔有一士人寄居五帝（廟）中，一日鄰人亡其雞，士人適於是日購雞一支（只）。方煮食，鄰人某至，指士人竊其雞，謂「汝一貧至此，何來買雞錢？」士人百口莫辯，乃詣五帝前，舉一磁碗為誓曰：「此雞如吾所自買者，使墮地立碎，倘此碗墮地不破，是吾竊彼之雞也」。祝畢，落碗於地，觸石，竟不破。士人遂以雞付鄰某去。其實某為人極刁譎，是日見士人購一雞，乃匿己雞而詐索之。士人甚痛恨曰：「吾苟顯達，當盡毀五

[7] 引自陳鑑修：《龍溪新誌初稿》，第 85-86 頁，漳州市圖書館藏本，1982 年油印。
[8] 引自胡樸安：《中華全國風俗志》，第 62-66 頁，上海文藝出版社 1988 年 3 月影印本。

帝廟！」後果居高位，鄉人懼其歸而毀之也，盡易其額曰「武聖廟」。今其中神位凡五，有黃飛虎及趙公明等。[9]

福州民間信仰裡的「武聖五公」爲楊靈公、顯靈公、振靈公、威靈公和宣靈公，「福州武聖廟最多」亦確是曾有的情況。《林賓日日記》裡就有「威靈公出巡」、「威靈公出南門入水部」[10]的記載。但「其先皆爲『五帝廟』」不確，「五帝廟」是另一種廟宇。《烏石山志》記：

> 榕城內外，凡近水依寺之處，多祀疫神，稱爲澗、呼之爲殿，名曰五帝，與之以姓曰張、關、劉、史、趙。[11]

顯然，福州「五帝廟」與「武聖廟」以「神位凡五」的共同性而被誤爲同一種廟宇。「神道設教」，如此隨意！

附帶指出，在福州方言裡，「五」與「武」的讀音並不相同、亦不相近。

二

宗教制度化的傾向、民間信仰世俗化的傾向是總體而言的傾向。在某些具體個案上，宗教不免世俗化的傾向、民間信仰亦有制度化的傾向。

《臨汀志》卷四《寺觀》記：

> 定光院在州治後正北，大中祥符間師與郡守趙公遂良厚善，結庵爲師往來棲息之所。後師示寂于均慶院，元祐間郡守曾公孝總重修塑像於中，淳熙間郡守呂公翼之迎奉均慶院定光真身、廣福院伏虎真身於州治後庵，以便祈禱。嘉泰間郡守陳公映謂雨暘之應如響，是佛與守分治汀民也，湫隘不足仰稱，遂加廣辟。紹定寇叛交訌，岌然孤城能保守者，人力不至於此，士民條顯應狀，丐郡奏請於朝，加二佛師號，乃賜「定光院」爲額，嘉熙間郡守戴

---

[9] 引自董作賓：《閩俗瑣聞》，載廣州《中山大學語言歷史研究所週刊》第 1 卷第 2 號，1927 年 11 月 8 日出版。

[10] 引自林賓日：《林賓日日記》，第 5 頁，南京，江蘇古籍出版社 2000 年 11 月版。

[11] 《烏石山記》卷九《志餘》，光緒七年（1881）重修本。

公挺助奉率眾鼎創，從民志也。未幾均慶院燼於劫火，郡迎敕書及衣缽等入州，創閣于院後安奉之，近南劍人士金飾十八尊者像附置閣上。淳祐間郡守盧公同父前創拜亭。每歲月正月六日乃定光坐化之晨，四方敬信輻輳，名香寶炬，幡蓋莊嚴，難以數計，雖隘巷亦成闤市，可見人心之皈響雲。[12]

這裡提及「定光真身」有「雨暘之應如響」的靈驗事蹟，是官方（「郡守陳公映」）的說法；「士民條顯應狀」一語雖涉及定光「示寂後」靈驗事蹟的民間傳說而語焉不詳。同書卷七《仙佛》則詳記定光生前、身後種種靈驗事蹟的民間傳說，如驅使草木、教誨蛇虎、愁霖出日枯旱下雨、無男得男、無女得女、顯靈禦寇、止水遷流、擊地出泉之類，並記「民呼曰『和尚翁』，親之也；師滅度，民皆曰『聖翁』，尊之也」。

顯然，在民間傳說裡，「定光」作為佛教世俗化的個案，以其世俗化程度過限而成為民間信仰之「俗佛」矣。

「保生大帝」則是民間信仰制度化提升達標而成為道教「尊神」的個案。

「保生大帝」姓吳名本，生前是閩南名醫。他同「媽祖」林默娘幾乎同時和齊名，林默娘的生卒年是 960－987 年，吳本的生卒年為 979－1036 年，他們都以「品德高尚，救苦救難」聞名。吳本當 58 歲時上山採藥墜崖而死，民間「追悼而感泣，爭肖像以敬事之」[13]，由此逐漸形成「保生大帝」信仰。

「保生大帝」信仰在形成和發展過程中又逐漸接近和接受道教的影響、逐漸趨於制度化。因此，在明代，漳州府龍溪縣之保生大帝祖廟「慈濟宮」已被收錄於弘治《八閩通志》之「寺觀」、已被認定為道觀。[14]

在我看來，世俗化同制度化異向而非逆向，兩種傾向可以發生交叉和互動。

現在談論另一個問題，關於對民間信仰的批評指摘和民間信仰的有

---

[12] 引自開慶《臨汀志》，第 69-70 頁，福州，福建人民出版社 1990 年 11 月版。

[13] 莊夏：《慈濟宮碑》，引自乾隆《海澄縣誌》卷二十二《藝文》。

[14] 引自黃仲昭：弘治《八閩通志》，下冊，第 832 頁，福州，福建人民出版社 1996 年 2 月版。

害因素與有益因素問題。

清代學者李世熊在其康熙《寧化縣誌》裡對民間信仰有相當尖銳的批評指摘，幾乎是「歷數民間信仰的種種不是」。如：

> 寧化土地肖像乃增置二妃，初詫不經，後考《巫氏家譜》，謂神即巫祖定生，開闢黃連鎮者。定生沒，葬竹條窩，即今治署。後唐改邑，遷葬定生於嵩溪黃沙渡，而祀定生之神於此，以土地辟自定生，而邑治又利其宅兆也。二妃即定生柴、紀二妃。明嘉靖間，邑令馬叔初下車謁祠，怪土地焉得有二妃，命移至縣後福善祠。是年馬令卒。後二十餘年，邑令張洵來，其夫人恒病，夢兩婦人前言曰：「此吾故宅也。吾主祀於此，奈何遣我他所？若能還吾故居，當佑汝。」夫人覺，以告令，令詢父老，具得遷主狀，急迎二妃祭謝之，而夫人果安。事雖惝恍，而二妃之像，相沿不改，所傳似不謬也。[15]

又如：

> （東嶽廟）在治西南五里，俗傳為祀唐東平王張公巡之神，謬也。……邑不宜設東嶽觀明矣。況附會為張巡，如小說之誕妄乎？[16]

又如：

> （五通）廟一在北門，一在東門外。明太祖都金陵，即都中建十四廟，一曰「五顯靈官廟」。以歲孟夏、季秋致祭。今天下之崇祀五通者，當由此歟？
>
> 俗說神以救母罪愆，與目蓮尊者同一大孝，登正果，號華光藏主妙吉祥如來。然則天帝不離人倫，赫濯亦極仁慈耳，義固可祀也。其實，五顯者，五行耳。五行之祭，見於《月令》。國家星辰之祀，備五行焉，此正氣也。若邪氣流行，亦足播弄禍福。今祀者未必知五行之理與大孝之說，亦播弄於禍福而已。[17]

---

[15] 引自李世熊：康熙《寧化縣誌》，第 412 頁，福州，福建人民出版社 1989 年 12 月版。
[16] 引自李世熊：康熙《寧化縣誌》，第 412-413 頁，福州，福建人民出版社 1989 年 12 月版。
[17] 引自李世熊：康熙《寧化縣誌》，第 413-414 頁，福州，福建人民出版社 1989 年 12 月版。

又如：

> （天妃廟）廟在邑南塔下街。……乃寧化不知海舶為何物，無故
> 而祀天妃，得無諂乎？[18]

又如：

> （白馬廟）廟在北城翠華山之側，……。審知何神？不能衛子孫
> 於數十年之內，死七百年猶能衛寧化也？[19]

顯然，李世熊對於民間信仰的批評指摘，乃基於制度化宗教或宗教
制度化的立場，並且針對於民間信仰的世俗化傾向。歷來對民間信仰的
批評和指摘，亦有相當部分大致如是。

1927 年，顧頡剛教授在《泉州的土地神》一文裡對泉州的民間信
仰亦有所指摘（「祀神的混亂，看奏魁宮就可知。宮名奏魁，聯上又說
『魁杓獻瑞』，則閣上應祀魁星。但是，我們上去一看，祀的神卻是觀
音，桌圍上寫的字也是『奏魁大慈悲』，祀觀音也就罷了，而神龕的匾
額卻又是『蕊榜文衡』，難道他們去請觀音大士看文章嗎？」）[20]，但隨
即指出：

> 民眾的信仰本不能適合於我們的理性。我們要解釋它，原只能順
> 了它的演進的歷史去解釋，而不能用了我們的理性去解釋。[21]

誠哉斯言也。民間信仰的世俗化傾向及其「祀神的混亂」和「神道
設教」的擬人化和隨意性的特點並不足訴病。應該受到批評指摘的是它
的有害因素，是它的某些不正當的說法和做法，其有益因素則不當牽累
及之。

例如，在閩、台兩地的「王爺」信仰裡，「王船祭」（俗稱「出海」、

---

[18] 引自李世熊：康熙《寧化縣誌》，第 417 頁，福州，福建人民出版社 1989 年 12 月版。

[19] 引自李世熊：康熙《寧化縣誌》，第 418 頁，福州，福建人民出版社 1989 年 12 月版。

[20] 顧頡剛：《泉州的土地神》，載《廈門大學國學研究院週刊》第 1 期、第 2 期，1927 年 1
月 5 日、12 日出版。

[21] 顧頡剛：《泉州的土地神》，載《廈門大學國學研究院週刊》第 1 期、第 2 期，1927 年 1
月 5 日、12 日出版。

「送王船」等）包含了「貽禍於人」的可鄙意念。對此，古之有識之士提出批評，略謂：

> 夫儺以逐疫，聖人不妨從眾，至雲船泊其地，則其鄉必為屬，須建醮禳之，噫！神聰明正直而壹者也，豈有至則為屬而更禳之理？且人亦何樂何為不見益己、而務貽禍於人之事耶？[22]

這種針對有害因素的批評並不基於宗教制度化或制度化宗教的立場。

「王爺」裡的「蕭王爺」在臺灣雲林縣的民間傳說裡被賦予「解冤息仇」，即社會調解的功能。此一說法和做法乃是「王爺」信仰的有益因素。

臺灣省雲林縣《光大寮開台蕭府太傅沿革志》謂：

> 蕭太傅暨諸神神威靈顯，保佑萬民，問禍求福，有求必應，靈績昭彰，尤以驅邪除魔或為民解冤息仇，聞名遐邇。蓋其護國庇民之功著于寰宇，得乃世之崇仰矣。[23]

並記其「為民解冤息仇」即社會調解方面的靈驗事蹟之傳說云：

> 光緒二十六年雲林縣褒忠埔姜崙馬祖埔，張、陳兩姓世代結仇、無法化解紛爭。張姓據聞光大寮蕭府太傅非常靈應。特地至本宮恭請蕭府出乩調解，由於蕭府施展威靈使雙方化解仇恨，而結為良友。兩姓為感念蕭府大恩大德，以武館歡送蕭府回宮。
>
> 光緒二十八年壬寅年，六腳田與竹子腳兩村莊為相隔河流捕魚問題，經常發生武鬥，在當時無法律制度下，誰也無法解決這一場紛爭。六腳莊長久聞蕭府神威廣大，親自蒞臨本宮，恭請蕭府神像及乩童回莊調解，結果雙方同意化干戈為玉帛，兩莊村民為答謝蕭府英靈，以文武館歡送蕭府回宮，並賜匾額一面作為永久紀

---

[22] 乾隆《鳳山縣誌》卷三《風俗志》，引自《臺灣文獻史料叢刊》第 146 種，第 59 頁，臺北，大通書局印行。

[23] 轉引自《泉郡富美宮志》，第 43 頁，泉州富美宮董事會、泉州市區道教文化研究會編，1991 年印。

念。[24]

顯然，我們不當因爲民間信仰的有益因素而容忍民間信仰的有害因素，不當因爲王爺信仰裡的「蕭太傅」被賦予「解冤息仇」的功能而容忍「王船祭」的「貽禍於人」的可鄙意念；反之，我們也不能因爲民間信仰的有害因素而不容民間信仰的有益因素，不能因爲其「貽禍於人」的意念而不容其「解冤息仇」的功能。

三

清人施鴻保《閩雜記》記：

> 國朝甯化童日新爲壽寧訓導，縣有玉皇廟。童曰：「俗以玉皇爲天帝，祀天帝者爲天子，士庶祀之，是淫祀也，淫祀宜毀」，乃拆其材以建文廟。[25]

這裡涉及的不是民間信仰同宗教的區別、而是民間信仰同官方祀典的關係。

我在上文已經提及，寶祐《仙溪志》所記「祠廟」均「載在祀典」，「其不在祀典者不書」。質言之，「祠廟」又有「載在祀典」與「不在祀典」之分。

作爲福建方志的一個特殊部類，清修臺灣方志（如康熙《臺灣縣誌》、乾隆《鳳山縣誌》、道光《彰化縣誌》、光緒《恒春縣誌》等）亦有「祠廟」與「寺觀」，或「寺觀附於祠廟」的分別，但其分別主要是「載在祀典」與「不在祀典」的分別。如乾隆《鳳山縣誌》卷五《典禮志》之《壇廟》所記乃「載在祀典」，卷十一《雜誌》之《名跡》所附之「寺觀」，乃「不在祀典」也。究其歷史原因，蓋在於清修方志之初期，宗教傳入臺灣的進度弗如民間信仰遠甚、尚不足與民間信仰分庭

---

[24] 轉引自《泉郡富美宮志》，第 44 頁，泉州富美宮董事會、泉州市區道教文化研究會編，1991 年印。

[25] 引自施鴻保：《閩雜記》，第 13 頁，福州，福建人民出版社 1985 年 8 月版。

也。其後，「載在祀典」與「不在祀典」的分類遂成爲清修臺灣方志大致相沿的學術傳統。

「不在祀典」的民間信仰及其活動場所時或被視爲「淫祀」和「淫祠」。

淳熙《三山志》卷第九《公廨類三》之《諸縣祠廟》於「古田」條下記：

> 寧境廟，縣西一里。……景德中，李堪爲宰，毀淫祠數百，獨不廢侯祠。[26]

又於卷末謂：

> 鬼神之爲德不可掩也，而每爲巫嫗所累。李堪《古田縣記》云：「風俗秕瘁特甚。怪節戾常，祈求於神祟，禍福出入，乘人怖疑，以求所欲，浸蔓也。乃灰淫祠三百一十五所，化其墟，成嘉穀二百一十三畝」。……。[27]

乾隆《古田縣誌》卷之五《名宦》記：

> 李堪，字仲任，號平坡，常州人。太平興國二年進士，與王曾、晏殊齊名。景德二年，令古田。……毀淫祠，黜異教，以禮讓化俗。[28]

「景德中」爲 1004－1007 年間。「景德二年」爲 1005 年，於今已是千年。這是現存最早的福建方志所記最早的一起毀淫祠事件。

寶祐《仙溪志》於「仙水靈惠廟」條下有注云：

> （宋）天聖間，知縣孫諤始至，凡境內祠宇悉火之。適歲大旱，聞有仙水廟，因禱而輒應，廟得不毀，且增祀之。[29]

---

[26] 引自淳熙《三山志》，第 162 頁，北京，方志出版社 2003 年 2 月版。
[27] 引自淳熙《三山志》，第 162-163 頁，北京，方志出版社 2003 年 2 月版。
[28] 引自乾隆《古田縣誌》，第 267 頁，福建省古田縣地方誌編纂委員會辦公室整理，1987 年 12 月印。
[29] 引自寶祐《仙溪志》，第 62 頁，福州，福建人民出版社 1989 年 12 月版。

弘治《八閩通志》於（仙遊）「仙水靈惠廟」條下亦有內容與此相同的記載。[30]「天聖間」爲 1023－1032 年間。

民國《建寧縣誌》卷八《名宦》記：

> 謝潛，字致虛，長汀人，紹聖四年進士，崇甯二年中宏詞科。……知古田、弋陽、建寧三縣事，在建治聲尤著，毀淫詞（祠）、禁溺子，邑人生子，多以謝名。[31]

據同書之《職官表》，謝潛于宋代大觀年間（1107－1110 年）出任建甯知縣。

開慶《臨汀志》之《名宦》記：

> 陳曄，字日華，長樂人，古靈之後。慶元二年知州事。……俗尚鬼信巫，甯化富民與祝史之奸者，托五顯神爲奸利，誣民惑眾，侈立廟宇，至有婦人以裙襦畚土者。曄廉得之，竄祝史，杖首事者，毀其祠宇。郡人廣西帳幹吳雄，作《正俗論》二千餘言絕（紀）其事。民有疾，率舍醫而委命于巫，多致夭折，乃大索境內妖怪左道之術，收其像符祝火之，痛加懲禁，流俗丕變。[32]

康熙《寧化縣誌》亦記：

> 又考宋慶元年間，甯化富民與祝史托五通神爲奸祠，侈立廟宇，婦女歆動，或用裙襦畚土。時候官陳曄知汀洲，乃竄祝史，杖富民，毀廟宇，大索境內妖怪左道，收火其符咒，時稱其賢。[33]

乾隆《汀洲府志》卷二十《名宦》記：

> 陳曄，長樂人，慶元三年知州事。……汀俗尚鬼信巫，甯化富民與祝史，托五顯神爲奸惑眾。曄得其實，竄祝史，杖首事者，毀

30 引自黃仲昭：弘治《八閩通志》，下冊，第 412 頁，福州，福建人民出版社 1996 年 2 月版。

31 引自民國《建寧縣誌》，第 227 頁，福建省建寧縣地方誌編纂委員會辦公室整理，2002 年 3 月印。

32 引自開慶《臨汀志》，第 143 頁，福州，福建人民出版社 1990 年 11 月版。

33 引自李世熊：康熙《寧化縣誌》，第 414 頁，福州，福建人民出版社 1989 年 12 月版。

其祠。郡人吳雄作《正俗論》紀其事。[34]

慶元二年、慶元三年分別為 1196、1197 年。

上記李堪、孫諤、謝潛和陳曄毀淫祠的事件均發生於宋代。自宋代以降，類似的事件不勝枚舉。然而於今視之，當年官方毀淫祠的動作僅收一時之效。以陳曄毀寧化五通廟為例。在陳曄身後，乾隆《汀州府志》記寧化「北門坊、東門外、會同、招賢等裡俱有」五通廟[35]。

歷史證明，沒有尊重健康民俗的前提和群眾自願的基礎，不由群眾自己來進行，官方毀淫祠的動作往往歸於徒勞。

我曾在《「崇德報功」與媽祖信仰的雙翼結構》[36]一文指出：

從信民對神明的態度來考察，同嚴格意義上的宗教相比照，我們可以看到民間信仰的一個特點：一般來說，信民的主要期望乃在於「現世現報」和「有求必應」（如所謂「祈福賜福」「求子得子」「有燒香有保佑」），而不在乎「來生幸福」或「死後升入天堂」。常見有論者據此特點認定民間信仰「靈驗本位」和實用實利的取向，對民間信仰的道德取向卻毫無認知。

又指出：

我們從閩台民間信仰看到的信民造神、信神和祭神三個層面上的實際情況是：信民並非僅僅對神明的靈驗傳說津津樂道，對神明的美德亦念念不忘，甚至有意編造和編排神明生前乃至死後的美德故事；信民並非僅僅相信神明有實利實用的功效，還服膺「人神共欽」的美德和「善有善報」的道理；信民祭神，並非盡出於「報其功」，間或也由於「思其德」。

茲以「廣澤尊王」（郭忠福）信仰為例來說明。

明人何喬遠《閩書》記：

神姓郭，名忠福，世居山下。生而神異，意氣豪偉。年十六歲時，

---

[34] 引自乾隆《汀州府志》，第 457 頁，北京，方志出版社 2004 年 3 月版。
[35] 引自乾隆《汀州府志》，第 290 頁，北京，方志出版社 2004 年 3 月版。
[36] 收拙著《閩台歷史社會與民俗文化》，廈門，鷺江出版社 2000 年 8 月版。

忽取甕酒牽牛登山。明日坐絕頂古藤上，垂足而逝，酒盡于器，牛存其骨，已，見夢鄉人，因為立廟，號將軍廟。[37]

在民間傳說中，「孝德流芳」是「廣澤尊王」（郭忠福）配享「百年」之祀的主要原因。

近人戴鳳儀《郭山廟志》記：

……王生有孝德，氣度異人，常牧于清溪楊長者家。晨昏之思忽起，馳歸侍奉，依依如此。父薨，艱於葬地，王憂心忡忡，雖就牧猶潸然淚下。一行家鑒其孝，指楊長者山告曰：「窆此大吉」。王然之，稽顙謝。籲求長者而塋之。竣，乃歸郭山下奉母以終身焉。……迨母薨，里人感王至孝，為袝於清溪故塋，其得魯人合袝之禮與！[38]

這裡所記「葬父」和「奉母」乃是「廣澤尊王」（郭忠福）生前「孝德」的主要事蹟。

民國《南安縣誌》記：

王之父母墓在安溪崇善里河內鄉，形勝極佳，與郭王廟並稱吉地。王間數歲一祭封塋，四方士女景從甚眾，亦孝思與王靈所感動也。[39]

這裡所記「數歲一祭封塋」是「廣澤尊王」（郭忠福）身後的孝行，並且成為「廣澤尊王」信仰的祭祀儀式之一：每三年凡一舉，逢寅、巳、申、亥仲秋，擇定祭日，异「廣澤尊王」神像到安溪祭「太王墓」（即「廣澤尊王」父、母合葬的墳塋，俗稱「清溪太王墓」）。

敬重「孝德」、記取生前「孝德」事蹟、編造和安排身後行孝的情節，這正是民間信仰的道德取向、這正是在造神、信神和祭神三個層面上的「崇德」傾向。

---

[37] 引自何喬遠：《閩書》，第 1 冊，第 204 頁，福州，福建人民出版社 1995 年 12 月版。

[38] 戴鳳儀：《郭山廟志》，卷二，《本傳》，光緒二十三年（1897）詩山書院刻本。

[39] 引自民國《南安縣誌》，上冊，第 174 頁，福建省南安縣地方誌編纂委員會辦公室整理，1989 年 8 月印。

　　「崇德」與「報功」是中國古代祭祀的本義，如《禮記・王充注》所謂「凡祭祀之義有二，一曰報功，二曰修先。報功以勉力，修先以崇德」。由此，祭祀又可分爲紀念性祭祀和訴求性祭祀。紀念性祭祀的主題是「崇德」，訴求性祭祀的本意是「報功」。

　　美德故事與靈驗傳說、紀念性祭祀與訴求性祭祀、「崇德」與「報功」構成了民間信仰的雙翼結構。

2005 年 5 月 13 日中午

國家圖書館出版品預行編目資料

汪毅夫臺灣史研究名家論集/汪毅夫　著著. -- 初版. –
臺北市：蘭臺, 2016.7
面；　公分
ISBN 978-986-5633-37-0 (精裝)
1.臺灣史 2.文集
733.2107　　　　　　　　　　　　　　　　105009077

汪毅夫臺灣史研究名家論集

著　　　者：汪毅夫
主　　　編：卓克華
編　　　輯：高雅婷
封面設計：塗宇樵
出　版　者：蘭臺出版社
發　　　行：蘭臺出版社
地　　　址：台北市中正區重慶南路 1 段 121 號 8 樓之 14
電　　　話：(02)2331-1675 或(02)2331-1691
傳　　　真：(02)2382-6225
E—MAIL：books5w@yahoo.com.tw 或 books5w@gmail.com
網路書店：http://bookstv.com.tw/、http://store.pchome.com.tw/yesbooks/、
　　　　　　http://www.5w.com.tw、華文網路書店、三民書局
經　　　銷：成信文化事業有限公司
電　　　話：(02)2219-2080　　　　傳　真：(02)-2219-2180
地　　　址：台北市中正區重慶南路 1 段 121 號 5 樓之 11 室
劃撥戶名：蘭臺出版社　帳號：18995335
網路書店：博客來網路書店 http://www.books.com.tw
香港代理：香港聯合零售有限公司
地　　　址：香港新界大蒲汀麗路 36 號中華商務印刷大樓
　　　　　　　C&C Building, 36,Ting, Lai, Road, Tai,Po, New,Territories
電　　　話：(852)2150-2100　　　　傳真：(852)2356-0735
總 經 銷：廈門外圖集團有限公司
地　　　址：廈門市湖裡區悅華路 8 號 4 樓
電　　　話：(592)2230177　　　　傳　真：(592)-5365089
出版日期：2016 年 7 月初版
定　　　價：新臺幣 2000 元整　　（全套新台幣 28000 元正，不零售）
ISBN：978-986-5633-37-0